Selected Works Of
Chen Chuanxi

3

陈传席 著

陈传席 文集

中国青年出版社

目 录 contents

陈传席文集

Selected Works Of Chen Chuanxi

第三卷　古代艺术史研究

 元 明 时 代

一、赵孟頫"古意论"研究

（一）赵孟頫的"古意论"①

崇古、崇洋是见识不太高也不太低这一层次人的一种普遍心理。在古代，"洋"实在太落后，因而不存在崇洋的问题，"古"便成为可崇的对象。

南宋绘画到了末期，刚硬的线条、猛烈的大斧劈皴、"一角""半边"，都走到了尽头，变革改制势在必行。如何变革？如何改制？如何说服和领导一代人进行变革改制？赵孟頫则选择"托古改制"的办法。他提倡的"古意"和复古有一定联系，但二者并不完全相同。复古复到神似地步，即有一定的"古意"。但有"古意"未必就是复古。然而，"古意"必须和当时流行的风格有相当的区别，并且必须向古追求。因而，提倡"古意"或以复古为号召，改变近世的流行风气，不失为有效的改制措施。

赵孟頫本来就好古，其谥文敏，赵孟頫《谥文》中谓："德美才

① 李铸晋先生《赵孟頫〈鹊华秋色图〉》《赵孟頫仕元的几个问题》《赵孟頫之研究》《二羊图之意义》等一系列论文著作，已将赵孟頫研究得十分透彻。本文只做些补苴罅漏工作。

秀曰文，好古不怠曰敏，谥曰文敏。"他喜古文字，收藏古字画，因而"古意"也自然成为他的审美最高标准。他反复提倡"作画贵有古意"，其意更在反对"近世"画。他说过：

　　作画贵有古意，若无古意，虽工无益，今人但知用笔纤细，傅色浓艳，便自为（谓）能手，殊不知古意既亏，百病丛生，岂可观也。吾所作画，似乎简率，然识者知其近古，故以为佳。此可为知者道，不为不知者说出。①

　　这里说的"今人"，指的是习学南宋画法的人。今人"用笔纤细"指的是南宋马、夏一派的纤细刚劲的线条，这种线条缺少弹性和变化，不符合文人所欣赏的文雅、柔和、潇洒的标准。"傅色浓艳"，在现存南宋画院的山水小品中较为常见，元初仍保持这种画风。赵孟頫气质温顺、性格平和，和南宋画风所表现出的状态截然相反。这是他深恶南宋画法的原因之一。此外，赵孟頫以一个宋室王孙的身份"被遇五朝"，表现了他在政治上极端谨慎的态度。

　　元人把当时中国人分为四等，蒙古人为一等，色目人二等，汉人居三等，南人居最下等（四等）。汉人指北方人，原为北宋人。北宋为金所灭，元灭金，因而北宋不是元的仇敌。南宋为元所灭，南宋则是元的直接仇敌，其实南人也是汉人，但被列为最下等。因而南宋的文化也不会被元统治者所喜。这和后来明代初期反对元代画风，而提倡南宋画风道理是相同的（元朝被朱元璋消灭了，元朝文化也就不能为朱元璋所容忍。所以，保持元代画风的画家多死于朱元璋之手，而保持南宋画风的画家却大量地进入宫廷，同时又形成浙派）。赵孟頫要打倒或否定"近世"（南宋）画风，也有投合元统治者之意。赵孟頫论宋朝文章的态度也如此。他在《松雪斋诗文集·第一山人文集序》中说："宋之末年，文体大坏。治经者不以背于经旨为非，而以立说奇险为工。作赋者不以

---

　　① 《式古堂书画汇考》及《清河书画舫》子昂画跋卷。

元 赵孟頫 二羊图 纸本墨笔，25.2cm×48.4cm. 美国佛利尔美术馆藏。

赵孟頫(1254～1322年)，字子昂，号松雪道人，浙江吴兴人。赵乃是宋太祖赵匡胤之子秦王赵德芳之十世孙。他反复提倡"作画贵有古意"，其间更反对"近世"画。他在这张画中自识说"虽不能逼近古人，颇于气韵有得"，似乎把"逼近古人"看作比"气韵"还重要。

破碎纤靡为异，而以缀缉新巧为得。"这里对宋末的文章也大肆攻击。当然，赵孟頫恶宋之文、宋之画、宋之印章，和他的审美标准有关，也就是说和他的感情有关。但一个人的感情不一定时时暴露，何况赵孟頫不是太露的人，他是颇含蓄的。只有感情和需要结合时，才会形之于外。赵孟頫肆意地否认宋末的诗文书画，除开他认为这确实需要否认外（比如他反对宋文的"立说奇险""缀缉新巧"，就和他反对南宋绘画的态度完全相同），也有迎合元统治者之意，至少说，他这样做，对于他自己立身身处地是有益无害的。这和他的"往事已非那可说，且将忠直报皇元"的态度差不多。赵孟頫一再否定"近世"，同时提倡"古"，他说："盖自唐以来，如王右丞、大小李将军、郑广文诸公奇绝之迹，不能一一见。至五代荆、关、董、范辈，皆与近世笔意辽绝。仆所作者，虽未敢与古人比，然视近世画手，则自谓少异耳[①]。"这里两次提

---

① 自题《双松平远图》，见现存画迹，或见吴升《大观录》。

元 赵孟頫 红衣罗汉图 纸本设色，26cm×52cm，现藏辽宁博物馆。
赵孟頫说此图"精有古意，未知观者以为如何也？"

到"近世"皆指南宋。在元朝，批判南宋，当然是"识时者"的保险态度。因为批判南宋，同时就要提倡"古"。他在《幼舆丘壑图》后跋云："予自少小爱画，得寸缣尺楮，未尝不命笔模写。此图是初敷色所作，虽笔力未至，而粗有古意。"[1]

他在《二羊图》[2]卷中自识云："余尝画马，未尝画羊，因仲信求画，余故戏为写生。虽不能逼近古人，颇于气韵有得。"这里，他似乎把"逼近古人"看作比"气韵"还重要。

他在51岁时画的《红衣罗汉图》，17年后重题云："余尝见卢楞伽罗汉像，最得西域人情态，故优入圣域。盖唐时京师多有西域人，耳目所接，语言相通故也。至五代王齐翰辈，虽善画，要与汉僧何异。余仕京师久，颇尝与天竺僧游，故于罗汉像，自谓有得。此卷余十七年前所作，粗有古意，未知观者以为如何也。"

赵孟頫也重视写实，注意师法造化，他甚至说过："久知图画非儿

---

①《幼舆后壑图》，现藏美国普林斯顿大学博物馆。
②《二羊图》现藏美国华盛顿佛利尔美术馆。

戏，到处云山是我师。"即使是写实的作品，也必以有无"古意"定优劣。尽管他画的罗汉像与"天竺僧"相似（颇具气韵），应该是满意了，但最后他关心的还是"古意"。赵孟頫此题于他68岁，离他去世仅有一年，说明他至死都坚持作画贵有"古意"的主张，终生未改其初衷，而且身体力行，屡加提倡，乃至延及他对诗歌、书法、印章创作的认识。他论诗时常说："今之诗犹古之诗也。"[1]"今之诗虽非古之诗，而六义则不能尽废。由是推之，则今之诗犹古之诗也。"[2]论书法曰："古法终不可失也。"[3]"有志于法书者，心力已竭，而不能进，见古名书则长一倍。余见此，岂止一倍而已。"[4]

在印章领域里，赵孟頫倡其"古雅"，对印章史影响更大，他在《印史序》中说：

余尝观近世士大夫图书印章，一是以新奇相矜。鼎彝壶爵之制，迁就对偶之文，水月木石花鸟之像，盖不遗余巧也。其异于流俗以求合乎古者，百无二三焉。一日，过程仪父，示余《宝章集古》二编，则古印文也。皆以印印纸，可信不诬。因假以归，采其尤古雅者……汉魏而下，典刑质朴之意，可仿佛而见之矣。谂于好古之士，固应当于其心。使好奇者见之，其亦有改弦以求音、易辙以由道者乎？

宋代的印章，最流行的是刻成"鼎、彝、壶、爵"等形状，再在里面刻字，或刻些"水月木石花鸟之像"，工巧有余古雅不足，而且把印章艺术引向了邪道。赵孟頫大为反对，提倡"合乎古者"。从此，印学为之一变，赵孟頫之后，印章以宗汉为主，那种"余巧"之印，除了"葫芦形"还偶尔一见外，其他的形状基本上不见了，连"九叠文"也很少了。这都是赵孟頫提倡"古意"的结果。

---

①《赵孟頫集》卷六《薛昂夫诗集序》。
②《赵孟頫集》卷六《南山樵吟序》。
③《赵孟頫集》续集《定武兰亭跋》。
④《赵孟頫集》续集《题东坡书醉翁亭记》。

（二）赵孟頫"古意论"的来源

作画、治印等求"古意"，或以"古意"为评判作品的标准，唐以前尚不多见。《续画品》中说："质沿古意，而文变今情。"这个"古意"指作品的内容和社会功用，非指作品的艺术，和赵孟頫的"古意"完全不同。东晋顾恺之评画，以"传神"为最高准则，他不曾以"古意"或任何"古"为审美标准。晋宋间宗炳论画重"道"和"理"，王微论画重"情"和"致"，都不曾以"古意"为标准。齐梁时谢赫为绘画评画树立了"六法"，"六法"中重气韵、骨法等，也没有把"古意"作为一法。唐人张彦远著《历代名画记》，所论甚多，评画论画多以"神韵""雅正"（按"雅正"一词始用于唐，六朝时鲜用）、重深、奇瞻、浓秀等，亦不用"古意"。文学评论上，六朝梁刘勰著《文心雕龙》五十篇，未尝设"古意"篇。但唐末司空图著《诗品》二十四篇，即把"高古"设为一篇，这大约是第一次把"古"作为审美标准。总之，在唐以前，画家还没有自觉地把"古意"作为追求的目标，也没有作为评画的标准。李铸晋先生在《赵孟頫〈鹊华秋色图〉》中说："在一个像中国那么古老的国家，

凡是古旧的东西都会引起人们的敬意。不过这名词（按指"古意"）在中国画论中日渐通行，似乎亦是和文人画理论之得势相附而行。"[1] "米芾的《画史》，这名词有时是'古意'，有时是'高古'，都常用来称许画家或美术作品。"[2]这话颇合乎史实。

宋代绘画处于保守和复古时期。宋初绘画"唯摹"李成和范宽，只是对前代的"保守"，宋哲宗朝（1086～1100年）绘画走向复古[3]，乃

---

① 见李铸晋《赵孟頫〈鹊华秋色图〉》八，人民美术出版社，1989年版。
② 同上
③ 参见陈传席《中国山水画史》第四卷《山水画的保守、复古和变异》。

元 赵孟頫 龙王拜佛图

赵孟頫批判南宋画风、复宋以前之古有政治上的原因。他"刻意学唐人",此图正可见其尚古之意。

至把郭熙的画取下"易以古图"。但在理论上,北宋中期的郭若虚著《图画见闻志》以及稍后的郭熙《林泉高致集》都没有把"古意"或相近于"古意"的"高古"之类引为绘画的标准。《林泉高致集》实是徽宗朝郭思整理,内中谈到"古"的地方很多。如"余因暇日阅晋唐古今诗什""所诵道古人清篇秀句,有发于佳思而可画者""又岂知古人于画事别有意旨哉"等等。但这都是和"古意"不同。当时人已对古十分尊崇,学古画、玩古器,乃至于挖古坟、伪造古物①,却不曾在理论上以"古意"为审美标准。

苏东坡评画文章颇多,对古也颇注意,如"一变古法"②"汉魏晋宋以来风流"③"古来画师非俗士,摹写物像略与诗人同"④"伯

---

① 当时崇古的记载颇多。据蔡绦《铁围山丛谈》所记,当时人因好古,"于是天下冢墓,破伐殆尽矣"。家中陈列古器、古图画,稽古、博古、尚古成风。于是《先秦古器记》《集古录》《考古图》《宣和殿博古图》《古器说》等著作图集,应运而生。现存的古青铜器等,其中赝品最早者皆始于宋。

② 《经进东坡文集事略》卷六十《书唐氏六家书后》。

③ 《经进东坡文集事略》卷六十《书唐氏六家书后》。

④ 《苏东坡全集·正集》卷二《欧阳少师令赋所蓄石屏》。

时一丘一壑，不减古人"①"终未得古人用笔相传之法"②，等等，但这些和"古意""高古"等概念，还有一定区别。倒是苏东坡说的"近日米芾行书、王巩小草，亦颇有高韵，虽不逮古人，亦必有传于世也"③，其中的"高韵，虽不逮古人"意思和"古意""高古"颇相近，然终不完全相同。不过，苏东坡论中的"古"，已孕蕴出"高古""古意"的标准。

在理论上把"古意""高古"作为绘画的审美标准，包括评画的标准，大兴于米芾。米芾在他的《画史》中多次提到这两个词，都是就画的本体意境而言。如"武岳学吴，有古意""余乃取顾高古，不使一笔入吴生""余家董源雾景横披全幅，山骨隐显，林梢出没，意趣高古""人物衣冠乘马甚古""想去古近当是也""一古木卧奇石，奇古"等等。米芾好古，他"衣冠唐制度，人物晋风流"。《画史》也记"刘既作歌云：元章好古过人"。米芾又笃好古书画，大量收藏，所以，他评画也以"古意"为标准。

和米芾同时的黄庭坚偶尔也提到"高古"一词。其《豫章黄先生文集》卷二十九《跋湘帖群公书》中有云："徐鼎臣笔实而字画劲，亦似其文章，至于篆则气质高古，与阳冰并驱争先也。"黄庭坚喜以禅论画，对"高古"也予以注意，但还没有达到米芾那样热心的程度。经过米芾的论倡，"古意""高古"遂成为绘画审美的一个重要标准。但在宋代，"古意"在理论上始终没有成为一代人认可的权威标准。这正等待着赵孟頫的努力和倡导。

赵孟頫反对"近世"（南宋）的艺术风格，他全面继承了北宋的文人思想。北宋的文人画、北宋文人的审美标准、北宋人的崇古思想，都在赵孟頫手中发扬光大了。

---

① 《苏诗补注》卷三十《题李伯时憩寂图》。
② 《苏诗补注》卷二十八《题文与可墨竹并叙》。
③ 《东坡题跋》卷四《跋与可论草书后》。

（三）赵孟頫对"古意"的实践

赵孟頫的山水画有两路风格，其一是师法五代北宋的李成、郭熙派（简称"李郭派"），其二是师法五代南唐董源、巨然（简称"董巨派"），其次还有更古的画风；惟有对"近世"的南宋画风，从不染指，不但自己警惕，还时时告诫他人，要"与近世笔意辽绝"。

赵孟頫师法李郭派画法的作品现存有《江村渔乐图》《重江叠嶂图》等。其法基本上出于李、郭，但也略有变化。现存北京故宫博物院的《窠石平远图》，是郭熙晚年手笔，山石基本无皴擦，而似王维的水墨渲淡。赵孟頫此图山石勾廓后，只以淡墨染过，再敷重青。画坡脚亦类李、郭，先勾轮廓，再略加皴斫，后染赭石等色。岸上大都平画数笔，分出远近，再染石绿。远处的山，也是用细线勾轮廓，无皴，于山阴处稍渍淡墨，近者敷石绿。远、高者敷石青，皆无苔点，类于唐代李思训的画法。即在李、郭基础上又加一层"古意"。《重江叠嶂图》尤是赵孟頫师法李郭派的代表作。他作此图正五十岁，其画江水辽阔旷远，水无纹。群山重叠，气势非凡，且具空灵感。线条清爽，笔墨湿润，松树勾簇尖颖，小树枝如蟹爪，山石多用水墨渲淡，皆来于李郭而且更加潇洒。但长线条又和他的《水村图》相似，乃从董巨派中变出。但都和"近世"南宋画法区别甚大。

赵孟頫师法董巨派的作品更多。其中《鹊华秋色图》《水村图》《洞庭东山图》《双松平远图》等皆为现存赵画代表作。可以看出，皆以董、巨为基础，适当吸收唐代王维的画法，又加以变化而成。

赵孟頫早年作品，似乎更有"古意"。现存上海博物馆《吴兴清远图》和美国普林斯顿大学的《幼舆丘壑图》皆其早年作品。《幼舆丘壑图》上赵自题："此图是初敷色时所作，虽笔力未至，而粗有古意。"卷后有其子赵雍跋："右先承旨早年所作《幼舆丘壑图》，真迹无疑。"可知此图是赵早年追求"古意"之作。卷后有杨维桢跋云："今

　　元　赵孟頫　幼舆丘壑图（局部）　绢本设色，27.4cm×116.3cm，现藏美国普林斯顿大学美术馆。

　　图后跋云："予自少小爱画，得寸缣尺楮，未尝不命笔模写。此图初敷色所作，虽笔力未至，而粗有古意。"

观赵文敏用六朝笔法作是图，格力似弱，气韵终胜。"董其昌谓："此图乍披之，定为赵伯驹，观元人题跋，知为鸥波笔，犹是吴兴刻画前人时也。"从画面上看，确是赵用六朝人笔法而写成。但早期山水画并不太成熟，赵不得不转向稍后的唐、五代、北宋，唐代的王维，五代的董、巨、李成，便成为他师法的对象。

　　画家取法的对象十分关键，李成的画法为北宋一代画家所继承。北宋初，尚有范宽与之对峙，稍后，因统治者提倡和观念的左右，举世上下"唯摹"李成[1]，郭若虚时已把李成列为三大家之首，而把早于李成

---

　　① 参见陈传席《中国山水花史》第四卷第一章或论文《论北宋中后期山水画保守和复古的总趋势》，刊《新美术》1986年第2期。

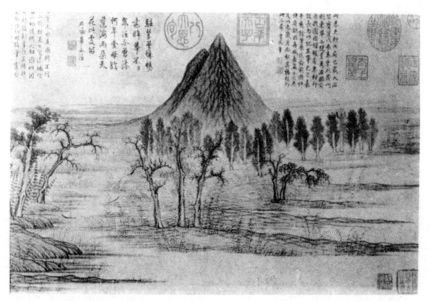

元 赵孟頫 鹊华秋色图（一）纸本设色，28.4cm×93.2cm，现藏台北故宫博物院。

的五代关全置其下。到了《宣和画谱》中，他们总结："李成一出……数子之法遂亦扫地无余，如范宽、郭熙、王诜之流……不足以窥其奥也。"北宋人强调"一统"，因为北宋时疆域很小，一直未能一统天下，对"一统"问题十分敏感，政治上求"一统"，"使九州合而为一统"。"一统"的观念在宋人的头脑中形成后，在各种意识形态中都有流露。如在历史研究领域内提出了"正统"，在哲学讨论领域中提出了"道统"，在文学批评领域内提出了"文统"。"一统"即只此一家，如江西派提出"一祖三宗"，把"三宗"黄庭坚、陈师道和陈与义都统于"一祖"杜甫之下；再如古文运动"学者非韩不学"。因而，北宋的山水画也非"李成"不学（南宋则非李唐不学）。举世皆学李成，李成画法经北宋一代人努力，已达到一个完美的高度。郭熙、王诜乃是学李成法最出色的画家。所谓"李郭派"即李成发其宗，郭熙弘其迹。凡事总有一个尽头，李郭派的画法，后人已无可发展。实际上，赵孟頫学"李郭派"画，虽经其改增，也仍然没有超过李、郭。

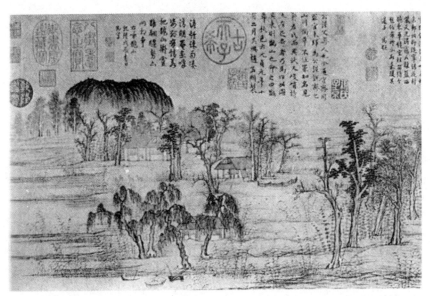

元 赵孟頫 鹊华秋色图（二）

图中所画乃是山东一带景色，从图中可能看出他作画皆以董、巨为基础，适当吸收王维画法，又加以变化而成。

　　但董、巨画法就不同了。董、巨是五代南唐人，画的是江南山水，体现的是江南人的性情。南唐灭于宋，宋建都北方，绘画中心也转移到北方。所以，北宋主流画风继承的是北方画派的风格，当然，北方画风也适宜表现北方的山水和北方人的性格，董源画风遂在北方被冷落。北方画家在北宋一代几乎没有继承董源的画风，只有在南方做官、大部分时间在南方的米芾、沈括称赞董源的画。沈括是浙江杭州人，晚年居镇江东郊梦溪园，从事著述，并不作画。米芾也居镇江，以书法为主。偶尔作画，从董源画中得到启示，创米点法，率意为之。南宋一代流行李唐一系大斧劈皴画法，董源画法更是无人问津。所以，李成的画风在北宋通过一代人的努力已发展到一个顶点时，董源画风一直无人去发展它。所以，董源画风仍有发展的余地。赵孟頫师法董源画风时，便发展了这一余地。赵孟頫简化了董源的皴法，加入了书法笔意，使之更加潇洒简秀、疏空隽朗。因而，赵孟頫在追求"古意"过程中，师法李郭派

元 赵孟頫 水村图（局部） 纸本墨笔，24.9cm×120.5cm，现藏故宫博物院。

的成就并不突出，而师法董巨派却取得了很好的成就。

元代画皆出于赵孟頫。李郭派曹云西、唐子华辈由赵孟頫而上追李、郭，董巨派黄公望、王蒙辈由赵孟頫而上追董、巨。但学李郭的画家终赶不上学董巨的画家，就是因为李、郭的画已发展到尽头，无法再发展。他们学李郭，只能在李郭画风的笼罩之下，无法突出；而学董巨，却能以董巨为基础，再向前发展。故代表元代主流画风的是董巨派。

董其昌说：

元时画道最盛，惟董、巨独行。外皆宗郭熙。其有名者：曹云西、唐子华、姚彦卿、朱泽民辈，出其十不能当倪、黄一，盖风尚使然。亦由赵文敏提醒品格，眼目皆正耳。[1]

又说：

元季诸君子画惟两派，一为董源，一为李成。成画有郭河阳为之佐，亦犹源画有僧巨然副之也。然黄、倪、吴、王四大家，皆以董巨起家成名，至今只行海内。至如学李郭者，朱泽民、唐子华、姚彦卿俱为前人蹊径所压，不能自立堂户。[2]

---

① 见董其昌《画禅室随笔》。
② 见董其昌《画禅室随笔》。

董其昌这两段话对赵孟頫之后的两派画分析得都颇有道理。

实际上，赵孟頫对"古意"的追求是希望更古的。但如前所述，更古的山水画尚不成熟，他不得不降格师法唐、五代、北宋。凡是有更古可求的，他就会追求更古，如人物画，六朝、唐代的人物画已很成熟，他就决不学宋，他说："宋人画人物不及唐人远甚。余刻意学唐人，殆欲尽去宋人笔墨。"①他的人物鞍马画，确实都是学唐人的，人物画中的山水背景也都是学唐、六朝的，比他师法的李郭派、董巨派更古。

（四）"古意论"的价值和意义

画求"古意"，人必好古、师古，"人心不古"是风俗不淳的因素，"人心古朴"则是风俗淳的表现。画中要真正有"古意"，必须变易人心，使人心古；人心古，则画有古意；人心古，则时代风气必变；时代风气变，则时代画风变。所以，中国历代复古运动都取得了很好的成就。唐代韩愈领导的古文运动，宋代欧阳修领导的古文运动，都在文学史上留下了光辉的篇章。绘画方面，北宋末期的复古运动、元代赵孟頫领导的复古运动也都取得了很好的成就。明末陈洪绶师古师到六朝唐代，更取得杰出的成就。但师古必须是真正的古，师不古之古只是师旧，如清初"四王"，名曰"师古"，实则顶多师到"元四家"，更多地是师董其昌。他们并没有真正地师古，而只是沿着旧路走下去。他们的画只是无新意，便谓之师古，实则并没有"古意"。《老子》云："反者，道之动。"顺着旧路走下去，并不谓之古。反向古，实际上是"隔代继承发展"。赵孟頫不是顺着南宋的路走下去，而是师法唐、五代为主，所以，他的画风便和"近世"拉开了距离，自然出现了新意。

所有师古、复古的作品都不可能真正的和古相同，但又都取得了好

---

① 见明代都穆《铁网珊瑚》。

元 赵孟頫 秀石疏林图卷 纸本墨笔，27.5cm×62.8cm，现藏台北故宫博物院。

赵孟頫主张师"古意"，师法造化，还特别重视绘画中书法线条的运用，他在此图卷后自书一诗："石如飞白木如籀，写竹还于八法通。若也有人能会此，须知书画本来同。"他的画印证了他的观点。

的成绩，这个问题值得研究。众所周知，文艺是人的意识反映出来的形态，即意识形态，也叫社会意识形态。古代的人处世为人较之后世要纯朴真实得多，思想意识较之后世也单纯得多。人愈世故，思想愈复杂，真和朴的东西就愈少，人就可能会愈油滑。他的处世也许很顺利，但在艺术上绝不会有伟大高雅的作品。社会过于复杂，可以使人窒息，所以，春秋至战国期间，由于社会发展太快，人的变化也太快，真和朴相应减少，老子和庄子都大声疾呼，要"返朴归真"。《庄子》一书中，"复朴""素朴""纯素""法天贵真"等语比比皆是。那时候，老子和庄子都感到社会比以前复杂、虚伪得多，人心不古，社会不淳。老子经过反复探索，认为社会必须倒退到小国寡民的时代①。庄子赞成老子的主张，但庄子认为倒退到小国寡民、结绳而用之还不行，只要有人群

———————

① 见《老子》八十章。

居住，就有伪诈。因此，他更希望倒退到原始人时代穴洞而居、钻木取火，甚至情同动物（"野鹿"）的时代①。他认为最好的社会，人民如同野鹿一样，端正而不知道什么是义，相爱而不知道什么是仁，真实却不知道什么是忠，得当却不知道什么是信，行动单纯而互相友助，却不以为恩赐。庄子认为只有回复到这种时代，才能"归真返朴"。这实在是他对复杂虚伪社会的无可奈何之叹息。但社会不可能倒退到原始人（甚至类人猿）时代，真和朴一时难以回复，《庄子》提出"既雕既凿，复归于朴"，必须既雕既凿，才能复归于朴。其实，老、庄时代，人比原始部落氏族集团式的人虽然复杂伪诈得多，但比秦汉时代又要单纯、真朴得多。秦汉时代人又比六朝时代人，单纯、真朴得多，六朝比之唐宋、唐宋比之元明清、明清比之今人，总是一代一代地减少真朴。就艺术而论，代表商周的青铜器艺术，后世无可比拟；代表秦汉的石刻雕塑艺术，后世无可比拟；代表六朝的书法艺术，后人无可比拟；代表唐宋的绘画艺术，后人无可比拟。一般说来，社会愈发达，艺术就愈缺少真朴。所以，毕加索曾说过，世界上只有中国人和黑人有艺术，那些先进的白人根本没有艺术。陈洪绶曾把画家分为"神家、名家、作家、匠家"四个档次，他把神家画比作周秦之文，"气韵兼力，飒飒容容"；把名家画比作汉魏之文，"随境堑错"；把作家画比作唐宋之文，"驱遣于法度之中"；匠家画就更差②。一代不如一代。事实上，周秦之文强于汉魏，汉魏之文又强于唐宋。周秦时代人比唐宋人质朴，人们不知道应该怎样去写文，只知道要把事记下来，道理说清就行了，其气韵兼力，飒飒容容的气度，正是周秦作家的气度之外化。汉魏人气度深沉雄大在唐宋人之上，文章和艺术如之。唐宋人既注重写文的方法和形式了，文章就不如周秦文那样实在，那样飒飒容容了，因为华伪出现了。

---

① 见《庄子·天地篇》。

② 参见陈传席《明末怪杰——陈洪绶的生涯和艺术》第163～166页，浙江人民美术出版社，1992年版。

后世文章，凡可读者，皆有"古意"，否则便俗。

社会向前发展，艺术反而倒退、庸俗、卑下。见不到或看不懂古代作品的人，倒也罢了；见到且能看懂古代作品的人，把古和近的作品一对照，高雅、庸俗之别，立览可见。今人的作品固然可以更精细，但格调却很难超过古人。所以，要追求"古意"。

我曾说过："古到极点，也就新到极点，也就高到极点，雅到极点。"最高贵的艺术莫过于单纯，最伟大的作品莫过于平易。而单纯和平易都需要真和朴。所以，一般情况下愈古的作品愈高雅、愈后的作品愈庸俗。后人因此把"高古""古雅"二字联用，高必古、古必雅。今人学书法，必须临古帖，但不是人人都能成功的，得其形易，得其神难。那就要首先得古人之心，要多读古人的书，得其真朴的精神、高雅的品质，使自己的心摆脱世俗庸俗之境，既雕既凿，复归于朴，而进入古人之境。也就是说：首先改变艺术的本体，然后才能改变艺术的主体，以达到满足艺术客体的效果。这就是"古意论"的价值和意义。后世大画家总是要求画有"古意"，或"禅意""庄（道）意"。禅和庄都是要求纯化人的心境，摆脱浊腐的人世，故曰"出家""出世"。实际上，庄和禅也属于古境之一，人心进入古的境地，也就是高尚、单纯、朴素、伟大、平易的境地，作品亦然。人们欣赏格调高古的作品，实是求得生态平衡，因为现实中得不到的东西可在艺术中得到满足。

早期的艺术对于今人来说，是一种自然的古，它的古是时代使然。正如儿童的天真单纯稚趣，是因为其幼小，他复杂险恶伪诈不了。袁宏道说："夫趣得之自然者深，得之学问者浅。当其为童子也不知有趣，然无往而非趣也。"[①]如果一个成人而有童心，能去除世故、庸俗，而以单纯、平易之心去待人待世，那就尤为不易。后世师古而求"古意"的作品，其不易如此，其难于完全同于古也如此。

———————————

① 见《袁宏道全集》卷三《叙陈正甫会心集》。

　　当然，真正的古，后世不可能完全重复，商周的青铜艺术，秦汉的石刻艺术，后人怎么学也不可能与之完全相同。这就是说求"古意"而不可能完全同"古"，因为一代人有一代人的意识，其意识虽然受到古的熏陶，能变得高雅淳朴一些，但当代人的时代意识必给他带来一定的影响，总会在画中出现。这就是后世虽然师古而不能完全同于古的原因。

　　时代深沉强盛，反映在形态上，其艺术自然深沉强盛。像周秦汉唐那样，处于封建社会上升的阶段，艺术总有内在的力量和雄浑深沉之势。宋代始，封建社会趋于下降之势，所以，宋代并没有创造出一代风格，山水画师法荆浩、关仝、李成，花鸟画师法黄筌、徐熙，人物画师法吴道子、顾恺之。北宋没有一个开创一代画风的大家。像其前代的荆、关、董、巨、徐熙、黄筌，北宋无一画家敢与之比拟。南宋是一个非常时代，绘画风格也非常突出，南宋画基本上不师古，却遭到后世无尽的攻击。元明清主流绘画总在复古、"古意"中求生存，元人师董、巨、李、郭；明初浙派师南宋院体，后来吴门派、松江派师"元四家"；清代主流画派沿着松江派走下去。只有明末清初之际出现了一个"天崩地解"的时期，艺术才非同一般。除此之外，元明清主流绘画凡可观者，都在师古之列。当时也有不师古的画家，然皆不足论。时代总趋势在下衰，艺术的总趋势如之。因而，当时艺术如果寻找出路，惟在"古意"中。师造化的画家固然可以使画法有新意，但画的格调却很难提高。

　　绘画的高低，除了画家必备的基本技巧之外，有两点则是主要的，一是画家的个性，二是画家的修养。平凡时代，很难造就有十分特殊个性的人，而画家的修养不偏于古则偏于今，不偏于中则偏于洋，当时无洋可偏，偏于今则易俗（虽不尽然），偏于古则雅。偏于古，受到后世所能见到的古人之高雅情怀、精神中美好部分升华的内容之熏陶，久而久之，便会超越现实，远离庸俗，进入古雅的境界，人便古雅起来，其作品也就古雅起来。

　　当然，如果时代在上升，处于不平凡时期，画家受时代影响（社会意识），就无须师古，其画（社会意识形态）自然在上升或不平凡。反之，便下落，便只好从"古"中寻找出路。元、明、清主流绘画，一代不如一代，"明四家"不如"元四家"远甚，"清四家"（四王）不如"明四家"远甚，倒是非正宗的画家取得了一定的成就。皆因时代使然。

中国的绘画艺术有两种，其一是作为正规艺术的艺术，即应居主流的艺术；其二是作为消遣式的艺术，以游戏笔墨为事，多为文人用以自娱，理应居艺术之别派和支流。明清时代，主流的绘画远不及前代，而文人自娱式的艺术却大为发展了。其原因大抵是：社会趋势处于下衰的时代，主流艺术因缺少时代底气的支撑而无法超越前代，还要跟着时代下衰。文人们在这种时代，已失去了群体（社会总体）之一的作用。元明清的文人大多从社会总体中脱离出来，过着个体超脱的生活。精神无可寄托，就个体性而言，又超越前代，发而为画，亦同之。

所以，抒发个人性情的非主流性的绘画，反而发展，甚至跃居主流地位，即使是专业画家也向文人业余而自娱式绘画靠近，导致了中国正规艺术的下衰。所以，有人说元明清绘画一代不如一代，这是就主流绘画而论的。但又有人说，元明清绘画大发展，大写意画前代所不及，这是就消遣式的非主流绘画而论的。元明清主流绘画，凡尚能成立而又可观者，皆赖有"古意"的支撑。求"古意"可能是他们所能寻到的惟一出路，否则便轻俗。赵孟頫提出"古意论"的真正意义当在于此。

（载《赵孟頫研究文集》，上海书画出版社，1995年版）

二、元代山水画的特殊性及其社会根源

第一节 元代画家和社会意识

比较而言，南宋山水画多属主观的产物（虽不尽然）。李唐后期的画，马、夏的画存世不少，例如常见的《踏歌图》之类，皆非客观自然之景。在他们的作品中，看不出"一片江南也"。而杭州之山，也很难找到马、夏画中那种"类剑插空"的奇绝险峭到离奇之情势。南宋画中刚劲锋利的线条、激烈的大斧劈皴亦非脱胎于南方的真实山水，全是南宋人主观情绪之发泄。这是因为南宋人屡遭丧亡，国家犹如鱼肉，置之外族侵略的刀俎上，一隅之地，亦时时有失去之危险，人的精神遭到痛苦的扭曲和激烈的淬冷，以至形成了崎曲的伤态，失去了对大自然的信赖和亲和，热爱河山，而又不敢正视客观的河山，因此，客观的山水精神不能融入他们的精神之中。所以，南宋的山水画，无论是马、夏的大斧劈皴，还是法常、玉涧的禅画，皆将客观山水置若惘然，禅画更有一片朦胧的感觉。他们无法控制地将一腔激奋和怨怒发泄于笔端，绘画成为他们发泄个人感情的工具。直到元初，这一类风格的绘画仍在延续，但已失去了原动力。

元初，国势平稳，人们从不知存亡几时的紧张状态中摆脱出来，人心又恢复了"生态"和"弹性"，重新展向自然。

元　高克恭　云横秀岭图　绢本设色，182.3cm×166.7cm，现藏台北故宫博物院。

高克恭（1248～1310年），字彦敬，号房山，大都（今北京）房山人，其祖父是西域人。高画主要面貌是继承米芾和董、巨，此图似李成法构图，山石的结构、脉络颇似董、巨，而又皴以米点。

赵孟頫的《鹊华秋色图》《洞庭东山图》《吴兴清远图》，以及"元四家"所画的《天池石壁图》《青卞隐居图》《富春山居图》等等，多是受到客观自然风景的感化而作，倪云林的画一眼便可看出是无锡太湖风光。

元代社会的特殊性，产生了一代抒情写意画，南宋的山水画脱离了自然，故不是典型的写意画，至少说不是抒情的写意画。所谓写意画，指的是作者随手点染地写出客观自然的意态，但在客观自然的意态中也正能表露作者的心意。中国的士人受儒、道精神支配较多，儒、道皆是反对过于偏激的，而是主张中庸和柔和的。所以，南宋那种表现激烈情绪的绘画，除了特定的历史时期外，士人们是很难完全接受的。

且就中国山水画艺术的起因和发展的基础力量来看，写意艺术乃是中国绘画艺术发展的必然趋势。起于北宋后期（苏、米等人）的抒情写意山水画，正准备向前发展，却因"靖康之难"而被摧折了；南宋一代一直没有得

元 钱选 山居图（局部） 纸本设色，26.5cm×111.6cm，故宫博物院藏。

　　钱选(1239～1302年)，字舜举，号玉潭，双号巽峰，川（湖州）人。钱与赵孟𫖯是同乡，又是好友。他具有多方面的成就，以花鸟、人物画成就更大。此图中一片湖光山色，气氛古拙，艳丽工整，勾勒及设色严谨工整而有法度，为六朝至唐画所不及。

到发展的机会，但到了元代却大大地发展了，很快达到了成熟的高峰。一代而有一代之文，一代而有一代之艺，元代所特有的抒情写意山水画高度，前代不可能达到，后代也无法企及，这是元代社会特有的艺术。

　　元朝本由蒙古贵族建立起来，蒙古族本来是一个落后的游牧民族，它训练出一批强悍的军队，从1210年开始向南侵犯，至1234年消灭了女真族统治下的中国北部的金朝政权。尔后，不停地发动战争，1279年又覆灭了汉族统治下的中国南部的宋政权，统一了南北，建成了自汉唐以来规模空前的统一国家。但在统一全国的战争中，进行野蛮的屠杀和残酷的镇压也是空前的。元朝的统治在全国得到巩固之后，由于民族间的复杂关系，致使这个时期内的中国政治、经济、文化等方面产生一种特殊的形态。经济上，农业和手工业的生产中出现了大量的奴隶劳动。蒙古人原以畜牧为主，入侵初期，他们大量屠杀劳动力和圈地为牧场，大

元 钱选 羲之观鹅图 纸本设色，纵23.3cm. 现藏美国大都会艺术博物馆。

量掳夺人民充当奴隶，破坏了原有的封建农业经济。后来，他们也认识到这样不利于经济发展，又重新采用汉法，但蒙古统治者把它统治下的人民，当作奴隶看待的态度却未变。

正是元代这种渗透着奴隶制因素的封建农奴制和带有鲜明的民族压迫色彩的社会，造成了它的政治和文化的特殊性。

在政治上，他们制造民族之间的矛盾，推行一种民族歧视政策，把各民族人民分为贵贱四等。蒙古人居首，色目人次之，汉人、南人居末，色目人指的是西域及欧洲的各族人，汉人指原金人统治的中国北部人，包括汉族、契丹族、女真族、高丽族等人，是被元人较早征服的一部分人，南北统一之前，他们已作了多年的元民。南人即南宋统治下的中国南部汉人，是元朝建立后的最直接的敌人。元统治者规定政府主要官长的职务只能由蒙古人或色目人担任，汉人中有可做官者，只能任副职，而且除了少数人外，一般都要从吏做起，渐渐升至官的地位。在法律上规定"蒙古人与汉人争，汉人勿还报"。蒙古人杀了汉人可以不偿命，只给以处罚，而汉人杀了蒙古人或色目人，必须处死。还限制汉族人民携带武器和自由集会。在文化方面，蒙古统治者接受了汉族儒家思想，程朱理学，同时还保持他们本族的原有习尚。比如蒙古人长期的游牧和草原生活，特喜歌舞戏曲，乃至于"国王出师，亦从女乐随行。率十七八美女，极慧黠……其舞甚异"（南宋孟琪《蒙鞑备录》）。甚至喇嘛教（佛教）亦蓄女乐。作佛事时，僧人与"倡优百戏"一起唱歌跳舞，中国戏剧发达就是从元初开始的。但他们在侵入汉族之前，对中国的绘画却知之甚少。在宗教方面，表现了和政治紧密结合的现象，蒙古人、色目人和僧侣阶级都是特权阶层。僧侣公开参预政治活动，蒙古的喇嘛教和汉人的佛教基本上是一回事，但在戒规上却略有所异。

道教自南宋时分为二派（南北宗）（参见日本小柳司气太著、陈彬龢译《道教概论》），至元已正式分裂为几个宗派，传统的正乙天师道，只主管江南地区的道教事务。在北方有了新的全真、大道、太一等教。尤其是全真教，其先"王重阳本士流，其弟子谭、马、邱、孙、王、郝，又皆读书种子，故能结纳士类，而士类亦乐就之。况其创教在靖康之后，河北之士正欲避金，不数十年又遭贞祐之变，燕都亡复，河北之士又欲避元，全真教遂为遗老之逋逃薮"（陈坦《南宋初河北新道教考》）。而且全真教集儒的忠孝、佛的戒律、道的丹鼎于一教，故士人乐就之。后来很快发展到南方，很多画家、文学家都加入这个全真教。

元代取消了科举取士，一代士人失却了晋身之阶。虽然在元仁宗时代重新试行，但录取名额极少，又有蒙古人、色目人、汉人、南人之等级分别，汉人、南人的士人特多，名额又特少，几近于无。

但元统治者要统治好先进于他们的广大汉人，离掉汉族士人也是不行的。所以，元建国不久便尽力地勾结汉族大地主分子和影响较大的士人。元初，世祖就几次下诏去江南"搜访遗逸"，"并用南北人"，当然这只是少数。其目的：一是作摆设，二是可以利用少数南人统治南人。这样就使汉族人产生了分化，一部分人跟蒙古统治者走，高官厚禄，如赵孟頫等；一部分人坚持民族气节，拒绝和元统治者合作，隐居终生，如钱选、吴镇等；一部分人努力地向上爬，直至绝望时，又转而退隐，如黄公望等。三种人都是苦闷、屈辱的。即使享受高官厚禄，毕竟是寄人篱下，朱德润主动参加镇压农民起义，发挥过重要作用，仍然只是参谋。他自己忍受不了，不久便告归。赵孟頫受宠甚重，仍遭蒙古人猜疑，力请外补。他们小心谨慎，而且三种人都忘不了自己是第四等级的卑下身份。

后两种人尤其找不到出路。元代大部分士人画家，具有优裕的生活条件，他们固然憎恶这个社会，但又要维护这个社会。元统治者的利益和他们一致，元统治如遭到破坏，农民革命第一个打击对象便是他们。所以，他们害怕农民革命，还要维护这个他们不感兴趣的社会，这就增加了他们的苦闷。

第二节　元画的特点

元代社会和元代士人的特殊性，使元代山水画具有以下一些特点。

（一）元画的主要作者是士人

山水画作者主要是士人，这和南宋相反。南宋的国势阽危，犹如累卵，面临危险，多数士人为国家奔走呼号，很难有闲情逸致去作画。南宋的山水画主要在画院中，而且决不是闲情逸致的笔调。元代不设画院，不存在院画问题。元代的士人是清闲的，几乎无事可做，他们或混迹于勾栏瓦肆之中，从事杂剧创作；或游荡于山村水乡之间，恣情于山水画的写意。后者更是雅事，所以，元代大文人鲜有不会作画者。赵孟頫、王冕、倪云林等是元代著名的作家、诗人，又是第一流大画家，诗文家杨维桢、张雨、虞集、柳贯等亦皆善画。元代几乎所有的画家都有诗文集存世，几乎所有的作家都有题画、议画的诗文存世，没有任何一个时代像元代这样，诗人和画家关系那样亲密。所以，画上题诗、题文在元代空前高涨，有的自画自题，有的互题，有的自题之后又请别人复题，有的一题再题。这都和元代山水画的作者多出于士人有关。

（二）元画以高逸为尚，放逸次之

这是元代士人闲逸、苦闷、悲凉、委曲的精神状态所致。士人放弃

元 曹知白 群峰雪霁图（局部） 纸本墨笔。129.7cm×56.4cm. 台北故宫博物院藏。

曹知白(1272~1355年)，字贞素，又字玄，号云西，浙西华亭（今松江）人。元初，南宋画风还在流行，经赵孟頫极力排斥，渐渐消泯。赵之后，流行着两大主要画风，其一是学董、巨一路，如元四家等人，其二就是学李成、郭熙一路，如曹知白、唐棣、朱德润等。此图是曹的晚年作品，已能自出胸臆，基本摆脱前人的窠臼。

对国家民族的责任心，而隐逸形成一种社会普遍性的现象，这在元代是空前的。赵孟頫一生富贵已极，但也痛苦已极，他自己说："一生事事总堪惭"。对隐逸更是向往已极，他和钱选都喜画陶渊明，但赵对陶的追求更凄切，他在《次韵钱舜举四慕》诗中云："周（庄子）也实旷士……渊明亦其人。九原如可作，执鞭良所欣。"倪云林不仅自己隐逸，并劝所有的朋友包括已经做官的朋友退隐，他鼓励王蒙要坚定隐逸的决心，"不将身作系官奴"，并对已经退隐的，仍不能彻底忘掉忧国忧民的隐士表示遗憾，"今日江湖重回首"，劝他们再一次真隐。总之，元代士人的隐逸不是个别现象，而且和以前的隐士隐居的目的也有区别，乃是一种社会性的退避，元曲有云"体乾坤姓土的由他姓土，他夺了呵夺汉朝，篡了呵篡汉邦，倒与俺闲人每留下醉乡"。元代士人对社会大退避，开始了回归人之本体的觉醒，对传统的正统论，对封建制度，对人世都发生了怀疑，以至斥弃，这就加速了封建社会衰亡和解体。这方面，元代是一个萌发时代。宋代士人忧国忧君，"进亦忧，退亦忧"，是因为有国有君可忧，元代的士人则不然。元代的士人"辱于夷狄之变"，并且目睹元的强大，反抗是无益的，他们只好顺从，有人甚至跟着转，顺从又何尝不痛苦，他们忘记不了自己是最下一等人。科举的中止，他们百无聊赖，有才无处发，于是引发为一种对人世生活的超脱之感，并发展为使个体与社会总体分离的社会性的精神运动。而且地位越是低下污浊，越是要显示自己的高尚清逸。元代的"八娼九儒十丐"①的等级，刺激这些"老九"们追求高逸，表现高逸，这是元代山水画以高逸为尚的思想根源。所以，倪云林的"逸笔草草""聊以写胸中逸气"说，最能道出元代绘画的精神。

---

①元代的"九儒十丐"之说，并不十分可靠，但元人儒生地位低下，却是事实。

（三）元代绘画对脱俗的强调

高逸就是脱俗。历代绘画皆讲究脱俗，但皆没有元代画家强调得厉害，亦元代社会精神使然。元代士人的隐逸是社会性的，乃至于身在官位，心向隐逸，可谓"隐于官"。这和六朝的陶弘景身在山中，心在庙堂，名为隐逸，实为宰相相反。同时，社会发展了，对物质的要求也不一样，社会性的大退避不可能全部匿身深山之中。元代以后的隐逸之士很少终生居住在深山。元代的士人几乎无一人像五代荆浩那样隐居太行山。王蒙自号黄鹤山樵，其实他在黄鹤山只是象征性的，只要查看他的踪迹便可知晓。他们也不像六朝人那样经营大庄园（倪云林还卖掉田产，浮游于五湖三泖间二十余年），只能隐于市井之中，终身和市俗打交道。"元四家"皆是最雅之人了，董其昌《画旨》云："元季高人，皆隐于画史，如黄公望……""元四家"当时即被视为高士、处士。但黄公望、吴镇到处奔波卖卜，倪云林做过生意，而且还"罄折拜胥吏，戴星候公庭"（《述怀》诗），王蒙当过小官吏，无一不和俗打交道。如真正地隐居深山，远离尘俗，脱俗便不成什么问题了。正因为元隐逸者和市俗混在一起，为了表现自己，为了把自己和世俗分开，就须特别强调脱俗。脱俗的口号喊得愈高，愈说明他们和俗离得很近。愈是近于俗，则愈是强调脱俗。所以元代山水画柔曲多于敦厚，兆于应世也。它不可能有五代山水画那样的崇高美，但它的随和、任意、多变、平淡也是任何一个时代所不及的。

（四）元人绘画中心的特殊性

元以前，除了十分动乱的时代，一般时代的绘画中心都在京都，六朝之建邺（南京），唐之长安，北宋之东京，南宋之杭州。即是说，绘画的中心和政治中心是一致的。元代的绘画作者主要是隐逸之士，因而，其绘画中心则不必在京都。而且元代的经济中心亦不在京都，郑元祐《侨吴集》云："东南富庶，为天下最。若吴之赋人，又为东南最。"元画的中心则在东南江浙苏杭一带之吴兴、嘉兴、松江、无锡、镇江等地，又以苏州为中心的中心，苏州不仅画家多，而且赵、高、"元四家"及其他画家多侨居或游览苏州。北京也可以说是一个中心，但知名的画家对它皆无大兴趣，而且赵孟𫖯、唐棣、方从义、黄公望等皆至而复去，不愿在北京停留。元代之后山水画以及其他画科的大画家基本上产生在江浙一带。

元代的绘画中心的特殊性开明之先河，且为清代绘画以地区为派别的变化打下了基础。

（五）元代绘画的主流和支流

元初的山水画南宋画风仍有延续，现存孙君泽的山水画依旧似李、刘、马、夏。赵孟𫖯等人出，力摒南宋画风，主张学北宋、五代、唐、晋，力求古雅。但晋唐绘画存世本来就不多，包括赵孟𫖯在内的画家也很难见到。所以，赵孟𫖯的画以学五代、北宋为主。五代的山水绘画，北方有荆、关、李成，经过北宋的筛选，李成的画名尤盛，同时有郭熙画为之副。南方有董源、巨然一派，这一派绘画一直不太显赫，北宋后期沈括、米芾等人才注意到他们的画。沈、米等人皆是南方人，看惯了南方的景致，所以对董、巨描写南方山水画的画法特别亲切，很感兴趣。南宋山水画家将客观山水置若惘然，又加上董、巨的柔性绘画不足以排泄他们的激奋心情，遂使之冷落数百年。赵孟𫖯等人亦是南方人，对董源的画自然也感亲切。赵孟𫖯的画既学董、巨，又学李、郭，而以学董、巨一派较有新意。元一代山水画皆受赵孟𫖯所影响，有师董、巨和师李、郭两路。董其昌说："元季诸君子画惟两派，一为董源，一为李成。成画有郭河阳为之佐，亦犹源有僧巨然副之也。然黄、倪、吴、王四大家，皆以董、巨起家成名，至今只行海内。至如学李、郭者，朱泽民、唐子华、姚彦卿俱为前人蹊径所压，不能自立堂户。"（《画旨》）董总结的是对的，但他却不知道何以至此。

元代初期，李成画名仍然高于董、巨，一般士人重名的习惯很难克服。元代的山水画多出于东南，所以他们学荆、关、李成的北方画风来画南方山水，成就皆不太高。倒是学董、巨南方画风来画南方山水的画家成就甚高。元代包括黄公望、倪云林等很多画家虽然得力于董、巨，但仍自称得荆、关笔意，他们是否看到荆、关的绘画还是个问题。黄、吴、王、倪和高克恭以及放逸一派的方从义等人皆自董、巨起家，能够代表元画的最高成就。董其昌又说："元时画道最盛，惟董、巨独行，外此皆宗郭熙，其有名者，曹云西、唐子华、姚彦卿、朱泽民辈，出其十不能当倪、黄一，盖风尚使然。亦由赵文敏提醒品格，眼目皆正耳。"（《画眼》）其实唐子华辈的

元　朱德润　林下鸣琴图轴　绢本，120.8cm×58cm，故宫博物院藏。

朱德润(1294~1365年)，字泽民，吴郡人，画学李成、郭熙。此图墨笔画。自识"林下鸣琴，朱泽民作"，钤朱文一印。

元　唐棣　雪港捕鱼图　纸本设色，
148.3cm×68.2cm，现藏上海博物院。

唐棣（1296~1364年），字子华，
吴兴人，画山水师郭熙。此图是唐57岁
时所作。画中山石、树木、雪意皆用郭
法，虽有变化，而未摆脱郭画法门。唐
晚年的画受元代绘画风气以及个人的思
想变化影响，也开始有了变化。

画也由赵文敏提醒品格，但他们没
有弄清哪一种传统宜于表现眼前的
造化。所以，元代绘画师法董、巨
一派是主流，师法李、郭一派的画
家后来也都渐渐转向师法董、巨，
或者在他们师法李、郭的作品中加
入了董、巨笔意，支流最终也归于
主流，这才是"风尚使然"。因之
元画开辟了师法董、巨的一代画
风，明、清因之。

还要补充说明，元代画家是特
重传统的，甚至达到了过分的地
步，也许是受赵孟頫重"古意"
理论的影响。但因元代士人具有
特殊的精神因素，所以在师传统的
基础上产生了具有特殊个性的一代
绘画。明清多数画家缺乏元代士人
的精神作用，所以他们师古而少个
性。他们都是排斥南宋画法的，其
原因，如前已述：一是南宋的强硬
笔意和过分激烈的情绪很难为士人
所接受，二是南宋的绘画脱离自
然。中国士人对自然的亲和是由来
已久的，元人绘画重新展向自然
时，自然摒弃了它。

不过，赵孟頫力摒南宋画法，
还有政治上的动机。南宋是被元统
治者消灭的，是元帝国的近敌。敌

国之间是互相排斥的，赵以宋王孙的身份在元廷做官，不能不取十分谨慎的态度。故赵排斥南宋画法在政治上是保险法（详后），这一点也不可不察。

其次，元代绘画受前代影响，尤其是受北宋复古和文人画理论影响较大，苏轼、米芾、晁补之等人的作用不可忽视。元代画论有云："观画之法，先观气韵，次观笔意、骨法、位置、傅染，然后形似……高人胜士寄兴写意者，慎不可以形似之。"（《画鉴》）显然是接受他们的影响。倪云林的"逸气"说也可以从北宋的文人画论中找到胚形。

元代绘画还有值得一提的是：少数民族画家学习汉画取得了较大成绩，如高克恭是西域人，他学二米和董、巨法，被称为"当代第一"和"无敌手"，同赵孟頫齐名。元、明、清三代学米法的山水画主要是学高克恭。张彦辅（汉名）是蒙古人，又是北方太一教道士，和南方的正一道也有关系，他学米画，"善写山水"，"名重一时"。少数民族学汉画取得成就很多，这反映了元代虽然存在着种族歧视，但也存在着民族大融合，促进了汉文化的传播和发展。

（六）其他

元代虽然短暂，但绘画却取得了突出的成就，它创造了元代绘画的特殊面貌，为中国山水画增添了独具一格的美的形式。元代山水画是继五代之后中国山水画的又一高峰，是中国古代山水画抒情写意一格的最高峰。其发达的原因，以上所述已见数端，一代士人无事可做，终生颓唐苦闷，一寄于画；科举中止，传统的经邦治世的儒家学说也在元代的士人中失去了统治地位，无邦可经，无世可治，他们的时间和才能便可以无顾忌地花在绘画上；而且又不是以绘画赶取功名，乃是用它来抒发性情，这又是艺术真、善、美的本源所在。当外在的反抗和经邦济世前途渺茫或力不从心时，人们就会转而追求内在的精神自由和人格完美以及性情的抒发。所以，元代绘画虽无外在的雄强之势，却有内在丰富的蕴藉。

另外元代文化政策十分宽弛。元统治者文化水平不高，实际统治力也不强，这固然造成社会秩序的混乱，但也造成对人民思想控制的松弛。像宋代的"乌台诗案"和明清的"文字狱"，在元代是没有的。所以，元代文化政策保证了元代士人的创作自由，他们可以无拘束地抒发自己的性情。

元画是抒情的。

元代山水画成就最高的是画山村山水的小景（甚至画高山峻岭也小景化），这当和元画的抒情性有关，也和元人士人隐居于市井，来往于山村水乡之中，而不隐居于深山大岭之中有关。

三、黄公望述评

第一节　黄公望的生平和思想

　　黄公望（1269～1354年）^①，字子久，号大痴、大痴道人，又号一峰道人。据元人钟嗣成《录鬼簿》之记载，黄公望本是陆家的后代："乃陆神童之次弟也，系姑苏琴川子游巷居，髫龄（七八岁）时，螟蛉温州黄氏为嗣，因而姓焉。其父九旬时，方立嗣，见子久，乃云：'黄公望之久矣。'"（《曹氏刊本》）于是这位陆家之子便改姓黄，名公望，字子久。钟嗣成是黄公望的朋友，其《录鬼簿》著于公望61岁时，其说可信。这里说的姑苏即今之苏州（地区），据《清一统志苏州府山川目》知琴川"乃常熟县地"，亦为常熟之别名。《宝颜秘笈》陈继儒

---

　　① 黄公望的生年，根据他作品上题识可考。如故宫博物院所藏《九峰雪霁图》上自题云："至正九年（1349年）春正月，为彦功作……大痴道人时年八十有一。"又《天池石壁图》上自题云："至正元年（1341年）十月，大痴道人为性之作天池石壁图，时年七十有三。"有题曹知白《山水轴》有云："至正九年五月二十五日，大痴学人公望识，时年八十有一。"又跋王叔明《竹趣图》云："至正壬辰（1352年）冬，公望一峰道人，时年八十有四。"等等。大痴享年有两说，一云86岁，一云90岁，以享年86岁为可信，不具考。

元 黄公望 富春山居图（局部一） 纸本墨笔，33cm×636.9cm，台北故宫博物院藏。

黄公望(1269~1354年)，字子久，号大痴、大痴道人，又号一峰道人，"元四家"之一。《富春山居图》是黄对后世影响最大的作品。中国山水画发展至元末，董源画派已成为山水画的最大宗师，经过黄公望的努力，开拓了一个学董为风的时代，使这个本来不太受人重视的画派发扬光大，彻底变革了南宋院体的画风。明清两代，黄的画名和影响与日俱增。

《笔记》卷二亦有"黄公望，本常熟陆神童之弟，出继永嘉黄氏，故姓黄"之说。较早的王稚登《丹青志》亦谓"黄公望，常熟人"。元人《图绘宝鉴》谓之"平江常熟人"，黄公望原籍常熟不会错。

当黄公望出生的时候，正值奸相贾似道专权，南宋政权已十分腐朽，北方的蒙古族已是十分强大。蒙古人击灭了金、西辽、西夏之后，就开始了对宋战争。1268年，即公望出生的前一年，已经登上汗位的元世祖忽必烈动员了十万之众，全力以赴攻宋。南宋"国家如今谁倚仗？衣带一江而已"（宋末文及翁词句）。及襄、樊二城被元军攻陷后，长江天险已不能再作倚仗，就在黄公望出生的第五年，忽必烈又一次大举伐宋，由于南宋政治的极端腐朽，贾似道一心投降，元军很快推进到长江下游，在公望六七岁时，他的家乡已陷落到元人之手。又几个月后，（1276年）元人攻进了南宋的都城临安，掠走了宋恭帝赵显，南宋政权基本上结束了。只有文天祥、陆秀夫、张世杰等为首的少数抵抗派，先

元　黄公望　富春山居图（局部二）

后拥立恭帝的两个弟弟亡命于东南沿海一带。

当黄公望11岁时，宋王朝已经彻底覆灭。而元统治政权已进入了至元十六年的时期了。

黄公望青年时代还是希望在政治上一展身手，干一番大事业的，那就必须做官。但元统治者选拔官员并不采用科举考取的办法（至元仁宗治政时期，才始正式实行科举，然每次录取不过数十人，且其时子久已在狱中），而是规定汉人要做官必须从当吏开始（吏是一般的办事官员），到一定年限，视办事能力如何，再决定可否做官。当吏要有人引荐，子久直到中年才得到徐琰的"赏识"，在浙西廉访司充当书吏，即《录鬼簿》卷下所说的"先充浙西宪吏"、《无声诗史》卷一所说的："浙西廉访使徐琰辟为椽"。后来他又到当时大都（今北京），在御史台下属的察院充当书吏，经理田粮，即子久的好友王逢所说的"尝椽中台察院"（《梧溪集》卷四《题黄大痴山水》诗注）。子久的上司是张闾平章，元仁宗曾派他"经理江南田流"。张闾是个有名的贪官，到江南后"贪刻用事，富民黠吏，并缘为奸"，搞得民不聊生，"盗贼"四起，元统治者不得不将张闾治罪，于延祐二年（1315年）九月逮捕下狱。为此，黄公望也遭到连累，被诬下狱。他在狱中还写诗给朋友，其友杨仲弘还有《次韵黄子久狱中见赠》的诗思念他，其诗有云："世故无涯方扰扰，人生如梦竟昏昏。何时再会吴江上，共泛扁舟醉瓦盆。"黄子久历经世故，此时已年近五十，看来在吏途上还是不得意的。其友杨维桢《西湖竹枝词》中说他："少有大志，试吏弗遂。"幸而此次坐牢没有丧命，五十而知天命，子久从此也便绝了什途之望。出狱后，开始了隐士生活，并加入了新道教，即《梧溪集》中所记的"会张闾平章被诬，累之，得不死，遂入道云"。

此后，他"改号一峰"，又"易姓名为苦行，号净墅，又号大痴"。（见《录鬼簿》卷下）又曹氏刊本谓："在京为权贵所中，改号一峰……易姓名为苦行净竖，又号大痴翁。"又俞樾《茶香室丛钞》谓之"署款大痴道人静竖"。从大痴的号和易名姓事可以了解他此时的心境——失意后的惘然。大痴是否相信人身之外尚有主宰它的"命运"，不得而知，但他曾以卜术为生，为他人卜算吉凶命运，这在很多文献上皆有记载，当然这也是在出狱后，为生活所迫而至此。当时的大画家吴镇也在杭州卖卜，聊以为生。后来，子久画名大振，又以"教授弟子"为生，即明人刘凤《续吴先贤赞》《艺事纪录汇编》所记："为黄冠，往来吴越间……教授弟子，无问所业，谈儒墨黄老。"陶宗仪《辍耕录》也记有"其徒弟沈生，狎近侧一女道姑。同门有欲白之于师，沈惧，引厨刀自割其势，几死。"沈生即沈瑞，曾给杨维桢画过一幅《君山吹笛图》，杨的《东维子文集》卷二十八中记有他跟大痴学画的事。看来，子久对徒弟的道德品质也有严格的要求。《辍耕录》还收有黄子久的《写山水诀》，不论篇名，抑是内容，皆明白看出是为教授学生而写的。首句中便要求"学者当尽心焉"。最后警戒学生们"作画大要去邪、甜、俗、赖四个字"。文人卖画为生，盛于明清二朝，元代文人寄乐于画，卖画为生还不普遍。因之，子久卖卜、授徒主要为生计。

由于子久加入了新道教的缘故，他出狱之后，基本上过着云游性质的生活，这是新道教的教规之一。

　　王逢《奉简黄大痴尊师》诗云："十年淞上筑仙关，猿鹤如童守大还。"（《梧溪集》卷一）子久在淞江居住十年以上，但所居并不固定，更多的是外出云游。他还在苏州天德桥开设三教堂，有时寓居道院，他的《芝兰室图》即是在云间玄真道院寓居时画成的。他56岁之后，于泰定年间尝游吴地华山，并画了《天池图》。高启《凫藻集》卷四《题〈天池图〉》小引中记云："吴华山有天池石壁，……元泰定间（1324～1327年），大痴黄先生游而爱之，为图四三本，而池之名益著。"天池山在苏州以西约30里地，即今之吴县藏书公社天池山，其山东半部，当地人谓之华山。其地至今长松夹道，十分幽静。

　　据杨维桢（1296～1370年）的《东维子文集》中几次提到黄大痴的地方可知：大痴60岁前后及77岁时多次和朋友一起乘舟游太湖，且喜吹铁笛。《跋君山吹笛图》有云："予往年与大痴道人扁舟东西泖间，或乘兴涉海，抵小金山，道人出所制小铁笛。"大痴善吹铁笛，文献中记载甚多，《铁崖先生古乐府》卷二《五游湖》中有："道人卧舟吹铁笛。"杨瑀《山居新语》（此书有杨维桢至正寅子的序）记云："黄子久……阎子静、徐子方、赵松雪诸名公，莫不友爱之，一日与客游孤山，闻湖中笛声。子久曰：'此铁笛声也'。少顷，子久亦以铁笛自吹下山。游湖者吹笛上山，乃吾子行也，二公略不相顾，笛声不辍，交臂而去。一时兴趣，又过于桓伊也。"子久77岁那年，又游太湖，仍吹铁笛。《东维子文集·铁崖先生古乐府》中有《望洞庭》诗序云："乙酉（1345年）除夕，余雪中望洞庭。"其诗前四句："琼田三万六千顷，七十二朵青莲开。道人铁精（铁笛）持地手，啸引紫凤朝蓬莱。"这一年，子久还为居住太湖之滨的倪云林所画的《六君子图》题诗："……居然相对六君子，正直特立无偏颇。"寄寓了他的人生观。

　　子久有时又在荒山中呆坐或在水中痴望，李日华《六研斋笔记》中记："陈郡丞尝谓余言，黄子久终日只在荒山乱石丛木深莽中坐，意态忽忽，人莫测其所为。又居泖中通海处，看激流袭浪，风雨骤至，虽水怪悲诧，亦不顾。"有时又"尝于月夜棹孤舟，出西郭门，循山而行，山尽抵湖桥。以长绳系酒瓶于船尾，返舟行至齐女墓下。率绳取瓶，绳断，抚掌大笑，声振山谷，人望之以为神仙云"（见《海虞画苑略》）。或："隐居小山（在常熟之虞山左边），每月夜，携瓶酒，坐湖桥，独饮清吟。酒罢，投瓶水中，桥殆满。"

子久也经常和倪云林、王叔明、吴仲圭、曹云西等大画家相聚，切磋绘事、相互题赠，并和他们合作山水画，至今尚有他们合作的画迹存世。同时和当时的名士杨维桢、张伯雨等也皆是好朋友，杨、张常在子久画上题诗题字。子久74岁那年，题倪云林《春林远岫小幅》有云："至正二年十二月廿一日，叔明持元镇《春林远岫》，并示此纸，索拙笔以毗之，老眼昏甚，手不应心，聊塞来意，并题一绝云：春林远岫云林画，意态萧然物外情。老眼堪怜似张籍，看花玄圃欠分明。"看来他七十多岁已"老眼昏花"，并不像明人说的："黄子久年九十余，碧瞳丹颊。"（李日华《紫桃轩杂缀》）。或如清人所云："年九十，貌如童颜。"（《虞山画志》）同年，子久自题《夏山图》："今老甚，目力昏花，又不复能作矣。"同年夏五月，他寓云间玄真道院，作《芝兰室图》，七月，作《秋林烟霭图》，九月，于江上亭作《浅绛山水》。此后几年中，他虽然目力不逮，却抓紧作画，留下不少珍迹。

此时，大痴仍在太湖一带，而且云游也一直未停，直至满头白发的暮年。《杨仲弘诗集》卷四五古诗《再用韵赠子久》有云："尘埃深灭迹，霜雪暗盈头。始见神龟梦，终营狡兔谋。雪埋东郭履，月满太湖舟。急景谁推壳，流年孰唱筹。"可知他"霜雪暗盈头"时依旧在太湖一带。"终营狡兔谋"，是子久尚有很多落脚之处也。《无声诗史》亦记其"往来三吴"。

子久年近80岁前后，尝偕无用师一起去富春山，领略江山钓滩之胜，暇日于南楼作画。

子久晚年因爱武林（杭州）湖山之美，曾结庐于杭州的筲箕泉。《辍耕录》卷九记有："杭州赤山之阴，曰筲箕泉，黄大痴所尝结庐处。"《无声诗史》："大痴道人，隐于杭州筲箕泉。"与大痴有忘年交的王逢在大痴隐居杭州时，还几次写诗怀念："十年不见黄大痴，……大痴真是人中豪。"（《梧溪集·题黄大痴山水诗》）王逢还希望他从杭州回到家乡隐居："顾我丹台名有在，几时来隐陆机山。"（《梧溪集》卷一）但是大痴却一直未能回到家乡。至正十四年（1354年），黄大痴死于杭州，时年86岁。死后还留下许多优美的传说。周亮工《书影》："李君实（李日华）曰：常闻人说黄子久……一日于武林虎跑，方同数客立石上。忽四山云雾拥溢郁勃，片时竟不见子久，以为仙去。"孙承泽《庚子消夏记》亦有："人传子久于武林虎跑石上飞升。"方薰《山静居论画》更谓："辞世后，以有见其吹横竹出秦关，遂以为蝉蜕不死。"

大痴死后，仍被安葬在他的家乡常熟，其墓至今尚在虞山西麓。

大痴虽然生于宋，但在他懂事的时候，腐朽的南宋政权

元　黄公望　九峰雪霁图　绢本墨笔，117.2cm×55.3cm，故宫博物院藏。

图中大略有九个山峰、雪景，故名。此图着墨不多，用笔单纯而疏秀，给人洁净又洗练的感觉，线条劲挺方直，外轮廓线很清晰，皆和他学董巨的画法有别，似从荆关中变出。

已基本上不存在了，他实际上是元朝的臣民。少年时代，他并不想以画家终其身，乃是希望干一番大事业。因而他"博学多能"（《山居新语》）。"至于天下之事，无所不能"（《录鬼簿》），"经史二氏九流之学，无不通晓"（《画史会要》），中年从吏，年近五十非但未能升官，反而下狱，一生大势已去，大志也就彻底破灭。出狱后，思想极端苦闷，儒家思想之外，他更接近于佛、道二教，他的朋友都说他"通三教"（见《录鬼簿》等书）。他最终加入了全真教，与金蓬头、莫月鼎、冷启敬、张三丰等为师友。所谓全真，"盖屏去妄幻，独全真之意也"，他从此不再空想了。大痴并在苏州等地开设三教堂，宣传全真教义。据陈垣《南宋初河北新道教考》："全真王重阳本士流，其弟子谭、马、邱、刘、王、郝，又皆读书种子，故能结纳士类，而士类亦乐就之。况其创教在靖康之后，河北之士正欲避金，不数十年，又遭贞祐之变，燕都亡复，河北之士又欲避元，全真遂为遗老之逋逃薮。"当时倪云林、杨维桢、张雨、方从义等文士皆加入了此教。黄公望颇通教义，他晚年还"与陈存甫论性命之理"。所谓"性理"，为道教南宗所生，由服食炼养，而保啬人之真性，可谓自力宗，所谓"命理"，为北宗所生，由符咒科教，而将延命，可谓他力宗；道教南北二宗分派，始自南宋之初，至金主亮贞元元年时王重阳创全真教，谭、马、邱、刘和之，其教盛焉，混合"性命"，并述性与命之关系。黄子久的三教堂以及当时流行的三教合一，实际皆是以新道教为其骨干。黄公望在宣传和组织这种新道教中，显然是很卖力的。因之，前引黄大痴的徒弟沈生瑞，既是他授画之徒，也是他授道之徒。所以，沈生瑞狎女道姑事将被黄子久知道时，他害怕而自杀，因为任何宗教，不管它性质如何，皆立基于道德，以劝恶从善开始，且多不主张武力抵抗，新道教本来还含有对金元统治消极抵抗的意味（虽然后被元统治者所利用——利用其消极也），又是知识分子雅集清谈的场所，且元统治者所定十等人中"一官二吏三僧四道……九儒十丐"（郑思肖《心史·大义略叙》），道的地位比儒也高得多，况且还享有一定的免役特权，这也许是新道教兴盛的原因之一。新道教中有《立教十五论》：第一论住庵；第二论云游；第三论学书……第七论打坐，述静坐之心得；第八论降心，述剪除乱心，而述定心；第九论炼性，述对于理性，应使得紧肃与宽慢之中……第十五论离凡世，述脱落心地，是为真离凡世。这种宗教修炼对画家是有很大影响的。云游，对于画家来说，无疑是最必需也是最好的涵养，所以，黄子久居无定处，打坐、降心、炼性，使人虚精凝神，诗要孤，画要静，这是古代文人画家在精神上所最要紧的修炼，它对画家画格的影响甚大。凡是一个情绪很安稳、精神很静谧的人，他的笔下一般不会出现马、夏大斧劈皴那样的激荡。离凡，人之离凡，其画境则不会凡俗，如此等等，对子久的思想皆将产生影响，对他的画风形成也将产生影响。

总结一下黄子久的思想，由"少有大志"到"试吏弗遂"到"弃人间事"，退隐而寄乐于画。因而说他"耻仕胡元，隐居求高"（《四友斋丛说》卷二十九《画二》），"绝意仕途"（《常熟县志》），其实皆是不得已而然。不过他晚年的思想也确实处于沉静安稳状态，尤其是他加入新道教之后，仅以诗画为事，其生活和思想皆无太大的波动，这在他的画中皆有所体现。

第二节　黄公望山水画的艺术特色及其形成

明张丑《清河书画舫》谓："大痴画格有二：一种作浅绛色者，山头多岩石，笔势雄伟；一种作水墨者，皴纹极少，笔意尤为简远。"接着他又说："近见吴氏藏公《富春山图卷》，清真秀拔，繁简得中。"其实，子久山水画还有十分繁复的一种。从现存的几幅作品中可见一斑。

《九峰雪霁图》立轴乃是黄公望雪景山水画的杰作。图中大略有九个山峰、雪景，故名。最前面一山低矮如乱石堆垒立于画之中心，左右皆画溪水，溪水由前分道延伸至后，和天空相呼应，使画面增加了空旷幽深感。两边相应相连的断崖、岗、阜，下面的坡陀相揖，坡脚和水畔间丛林中有茅屋数间，表现了远避尘俗的幽人雅士之境地。后面群峰耸

元　黄公望　天池石壁图　绢本设色，139.3cm×57.2cm，现藏故宫博物院。

最能代表黄公望的突出成就、且对后世影响最大的是学董、巨一路的画法，此图正是，可代表黄画构图繁复的一路。

立秀拔，主次分明又脉络相连。画幅的右上角用行楷自题："至正九年春正月为彦功作雪山，次春雪大作，凡两三次，直至毕工方止，亦奇事也。大痴道人时年八十有一，书此以记岁月云。"是知此图作于1349年，画给元代著名文士班惟志的。此图山势高远兼深远，章法严谨，奇险中见平稳，结构缜密，虚实相生。画中山石树屋是先用不太浓的墨勾出轮廓，再用深浅不同的墨色略皴（"皴纹极少"）或点、擦、捽，再以很淡墨轻晕染山石，以加强山石的层次和立体感。再以淡墨晕染天地。坡边微染赭红色。最后以较浓的墨点小树和加勾部分轮廓线，故特别醒目。子久在其《写山水诀》中谓："画石之法，先从淡墨起，可改可救，渐用浓墨者为上。"山石中、树枝间、房屋上皆未染墨色，即子久谓"冬景借地以为雪"也。此图着墨不多，用笔单纯而疏秀，给人以洁净又洗练的感觉，线条劲挺方直，外轮廓线很清晰，皆和他学董巨的画法有别，似从荆关中变出。李日华《六研斋笔记》记大痴82岁时为孙元琳所作画云："……体格俱方，以笔腮拖下，取刷丝飞白之势，而以淡墨笼之，乃子久稍变荆、关法而为之者，他人无是也。"《九峰雪霁图》也是这种情况。董其昌《画禅室随笔》和《画旨》中还说过："作画，凡山俱要有凹凸之形，先勾山外势形象，其中则用直皴，此子久法也。"在此图中也可以得到很好的验证，和此图画法差不多的还有大痴同年所作的《快雪时晴图》和《剡溪访戴图》等，至今尚存云南省博物馆。

最能代表子久突出成就，且对后世影响最大的是子久学董源、巨然一路的画法。

明显地看出他学董源一路画法的作品，至今还可以看到很多，《丹崖玉树图》轴便是其中一幅。此图画在纸本上，叠嶂嶙嶙，乱石矗矗，远处山头半虚半实，苍苍茫茫，近前处高松长木，分二组相互掩映，山腰下山坳处，一片矮房，右下角小平桥上有一人行走，表明了此山是一隐者的雅墅。此图基本学董源画法，山石用圆润线条勾皴，皴属短披麻。山头小树丛密，苔点大多点在山石顶上的轮廓线上。近处长松用长线条勾轮廓，然后皴鳞皮、勾叶针。杂树或圈或点，皆温润柔和，无强悍之气和奇峭之笔。构图甚繁，用笔甚简，大石的面处少皴或不皴，和全皴的乱石形成对比，联合远处的云、近处的雾、下面的水，愈显画面之空灵而又充实。设色浅绛，淡冶秀雅，干墨披纷，笔法松秀。远山吸收了米点法，由湿至干。这些又皆有异于董源。但整个画面的精神状态，依旧能看出是从董源法中变出。

子久学巨然画法的作品存世者尚有《仙山图》等，《仙山图》上子久自题"至元戊寅九月一峰道人为贞居画"。即1338年子久72岁为张雨所作。之所以叫《仙山图》，乃因于倪云林的题识，其二绝云："东望蓬莱弱水长，方壶宫阙镇芝房。谁怜误落尘寰久，曾嗽飞霞燕帝觞。玉观碧台紫雾高，背骑丹凤姿游遨。双成不唤吹笙侣，阆苑春深醉仙桃。至正己亥四月十七日，过张外史山居，观仙山图，遂题二绝于大痴画，懒瓒。"画中杂树画法以及山石长披麻皴的线条显然来自巨然。画中右部的三叠山竟和巨然的《秋山问道图》画中右部的三叠山十分相似，有可能就是摹拟巨然的。不过，巨然的长披麻皴用笔纷披交叉，而子久的长披麻皴线条自上拉下直顺畅通，很少如乱麻似的交叉，就整幅画面论，子久也较巨然更加疏朗秀灵。

《天池石壁图》轴亦是子久的杰作之一。可代表子久山水画的构图繁复的一路，画幅左上角自识"至正元年十月，大痴道人为性之作天池石壁图，时年七十有三"。张庚《图画精意识》中记叙此图甚确："大痴《天池石壁图》，入手杂树一林，边右四松（按据今故宫所藏知，应为'边左三松'）高起，石侧茅屋，此第一层甚浅。林外隔溪即起大山，层层而上，山之右掖出一池，人家临池，池上起陡壁，壁罅出瀑水下注，而以桥阁接住，不露水口，弥觉幽深，此点题也。陡壁即大山之顶，绵亘入右而削下者，非另为之也。盖通幅惟此一大山盘礴，顶外列小山两层……又为小峰参差，虚映于后为两层也。混沦雄厚，岚气溢幅，真属壮观。"今日所见此图，果如所记。《天池石壁图》一画层峦叠嶂，巨石堆垒，长松杂木，目不暇映。其烟云流涧，山石明灭，或隐或现，气势雄浑，苍苍莽莽。构图至繁，状物之皴笔却简略，长而整的线条自然流畅，起落有序，"其画高峰绝壁，往往钩勒楞廓，而不施皴擦，气韵自能深厚"（方薰语）。多用赭色，墨青墨绿合染，色调简淡恬雅。所谓"浅绛"法，实始自黄子久也（历来论者谓元人画简，恐不确，黄公望的山水画绝不简，王蒙的山水画恐是古今繁者）。

子久的山水画对后世影响最大的是他晚年所作的一幅长卷《富春山居图》[①]。他在图中自题："至正七年，仆归富春山居，无用师偕往，暇日于南楼援笔写成此卷，兴之所至，不觉亹亹布置如许，逐旋填劄，阅三四载未得完备，盖因留在山中，而云游在外故尔。今特取回行李中，早晚得暇，当为着笔。无用过虑，有巧取豪敚（夺）者，俾先识卷末，

---

① 此卷传世有二幅，一为子明隐君画，后世名之曰《山居图》，一为无用禅师画，后世谓之《富春山居图》。至清，乾隆帝及其侍臣鉴赏家定子明卷为子久真迹，无用师卷为伪。近人吴湖帆又定无用师卷为真，从作品的艺术性及题款鉴之，当以无用师卷为真。

庶使知其成就之难也。十年青龙在庚寅歜节前一日，大痴学人书于云间夏氏知止堂。"这是大痴晚年的一幅杰作，足以代表他一生绘画的最高成就。

图为长卷，纵仅33厘米，横636.9厘米，山峰起伏，林峦蜿蜒，平岗连绵，江水如镜，境界开阔辽远，雄秀苍莽，简洁清润，使人心旷神怡。凡数十峰，一峰一状，数百树，一树一态，天真烂漫，变化极矣。其山或浓或淡，皆以干而枯的笔勾皴，疏朗简秀，清爽潇洒，全如写字，远山及洲渚以淡墨抹出，略见笔痕。水纹用浓枯墨复勾。偶加淡墨复勾。树干或两笔写出，或没骨写出，树叶或横点，或竖点，或斜点，或勾写松针，或干墨、或湿墨、或枯笔。山和水全以干枯的线条写出，无大笔的墨，惟树叶有浓墨、湿墨，显得山淡树浓。远处的树有以浓墨点后再点以淡墨，皆随意而柔和。虽师出董、巨，而又全抛弃董、巨，把赵孟頫在《水村图》《鹊华秋色图》《双松平远图》中所创造的新法又推向一个高峰，自出一格，元画的特殊面貌和中国山水画的又一次变法得以完成，山水画至此，已如抒情诗。元画的抒情性，也全见于此卷也，后世的画家面对此图无不顶礼膜拜："吾师乎，吾师乎，一丘五岳，都具是矣。"这是董其昌题句时的惊呼，又谓："此卷一观，如诣宝所，虚往实归，自谓一日清福，心脾俱畅。""诚为艺林飞仙，迥出尘埃之外者也。"邹之麟识谓："知者论子久画，书中之右军也，圣矣，至若《富春山居图》，笔端变化鼓舞，右军之《兰亭》也，圣而神矣。"

《富春山居图》历来为收藏家所宝，明代沈周、董其昌皆竭力收藏之，其后属吴之矩，转而为其子吴洪裕。吴洪裕平生最珍爱两卷书画，一为《智永千字文》真迹，一为《富春山居图》，清顺治间，吴洪裕临死，嘱家人将此二卷付火焚烧"以为殉"，先一日，焚《千字文》，吴洪裕亲视其烬。次日，焚《富春山居图》，祭酒面付火，火炽辄还卧内。其侄吴静安疾趋焚所抢出，已被烧成两段。烧掉的起首一截，还剩一段，后人称之为《剩山图》，现藏浙江省博物馆，《富春山居图》主

元　吴镇　渔父图　绢本墨笔，176cm×95.6cm，台北故宫博物院藏。

吴镇（1280~1354年），字仲圭，号梅花道人，嘉兴人，"元四家"之一。吴为人"抗简孤洁，高自标表"，最喜爱画"渔父图"，此图是他57岁时所作，表现的是隐士垂钓的内容。他每以烟波钓徒自况，此画正是他理想的真实写照。

要部分现藏台湾故宫博物院。目前仍可见到和原作相同的珂罗版复制品。

还有二幅画值得一提，其一是《溪山暖翠图》轴，其二是无题的《山水图》轴。清初恽南田及其表兄孙承公收藏过，并断为子久真迹。今人谢稚柳先生鉴为子久早期作品（见《鉴余杂稿》，附有图版），是十分恰当的。谢云："这两图是同一面貌，笔墨一致，可以看出是同一人之手的同一时期所作……它的表现与晚期的不同，在于不是清空而是迫塞满纸的情景，不是简括而是繁复的描绘，不是深沉炼气于骨的而是湿润柔和的笔，不是精简地惜笔如金而是一片湿晕的墨痕……与他七十年以后的作品在本质上有了紧密的联系。这正是出于黄子久前期的手笔，显示着流演的先后关系，从而看出他的画派是晚成的。"由此可以看出，子久早期学董源的画基本上是董画的翻版，没有荆、关、李成的笔意，他的个人风格尚未形成。

子久的画并不像董其昌所

说的"专画海虞山"。他很少以真山真水作模特，他到处游荡，时时将自然界中山水融于胸中，重新铸造，其画大都是他胸中的山水。从子久所画山水作品来看，多表现出隐逸者之境，这和他后期过着隐逸生活有关。他虽然也学过荆、关、李成等北方派山水，某些作品中也能见其影响，但不是主流，他的画是道地的南方派。淡墨轻岚，秀润郁葱，云雾显晦，峰峦出没，线条圆松居多，着墨干枯居多。其浅绛山水，山头多岩石，笔势雄伟，其水墨山水，皴擦极少，笔意简远。子久的画一般不用浓烈的色彩，也不用大片的泼墨，鲜有刚硬的线条，显示出一种明润秀拔、温雅和平以及松散柔和的气氛。

形成子久这种画风的主要因素有三。

其一，师教及传统。子久自云："当年亲见公挥洒，松雪斋中小学生。"（题赵孟頫《千字文》卷后）是知子久曾向赵孟頫请教绘事。和子久同期的朋友翰林待制柳贯于至正二年题子久《天池石壁图》诗有云"吴兴室内大弟子"，亦谓子久是赵氏入室弟子。赵孟頫力拒近世（南宋），主张师法北宋，上追五代晋唐，他后期的山水画多取法董巨，"有唐人之致，去其纤；有北宋之雄，去其犷"（董其昌语）。这对于子久是一个巨大的影响，子久得益于董、巨为最多，他曾说过："作山水者，必以董为师法，如吟诗之学杜也。"（《佩文斋书画谱》卷十六《论画》六著录）也吸收了米氏父子的横点法，正好和学董取得一致，并且更加丰富了这种画法。他也学过荆、关、李成的北方派画法，李成的画风是清刚的，而荆、关的画风是雄强的，线条是刚劲的，用墨是浓重的。子久的部分作品中虽然有些笔法似之，然能化浑厚为潇洒，变刚劲为柔和。子久学董、巨也决非一味的临抚，他后期的画能一变早期湿晕繁复迫塞满纸为明润秀拔，实是他吸收了荆、关、李的笔意而又加入自己心思的一番熔炼功夫所致。这也和他表现的对象有关，更和他的性情以及审美情趣有关。

其二，师造化。子久由师传统到师造化都下了很大的功夫，这在他的《写山水诀》中可见分明。他观看景致十分细致，并注意研究。他说："董源坡脚下多有碎石，乃画建康山势。""董源小山石谓之矶头。山中皆有云气，此皆金陵山景。"子久云游时也注意写生，"皮袋中置描笔在内，或于好景处，见树有怪异，便当模写记之。"他根据观察谓："树要四面俱有干与枝，盖取其圆润。""山头要折搭转换，山脉皆顺，此活法也。众峰相揖逊，万树相从，如大军领卒，森然有不可逆之色，此写真山之形也。"他一生大部分时间在南方云游，所览松江、太湖、杭州一带山水皆和北方峭拔雄强的山势有异，南方的山水草木葱笼，云蒸霞蔚，洲渚掩映，溪桥渔浦，岚色郁苍，清润秀拔。子久虽画胸中山水，然仍可看出是南方山水之貌。南方的山水既充拓了他的心胸，涵养了他的精神，又质资了他的绘画题材和表现方法。

其三，艺术修养及精神状态的决定作用。子久试吏弗遂，又被诬坐牢，知命之后，心情也渐渐沉寂下来，继而加入了新道教，前已述新道教十五论中，住庵、打坐、降心、炼性都是锻炼一个人去躁妄、迎静气的。心静则意淡，意淡则无欲，无欲则明，明则虚，虚则能纳万境，《庄子·应帝王》云："亦虚而已，至人之用心若镜，不将不迎，应而不藏，故能胜物而不伤。"又云："游心于淡，合气于漠，顺物自然而无容私焉。"所以，所作的画能去雕凿，天真自然，而没有剑拔弩张之势。《画学心印》有云："气韵必无意中流露，乃为真气韵。然如此境界，惟元之倪、黄庶几得之，此中巧妙，静观自得，非躁妄之人能领会。"不过，子久的画还没有达到倪云林那种极端幽静、朴素、平淡之美，即董其昌说他较之云林尚有一些纵横习气。就心境而论，子久也不如倪云林那样僻静、恬淡，画亦因之。但子久毕竟"弃人间事"，"据梧隐几，若忘身世"，"棕鞋桐帽薜萝衣"，加之子久"博书史，尤通音律图纬之学，诗工晚唐"（《西湖竹枝词》），"至于天下之事，无所不知，下至薄技小艺，无所不能，长词短曲，落笔即成"（《录鬼薄》），这些都是他的画"自成一家……自有一种风度"（《图绘宝鉴》）的因素。

第三节 黄公望的山水画成就及其影响

南宋李、刘、马、夏之后，山水之变，始于赵孟𫖯，成于黄子久，遂为百代之师。

子久继赵孟𫖯之后，彻底改变了南宋后期院画陈陈相因的积习，开创了一代风貌。中国山水画产生于晋宋，至唐末五代达到一个高峰，北宋的山水画基本上是继承李成、范宽等北方派画风，南宋自始至终流行李、刘、马、夏水墨刚劲派画风。元赵孟𫖯托古改制，主张摒弃南宋，效法北宋，远法晋唐。但赵的绘画全面，风格为多变，其山水画早期学晋唐，多青绿设色，后期宗法董、巨、李、郭，以水墨为主，然无固定面貌。子久虽受其影响，但专意于山水画，且更多着意于董、巨（并创立了"浅绛法"），水墨披纷，苍率潇洒，境界高旷，皆超出赵孟𫖯之上。他并把董、巨一派山水画推上画坛主流地位。董、巨的山水画，本来不受人重视，北宋郭若虚《图画见闻志》"论三家山水"指的是李成、关仝、范宽，评为"才高出类……百代标程"，这里没有董、巨的地位。北宋后期，米芾发现了董源画的妙处，开始张皇，但仅在南方引起部分文人的注视，以后便无反应。至元代，和赵孟𫖯同时的汤垕则以董源易关仝，谓"李成、范宽、董源……三家照耀古今，为百代师法"（《画鉴》）。此时董源已为三大家之一，虽然居于末位。至黄公望《写山水诀》谓："近代作画，多宗董源、李成二家。"董源的地位步步提升，在子久手中已跃居首位。子久更以自己的实践影响后人。至元末，董源的画派已成为中国山水画的最大宗师。可以说，经过子久努力，开拓了一个学董为风的时代，使这个本来不太受人重视的画派发扬光大，彻底变革了南宋院体的画风。

这里要补充说明的是，和子久同时的人多说子久师法荆、关、李成，也有说他师董、巨的，愈到后来，愈趋向于说他师法董、巨，而不再提他师法荆、关、李成了。如张雨《题大痴哥画山水》云："独

图186 元 王蒙 春山读书图 纸本设色，132.4cm×55.4cm，现藏上海博物馆。

王蒙（？-1385年），字叔明，号黄鹤山樵，又号香光居士，吴兴人，赵孟頫的外孙。王的画繁密多变，拖泥带水，面貌不一，不像倪云林那样单纯和简练明洁。此图能明显反映他的绘画风格。

得荆关法。"（《贞居先生诗集》卷四）杨维桢说他"画独追关仝"（《西湖竹枝词》）。略后，《图绘宝鉴》则记他"善画山水，师董源"。元末明初人陶宗仪《辍耕录》则说他"画山水宗董、巨"。明代以后，则所有著作及题识中皆一致说子久师董源或师董、巨。尤以董其昌说得最多，其《画禅室随笔》中就多次提到"黄子久学北苑"，"从北苑起祖"，再也无人提到子久师法荆、关、李成了。其中的原因为，子久虽学董，也确实学过荆、关、李，而当时董源的名气还不如荆、关、李的名气大，所以，大家都强调他学荆、关、李的一面。他自己既强调董，也屡屡提到荆、关、李，恐怕也是有点装点门面的意思。后来论者只说他学董，乃是根据他的山水画的实际加以陈述的，倒是更符合实际些。

　　子久在元代画名就十分高，当时著名文人的文集中常提到他的画。"元四家"之一倪云林《题黄子久画》亦谓："本朝画山林水石，高尚书之气韵闲逸，赵荣禄之笔墨峻拔，黄子久之逸迈，王叔明秀润清新，其品第固自有甲、乙之分，然皆予敛衽无间言者。"（《清閟阁集》卷九）又说"大痴画格超凡俗，咫尺关河千里遥"（同上卷八）。郑元佑《侨吴集》题黄公望山水更云："荆关复生亦退避，独有北苑董、营丘李，放出头地差可耳。"善住《谷响集》亦谓："黄公东海客，能画逼荆关。"

至明代，子久又被列为"元四大家"之一。王世贞《艺苑卮言》谓"赵松雪孟頫，梅道人吴镇仲圭，大痴道人黄公望子久，黄鹤山樵王蒙叔明，元四大家也。高彦敬、倪云林、方方壶，品之逸者也。"明屠隆《画笺》亦谓："若云善画，何以上拟古人，而为后世宝藏？如赵孟頫、黄子久、王叔明、吴仲圭之四大家及钱舜举、倪云林。"项元汴的《蕉窗九录》亦作此云。至董其昌、陈继儒，又把"元四大家"中的赵松雪去掉，换上倪云林，谓："元季四大家以黄公望为冠，而王蒙、倪瓒、吴仲圭与之对垒。"黄公望遂为"元四大家"之首。

明清两代，子久画名和影响与日俱增，如日中天。兹录部分资料以见一斑：

王世贞《艺苑卮言》："山水画至大小李一变也，荆关董巨又一变也，李成、范宽又一变也，刘李马夏又一变也，大痴、黄鹤又一变也。"李日华《六研斋笔记》："大痴之笔，所以沉郁变化，几争造化神奇。"张丑《清河书画舫》："大痴画……其品固当在松雪翁上也。"

姜绍书《韵石斋笔谈》："国朝（明）绘事……应推沈石田、董元宰，溯两公盘礴之源，俱出自黄子久。子久画秀润天成，每于深远中见潇洒，虽博综董、巨，而灵和清淑，秩群绝伦，即云林之幽淡，山樵之缜密，不能胜。当时松雪虽为前辈，惟以精工佐其古雅，第能接轸宋人，若夫取象于笔墨之外，脱衔勒而抒性灵，为文人建画苑之帜，吾于子久无间然矣。"石涛《跋汪柳涧摹黄大痴江山无尽图卷》："大痴、云林、黄鹤山樵一变，直破古人千丘万壑，如蚕食叶，偶尔成文，谁当着眼？"

王时敏《西庐画跋》："昔董文敏尝为余言：子久画冠元四家，得片楮残缣，不啻吉光片羽……盖以神韵超逸，体各众法，又能脱化浑融，不落笔墨蹊径，故非人所企及，此诚艺林飞仙，迴出尘之外者也。元季四大家皆宗董巨，秾纤澹淡，各极其致。惟子久神明变化，不拘守其师法，每见其布景用笔，于浑厚中仍饶逋峭，苍莽中转见媚妍，纤细而气益闳，填塞击境愈廓，意味无穷，故学者罕窥其津涉。"

恽南田《瓯香馆画跋》："一峰老人为胜国诸贤之冠，居为沈启南得其苍浑，董云间得其秀润。"

王原祁《麓台题画稿》："……四家各有真髓，其中逸致横生，天机透露，大痴尤精进头陀也。"

张庚《图画精意识》："（大痴画）洵属神化，直夺右丞、营丘之席。以其纯用空勾，不加点缀，非具绝大神通不能也。"

方薰《山静居论画》："痴翁性本霞举……故其笔墨工夫，亦具九转之妙，实可与《黄庭》内外篇同玩味耳。"

钱杜《松壶画忆》："（大痴画）在元人中沉秀苍浑，真能笼罩一代矣……观此种笔墨，令人有餐霞御风之想。"

最早随子久学画的是沈瑞，《东维子文集》中记有："华亭沈生瑞，尝以余游，得画法于大痴道人。"比子久年轻十一岁的吴镇、年轻二十余岁的云林、王蒙皆和子久关系至密，皆以师法子久而名。元代画家陆广、马琬、赵原、陈汝言等皆受过子久的影响，明清两代的山水画坛，几乎为大痴所垄断，知名画家和不知名画家大多临习过子久的作品，沈周、文征明、唐寅、董其昌、陈继儒、"四王"、吴、恽及其传派、金陵八家、新安四家及其传派等等。总之，元以后凡有山水画的地方，皆有子久的影响在，中国山水画史上没有任何一个画家的影响能超过黄子久。和子久的影响差不多的只有一位倪云林。

（载《美术史论》1986年第1期）

四、倪云林生年新考

　　倪云林的生年，一直被认为是元大德五年，即公元1301年。这个说法自倪云林死后至现在，没有人提出疑议。在绘画史著作中，无论郑午昌、潘天寿、俞剑华，还是王伯敏，皆袭此说。无论是上海人美出版的《画家丛书·倪瓒》，还是近几年在《朵云》《美术史论》以及其他各刊物上的有关论文都沿此说。大型辞书《辞源》亦沿此说，影响所及，港、台学者以及日本、美国学者有关著作和论文中皆作此说。这个说法的根据是和倪云林同时的周南老所撰的《元处士云林先生墓志铭》，其中有云："洪武甲寅十一月十一日甲子，以疾卒，享年七十有四。"因而推知倪云林生于1301年，死于1374年。当时为倪云林再写《墓志铭》《墓表》的王宾、张端皆信以为真，直到明末清初的大学问家钱谦益，皆因之，一至于今。周南老是倪云林朋友，倪的卒年，他绝对不会搞错。倪死于明洪武甲寅年，这是无可怀疑的。但对倪云林的生年，最清楚的应该是倪云林自己，当周南老和倪云林说法不一致时，无疑只能相信倪云林。倪云林写过一首诗，十分明确地道出自己的生年。全录如下：

　　乙未岁，余年适五十，幼志于学，皓首无成，因诵昔人知非之言，慨然咏叹，赋此。

　　阴风二月柳依依，隐映湖南白板扉。

　　旅泊无成还自笑，吾生如寄欲何归。

图187　元　倪瓒　容膝斋图　纸本墨笔，
74.7cm×35.5cm，台北故宫博物院藏。

倪瓒（1360～1374年），原名珽，字元镇，又字玄瑛，号云林、云林生、云林子等。倪的前几代皆是隐士，但均为当地出名的富家。云林作画简练平淡，认为作画不在形似，也不在颜色似，而在排泄胸中逸气，用以自娱。元画以高逸为尚，放逸次之。高逸的画，则以倪瓒最典型，他的画是山水画史上高逸一路的最高峰。倪画在后世影响极大，明清画家没有不学倪云林的。

美人竟与春鸿远，短发忽如霜草稀。

五十知非良有以，重嗟学与寸心违。

这首诗见于《清閟阁全集》卷五，在他自己亲定的《清閟阁集》中以及倪云林其他各种版本的诗文集中皆有此诗，除了第六句"霜草"一作"霜藻"外，余皆完全相同。乙未年是公元1355年，"五十知非"道出他这一年已50岁了。诗词的写法是可以不必着实的。但他在序中十分明确地说"乙未岁，余年适五十"，适是正好的意思，正好50岁，不会是49，也不会是51，而且此诗就是他为自己"五十知非"写的，不容含糊。1355年，倪50岁，上推可知他生于1306年，这不会错。因而自周南老以降，定倪云林生于1301年就错了。考证倪的生年只此一诗也就够了，因为它十分清楚而不含糊，并不犯考证学中的"孤证"讳。为了避免"孤证"嫌，再引《清閟阁全集》卷九中倪云林至正辛丑年写的《跋画》一文，更可证倪生于1301年之误。略录于下：

图187 元 倪瓒 幽涧寒松图 纸本墨笔，59.7cm×50.2cm，现藏故宫博物院。

画寒松立幽涧之中，山石以极干淡的笔勾皴，正转侧峰，勾出大体结构后，复以干笔侧锋皴抹。倪的画以简胜，表现了一种极其清幽、洁净、静谧和恬淡的美，给人一种凄苦、悲凉、寂寞的感觉。

　　至正辛丑……德常明公自吴城将还嘉定，道出甫里，挨舵相就语……为留信宿，"夜阑更秉烛，相对如梦寐"者，甚似为仆发也。明日微雪作，寒户无来迹，独与明公逍遥渚际，隔江遥望天平灵岩诸山，在荒烟远霭中，浓纤出没，依约如画。渚上疏林枯柳，似我容发萧萧，可怜生不能满百，其所以异于草木者，独情好耳。年逾五十，日觉死生忙，能不为之抚旧事而纵远情乎？明公复命画江滨寂寞之意……倪瓒。

　　倪云林因多愁早衰，这在他的诗文集中触目可见。至正辛丑年即公元1361年，这一年他"年逾五十"。按倪生于1306年，至至正辛丑年，他56岁，和他说的"年逾五十"正合。如按周南老直至今日的研究家们所说的，他生于1301年，至至正辛丑年，应该是61岁，那就是"年逾六十"而绝对不能说"年逾五十"了。

　　因之，正确的说法：倪云林生于1306年，死于1374年，享年69岁。

（载《美术史论》1986年第1期）

五、吴门派和吴派辨

吴指整个吴地，即今之苏州地区、上海地区至浙江一部分。吴门指苏州城，即今之苏州市。古代吴门是吴地的都城。弄清吴和吴门的区别，吴门派和吴派的区别基本上可以解决了。这个问题应该十分清楚。我在拙著《中国山水画史》中也已辨明。

可是至今，我却发现，对这一小问题，不论在大陆，抑是在台湾，仍有一些人模糊不清。大陆很多学者画家以为吴派和吴门派是一回事，有人更解释："所谓吴派，就是吴门画派。"此类误解的例子不胜枚举。台湾方面，台北故宫博物院于1975年出版了《吴派画九十年展》巨册画集，并附有中英文解说文字。可是所收的绘画作品基本上都是沈、文、唐、仇"吴门四家"的画。"吴门四家"不是吴门画派，更不是吴派，其中区别甚大。把"吴门四家"画误作"吴派"画，这一问题不能不辨。故有必要写一专文加以论述。

首先要弄清什么是"画派"。画史上凡称画派者，必具两个最基本因素：其一是有画派之首或骨干画家，其二是画派的基本风格有相近之处。否则，便很难称之为"画派"。"浙派"是以戴进为首，"虞山派"是以王石谷为首，"娄东派"是以王时敏为首，画风大体相近。当然，画派中的画准许有个人风格，风格的成熟才有资格称为画家，否则便不足名家，只是同一画派中的画家画风相近而已，如果其中的画家风格过于特殊，即又自立门户，宜另行立派作祖。

以上所言画派成立的两个基本条件，也大抵适用于外国的画派，如野兽派以马蒂斯为首，立体派以毕加索为首，北德意志表现派以蒙克为首，各派画风皆有其一致性。但中国的画派还强调地别，在浙江的方可称为浙派，在虞山的方可称为虞山派。这地别又和创始人的籍贯有关，至于从学者是何地人则略而不论。

沈周、文征明以师法"元四家"为主，唐寅以师法南宋院体为主，仇英以工笔重彩见长，四人虽皆居吴门，但并非一派，故称为"吴门四家"。文征明虽师法沈周但又有所发展，其子、侄、女、孙等后人和众多门人，遍及吴门，声势浩大，风格大体相近，因之，被称之为吴门派。吴门派是以沈周为始祖，而以文征明为实际领袖，这一派中却不包括唐寅和仇英。

把沈、文、唐、仇四家画集在一起，称为"吴门画派"就有些文不对题，称为"吴派画"就更加错误。"吴派画"虽始于"吴门派"，然其重点却不在吴门派而在松江派。明代中期吴门派画显赫一时，影响重大，吴地大大小小画派多受其影响，其中以晚期的松江派最重要。松江派是以董其昌、陈继儒及其门人和苏松派、云门派、华亭派组成，画风大体相近，他们都是松江人，故称松江派。松江派的画家虽变文征明的干笔为湿笔，然和吴地的其他画派一样，作画的基本精神状态并没有太大变化，故史家统称这一时期吴地受沈、文影响的画家画为吴派。"吴派四大家"是沈周、文征明、董其昌、陈继儒。曹溶谓："有明一代书画，结穴于董华亭，文、沈诸君子虽噪有时名，不得不望而泣下。"故吴派的重点在松江派。

（载《大公报》1990年6月1日）

六、沈周在画史上的重要作用及其花鸟画①

（一）沈周在画史上的重要作用

沈周在绘画史上可谓一位划时代的重要人物，在他之后，绘画史出现了和前代不同的状态和意识。了解明代前后的绘画发展，就可以知道他的作用非常重大。

中国的绘画到了南宋，一变而为"水墨苍劲"，以院画家李、刘、马、夏为代表，其画线条刚硬，皴法猛烈。到了元代，绘画的作者基本上是文人，文人离不开道。《中庸》云："道也者，不可须臾离也。"道的中心是中庸，"君子中庸，小人反中庸"。禅更云："此岸不留，彼岸不住，道在中流。"道家更主张柔弱，反对刚强："坚强者死之徒，柔弱者生之徒。"（《老子》七十六章）"弱之胜强，柔之胜刚。"（《老子》七十八章）中国的文人多受儒道禅的影响，主张中庸、柔静、文质彬彬，而反对刚强、激烈。所以，元代以赵孟頫为首的画家皆反对南宋的刚猛偏激的画风，他们托古改制，变动美为静美，化刚硬为柔弱。元画家基本上不受政治的约束，文人们自抒胸臆，愈到后

---

① 本文提到的画迹，凡藏台湾者俱见台北故宫博物院印行的大画集《吴派画九十年》，其他画迹，包括藏于日本、美国的画迹，笔者皆亲见，并拍有照片。

来，愈反映出一种冷寂、淡逸、萧条、荒率以及清高绝俗的情趣。

朱元璋打着"反元复宋"的旗号，赶走了元统治者，这位农民兼"叫化子"出身的皇帝，自然和文人们的审美情趣不同，而且，元是他的近敌，元的作风当然也不能使他容忍。加之，明朝初建，朝气蓬勃，正需要积极向上，令人奋发的力量，元代冷寂的画风也不适用于这个新王朝，朱元璋对文艺管束又特严，事事过问，全国上下，不论有多高威望的文人，稍不合他意就杀，坚持元代画风的画家几乎被他杀光。直接死于他的屠刀之下的有陈汝言、徐贲、周位、周砥、王行、盛著、杨基、孙贲……王蒙是被他逮捕后死于狱中的，倪云林也是被捕之后死去的，张羽被捕后将要处死，被逼自杀。总之，元代所遗画家存者无几，名家几乎无一存世。朱元璋"反元复宋"，艺术欣赏如之。他就特别欣赏南宋绘画，而且亲自在南宋画家李嵩的画上题字（见《南宋院画录》卷五）。明初，元画风匿迹，也是南宋宫廷为基地又兴起了宋代画风。浙江杭州是南宋的都城，也是南宋院画的大本营，那里仍流传着宋代绘画传统。适应于明宫廷的需要，长期被埋没的浙江大批画家拥进了宫廷，被称为"浙派"。

浙派的绘画体格似南宋院体，线条硬而重，大斧劈皴激烈而坚硬，总的笔墨实而粗壮，愈到后来，其笔墨愈粗壮，如蒋嵩、张路等人作画每以大片浓墨涂抹，加以粗线和乱点，外表颇具壮气，内涵却不足。吴伟后期作品，更是纷笔乱墨，反映了一种急躁、烦乱的情绪，和元画那种冷寂的意境、虚松的笔墨、宁静的情绪完全相反。后期兴起的吴门派文人当然不能容忍这种"粗野"的绘画，明何良俊在《四友斋丛说》中就大骂浙派绘画"虽用以揩抹，犹惧辱吾之几榻也"。浙派中只有其首领戴进的画不同一般。他的画虽也来自南宋院体，但其功力深，而且又兼收宋元多家画风，在当时至明中期影响最大，沈周也学过他的画。

沈周的时代正是浙派振起的最高峰，"盛极则亦衰之始"，自沈周开始兴起的吴门派，一举扭转了局势，尽管吴门派的兴起和浙派的衰败皆在沈周晚年乃至死后才鲜明地呈现出来，但沈周创始之功最为重大。

明　沈周　仿戴进谢太傅游东山图轴　绢本设色，170.7cm×89.9cm，美国翁万戈藏。

沈周（1427~1509年），字启南，长洲（苏州吴县）人。山水学黄公望、王蒙。明代中后期，沈的影响最大，吴门著名画家多是其嫡传，"明四家"中的另外三家文征明、唐寅、仇英都是他的学生，他又是"天门画派"以及明代最大画派"吴派"之开启者。此图是沈周仿戴进的一幅作品。戴进（1388~1462年）是明初宫廷画家，画风趋向南宋院体。

吴门就是苏州，本是元代绘画的中心地。元代一二流的画家几乎都经常往来于苏州。长期居住在苏州的画家，元初有郑思肖、龚开、钱德钧等，稍后有朱德润、陆广、顾安、赵原、张舜咨、方崖、张绅等。大鉴赏家柯九思后来也居住苏州，再后，陈惟允、陈惟寅等住家就在苏州，倪云林常去苏州，皆住陈家。赵孟頫、王蒙、黄公望、宋克、周砥等大画家也常在苏州。画家云集的两次听雨楼之会亦在苏州。明初，虽然大批苏州画家被杀，但苏州画坛所具有的深厚的元画传统并没有完全消亡。

沈周的曾祖父沈兰坡是王蒙的好友，雅好书画，王蒙为沈兰坡画的山水画，直到沈周时还保藏着。沈周的祖父沈澄（字孟渊）是陈汝言的好友，陈汝言和王蒙、倪云林既是好友，画风也相近，尤近于王蒙。陈汝言善诗文，沈澄的两个儿子，长子沈贞（字贞吉）和次子沈恒（字恒吉），亦善诗文，工绘画。兄弟俩拜陈汝言之子陈继为师，陈继的画亦属元画一路。《清河书画舫》记："贞吉画师董源，可亚刘廷美，其弟恒吉，更虚和潇洒，不在宋元诸贤下。"董、巨、米与"元四家"本属一个系统。沈周就是沈恒吉的儿子，他自幼在祖父、父亲和伯父教育下，于诗文书画，无所不通，又拜陈继之子陈宽为师，陈宽诗文书画皆善，家藏有黄公望《天池石壁图》、王蒙《岱宗密雪图》以及其祖父陈汝言的《仙山图》《秋霁图》等，其画法是道地的元画风格。所以，沈周自习画始，不论家传，或是师传，皆不出董巨"元四家"一系，属于"虚和潇洒"一路风格。但沈周和他的父辈、师辈有一点是不同的，即沈周主要以卖画为生，因此就不能不考虑时人的审美习惯和倾向，也就是师法南宋的浙派画风。而对元代文人画的师法虽自沈周开始复兴，但势力还远非浙派的对手。所以，才有沈周的学生李著后来抛弃沈周而改学吴伟的

明　沈周　庐山高图，纸本设色，23.4cm×86cm，辽宁省博物馆藏。

这是沈周山水细笔画中的杰作，画风属于王蒙《青卞隐居图》一路，笔法缜密细秀，气势沉雄苍郁。沈周的细笔山水对文征明有很大影响。

事情。

　　吴伟比沈周年轻32岁，在当时的影响（北京南京等地）却大大超过沈周，只是吴伟很短寿，不久便被沈周取代。美国翁万戈所藏沈周《仿戴文进谢太傅游东山图》轴，图上有识："钱塘戴文进谢安东山图，庚子长洲沈周临。"是年沈周54岁，仍在临习戴进，可见其学浙派之诚，但沈周的画因有元画的基础，虽学戴进，也受浙派其他画家影响，但终不作大笔泼墨，只用较粗的线条勾皴，而皴法出于元人，大多是披麻皴，或短条皴之类，仅取浙派的粗重气氛，而骨子里却是董巨米及"元四家"画法，因之，在本质上和浙派迥异，又不同于元画，这就是"粗沈"的独特之处。

　　前面说过，沈周的根基在元画，尤其在王蒙的细柔，即"细沈"。他41岁时所作《庐山高图》，和现存王蒙的《青卞隐居图》《夏日山居图》相似，笔法缜密细秀，气势沉雄苍郁，构图比王蒙的画更繁密，笔墨比王蒙的牛毛皴略清晰，但总的效果仍与王蒙一路。

　　沈周的高足文征明，画全从沈周处来，画风也有两种，被人称为"粗文""细文"。粗的一种大抵皆应酬之作，"细"的一种最见特色，用笔精细而苍秀，沉稳而文静，下笔时是慢慢的、缓缓的、轻轻的，没有激动的情绪和怨怒之气，设色也十分古淡而秀雅。在沈周画中尚存的一点粗壮和硬实的气氛，在文画中已彻底消失，这种文细秀雅正是沈周的早期画风的发扬，因和当时盛行的粗硬画风相距甚远，所以显示出一定的"古意"。文征明的审美意识中对"高古""古意"特别讲究。他自题《湘君湘夫人图》："余少时阅赵魏公所画湘君湘夫人，行墨设色，皆极高古，石田先生命余临之，余谢不敢。今二十年矣，偶见画娥皇女英者，顾作唐妆，虽极精工，而古意略尽。因仿佛赵公为此，而设色则师钱舜举。惜石翁不存，无从请益也。衡山文征明记。"赵魏公就是赵孟頫，他一生作画强调"古意""高古"，他所说的"古意"是指北宋以前的画风，尤其是六朝隋唐的静柔而轻淡，宽缓而舒细。文征明的《湘君湘夫人图》就是最好的证明。而且这张画上还有王稚登一

沈周 盆菊幽赏图卷（局部） 纸本设色

画秋景、杂树亭子，中坐三人饮酒赏菊，树石笔墨圆润，略近吴镇、王蒙二家法。自题五律一首，钤朱文"启南"、白文"石田"二印。

段跋文曰："少尝侍文太史，谈及此图云：'使仇实父设色，两易纸皆不满意，乃自设之以赠王履吉先生。"可见虽极精工，而古意略尽，指的是仇英所作，文对无古意的画是不满的。文征明这段话有几点值得注意：一是以高古为准则；二是师赵孟頫，赵是极力反对"近世"（南宋院体），而力主恢复北宋以前画风的；三是设色师钱选（舜举），钱选的设色以轻秀古淡著名；四是沈周（石田、石翁）很重视这种画风，可见当时已开始厌弃浙派的粗壮，而倾向于元人的"高古"。只是沈周时代浙派的势力还很大，而到了文征明时代，这种局面已彻底改变。

《明史·顾德辉传》记云："士诚之据吴地，颇招收知名士，东南士避兵于吴者依焉。"张士诚兄弟对古玩书画有癖好，又特好招徕文士。因此，在幕下聚集了一大批画家和文士，连王蒙、陈汝言、杨基、赵原、宋克、周砥等著名画家都投奔过他。1367年，朱元璋的军队围攻苏州，张士诚反抗失败而死，苏州城破后，大批画家文士被杀，和他们投奔张士诚有关。否则，为什么郭传和王蒙同在胡惟庸家观画，王蒙因通胡罪被杀，而郭传反而升官呢？苏州的文士被杀更多更惨，被称为

"明诗第一"的著名文人高启即是苏州人,被朱元璋腰斩于南京。明初苏州四才子、四大家皆死于朱元璋的屠刀之下。苏州历来以文士官员居多著称,可明初在朝中做官的却几乎没有苏州人。明代中期,明王朝和割据势力之间的敌对情绪已基本上消除了,而且统治中心也迁往北方,苏州画坛又恢复了元气,文人画家又成长起来,科举取士中,苏州考中进士状元的人数最多,朝中和地方官员也以苏州人士所占比例为多。他们在社会上产生了巨大的影响。沈、文一出,门人相随,遂夺浙派的霸主之位。明代宫廷画家以浙派居多,都有锦衣卫的职衔,由于这样一介恶名,人们往往把对锦衣卫的仇恨宣泄在浙派画家身上[1]。

文征明之后,文人们对浙派的粗硬画风拼命攻击,骂得一文不值,直到董其昌的"南北宗论",仍以粗硬和柔软为分宗标准,董其昌的友人和门人,更借题发挥,攻击南宋院体以至浙派。明陈继儒说:"李派粗硬无士人气,王派虚和萧散。"(《偃曝谈余》)明沈颢说:"北则李思训,风骨奇峭,挥扫躁硬,为行家建幢,若赵干、伯驹、伯骕、马远、夏珪,以至戴文进、吴小仙、张平山辈,日就狐禅,衣钵尘土。"(《画麈》)连龚贤也跟着说:"皴法名色甚多,惟披麻、豆瓣、小斧劈为正经……大斧劈是北派,戴文进、吴小仙、蒋三松多用之,吴人皆谓不入赏鉴。"(《画诀》)又说:"大斧劈是北派,万万不可用矣。"(《龚半千授徒画稿》)唐岱更说:"至南宋院画,刻画工巧,金碧辉煌,始失画家天趣。其间如李唐、马远,下笔纵横,淋漓挥洒,另开户牖,至明戴文进、吴小仙、谢时臣皆宗之,虽得一体,究于古人背驰,非山水中正派。"(《绘事发微》)从此,浙派一蹶不振,粗硬

---

① 锦衣卫是皇家的鹰犬,以武装保卫皇帝并掌管缉捕、巡察、侦探、刑狱等事,即后人所说的明代特务机构,他们飞扬跋扈,仗势欺人,恶名远扬,明代很多正直人士,尤其是明初那一大批文人画家都是被锦衣卫一类人物缉捕、行刑并杀害的。所以,凡是正直的人士尤其是清高的文人特别痛恨锦衣卫。而明代宫廷画家(浙派居多)都担任锦衣卫的职衔。即使他们不去行刑作恶,但担了这个恶名,人们也往往把对锦衣卫的仇恨都泄在他们身上。

和具有猛烈气势的绘画被视为
歪门邪道。柔软轻缓、虚和萧
散的绘画被视为惟一的正派。
连北宋那种历来被人称颂的雄
浑绘画也遭到歧视。王原祁即
要："化浑厚为潇洒，变刚劲
为柔和。"（《麓台画跋》）

　　沈周的成就本在文征明之
上，何况文征明的细画就来源
于沈周，但后人评论每以文在
沈上，其原因就是沈画不如文
画虚和萧散，甚至沈周画还有
纵横习气。沈周之前，绘画有
轻柔舒缓和雄浑刚猛两种精神
状态，各具其美，各领风骚，
并无正邪之分。沈周之后，只
把以元画为基础的细柔一派，
谓之正宗，雄浑刚硬粗壮的画
风被视为邪学、野狐禅。从
此，中国绘画驶入了虚和萧散
一路，虽变而不离其宗，吴门
派、松江派、娄东派、虞山派
直到清末，其间虽有极少数特
殊人物不为其囿，但中国绘画
的主流一直在"正宗"的圈子
里转来转去。从柔软至媚弱，
从虚和到俗赖，这在沈周以前
是没有的。

明　沈周　溪山秋色图　纸本墨笔，
152cm×51cm. 南京博物院藏。
　　沈周的精笔山水很多，山石用粗阔的线条勾
皴，分出山石的结构，再加粗点皴和类似长点的
短线皴，精阔雄浑，不像元画那样柔曲，也不似
南宋画那样刚劲。

沈周是一个分水岭，遭到毁灭性打击之后的微弱的元代画风到了沈周始得全面继承并又一次振起，他是吴门派的大宗师和奠基人，明中期之后，大大小小的画派多是吴派支流和延伸派，直至清代的正统画派。无论沈周所开创的画派把中国画引向何方，正确与否，中国画的发展方向和审美意识从此有了截然不同的区别。也许沈周自己无意于此，然而事实却正是如此。

（二）沈周的花鸟画

沈周的山水画多为论者所道，然而对他的花鸟画却很少有人研究。其实，他对花鸟画的贡献也同样是巨大的。沈周之后，明清的所谓正派花鸟画皆在他的画风笼罩之下，有的是从他的画中发展变化出来的。

董其昌题沈周《写生册》云："写生（花鸟画）与山水不能兼长，惟黄要叔能之……我朝则沈启南一人而已。此册写生更胜山水。"（《容台集》，转引自《佩文斋书画谱》卷八十七）董其昌认为自古以来兼擅山水花鸟的画家除了五代

明 沈周 枯树八哥图轴 纸本墨笔，152cm×27.4cm，扬州市博物馆藏。

沈周的花鸟画成就突出，对后世影响很大。文征明领导的吴门派为其传派，王世贞《弇州续稿》云："胜国以来，写花卉者无如吾吴郡，自沈启南后，无如陈道复、陆叔中："陈道复发展了沈周的写意花卉，自成一家，与徐渭并称"青藤白阳"二大家。

的黄筌（要叔）之外，就是明代
的沈周了。这话是否完全符合史
实，姑且不论，因为宋元明都有
一些画家既能山水，又能花鸟，
但是在两方面都同时产生巨大
影响的画家却很少。黄筌的影响
也主要在花鸟，山水画几乎没有
什么影响，山水和花鸟都同时产
生巨大影响的画家确实是沈周。
他的花鸟画存世尚多，可惜早期
作品十分鲜见。常见的多是中年
之后的作品。他的花鸟画和他的
山水画一样，也存在着几种风
格，但性格是一致的。画家风格
的多样化必统一于性格的同一化
之中。至于画法，早中晚确有区
别，但总的精神面貌上的区别不
是太大。以下结合他的几类典型
作品加以分析。

　　沈周的《仿王渊花鸟图》[①]，
是我至今见到的沈周最早的一幅
花鸟画。画的是丹桂黄菊竹石
芙蓉，诗后自识："成化四年
（1468年）九月仿王澹轩笔意于
有竹庄，长洲沈周并题。"下有

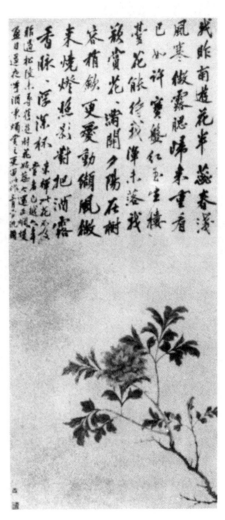

明 沈周 牡丹图轴

---

　　① 此图刊于日本出版"水墨画大系"《沈周、文征明》中。

王宠题跋。是年沈周42岁。画中花红叶绿，但平板而腻。树石用墨笔，线条坚硬，颇类浙派。

这幅画基本上不似王渊（号澹轩）。王渊的花鸟画说是师法黄筌，实受赵孟頫指授。但以笔墨为之，略粗简，其用笔大多柔和，早期画石用笔也有坚硬的线条，但不锐利不刚劲，后期画法更柔和。沈周用红绿颜色画花和叶，其画不能说绝无王渊笔意，但主要还是自己信笔为之。信笔当中又流露出他受浙派影响的痕迹。陈淳早年画花叶，基本上受沈周这类画的影响。绿叶布置状如算子，平板而腻，笔虽活而色墨不活，调色太死，缺乏神采。但陈淳画的树石又生动一些。美国大都会博物馆所藏陈淳的巨幅花卉图基本上和沈周此图相似。但沈周和陈淳的后期画都改掉了平板而腻的缺点。

沈周《蜀葵图》，现藏美国纳尔逊美术馆，上有乙未（1475年）年题款，时年49岁，是沈周存世较早的花卉。画中湖石浓重，用写意的笔法为之，蜀葵花和叶皆秀艳古澹，属于没骨画法，工整而不精谨，潇洒而不草率，透明而不腻，润洁而不板，显得生动灵秀。台北故宫博物院所藏沈周《芝兰玉树图》，大约作于52岁，其中石头画法较《蜀葵图》有大进步，用笔清晰有法。其灵芝玉兰花的画法与《蜀葵图》属于一路，且更加秀淡。最精美的一张《松下芙蓉图》卷，现藏美国密歇根大学博物馆，图上自识："弘治己酉夏，长洲沈周。"是年沈周63岁。此图松树用勾写法；芙蓉花以淡红色点写，白粉勾丝；叶用兰绿色没骨写出，不板不草，秀润清雅，纯净而有灵动之韵，十分可喜。沈周之后，文人们为了避免浙派末流的粗浊，自觉地追求清秀淡雅的情调，文征明、唐寅等人皆主要师法这一类。陈淳、周之冕以及清代恽南田等人也主要得益于这一类画法。

勾写法：沈周的《蕉鹤图》作于弘治甲子（1504年），时年78岁，画上自题："雪中相见使人疑，鹈口千年有此枝。雪亦未消蕉亦在，仅存方鹤两相知。弘治甲子冬日，偶过玉汝斋中，见庭蕉带雪，尚有嫩色，玉汝蓄一鹤几十年而顶红如渥丹，真奇观也。遂作此图，并系一绝聊纪一时之兴云。沈周。"这幅画用笔较苍劲。芭蕉全用线条勾写，下笔较重，线条带有钉头，鼠尾不太明显。用笔十分随意，石头多方笔。

沈周特喜画芭蕉，台北故宫博物院藏有他的《蕉荫琴思》扇面，大约作于六十三岁左右，上题："蕉下不生暑，坐坐千古心。抱琴未须鼓，天地自知音。"蕉叶用线勾，但线条较温和，又加浅色，更显秀润。沈周另一幅《蕉石读书图》（曾经清宫廷收藏，有乾隆甲午年初夏御题，后为宠虚斋收藏），作于壬寅（1482年）年，时56岁。芭蕉亦以线勾，比晚年画柔润秀雅得多。看来，沈周的画早年秀柔，愈到晚年却愈趋苍劲，这和一般画家的发展方向相反，却和倪云林近似。

美国火奴鲁鲁美术馆藏有沈周《雪中芭蕉图》最为精致，芭蕉落笔不多，背景用色渲染，衬托蕉叶上大片白雪，芭蕉后有被雪压弯了的绿竹，还有几点小红花，清秀艳嫩，生气勃勃。雪中本来没有芭蕉，更没有鲜嫩的芭蕉，只因王维画《雪中芭蕉》，为历代文人所乐道，沈周曾有题《墨蕉》诗云："王维雪里曾见尔，亦自幽姿有岁寒。我有新诗还可托，墨痕留叶未全干。"（《珊瑚网·画录》卷十四）沈周的《芭蕉图》还有很多，皆各具风貌。然而沈周这一类画风的继承者却不多，文征明有一些作品类似，周之冕从中吸收了不少有益的内容。

水墨写意是沈周存世作品最多的一类，也是影响最大的一类。日本大阪市立博物馆藏有沈周一幅《菊鸡图》轴（也称《文禽图》），上有乙巳年（1485年）款，是年沈周59岁。画一株高菊，下立一鸡，墨笔，墨分浓淡，皆草草而成，但不狂怪，在欲放未放之间，属于小写意一种。多以复笔出之，墨法深厚浑朴，笔法活泼轻松，但蕴蓄丰富。方薰《山静居画论》谓："点簇花果，石田每用复笔，青藤一笔出之。石田多蕴蓄之致，青藤擅跌荡之趣。"可谓的评。美国印第安艺术博物馆所藏石田墨笔花果册十页，其风格大抵与此相同，亦当作于58岁前后。

台北故宫博物院藏沈周三套写意画可以看出其中变化过程。其一是十六页《写生册》，其中除了葡萄一页是淡设色外，余皆墨笔写意。此册作于石田68岁，其中鸡冠花、雁来红、萱、蝴蝶花等都较59岁时所画

《菊鸡图》苍老劲挺。其二是《参天特秀图》，作于53岁，墨笔作松树一株，亦属写意，但水墨润淡秀清，比《菊鸡图》更润秀。其三是《古松图》，作于57岁，形式和《参天特秀图》差不多，左上题："堂下有松树，参云数百年。种松人未老，长作地行仙。长洲沈周奉祝。"这幅画当是祝寿之作，但上款虚着，显然是等待买主来选中后再加的。其用笔丁而坚硬，直而苍老，而且也更加简括空疏。如前所述，石田画越至晚年越苍劲，在水墨写意中也可得到证实。

著名的《慈乌图》轴，现藏南京博物院，当是他50岁左右的作品，画一株枯木上立二白头乌，右上题："君家好乔木，其上巢三乌；一乌冲（点去）衡云去，两乌亦不孤。出处各自保，友爱长于于。沈周。"从字迹判断，亦出于沈周50岁左右。沈周书法早年师法沈度、沈粲，50岁左右的书法皆如此，其后学黄山谷，始趋定型。此图书法不出50岁后。其画笔墨润清，二乌背部笔墨虽浓而不坚硬，构图简洁，背景全用淡墨渲染，雪后二乌寒冷的神态十分逼肖。唐寅很多画类此。

沈周花鸟画以这一类墨笔写意者最多，在美国印第安艺术博物馆所藏的墨笔花果之后，有他的自题："诸果十种，盖余戏笔耳。然以写生之不易，则知余亦非戏出。沈周题。"正道出他作画时的精神介于经心和不经心之间，故谓之戏笔。若努力为之，则非善作画者，然戏笔成画并非容易，不仅写生花鸟不易，山水也如此，从非戏、不易到戏，正是画家成长和风格形成的过程。石田的墨笔写意一类，给后学树立了典范，文征明、唐寅、陆治等人的用笔基本上都效法这一类（设色效法他的秀淡一类），陈淳、周之冕的用笔更是从这一类写意画中发展起来，并开启了徐渭泼墨大写意的成功，再至清初八大山人和清中期扬州八怪等人的推波助澜，一直到近现代，形成了一股强大的洪流，其源盖起于沈周。

没骨写生：没骨法即是不用线条勾写外形，直以色笔点染。没骨和写意的区别是：没骨法一般说来比较工整，不草不苟，形神俱肖。但有一部分写意画也可以称为没骨画，分界不是太严。这里所说的没骨法指的是比较工整严谨一类。苏州博物馆藏有沈周一套花鸟册页，没骨法最为典型①，初览几疑为恽南田。共12页，前2页有文征明题"石翁墨妙"四字，其余10页为石榴、秋海棠、秋葵、玉兰、百合、梅、鸭、芙蓉、雁来红、芍药。每页上都钤有"白石翁"印，按沈周58岁之后自称白石翁，这批画当画于他58岁之后无疑。全部没骨，轻柔、静穆、丰润、端雅。以其中的雁来红为例。红色的一株，嫩叶以淡红色轻缓地写出，鲜嫩明秀，老叶以重胭脂色稍加一些汁绿色写出，沉着苍润，然后再以更重的红色和胭脂色勾筋。后面一枝绿色的，画法也相同，不过改用黄绿色而已。皆工整稳重、浑厚自然，谨密而不呆滞。各地所藏恽南田的雁来红图，如上海博物馆的《斗篷秋图》《秋色图》中的雁来红，都与此幅相同，惟一的区别是沈周点苔松虚，南田点苔润实。花叶的画法几无二致，如出一手。再如《芍药图》，其花以淡红色笔尖蘸浓色点出，最淡处几如清水，浓托淡、淡衬浓，清润自然。恽南田的芍药图也是这样画法。只是此图中，沈周用红色勾叶脉，表现花叶的鲜嫩透明，是南田画中所无。其《石榴图》一幅尤为精妙，石榴用复色一抹而出，略点胭赭，极其真实，又神采奕奕，裂开部分露出石榴子，勾后点染，亦极真实，枝上还有两朵半开和未开的石榴花，清新可爱。全图略去畦町，独得天趣，真妙手偶得之作。后世画石榴者颇多，但如沈周此幅如此真实而又抒情者十分鲜见。

沈周这类没骨写生画存世很多，北京故宫博物院藏的《枇杷图》轴以及《卧游图》中的枇杷图，皆是没骨画中的佳作。运笔调畅温雅，结构严谨不苟，形质真实亲切。枇杷用重黄色一抹而出，浅深浓淡，变化自然，神化之迹，无笔可寻。此法自沈周出，至今作没骨画者仍用其意画果。

前面说过，石田先生各个时期都同时有几种不同风格的绘画作品，

---

① 文物出版社1961年、1983年曾精印成大册，名曰《沈周画册》。

直到晚年仍然如此。台北故宫博物院藏《花下睡鹅图》，落款为"石田老迂沈周画"，从字迹和风格看，当出于他83岁。画一坡一石一花一鹅，石高耸于后，玉簪花开于中，鹅缩颈立于前，皆用线条勾后略加皴染，敷以浅色，用笔简洁空疏，清新旷远。虽年衰而笔亦不似盛壮之时，然神采不减。他的《牡丹图》轴[①]，自题画于"正德改元三月二十八日，江阴薛君尧卿见过，适西轩工楼牡丹已向衰落，余香剩瓣，犹可把酒留恋，尧卿索赋惜余春慢小词，遂从而填缉一阕，以邀尧卿和篇"。又识："三月二十四日，八十一翁长洲沈周。"墨牡丹一株，花瓣平舒，淡墨点染，叶用浓淡不同墨色写出，不草率也不精工，温和、庄雅，在没骨和写意之间，笔虽简疏而厚腴，形似而神具，颇为难得。这幅画还有一个特点，即题字占去画面的三分之二。沈周之前，在画上题字者有之，然皆字不掩画，元人题字于画者虽多，但分量没有超过画的，沈周68岁所作《墨菊图》（现藏台北故宫），66岁时所作《夜坐图》（同前）字与画各占一半，已属空前，这幅画字占去三分之二，更是空前未有。后来至唐寅、文征明等亦间有此法，至徐渭、八大山人、扬州八怪更发扬光大，变而奇特，乃至潘天寿等，甚至用题字作为改变构图的一种方法。

沈周的花卉画面貌很多，还有一些，大体皆在以上几种风格之间。

明代花鸟画院体画家皆善画禽鸟，边文进、林良、吕纪等画禽鸟皆十分生动准确；沈周之后的文人画家多数不画鸟，如陈淳、周之冕乃至恽南田。沈周却能兼文人、院派之长，不仅善画禽鸟，且善画兽类。画法也多样。

北京故宫《卧游册》中的牛和台北故宫《写生册》中的驴，用没骨写意法，以水墨直接写出，不仅动物的神情生动，笔墨也特别生动。兽画自唐至元皆以线勾写形体，再加以颜色，有的还要勾丝细毛，如唐韩

---

① 此图现在南京博物院，并刊于上海人民美术出版社出版的《中国绘画史图录》第498页。

干的马、韩滉的牛，宋李唐的牛，元赵孟頫、任仁发的马等，皆一脉相承，其法未见大变，沈周独以没骨写出，又开一派。《写生册》中的蟹、虾画法皆属没骨一类，一笔写出，生动自然，沈周画蟹甚多，《写生册》中就有二幅，台北故宫还藏有他的《郭索图》，也画的是一只大蟹，皆是用浓淡墨一笔生成，不假修饰，前无古人，后启来者。可惜沈周这一开创之功至今尚未引起研究家的注意。还有《卧游册》中的《秋柳鸣蝉》一幅，也颇引人遐想，柳用粗笔、蝉用工笔，蝉足及上体用浓墨点写，蝉翼用极淡墨写出，对水分的控制恰到妙处，有一种细薄而透明的感觉，观此图使人想起齐白石的画，其中有一种契机。《写生册》中的猫更为奇绝，正面卧着的猫，身体盘曲，外形是一个大圆圈，圆圈内首尾腿分明，法用写意，真奇趣天巧。《写生册》中那只鸡，用没骨点写的方法，文静而温和，轻缓而抒情，也是前所未有的。同册中那只鸭子也是没骨点染法，清润浑朴，鸭脖一道白羽，留出空白，笔断而画不断，亦一奇趣。沈周在此册后题曰："我于蠢动（指驴蟹等）兼生植，弄笔还能窃化机。明日小窗孤坐处，春风满面此心微。戏笔此册，随物赋形，聊自适闲居饱食之兴，若以画求我，我则在丹青之外矣。弘治甲寅沈周题。"道出了他作画闲适的心情和悠然自得之意，以及目与神遇，神与物化的契机。正是一个大画家作画时的真实心境。

《写生册》中的鸽子又用勾写法，以线勾写后略加皴染而成，《花下睡鹅图》也用此法，不过前者线条温和，后者线条生秀而已。《卧游册》中的雏鸡又是以没骨点写为主，略加勾皴。画中题诗有："白日千年万年事，待渠催晓日应长。"寓意深长。苏州博物馆所藏《石翁墨妙》册，其中一鸭全用细小的点子或浓或淡点出，温和而柔雅，和西方点彩派有同工异曲之妙。

前面提到的《文禽图》中的鸡属写意法，《慈乌图》亦然，总之，沈周的花鸟画和他的山水画一样，风貌甚多。如果细分，也有粗沈和细沈以及介于粗细之间的几种风格，不过所反映的性格基本是一致的。

沈周在完全改变院体花鸟并开启尔后百代画风这一点，较之他的山水画更具有划时代意义。下面，我们再讨论沈周花鸟画的师承的影响。

北宋的花鸟画早期都是保守黄筌一家法，妙在赋色，用笔极新细，精工准确，殆不见墨迹。一百年后，崔白、吴元瑜、宋徽宗出，开始吸收徐熙的画法，北京故宫所藏崔白《寒雀图》即以墨为格，枝干以墨勾皴为主，鸟的羽毛也以干墨分披，然后赋色，即所谓："落墨为格，杂彩副之。"（《图画见闻志》）南宋李迪等画家作花鸟赋色更浓重。南宋还有法常等人作花鸟，逸笔草草，其生动不仅在形象，更在笔墨，开写意一派。但这一派在元代无甚影响，元代钱选一变浓重为清淡。王渊又开墨花墨禽一派，但王渊的画只是以墨代色，体格还是黄筌一派。张中的墨花鸟似王渊，但比王渊更清淡一些。明初，花鸟画亦恢复宋法，以边文进为代表的花鸟画家，恢复北宋院画法，花鸟精工细密。继而林良、吕纪等人以南宋院体的山水画精神作花鸟，用笔奔放飞动，气势猛烈激荡，树枝花鸟杂木石头之类，皆用硬而直的笔横扫猛画，虽有气势，但笔墨实而缺少内在变化，节奏感亦不强，吴派兴起后，这类画便遭到攻击，继承者寥寥。

沈周的花鸟画继承何人，文献上没有明确记载，不像他的山水画，师法何人，受过何人指教，都有明确记载。他自己也常在画上注明。从画面上分析，沈周有些花鸟画近于南宋的法常，故宫博物院藏有法常水墨《写生蔬果》长卷，卷后有沈周长跋。据当代学者研究，现存画卷为明人临本，因其从宋本真迹上临仿而出，故尚能粗传法常风貌。但沈周的跋文是真迹，沈周原跋之画也是法常真迹。沈周跋文曰："余始工山水，间喜作花果、草虫，故所蓄古人之制甚多，率尺纸残墨，未有能兼之者。近见牧溪一卷于大匏庵吴公家，若果有安榴，有来擒，有秋梨，有芦橘，有薜荔后；花有菡萏；若蔬有菰蒻，有蔓青，有圆苏，有竹萌；若鸟有乙鸟，有文凫，有鹡鸰；若鱼有鳝，有鲑；若介虫有郭索，有蛤，有螺。不施彩色，任意泼墨汁，俨然若生，回视黄筌、舜举之流，风斯下矣。且纸色莹洁，一幅长三丈有咫，真宋物也。宜乎公之宝藏也钦。沈周。"①由此可见沈周对法常（牧溪）写意花果画之推崇，认为当在花鸟画大宗师黄筌、钱选等人之上。从现存沈周很多花卉蔬果作品可见，基本上和法常的《写生蔬果》以及流于日本的其他法常画相类②。可知，沈周确实认真学习过法常的作品。法常等人的画被当时鉴赏家们判为粗恶不入雅玩之列，一般画家不敢学，沈周能不为所囿，故能开一代新风。沈周所学不仅于法常一家，方薰《山静居画论》云："白石翁蔬果翎毛，得元法。"

实际上，无论宋人元人，沈周都师法过。明苏州人王稚登著《丹青志》云："沈周先生启南，相城乔木，代禅吟写，下逮僮隶，并谙文墨。先生绘事为当代第一，山水、人物、花竹、禽鱼，悉入神品。其画自唐宋名流及胜国诸贤，上下千载，纵横百辈，先生兼总条贯，莫不揽其精微。"这种评价我以为是可信的。明人《嫩真草堂集》更云："昔元微之读杜工部诗称其尽得古今之体势，而兼人人之所独专。我明以画名世者，毋逾启南先生，盖能集诸家之大成，而兼撮其胜。拟之于诗，当与工部并驱者。今观此册，举唐宋以来名人之体势，一一挥洒于豪翰间，合之则秀争妍，离之是孤骞独出。所谓分其才艺，足了十人，至是乃信道之有所总萃也。"说沈周"盖能集诸家之大成，而兼撮其胜"基本符合事实。他的花鸟画并没有专师一家。他的雏鸡图就颇类李迪，蔬果图有南宋禅画的气息，鸭图又近元陈琳，蜀葵芙蓉又似元张中，但又都不似。还有很多禽鸟不似宋元，却可以明显看出从宋元画中变出。很多花木，还可以看出受了浙派的一些影响。不过，他的画中却没有浙派的粗硬气。沈周的画即使粗草，也有弹性和变化，因而呈现出一定的节奏和韵律感。

---

① 参见肖燕翼先生《沈周的写意花鸟画》一文，刊于《故宫博物院院刊》1990年3月，北京。

② 参见肖燕翼先生《沈周的写意花鸟画》一文，刊于《故宫博物院院刊》1990年3月，北京。

沈周淡雅一类设色画则又明显得益于元钱选。

前已述，沈周的花鸟画更多的是独创。即使师法前人，也并非求似前人，而是借其意去表现对象而达到抒情之目的。他在自己画的《沧洲趣图》卷末题跋云："董巨于山水，若仓扁之用药，盖得性而后求其形，则无不易矣。今之人，皆号曰：我学董巨。是求董巨而遗山水，予此卷又非敢梦董巨者也。后学沈周志。"画山水要去表现山水，如果为了再现董巨，那就舍本逐末了。所以他对"求董巨而遗山水"，提出批评，足见其见解之高。他的花鸟画也是得其性而后知其形，宋元之法不过筌蹄而已。只要得其花鸟之真性，筌蹄便可以抛去。所以，他的花鸟画似前人，又不似前人，更多是自己的独创。当然这和沈周的修养有关，方薰《山静居画论》亦云："石田老人笔墨，似其为人，浩浩落落，自得于中，无假于外，凡有所作，实力虚神，浑然有余。故什以谓学石田，先须养其气。"沈周自谓："余早以绘事为戏，中以为累，今年六十，眼花手颤，把笔不能久运，运久苦思生，至疏花散木，剩水残山，东涂西抹，自亦不觉其劳矣。"（《珊瑚网》卷二十一）他还说："若以画求我，我则在丹青之外矣。"（见前引）

沈周的画在他活着时，在苏州就有崇高的地位，他死后遂为一代主流。他的弟子文征明、唐寅的花鸟画基本上都是师法他的。文师沈略温润文秀，唐师沈略加放纵直率。南京博物院所藏唐寅《八哥枯树图》（一名《春雨鸣禽图》）和扬州博物馆所藏沈周《八哥枯树图》，除了唐画放纵直率一些外，其他基本相同。有可能就是唐寅看了沈周画后默仿之作。尔后，文征明所领导的吴门派又都是沈周的传派。最出色的有陆治，字叔平，号包山，《海虞画苑录》引王世贞《弇州续稿》云："胜国以来，写花卉者无如吾吴郡，自沈启南后，无如陈道复、陆叔平。"更出色的是陈淳，字道复，后以字行，虽受文征明指点，实是师沈。他发展了沈周的写意花卉，自成一家，方薰《山静居画论》云："白石翁蔬果羽毛，得元人法，气韵深厚，笔力沉着。白阳笔致超逸，虽以石田为师法，而能自成其妙。青藤笔力有余，刻意入古，未免有放纵处，然三家之外，余子落落矣。"方薰总结明代以降花鸟画唯沈周、陈淳（白阳）、徐渭（青藤）三大家，最为真确。而陈淳正是在沈周基础上发展起来，徐渭大写意又开一派，这一派也是在沈周、陈淳基础上发展起来的。徐渭、陈淳又并称"白阳青藤"二大家，其中皆有沈周奠基之功。陈淳是文人雅士，学识高妙，随意点染，皆成妙品；徐渭气质不凡，诗文戏曲书法皆一代高手，又身处逆境，怀才不遇，他下笔如风旋，泼墨如急雨，流露出不可一世的情态。所以，白阳、青藤画虽妙绝，能学而得之者甚鲜。明末，周之冕的勾花点叶派较为流行，而周之冕的勾花点叶正是从沈周、陈淳的花卉画中寻找而来。清初花卉画大家恽南田早有论说："写生有高逸一派，明代石田翁，北宋之徐熙也。白阳山人用笔隽快，实开后世率易径路，为周之冕诸人滥觞，不可不辨。"（南田手稿，现藏上博）提到高逸一派，又首列沈周，值得注意。南田号称"清初六大家"之一，又是常州（毗陵派）之首，他的没骨写生花卉在正宗画派中，历来被列为第一。南田的没骨花卉画正是沈周没骨花卉之发展完善，只要对照二人的没骨画画迹，便一目了然。如前所述，苏州博物馆的《石翁墨妙》，乍览之，几疑为南田之作，细览之，其主要部分也区别甚微。不过南田专其一而已。南田的画迹中常有"临石田""仿白石翁""拟石田法""摹白石翁"等等。南田对沈周的推崇也最高、最诚心。除上面所引外，现存手迹如：

"元人多作墨菊，明代白石、白阳尤称擅长。"（南田自题《东篱佳色图》，现藏上博。美国纳尔逊艺术博物馆所藏南田墨菊扇画，题字与此幅相同）

"画菊难，墨菊尤难，元人王澹轩（渊）之工秀，周草窗之清研，不如白石翁之高逸。"（此图现藏故宫博物院）南田把沈周看在元人王渊等之上，可见推崇之高。

在《南田画跋》一书中，他多次提到：

墨花至石田、六如，真洗脱尘畦，游于象外，觉造化在指腕间，非抹绿涂红者所可概论。

待诏写生，虽极工整，犹有士气，与世俗所尚大有径庭。然视白石、白阳随意点染，得生动之趣，又隔一尘矣。

文征明（待诏）极工，尚不如沈周，其推重乃至如此。

虽然南田在沈周基础上又有所发展，但沈周的基础十分重要，所以，南田所领导的常州画派，直至扬州的华嵒画派都应是沈周的再传派。明代还有几位画家，如沈周的诗弟子孙艾，陈淳之子陈栝，以及孙克弘等人，亦皆受沈周影响巨大。

受沈周影响更深更微妙的大画家，还有一人尚没引起学者们的注意，那就是近代的齐白石。齐白石喜爱画虾、蟹、蛙之类题材，这在当时已属鲜见，但都可以在沈周爱画的题材中找到依据。沈周的虾、蟹、蛙类题材画，继之者寥寥，虽然白石衰年变法，而且一变再变，但只要细心研究，他从沈周那里得到的启示仍很清晰，尤其是蟹爪画法，特为明显。齐白石不能不变，否则便是沈白石了。还有前面提到的沈周以粗笔画柳枝，细笔点染鸣蝉，同样也是齐白石的画风，蝉的身翼，沈齐二家，几无区别，这未必是一种巧合。齐白石画的小鸡造型亦颇类沈周。其次，齐白石爱画的蔬果菜瓜之类，也可以看得出从沈周那里演变的痕迹。不过齐白石变得较多而已。白石的诗风亦颇类沈周，皆清新自然朴实。沈周晚年自号"白石"，或"白石翁"，齐白石原名纯芝，字渭清，后改名璜，字濒生，亦号"白石""白石翁"，其后则以号行，这显然是相如慕蔺之故了。

这里还要提及的，中国古代绘画对后世的影响，不仅是画的艺术成就，更有画家的声誉以及在画界的地位。中国古代重文而轻艺，同样的画家略有文名者，在画界的地位就会迅速提高。官员作画，即使水平不高，名气也比专业画家高得多。王维的画实际成就不如张璪等人，他的影响之所以巨大，关键在于他是大诗人，进士出身，尚书右丞，又被杜甫称为"高人"。画家慕其人而师其画。有的画家并未见其画也自称师其画，以表示自己师法非凡，南唐画家卫贤的成就颇高，当时被列为神品第一，在董源之上。但因董是北苑副使，卫是院画家，故卫之名后世远不及董，师承者更寥寥。沈周的一些画法，在沈之前，并非绝无。但这些画家在画界的地位声誉都赶不上沈周。沈周出身于文人世家，祖上有高名，沈周本人文名、书名皆高，又颇受当时文人和高级官员的赞誉，更成就了他在画界的地位。所以，多数画家乐于以之为师，故影响更大。当然，沈周的绘画成就的确很高，这是至关重要的。

纵览中国花鸟画史，沈周是一道分水岭，沈周之前，虽然也有写意花鸟，然其主流乃是勾染为主的一派，其次还有一个院派。沈周之后，虽然也有勾染的花鸟画，然其主流乃是写意一派，由小写意发展到大写意。其次还有一个没骨派，也来源于沈周。南田、华嵒等人发展了沈周的没骨，陈淳、徐渭直至"八怪"等发展了沈周的写意法，周之冕等发展了沈周的勾写法，皆各得其一体。沈周的成就奠定了他在花鸟画史上的崇高地位。

比沈周略晚一些的苏州著名学者王稚登著《吴郡丹青志》，第一等《神品志》，仅列一人，即是沈周，并评为"当代第一"，王世贞《弇州山人集》谓："五代徐黄而下至宣和主，写花鸟妙在设色，粉绘隐起如粟，精工极俨若生肖。石田氏乃能以浅色淡墨作之，而神采更自翩翩，所谓妙而真者也。"把沈周视为徐、黄、宋徽宗之后一大变革家，其推重乃至如此。

明清两代的花鸟画变化创意的速度比山水画要快，虽然其面貌多端，大抵皆在沈周画风的笼罩之下，皆顺着沈周扳开的道叉向前迈进。例外的只有一位陈洪绶。陈洪绶也是一位千古难觅的大画家，他抛弃了元以后一切画风，由唐而上追至六朝。陈洪绶的同乡徐渭超越当代向前推进，陈洪绶超越当代向上追溯，在画史上也是惟一仅见的大家，他的意义和沈周自是不同，但论对后世的影响面，还是沈周大些。

1989年10月至11月于南京师范大学美术系

附记：笔者在故宫研讨会上提出："沈周是半浙半吴式画家。"即说沈周既学过董巨、元四家一系，也学过南宋和浙派一系。此论遭到国内外很多学者的反对，但我仍然坚持此一看法。一、沈周固然是以元画筑基，但他所处时代是浙派画占上风时代，加之，沈周为了卖画，不能不吸收浙派画风。美国翁万戈藏《仿戴进谢太傅游东山图》轴，就是沈周54岁时认真临摹浙派戴进之作。这是铁的事实，无可否认。固然，沈周学浙派远少于学"元四家"，总之还是学了。二、浙派画出于南宋画，法常（牧溪）也是南宋画家，其画与董、巨、米、"元四家"一系迥异，历来被讥为"粗恶无古法""诚非雅玩"（见《图绘宝鉴》《画鉴》《画继补遗》等），法常画粗墨疏笔，正是浙派画家之崇。沈周也认真学过，并大加推崇。说明沈周对此一系画并非被迫吸收，当有好感。三、沈周的画以"粗沈"最见特色，其皴笔粗而硬，苍而劲，这是董、巨、"元四家"一系所不见的。却正类于南宋浙派一系。吴镇的画只是用湿墨，并不用粗笔，间有粗笔，也不苍硬。沈周的粗硬苍劲的笔法正是吸收了南宋浙派一系的画风，而吴派画却是以细秀见长的。但沈周毕竟是以董、巨、"元四家"一系筑基的，他不作斧劈皴，个别画介于斧劈披麻之间。仅用粗硬笔法勾皴，故其精神似浙派，而方法基础却是董、巨、"元四家"一系的。苏州画家学南宋、学浙派或受浙派影响者，非止沈周一人，周臣、唐寅、张灵等都如此。可以说，他们皆是"半浙半吴"式画家。这次画展中，张灵的《秋林高士图》轴，大片粗墨，硬而直拐的弯树，不仅学南宋，且更明显受浙派影响，只是唐寅、张灵等人的画虽类浙派，却又有文人的空灵气息。明前期，浙派画声势浩大，沈周等人不受其影响是不可能的。当然，沈周画中还是董、巨、米、"元四家"一系的成分居多，而且，"细沈"一系画则和浙派完全无涉。

（载《吴门画派研究》，1993年，紫禁城出版社）

七、明代女画家秋香——兼说唐伯虎

　　唐寅名气之大，以至妇孺皆知，还在于小说、戏曲、电影、电视之类的传播，例如《唐伯虎点秋香》《三笑》《唐解元一笑姻缘》等等。小说之类出于虚构，这是无人不知的。然而，考证之类文章却偏偏屡见不鲜。其中影响最大的是对秋香的考证。有人说"她是成化年间南京旧院妓女，姓林名奴儿……年纪至少应该比唐伯虎大十几岁。因此，根本不可能与唐伯虎发生这一场风流纠纷"（转引自江苏古籍出版社《唐伯虎·附录》）。还有很多文章，也都说道秋香原名林奴儿，成化间妓，并说："她给唐伯虎作姐姐还嫌大哩。"但所有文章都没有说出秋香比唐伯虎大的根据。更没有人披露她是一位画家。

　　近来，笔者也读到不少关于秋香的文献资料。除常引的资料外，还有《金陵琐事》《明书画史》《无声诗史》《梅禹金青泥莲花记》等等。沈周的《石田诗集》中还有题林奴儿画的词。看来，秋香确有其人。原来她也是一位画家，姓林名奴儿，号秋香。《无声诗史》记：

　　林奴儿，号秋香，成化间妓，风流姿色，冠于一时，学画于史廷直、王元父二人，笔最清润……

　　史廷直就是史忠，又号痴翁，金陵人，著名画家兼诗人。其妾何玉仙，号白云道人，亦是画史上有名的女画家。王元父（一作元甫）就是王孟仁，也是成化间南京著名画家，山水清润有法，唐伯虎及其友文征

明 唐寅 嫦娥图（局部） 美国大都会博物馆藏。

唐寅（1470～1523年），字伯虎，号六如居士、桃花庵主和逃禅仙吏，苏州人。唐寅初师周臣，后来和文征明同为沈周的学生。唐寅有很多美女图问世，如《洞箫仕女图》《孟蜀宫妓图》《嫦娥图》等，皆颇具特色。

明皆颇推崇之。秋香在金陵为妓，遂向二人学画，后来又向大画家沈周学画。史忠指教秋香，不仅善画，且亦通诗，一时名流，纷纷投以青睐。连沈周也有《临江仙》词，赞秋香曰：

舞韵歌声都摺起，丹青留个芳名。崔徽杨妹自前生，笔愁烟树杳，屏恨远山横。　描得出风流意思，爱她红粉兼清，未曾相见尽关情，只忧相见日，花老怨莺莺。

秋香后来落籍（离开妓院），仍有旧时相好的男人找她，她画扇题诗加以拒绝，诗云：

昔日章台舞细腰，任君攀折嫩枝条。

如今写入丹青里，不许东风再动摇。（见《无声诗史》卷五"林奴儿条"）

表示自己再也不愿重蹈妓女时的生活了。

这位女画家秋香是一位真实人物。也正和唐伯虎同时。唐伯虎生于1470年，卒于1523年，和秋香差不多同年。考证家说秋香比唐伯虎大十几岁是错误的。他们的根据是秋香为"成化间妓"这句话。明成化年间自公元1465年至1487年，共23年。考证家只盯住开始之年，而忽视了以后的22年。若以1465年为妓，当然大于唐寅十几岁。然而，古代行文的习惯，如果是成化初期，必写成"成化初"，但史书上说"成化间"，这里有22年的悬殊。当时为妓一般都是十几岁，而且最盛年也在20岁之前。从前面她的诗"任君攀折嫩枝条"看来，她为妓时年龄是很小的。如果她和唐伯虎同年而生，1487年也不过十七八岁，正是妓女的盛年（旧时雏妓仅12岁），即使她比唐伯虎年龄小一点，成化后期也正是为妓之年了。所以，以前的考证是过于偏颇了。反过来看，如果秋香真的比唐伯虎大十几岁的话，成化间就已落籍了，不可能再为妓了。

秋香随沈周学画，唐伯虎是沈周的学生，也随沈周学画，二人实为同学。唐伯虎的诗文中与沈周唱和的诗很多，师生感情甚笃，他和秋香的关系应该是很好的。

我的考证到此为止。当然，我所说的这位秋香是一位女画家，是唐伯虎的同学，而不是电影小说中的那位秋香。至于他们之间有没有风流韵事，那就要等待其他的考证再来证实了。

（载《大公报》"艺林"副刊，1992年8月28日）

八、唐寅《桃花庵梦墨亭图》

唐寅有一幅水墨画现藏在美国夏威夷（汉名檀香山）的火奴鲁鲁美术馆（Honolulu Academy of Arts），此画为纸本墨笔，纵104.4厘米，横49.4厘米，曾一直被称作《月亭图》，这大概是根据画的右上方"唐寅为月亭画"的题字而定的。但从题字看来，"月亭"当是人名，画题本意乃是唐寅为月亭其人作画。画中主景是一草亭，上有桃花，亭中坐一书生。右上款识下钤朱文印二，一曰"龙虎榜中名第一，烟花队里醉千场"，一曰"六如居士"。左下还有文征明之子篆刻大家文彭的印"七十二峰高处"等。

我认为，这幅画中的草亭当是唐寅的桃花庵梦墨亭，亭中坐的书生则是唐寅自己。因而画题应作《桃花庵梦墨亭图》。这幅画所具有的特殊价值，在于它折射着唐寅一生的荣辱毁誉。从这幅画中，我们可以了解唐寅的真实面目和真实生活。

据唐寅的同乡好友祝允明写的《唐伯虎墓志铭》可知，唐寅生于大明成化六年（1470年）二月初四。这一年是虎年，干支是庚寅，故名唐寅；唐寅又是老大，故配字伯虎。唐寅聪颖，又少年苦读，很多文章和书籍中说他16岁即考中秀才第一名。可惜我没查到明确的记载出处，但《墓志铭》中说："子畏性极颖利……数岁能为科举文字，童髫中科第一，四海惊称之。"可见说他16岁中秀才第一名也是有根据的。又说他

"幼读书不识门外街陌，其中屹屹，有一日千里气。不或交一人。余访之再，亦不答"。可见他曾是一位高傲、正派的青年，闭户读书，连门外街陌都不识，亦不随便交友，绝非好色之徒。

弘治十一年戊午（1498年），唐寅29岁，考中应天府（南京）乡试（省一级考试）第一名（文征明和唐寅同时参加考试，却名落孙山），中乡试者为举人。举人被解送进京参加中央级大试，故举人第一名又称"解元"，唐寅有的画上钤印"南京解元"，盖因于此。次年己未，唐寅赴北京参加礼闱（即全国会试），试毕，传云又中第一名，这就是他印文中"龙虎榜上名第一"的来源。

这一年全国会试的主考官是程敏政，当时任礼部右侍郎兼侍读学士。朝中有人和他不睦，便弹劾他曾将试题泄漏给唐寅。但经李东阳复校，否定了这件事。弹劾程敏政的人也因"言事不实"被逮捕，后降

明　唐寅　桃花坞梦墨亭图　纸本墨笔，49.4cm×104.4cm，现藏美国夏威夷火奴鲁鲁美术馆。

从这幅画中，我们可以了解唐寅的真实面目和生活，折射着他一生的荣辱毁誉。"梦墨亭"是唐寅居处桃花庵的一个小亭子，是其闲坐、聊天的场所。

职。然而"言者犹不已",又揭露唐寅考前和主考官过从太密。原来,录取唐寅的乡试主考官梁储十分欣赏唐寅文才,把他推荐给程敏政,程也欣赏唐寅的才华。后梁储离京南访,唐为感激梁,持礼物向程敏政乞文为梁饯行。此外,和唐寅同行的巨富徐经(明代大旅行家徐霞客的高祖)也曾贿赂程敏政的家僮盗窃试题。这些事被揭露出来,都和唐寅沾边。所以,唐寅出狱后,仍被黜为吏。(以上见《明史·程敏政传》《明史·唐寅传》、尤侗《明史拟稿》《苏州府志》、阎秀卿《吴郡二科志》《弇山堂别集》)唐寅给文征明信中云:"天子震赫,召捕诏狱,身贯三木,卒吏如虎,举头抢地,涕泗横集……海内遂以寅为不齿之士,握拳张胆,若赴仇敌,知与不知,毕指而唾。辱亦甚矣……士也可杀,不能再辱。"(《唐伯虎全集》卷五)于是他断然拒绝为吏,回到苏州靠卖画为生。一个胸怀大志的青年,从此断绝了前程,精神之痛苦可想而知。为了平抑自己的痛苦,他直往红粉队中寻觅知己,以期精神上的麻醉。当时的大文人何良俊也说"一至失身后,遂放荡无检,

明 唐寅 古槎鸜鹆图 纸本墨笔,121cm×26.7cm. 上海博物院藏。

唐寅的花鸟画学沈周,此图以及现藏南京博物院的《八哥枯树》与沈周的《枯树八哥》是很接近的。

可惜可惜"（《四友斋丛说》卷十五），文征明也多次规劝，亦无益。笔者在美国见过唐寅所画格调低下、内容颓唐的"春画"，唐寅诗文集中《寄妓》《哭妓》的诗亦颇多，可见他确实曾混迹于烟花场中。这就是他印文中"烟花队里醉千场"之实。此外，他还有一方印曰"江南第一风流才子"，在他特别满意的美人图上多钤之。

唐寅既绝望仕途，便开始经营安乐窝。他在苏州北城中寻到一块理想之地——桃花坞，这原是宋枢密章粢的别业。唐寅计划在这里筑室桃花庵，内构"学圃堂""蛺蝶斋""梦墨亭"。四周围以矮墙，多种桃树。但苦于无钱，遂写信给他的好友徐桢卿，想将自己的藏书卖给他，以换营资。徐桢卿字昌谷，苏州人，和唐寅、文征明、祝允明被时人合称为"吴中四才子"，又与李梦阳等人并称为"前七子"。徐当时正在北京做官，但仕途坎坷，也贫困潦倒。徐桢卿《迪功集》有云："唐生将卜筑桃花坞，谋家无资，贻书见让，因寄长歌解嘲。其诗云：'正逢天子失颜色，夺俸经时无酒钱。'"唐寅只好卖画积资，两年后才开始筑室。据说，唐寅曾乞梦仙游九鲤神，梦神惠墨一担，由是才思日进，词翰绘事，擅名一时（见《墓志铭》《明史拟稿》《尧山堂外纪》）。因之，他要建"梦墨亭"以作纪念。因资财所限，亭子不会豪华，此画中的茅亭当是梦墨亭的写照。背景桃花正是桃花坞的象征。草亭上端只有一枝桃花十分具体，这是为了突出梦墨亭；远处一片苔点，正表示桃花之多。

桃花庵建成之后，唐寅写了一首《桃花庵歌》："桃花坞里桃花庵，桃花庵里桃花仙。桃花仙人种桃树，又摘桃花换酒钱。酒醒只在花前坐，酒醉还来花下眠。半醒半醉日复日，花落花开年复年。但愿老死花酒间，不愿鞠躬车马前。"（《唐伯虎全集》卷一）梦墨亭中书生形象和现存的各种唐寅画像完全一致，当是他的自画像。画中的唐寅正迷蒙着双眼，"半醒半醉"，恰如他的诗云："自分已无三品料，若为空惹一番忙。钟声敲破邯郸景，依用残灯照半床。"（《梦》）我们从这幅自画像中正可看出他的精神状态。

唐寅晚年，思想愈趋空幻，皈依了佛教，佛书《金刚经》中有：

"一切有为法，如梦、幻、泡、影，如露，亦如电，应作如是观。"于是他遂号"六如居士"。这就是他画上钤印"六如居士"的缘由。

唐寅这幅画融山水、人物、花卉于一卷，正是南宋绘画的传统。唐寅的画是以南宋院体为基础的，一度受过苏州周臣的影响，但后来声名大大超过周臣，以至周臣自叹："但少唐生三千卷书。"据《尧山堂外纪》云："六如有人求画。若自己懒于着笔，则请周东村代为之。东村名臣，字舜卿，苏州人。"唐寅请老师周臣代笔作画，只能是偶然为之，从他的诗文中可知，他本人也很贫穷，需要卖画糊口，不可能老请人代笔。但周臣为唐寅代笔的画确有存世。周、唐二人的画区别是：周凝重、浑厚；唐潇洒、秀雅。唐寅毕竟是饱学之士，他的画具有文人的书卷气。张丑说他的画"既秀润，又饶气韵"，盛大士说他的画"其皴法虽似北宗，实得南宗之神髓"，皆是的论。这些评价在这幅《桃花庵梦墨亭图》中皆能得到证实。南宋院体画法，在明前期居于统治地位。浙派承袭之，吴门派抛弃之，惟唐寅改造之。他吸收甚至仍用南宋院体之画法，但去其粗犷之气和刻露之痕，加入了文人的清雅之气，将其改变成柔和的骨格，使南宋院体另出一新面。

唐寅的书法也颇有造诣，写得潇洒自然，但骨格不鲠，外秀有余，而内刚不足，有软熟的感觉。书如其人，联想唐寅考试前和大官僚过从太密，并乞文以附骥，不能不令人为之叹息。残酷而坎坷的命运捉弄了他，也锤炼、造就了他。如果当年科举顺利，仕途坦通，他决不会获得"明四家"之一、"吴中才子"之一的成就。唐寅墓祠前一副楹联最令览者萦怀：

问唐衢痛哭何为？纵使青云无望，却赢得才子高名，在将相王侯以上；

继宋玉招魂之后，此番苍墓重修，更装点横塘美景，替湖山花月增妍。

（原刊《文物天地》1991年第3期）

附录：吊唐寅墓

问唐衢痛哭何为？纵使青云无望，却赢得才子高名，在将相王侯以上；

继宋玉招魂之后，此番苍墓重修，更装点横塘美景，替湖山花月增妍。

这是唐寅墓祠中一副对联。

七年前，我为撰写《中国山水画史》，曾经苏州，过横塘，往吊唐寅墓。但见墓周围杂草衰杨，乱石横木，一片荒凉，加之正日暮风悲，天气阴霾微寒，益加感慨。惜附近机器嘈杂，工厂烟雾弥漫，颇煞风景，游人无心驻足。于是匆匆一览，拍了几张照片，竟连一首诗也未写成，便乘车去太湖了。太湖风光浩渺，玉鉴琼田，足洗胸中俗闷之气，扁舟荡漾，陶然其中，很快便把唐寅墓忘却了。但那副对联还记得。

1988年10月，苏联著名学者查瓦茨卡娅教授因读了我的《中国山水画史》，加之久仰这位才子高名，便要我陪她往横塘同吊唐寅墓。到了苏州，我们便立即驱车赶到横塘。横塘在苏州城西，横山东侧，大约

唐寅墓
此墓位于苏州城西之横塘，图中右立者为本书作者陈传席。

20分钟路程。其时恰值唐寅墓正在扩建和修缮，加之游者心情不同于前，情在景中，景在情中，此番景致大异于前。灰黑色的大围墙怦然把唐寅墓前装点成一个古典式的大公园，研究古代的人对时代较近的景物没有兴趣，况且如此豪华更有悖于这位才子的本意。我们迅速穿过"唐寅墓园"的大门，见到大院中尚有几块巨大古碑尚未树起。两旁的殿堂正建，然后赶到后院。一架石牌坊，大约是清人树起的，上刻"唐寅之墓"，这里是原本的墓园，园中丛菊盛开，海棠正茂，触目处，一片花光翠艳，装点唐寅墓园，增妍生色。查瓦茨卡娅急于先看唐寅墓坟，拉着我说："我们不要学顾恺之食甘蔗。"我说："好罢，那我们先去看佳境。"于是便直奔唐寅墓。真正的墓地倒也十分清幽，墓园祠室中的俗艳之气一扫而光。

按一般说的坟墓，堆在地上的部分称坟，埋在地下的部分称墓。所谓墓地应称坟地，但坟是为墓而设，当然墓更重要。唐寅的坟是用石头砌成的大圆形，上面深草篱篱，周围松树挺立。坟前一块大石碑，上书"明唐解元之墓"。一个六角四柱的石亭保护这块碑，石亭双柱上刻一联曰："花坞菰村双丙舍，春风秋月一才人。""花坞"是桃花坞，是唐寅在苏州城读书作画的地方，"菰村"即墓地所在处——横塘王家村，这里菰草横生，故称。"丙舍"，原指停放灵柩的房屋，这里指墓地。这句联语是说唐寅在桃花坞和横塘有两处墓地。据唐寅之侄唐兆民《遗命记》所述：唐寅死时，初葬北城桃花庵，20年后（嘉靖二十二年癸卯），改葬于城西晋昌祖陇之次，即横塘。明清以降，不知多少学者争论唐寅墓地到底在桃花坞，还是在横塘，直至今日而不休，如果读到唐兆民这篇文章，那就迎刃而解了。碑背和石亭柱上还有一些小字，年久剥落，辨认费力。我和查瓦茨卡娅绕坟一周，又捧土添其上，权作扫墓。然后伫立碑前，默默凭吊，查氏还口吟一诗，可惜我记不清了。

在坟前立了好久，我们便回到唐寅祠堂，从后面进入第一室（其实是最后一室）"六如堂"，堂中摆着唐寅的汉白玉雕像，两个柱上刻着本文开始那副对联。

联语颇能牵动游人心意。查瓦茨卡娅叫我详细给她解释,我告诉她,这幅对联是很有来历的,而且有很多典故,还要弄清唐衢和唐寅、宋玉和宋荦的关系,必须从头谈起。

唐衢是唐代一位以善哭而闻名的才子。能诗善文,惜久试不第,意多感发,每有伤叹触动,必痛哭不已。此联中以唐衢喻唐寅,不仅取其姓氏同,事迹亦同。唐寅少年聪颖,16岁在苏州考得府学生员第一名。29岁,又在南京考得乡试第一,称"南京解元"。明代的科举考试分三级,州县级的考试中试者称"秀才"或"生员",取得进一步考试的资格。省一级考试称"乡试",每三年举行一次,中试者称"举人"。举人由地方解送入京参加礼闱(全国大试),故乡试第一名的举人又被称为"解元"。唐寅既中解元,名声大振。入京会试,公卿造请者阗咽街巷,后来却因科场舞弊案的株累,被捕下狱,身贯三木,举头抢地,惨毒万状,愧色满面。上至"天子震赫",下至"僮奴据案,夫妻反目",又自认为"海内遂以寅为不齿之士,握拳张胆,若赴仇敌,知与不知,毕指而唾,辱亦甚矣"(见《唐伯虎全集·与文征明书》)。从此后,他悲恸欲绝,"抚案而思,仰天而叹","愤悒而哀伤"。这就是"唐衢(寅)痛哭"的原因。从此,他也就"青云无望"。只好将精力用之于诗书,玉成了他作为一位著名画家而被后人列为"明四家"之一,即"赢得才子高名在将相王侯以上"。

唐寅功名无望之后,便卖画筹款在城西北筑桃花坞。这里原是宋枢密章粢的别业。唐寅增建梦墨亭,死后便葬在这里(根据祝允明的《唐伯虎墓志铭》"墓在横塘王家村",似是当时就葬在横塘。但唐兆民的记述又与此不同。可能当时拟葬在横塘,而又一时无力,暂时草葬在此,正式安葬在横塘,也未可知)。后人增祠祀唐寅,又增祝允明、文征明二人像。明天启(1621~1627年)年间,杨端孝大漾改为准提庵。康熙年间,有客过此,偶见野屋中断碑耸峙,大书"唐解元墓",为嘉靖初太守胡缵宗所书。当时任江苏巡抚的长官正是明末清初著名文人宋荦。宋荦闻之,马上赶到,往拜碑下,遂召士人赎其地,俾有司修墓道，覆草亭，树门屏，加缭垣焉，又增建才子亭。（参见尤侗《重修桃花坞唐解元祠墓记》）。宋荦修葺桃花坞唐寅墓在当时影响颇大，康熙举人查心谷《莲坡诗话》记之："唐六如墓在桃花庵，日久废倾，高邱宋漫堂中丞荦重为修葺，一时名士吟咏甚多，有《重表唐解元遗墓诗》一卷。"遗墓诗中有韩菼一联云：

> 谁昔唐衢唯解哭
> 只今宋玉与招魂

现在六如堂中这副长联就是从韩菼此联中变出来的。其中以唐衢暗寓唐寅，以宋玉暗寓宋荦。宋玉是战国楚人，对屈原十分推崇，屈原死后，宋玉怜哀之，作《招魂》一辞以招屈原之魂，辞中不停地哀叹："魂兮归来"（见汉王逸《楚辞章句》）。唐寅死后，宋荦修葺其墓，以招其魂，其事与宋玉作《招魂》以哀屈原正同。说宋玉招魂，实是宋荦招魂。

现在这副联中，"继宋玉招魂之后"，实指继宋荦康熙年间修葺唐寅墓之后。此番苍墓重修，但装点的是"横塘美景"，而不是桃花坞美景。

一个才人，两个丙舍，春风秋月，托体山阿。横塘唐寅墓，自明嘉靖二十二年之后，也屡有好事者多次修葺。雷起剑《重修唐解元墓记》云："崇祯甲申（1644年）暮春，余与徐元叹、叶羽遟、毛子晋、马人伯、孙月在、释石林放舟于吴门之横塘，羽遟指野水丛薄间曰：'是为唐伯虎先生之墓。'童乌之嗣既乏，若敖之鬼已馁矣。今其墓牛羊是践，是可悲。余遂与诸友之披荆拜之，访于田夫之邻者，问其遗族，云族并乏，止有城内桃花坞一老妪，尚是伯虎侄孙妇之媵者。余与友凄然叹曰：是朋友之罪也。千载下读伯虎之文者，皆其友，何必时与并乎？理厥封树，构数楹而祠之，是在吾侪今日耳。子晋欣然任之。同侪各赋诗以纪，阅两月祠成，更勒石以遗千古之有心者。"

　　子晋就是明末著名的藏书家和出版家毛晋，这个横塘唐寅墓乃是由雷起剑发起、毛晋出资重修的，又建祠勒石，同伙一批文人皆赋诗以纪。但在宋荦修桃花坞祠墓之后，人皆知解元墓在桃花坞，横塘之墓已无人过问了，实际上，桃花坞只有唐寅坟而无其墓，墓已移至横塘了。清嘉庆年间，乾隆癸丑（1793年）进士湖南善化人唐仲冕任吴县知县，后又任苏州知府，见其祠墓颓废，便以和唐寅同宗之谊，于嘉庆六年，既修桃花坞之祠，拓准提庵东别室，移祀唐祝文之三君像，署其室曰桃花仙馆，出资赎还居民侵占墓地，以缭周垣，又补种桃花数十株，复建梦墨亭。又于横塘修唐寅之墓，"墓中埋一碑，建石亭、石绰楔各一"，并撰《修唐解元墓记》云："公讳寅，字伯虎，号六如居士，明弘治戊午南京解元，以事被黜为吏，辞不就，放废终身，尝以佯狂脱宸濠祸，卒葬横塘王家村，载在志乘。明末毛子晋曾修其墓，有文记之。自宋商丘尚书得胡太守缵宗碑碣于桃花坞，为建祠墓，而横塘之墓无有过而问者。予以同姓来宰是邑，既修葺桃花庵与其墓，且率为诗，以广其传。考横塘旧有墓地三亩，过者犹能指邱垄，不可废也。历来已久，侵葬者，树皆合抱，姑即其可厘正者，封植而显识者焉。墓中埋一碑，建石亭石绰楔各一，墓前仅有田四分有奇，以唐六如墓注名产籍，付县中司漕吏，代纳其赋，岁久弗替。因并识之。"

　　现在的横塘唐解元墓实是在雷起剑、毛晋及唐仲冕修建之后，又一次"苍墓重建"。更增建六如堂、梦墨堂等，不徒横塘之美，实为海内之秀。

　　六如堂前是梦墨堂。据祝允明《梦墨亭记》云："（唐寅）结亭阊门桃花坞中，目之曰：梦墨，章神符也。"唐代的王勃尝梦墨而以文章名世，据说唐寅"尝梦人（一说为九鲤神）惠墨一囊，龙剂千金，由是诗文日益奇。"（《明史拟稿》）因之而构梦墨亭。室中有一联"人间何物都元敬，海内知音祝允明。"查瓦茨卡娅刚才听了我的解释后，对联语特感兴趣，又要我详释，我告诉她：都元敬就是都穆（1459～1525年），苏州人，曾著《寓意编》，记其所见书画及当时藏家名氏，凡六十条，鉴别颇详，是研究书画史的重要著作，其人诗文亦佳，后官礼部郎中，加太仆少卿。都穆曾是唐寅老师，当年和唐寅同赴乡试，名次却在唐寅之后，全国会试，听说自己名次又在唐寅之后，于是妒性顿生，便向给事中华昶"揭发"唐寅科场"舞弊"。以致唐寅惨遭横祸，抱憾终生，从此恨恨不已，终日痛哭。都穆也从此为正直人士所不齿，尤其是唐寅的好友文征明等人都拒绝和他来往，都穆晚年也为此事而十分懊悔。但他断送了唐寅终生，唐寅是不能不怨恨的。直到晚年，都穆在别人帮助下，多次求见唐寅，企图和好，唐寅都急避拒绝，并大骂不休。故云："人间何物都元敬。"

唐寅本是一位用功读书的正派青年，绝不同于一般纨绔子弟，更非好色之徒，他希望将来能干一番大事业。理想越高，摔到现实上，伤痛就越重。他痛苦欲绝，无法控制过分的悲伤，损害了他的健康，等待他的只有死亡。这个时候，祝允明出来"挽救"了他。祝允明号枝山，是苏州著名的风流才子，能诗善书，尤好女色。《明史》记："吴中自枝山辈以放诞不羁为世所指目，而文才轻艳，倾动流辈，传说者增益而附丽之。"这位风流领袖也曾规劝唐寅用功，现在却见唐寅悲痛欲绝而不可止，知道他青云无望，便劝他往红粉队中寻找知己，以色和酒麻醉自己，止住痛苦。唐寅在举世无亲的无可奈何中，在祝允明的引导下走上了颓然自放的道路，他寄身妓院，往红粉队伍中寻觅知音，以求得精神上的慰藉。他有一块印，文曰："龙虎榜中名第一，烟花队里醉千场。"前句讲他曾在乡试中名列第一（全国大试本拟为第一），后句则说他长期和很多女人厮混的荒唐生活。文征明对他的"寄情于醇酒妇人之状"，曾有规劝，但他不听，依旧视祝允明为知己。他还有一印曰"江南第一风流才子"，也是此义。唐寅最早的一个妻子是当地名士徐廷瑞的次女，颇贤惠，惜25岁时即去世。再娶一个千金小姐也是名宦闺秀，初慕唐寅才名，后因唐寅功名无望，便反目而去，这就加深了唐寅的痛苦和荒诞生活。唐寅最后终于遇到一位真正的知音沈九娘，沈氏十分贤惠，和唐寅生了一个女儿。此女后嫁给唐寅的朋友著名书法家王宠

（1494～1533年）之子王龙冈。唐寅和沈氏结婚后便结束了他的荒唐生活，其诗云："不炼金丹不坐禅，饥来吃饭倦来眠。生涯画笔兼诗笔，踪迹花边与柳边。镜里形骸春共老，灯前夫妇月同圆。万场快乐千场醉，世人闲人地上仙。"可见婚后夫妇感情甚好，生活也颇安逸。

唐寅晚年，思想趋于空幻，遂皈依佛教，取《金刚经》中："一切有为法，如梦、幻、泡、影，如露，亦如电，应作如是观。"于是自号"六如居士"。后面那个"六如堂"就取此义。

梦墨堂前是桃花仙馆，也是唐寅祠的第一室。两旁皆是唐寅的画（复制品）和有关唐寅的出版物。因为是出售性质，查瓦茨卡娅特不悦，她又在寻找楹联。果然，她的照相机对准了：

风月湖山终不改，
枌榆祠墓又重光。

她要我解释下联，我告诉她："枌榆"原是汉高祖刘邦的故乡，后人因雅称家乡作"枌榆"。"重光"即又见光明，乃光复之意。这句是说唐寅在家乡的祠墓又一次光复，因为其墓曾经被毁过。查瓦茨卡娅问我，唐寅的墓以后还会被毁吗？其实，喜爱唐寅艺术的人一直有这个忧虑。有人以唐寅才高位下得不到统治者的赏识而抱不平，于是现实得不到的东西，希望让他在艺术中得到，便附丽了很多故事，说他得到很多女性的爱慕，乃至以身相许，以此慰藉唐寅的寂寞，《重表唐解元遗墓诗》中有洪升的一诗曰："颇学吴趋年少狂（唐寅住吴趋坊，其画中常自题：吴趋唐寅），逃禅垂老悔词场。不知他日西陵路，春风谁吊柳七郎。"柳永（七郎）是宋代著名词人，终生依红偎翠，和妓女为友，死时贫不能葬，百余名妓女捐金为之安葬，并每年凭吊。洪升感叹，有谁能像吊柳永那样年年为唐寅凭吊呢？也是为唐寅死后的寂寞担忧。

其实一个人只要取得一定成就，尤其是在文化艺术方面留下一定的财富，后人就不会忘却他。相反，如果唐寅仕途顺利，终生在官场上追逐热闹，也许现在久已被人遗忘，更谈不上有人为他凭吊。唐寅生前寂寞，却换得他"四大家""四才子"之一的高名。数百年之后，国际上不停地有人来凭吊他，世界很多大博物馆收藏他的作品，他永远不会寂寞，他的高名永远在一般的将相王侯之上。

（载香港《收藏天地》 1992年第1期）

九、明代女侠薛素素的《墨兰图》

明代奇女子薛素素的《墨兰图》，现藏美国火奴鲁鲁美术馆。该图纸本，水墨，纵31.8厘米、横60.3厘米。卷末自题"辛丑春正月写，薛素素"，可知此图作于明万历二十九年（1601年）。

《墨兰图》描绘兰草生于水畔山石之间，兰图双勾，细淡的线条，一丝不苟。花叶交叉，前后关系，清清楚楚。水草又用墨笔撇出，颇见功力。山石又下笔迅扫，颇见气势。这幅《墨兰图》堪称薛素素的佳作。

据记载，薛素素作画以写水墨大士著称，其次便是山水兰竹。《静志居诗话》记薛素素画"山水兰竹，下笔迅扫，无不意态入神"。《无声诗史》亦记素素"尤工兰竹，下笔迅扫，韵复高胜"。观《墨兰图》，确与上述记载相符。薛素素的《墨兰图》颇见才气，但却看不出她专师哪一家。宋代赵孟坚画过这类墨兰或水仙的长卷，但他的构图稀疏，用笔坚硬；而素素的墨兰构图细密，用笔柔和。薛素素画石头或用方笔钩括，皴以斧劈，颇类南宋院体，流露出激烈的情绪；或用披麻皴、长条皴，其皴法下笔迅奋，和元人那种慢悠悠的情绪又不同，显示出她个人的独特风格。薛素素的绘画艺术并不亚于当时的大家。胡应麟的《甲乙剩言》评云："尤工兰竹，下笔迅扫，各具意态，虽名画好手，不能过也。"绝非过誉之辞。据说当时的名家大师见到薛素素的画无不惊叹。连董其昌也"见而爱之，为作小楷《心经》，兼题以跋"

（《静志居诗话》）。李日华见到薛素素的《花裹观音》后，颇多赞赏，特作长题，其中有"乃欢喜以赞曰：慧女春风手，百花指端吐。菩萨现花中，自结真实果"之句。素素的书法师晋人《黄庭经》。从她的画上题款来看，格调高雅，颇具晋人韵度。

薛素素亦能诗，集有《南游草》诗集行世。还有很多诗散见于她的画上，诸如《式古堂书画汇考》上记薛素素《梅花蛱蝶图》并题："不愁春信断，为有梦魂来。"《水仙图》并题："幽芳小小翦轻罗，玉面檀心气韵多。好与避风藏绣箔，天寒不遣试凌波。"等等。诗句清新细润，别有情致。

薛素素不仅诗、书、画俱佳，还是一位技艺卓绝的女侠。据钱谦益《列朝诗集小传》记："素素吴人，能画兰竹，作小诗，善弹走马，以女侠自命。置弹于小婢额上，弹去而婢不知，广陵陆弼《观素素挟弹歌》云：'酒酣请为挟弹戏，结束单衫聊一试。微缠红袖袒半韝，侧度云鬟引双臂。侍儿拈丸著发端，回身中之丸并坠。言迟更疾却应手，欲发未停偏有致。'自此江湖侠少年，皆慕称薛五矣。少游燕中，与五陵年少，挟弹出郊，连骑遨游，观者如堵。"《明画录》中亦有与此相类的记述。《无声诗史》卷五记"薛素素……善驰马挟弹，能以两弹先后发，必使后弹击前弹，碎于空中。又置弹于地，以手持弓向地，以右手从背上引其弓以击地下之弹，百不失一，绝技翩翩，亦青楼中少双者。"薛素素的奇绝弹术，即使在武术专家手里也是十分鲜见的。

然而文武全才的薛素素身世却十分坎坷。她少时堕入青楼，成了京师名妓。《无声诗史》记她是"京师妓，姿度艳雅，言动可爱"。胡应麟《甲乙剩言》谓"京师东院本司诸妓，无复佳者，惟史金吾宅后有薛五素素，姿度艳雅，言动可爱"。后来薛素素"为李征蛮所嬖。其画像传入蛮峒，酉阳彭宣慰深慕好之。吴人冯生，自诡能致素素，费金钱无算，久之语不雠，宣慰怒，羁留峒中十余年乃遣。北里名姬，至于倾动蛮夷，古所希有也。中年长斋礼佛，数嫁皆不终。晚归吴下富家翁，为房老（妾之年长色衰者）以死。"（《列朝诗集小传》）一代奇女子薛素素就这样被黑暗的封建社会吞没了，她那惨淡的一生足令今人为之扼腕叹息。

　　薛素素的画存世不少，南京博物院藏有她的《吹箫仕女图》，火奴鲁鲁美术馆还藏有她的《菊竹石图》扇面等等，皆有较高的文物、艺术价值，值得认真研究。

　　　　　　　　　　　　　　　（原刊《文物天地》1991年第2期）

十、明代政治、经济和文化政策对山水画的影响以及画派纷起的基础

明初的山水画基本上是元末山水画的延续，而且像样的画家皆是元代所遗。"元四家"就有二位（王、倪）活动于明初，并被列传于《明史》。山水画家如赵原、陈惟言等，也皆活动于明初。

元代统治者是不太过问绘画活动的，一任其自由发展。画家多能直抒胸臆，表现自我，表现一种冷逸寂静的气氛。所以元画重逸趣，重文人隐士所尚的荒率趣味。这是文人自己喜尚的画风。但明朝初建时，朝气蓬勃，正需要积极向上、令人奋发的力量，元人的画风自然不适用于这个新王朝。朱元璋又对文艺过问特严，全国上下不论有多高声望的文人，有多高成就的画家，稍不合他的意便杀。所以，不久元代画风便遭到了厄运，南宋画风又开始兴起。其中政治气氛乃是一个相当的因素。元人力排南宋画风①，原因之一即南宋是元之近世，是被元直接消灭了的，且为时不远，政治上敌对情绪尚很强烈②。同样元又是被明消灭的，

---

① 元代虽然只有赵孟𫖯等人排斥南宋画风，但赵等人有迎合元政治气氛的意图。

② 一般说来，新王朝消灭了旧王朝，政治上敌对情绪仍旧十分强烈，而且对前代的批判更全面。但当前一代统治者死后，这种敌对情绪即开始下降，又往往出现重新评价前代的现象。所以，到了明代中期，以保持元画传统的吴门画派等又可以抬头。

　　明 王履 华山图 纸本设色，34.7cm×50.6cm。
　　王履(1332~1402年前后)，字安道，号畸叟，又号狙独老人。昆明人。明初，南宋画风再次兴起，其中政治气氛乃是一个相当的因素。王履的画更多地似马、夏。《华山图》有40幅：现一半藏上海博物院，另一半藏故宫博物院。此图由写生稿而成，比较真实地描绘了华山奇险秀绝的面貌。

　　朱元璋起兵时，就打着"反元复宋"的旗号。假托自己是赵家的子孙，并说韩山童就是宋徽宗的第九世孙。朱元璋的岳父，当时部队的统帅郭子兴就把韩山童找出来做了皇帝。"反元复宋"的口号，效果很好，团结了一大批人。明初，元明敌对情绪依旧强烈。因之，从这一点上看，元代画风，也不能使明代统治者感到舒目，而且对它有一定的刺激作用。何况这种使人冷寂、消极而具有一定破坏力的画风又不合于新王朝的精神。

　　明王朝对待士人政策也较严酷。历史上多数王朝准许士人隐逸，有时还间接给予鼓励。明朝反对隐逸，士人都要为国家所用，否则就要杀头。一方面，士人必须为皇帝所用；另一方面，稍不如意，便会杀头。

明 王绂 北京八景图卷（局部）

王绂，（1362～1416年），字孟端，号友石生，又号九龙山人，无锡人。他善画山水竹石，师吴镇、倪云林，往往合二人法于一画中，也学王蒙。其画山水景类元人，但较元人繁复，且不显得十分冷静寂寞。

明初，大画家、大文学家惨死于朱元璋刀斧之下者，不计其数。尤其朱元璋大批残杀画家，在历史上极为罕见，令人发指。明初的大画家几乎被杀光。所以，士人只好竭尽心力，以符上意。文艺的规律首先就是自由创作的规律，否则是不可能产生优秀作品的。因而，在天下安定的环境中，明初绘画不但没有发展，反而遭到巨大的摧残。元代优良画风既没有保持下去，明代自己的画风也没有建立起来。

明初的画家，基本上都进入了朱氏彀中，除了被杀死者之外，其余画家画风也都转向朱元璋所提倡的彀中。于是从画院中开始，渐渐兴起南宋画风。朱元璋欣赏南宋绘画，不仅出于政治上的原因，同时南宋山水画那种激奋的情绪，刚拔的气势，也是符合这个新王朝需要的。

南宋画风基础最雄厚的地方，当然是浙江杭州。那里是南宋的文化中心，也是政治、经济的中心，曾经有全国各地的手工业者、商人、文人云集于此。元代时，其政治中心地位消失，但经济、文化的发达依旧具有雄厚的基础。所以，南宋绘画的存余力量仍然很大，不仅有大批的院体画作品存世，且继承南宋画风的画家仍然很多，不过，因和元代的时代画风不合，不能成为画坛上的主要力量。虽然如此，仍有元初的孙君泽、法常等以及颜辉、丁野夫、张远等人，直至明初，还有王履、沈希远等著名画家为世所瞩，他们都是坚持南宋院体的。当然，还有更多的坚持南宋画风的画家不为画史所载。这时因为明王朝的需要，大批的浙江画家得以进入宫廷。永乐初，戴景祥携其子戴进进入宫廷便是一例。于是，南宋画风遗留下的种子便在明代宫廷的适宜土壤中成长起来。政治影响也可以变成习惯影响。孝宗皇帝就特好马远画风，《明画录》记其"时上好马远"，他看了王谔的画好，就称"王谔，今之马远也"。宫廷绘画是明画的重要力量。它和浙派绘画相联，代表明代中前期时代风格。

　　明代宫廷山水画可分为几个阶段：洪武初，因为宫廷收录了大批元代画家，故而依旧是元画风延续，和明代画风无涉。洪武中开始复兴宋人画风，力尚不足。宋代画风（以北宋郭熙等人的画风为主）尤其是南宋画风渐渐兴起，经永乐，至宣德年间，画院的力量大增，这和宣宗皇帝自己特好绘画亦有关。永乐年间进入宫廷的大批画家也在宣德年间发挥了大的作用，如郭纯、谢环、沈遇、卓迪等人，宣德时以画家李在的山水画最有成就，且影响到日本。商喜、倪端等人的山水画也有不少精品遗世。著名的画家戴进也在此时进入宫廷。宣德期间，元代画风基本上不见，宋人画风完全占了上风，并且影响到院外和日本。

　　宣宗死后，年轻的英宗继位，政治开始腐败，国势转弱，明朝进入了中期。由于宫廷的混乱，宫廷绘画遭到一些影响。天顺之后的成化、弘治时期，画院就达到了鼎盛时期，李唐、马、夏画风也基本上统治了宫廷的绘画，产生了王谔那样的有成就画家。正德之后是宫廷绘画的衰落时期。

　　从宫廷分化出去的浙派绘画起于戴进。戴进父子本在宫廷作过画，受宫廷绘画影响颇重，同时他家在浙江杭州，接受南宋院体传统较多，

戴进　雪景山水图轴　绢本设色，144.2cm×78.lcm，北京故宫博物院藏。

戴进（1388~1462年），字文进，号静庵，又号玉泉山人，钱塘（今杭州）人。朱元璋打着"反元复宋"旗号，建明王朝后，出于"反元复宋"需要与他个人的喜好，元画风泯迹，宋画风兴起。浙江画家仍传南宋画风，故大量进入宫廷，又形成"浙派"，戴进的影响一时极大。浙派在鼎盛时期，影响大大超过新起的吴派。

使他成为一位成就卓著的大画家，又反过来影响宫廷绘画。他从宫廷回归杭州，靠卖画为生，死后画称绝艺，一时影响极大，形成浙派，它的支流有以吴伟为首的江夏派。浙派在鼎盛时期，其势力和影响大大越过新起的吴派。有一位画家李著原从沈周学画，后来见到浙派画影响大，为更多人喜好，于是便舍弃沈周的画法，改学浙派的画法。

浙派绘画在明代中后期已无法保持它的优势，和宫廷绘画一样衰落得一败涂地，被讥为"画家邪学，徒呈狂态"（明屠隆《画笺》），"习气恶派，以浙派为最"（《雨窗漫笔》）。

浙派的画家戴进是十分出色的（也只是在明代画家中比较）。后期的浙派绘画确实是"徒呈狂态"，以粗笔阔墨去强求豪气，有些近于胡涂乱抹，勾皴的线条也十分放肆。这在吴伟晚年的作品《长江万里图》中已很明显。论者对浙派山水画的攻击虽有过激，也并非完全没有道理。

南宋院体山水是南宋那种特

定的时代精神下所自然产生的。明代和南宋不同，尤其是明代中叶，资本主义萌芽，江南人安乐于小康的生活，没有南宋人那种在强敌压境下的激奋心情，因而靠投合统治者所好而强学南宋，是很难学好的，再说，南宋画脱离自然，纯以主观激奋显。用南宋院体画法写南方山水是不适宜的，如果变化，也只能在古人的技法中变化，因为无法和自然结合，变化也只是旧样里翻接，无法写出新鲜的内容。而且浙派的画家学识一般低于吴派。所以，他们的画每况愈下，到后来，便只取马、夏的大体躯壳，再加以绘笔玩墨，斯文扫地，益呈无学矣。当然几位名家的画中有一部分还是可以的。

再者浙派画家和宫廷画家关系紧密，画风一致，宫廷画家为皇家服务，以俯仰时好为标准，本来就为清高的文人所鄙视，明代的宫廷画家被授以锦衣卫的武职衔。锦衣卫主管侍卫、巡捕、侦探、刑狱等

明　吴伟　渔乐图（部分）　纸本设色，270.8cm×174.4cm，故宫博物院藏。

吴伟(1459~1508年)，字士英，一字鲁天，更字次翁，别号小仙，江夏（今湖北武昌）人。浙派作为明代前中期一个最大的画派，其队伍很庞大，江夏派就是浙派的一部分，而吴伟正是江夏派之首。

事，是统治阶级的凶恶爪牙，干尽了坏事。明初大批画家被杀，很多人死于锦衣卫之手，其用刑惨酷，为祸甚烈，令人切齿。宫廷画家虽不实际去杀人放火当特务，但担了这样的恶名，十分不雅。骂宫廷画家，惟恐犯上皇帝，很多文人攻击浙派，实际上是拿宫廷画家出气。宫廷画家和浙派末习的绘画艺术既粗劣，世人对它们又有厌恶情绪，所以被攻击得很激烈，以至被骂得一文不值："虽用以揩抹，犹惧辱吾之几榻也。"（见明何良俊《四友斋丛说》）嘉靖之后，便无法在画坛上厕身。正德时期，曾经雄踞明代画坛，成为主流的浙派绘画便避席而让位于吴门派绘画了。

吴门派绘画的中心在吴门，吴门即苏州，这里本来就具有雄厚的文化基础，在元代就是绘画的中心之地，元画的传统势力很强。张士诚造反，占据苏州称吴王并建都于此，后来张士诚降元，封地仍以苏州为中心，他又好招徕文士，在他的幕下聚集一大批画家，连王蒙、陈汝言、杨基、赵原、宋克、周砥等人都投奔过他。1367年，朱元璋的军队围攻苏州，张士诚反抗失败而死，苏州城破，文化遭到很大破坏，一大批画家被杀。王蒙、陈汝言、赵原等著名画家后来也被杀，恐怕和他们曾投奔张士诚有关。不然，为什么郭传和王蒙同在胡惟庸家观画，王蒙被杀，而郭传不死，反而升官呢？

苏州绘画在明初伤了元气，并非损伤殆尽，但当时的政治气氛又对苏州的元画传统画风有压抑，所以，一蹶不振。明代中期，元明政治上的敌对情绪已基本上不存在了，而且明统治中心已迁往北京，对南方画家的约束力很小，苏州画坛早已恢复了元气，明初苏州的文人和官员被杀不少，这时他们也恢复了元气。新起的一批文人在社会上又产生很大的影响，且有不少人在朝中做官。沈、文一出，门人相随，憎恨锦衣卫的部分官员、文士，上下呼应，遂夺浙派的霸主之位。

吴门派得以迅速发展和扩大，苏州的经济繁荣，更为重要。明代中期，江南资本主义萌芽以苏州为最。苏州的市民阶层和有钱有闲阶层剧增，他们需要大批的绘画装点门面。因而需要大批的画家从事绘画工作。

这是吴门派大盛的经济因素。

当时苏州出现许多著名画家，沈、文、唐、仇是其中的代表，被称为"吴门四家"，又被称为"明四家"，四家中，沈、文继承元四家画风。仇英以工笔重彩的风格见长。唐寅虽师承南宋院体，但和浙派截然不同，他只袭用一些院体的方法，却加入了文人的逸趣，化刚劲为柔和了。四家中以文征明最长寿，他身为吴门画坛领袖数十年，门生及后人很多，皆是吴门派的中坚人物。

因苏州买画的人太多，后期"吴人目不识一字，不见一古人真迹……虽涂一山一水，一草一木，即悬之市，以易斗米，画哪得佳耶？"（《输寥馆集》）愈到后来，吴门画愈成"文沈之剩

明 周臣 春泉小隐 纸本设色，26.5cm × 85.8cm. 故宫博物院藏。

周臣（年龄约在沈周、唐寅之间），字舜卿，号东村，苏州人。周臣的画摹古而偏于宋一路，是属于院体别派的画家。此图山石似李唐、马、夏，斧劈皴，用笔尖劲，吸收了北宋山水画的一些画法。

明 蓝瑛 松萝晚翠图 绢本设色，160cm×55cm，天津艺术博物馆藏。

蓝瑛(1585~1664年以后)字田叔，号婕叟，晚号石头陀，浙江钱塘（杭州人）。蓝瑛是武林派之首，其画以没骨青绿山水最为突出。

馥"（董其昌语），吴门派开始衰落，明后期让位给松江派。松江派其实是吴门派的延伸派。

明代后期，松江地区是全国棉纺织业的中心，"所出布匹，日以万计"，当时有谚云："买不尽松江布，收不尽魏塘纱。"松江遂有"衣被天下"之称。商业的发达，经济的繁荣可以想象。而且松江有很悠久的文化传统，如果上追，可追到三国两晋。很多外地画家亦移居此地。松江还出了不少大官僚和著名文人。他们很多是大文人兼画家，所以，他们的画比吴门派的画更加有文人逸趣，古雅而文秀。

松江派后来产生了董其昌和陈继儒这样极负盛名又影响极大的画家和理论家，执画坛牛耳，直到清代的所谓正统画派皆是它的流衍。

明王朝是个可怜的王朝，皇帝本是个叫化子，得了一小块土地便十分满足，他在长城两头各修了一个阁楼，西北和东北大片土地便不要了。要说"管家"，他集君权、相权于一身，同时废除三省，大事小事都要自己管。这个王朝不可能像汉朝那样强大，更不可能像唐朝那样有气派，艺术亦如之。

总的说来，明代的绘画成就不是太高，也不可能太高，这和它的时代精神有关。

细而论之，浙派绘画中只有一个戴进的画尚可一观。这一派绘画实际上是拾南宋院体的余唾。如前所云，南宋的院体画反映了南宋一代人的气质，自有它的长处，浙派画不过是在形体上和南宋院体相合而已。明人没有宋人的气质，仿摹形体易，得精神难矣。"吴门四家"在明代算是成就最高的画家了，但和"元四家"相比，真是小巫见大巫。

提起宋画、元画，它的鲜明特色如在目前，提起明画，是什么样子？总是有些模糊。认真地说，明画缺乏鲜明的个性。明代画家即使有个人面貌，也不过是在前人画风的基础上稍加变化而已。是平原上的突出的土丘，而不是群山中高耸的奇峰，但是明代画家又每一个人都有多种风格。文、

明 文征明 清秋访友图

文征明(1470~1559年)，初名壁，字征明，苏州人。文征明画学沈周，人称"文沈"。文征明的山水有"粗、细"之分，且以"细"最具特色，成就也最高。此图即是"细文"一例。

沈、唐、仇，每人都可以画出近十种面貌的画。面貌多本是好事，而明画的画家面貌多并非好事，这正是他们学古人而缺乏个人风格的表现。学董像董，学巨像巨，学二米，学赵、高，学黄、吴、王、倪，每一个画家手中都可以掌握多少家法，惟有自家法不强烈。正因为个人气质不强烈，胸中无识，只好借古人笔墨敷衍。明公安派领袖袁宗道在反复古派的《论文》中说：“然其病不在模拟，而在无识。若使胸中的有所见，苞塞于中。将墨不暇研，笔不暇挥，兔起鹘落，犹恐或逸，况有闲力暇晷，引用古人词句耶？”其实明画也有这种毛病。

元人作画意在自娱，明人作画虽也标榜自娱，实则基本上每一幅画都是制作商品。仇、沈皆靠卖画、卖诗、卖文为生，所以说明代画家本身都有一些小市民气。他们忙于制作大量的作品出卖。文、沈皆以人品高而著称，但他们都请人代笔，或在别人的画上签上自己的名字出售；别人胡乱作画请他们代题，他们也都乐意。文征明精于鉴赏，善辨真假，有人拿一张赝品请他鉴别时，他明知是赝品，却言其真，并说，这样可以使卖者多卖一些钱。

商业经济的发展，促使了这个画派的形成，但也毁坏了这个画派的发展。因为画了画就可以马上卖出去，大家便不必认真研究，也不再广为师法，更谈不上师造化，因为很省力地临摹一张，同样可以赚到钱。以临摹代创作，明朝最甚，清因之。

随着社会的发展，明末江南的画派纷起，几乎每一个城市都有一个画派。究其原因：

主要是社会经济发展的结果。经济愈是发展，城市愈是增多，汉代，长江流域只有建业（今南京）、成都两个像样城市，所以汉末大乱，群雄纷起，也只能形成三国。多一个都会被曹操灭掉，盖缺乏经济的基础地也。唐以后，天下大乱，仅长江流域就有十几个城市可供建国，于是，形成了五代十国。宋代手工业大发展，城市更多，商业繁荣，互相交流，经济上互相依赖，所以，国家只能统一而不能分裂了。宋以后，中国只有遭到外族侵略的危险而没有遭受分裂的危险。明代也

明 文征明 真赏斋图 纸本设色，30cm×107.8cm，上海博物院藏。

此图是文征明细笔画中引人注目之作，构图严谨缜密，境界幽雅清旷，用笔精细而苍秀，沉静而文静。真赏斋是正德元年王守仁因忤刘谨罪被谪，华夏受到诛连而回故乡无锡隐居时在太湖边修葺的，主要为收藏金石书画。

有人忧虑会出现汉代的分裂局面，实际上，经济发展了，尤其是江南地区，各自有其独立的、又是互相依赖的经济，是不可分割的。譬如，苏州是全国纺织丝绸中心，松江是全国棉纺织中心，魏塘（嘉善）是全国纺纱中心，杭州、金陵是著名的大都市（但比起靠经济本身而繁荣的地区还是逊色）。在明末清初的徽州地区，新安画派兴起，清中期，扬州画苑兴盛，亦因徽商兴起和扬州为东南盐运中心而使然。这些地区各有其独立的商业经济，又要"转贸四方""远近流通"，依赖其他都市。

随着工商业的繁荣，经济的发展，各种人才也都流入城市，市民人数激增，有钱有闲阶层激增。中国人在稍有温饱的条件下，历来注重文化艺术的装饰，从战国就形成传统，孟子曰："饱食、暖衣、逸居而无教，则近于禽兽。"所以，中国人历来不注重物资财富的炫耀，而注重

明　仇英　桃源仙境图轴　绢本设色，
175cm×66.7cm，天津市艺术博物馆藏。

仇英（生卒年不详），字实父，号十
洲，原太仓人，后移居吴郡。仇英为"明四
家"之一，山水画有多种风格，最为明人未
及或不能者乃是大青绿着色山水，精工艳丽
而又秀雅。

文化艺术的装点，否则便会被讥为
富家俗儿。即使不懂艺术，也还要
附庸风雅，以避免"无教"或"近
于禽兽"之讥。为了显示自己有
教、不俗和文雅，便特重绘画，不
仅客厅里、书房里，就连一般卧室
也要挂几张画。市民阶层人数愈
增，需求量愈大，需要的画就愈
多，当时没有印刷机，只有靠画家
一张一张地画。一个画家出了名，
购画者纷拥而至。如吴门沈周出了
名，购画的人跟着他，无论躲到哪
里，都"屦满户外"，以至于驾舟
驱车前来求画，于是"因求画者
众，一手不能尽答，令子弟模写以
塞之"。他的友人刘邦彦写诗开玩
笑曰："送纸敲门索画频，僧楼无
处避红尘。东归要了南游债，须化
金仙百亿身。"一个人是不能化作
百亿身的，所以，不是所有人都能
买到他的画。买不到成名画家本人
的亲笔，就买他学生的画，学生的
画也供不应求，而且润价甚高，这
就刺激当地人学画，学莫便乎近其
人，当然要学当地画家，而且也便
于出售，这样，每一个地区只要有
一位画家成功，马上就形成派。

江南地区的画派纷生，虽各

有特色，也总大同小异。这也和城市之间既独立又相互依赖的关系有关。

经济繁荣，市民激增，促进了画派的形成和纷生，也毁坏了绘画的发展。因为卖画容易，辗转相抄，即可敷衍塞市。每一画派刚形成，不久便流弊纷现。明代绘画总是在前人的技法构图中打圈子，原因就在于此。

为了卖画，派与派之间也互相攻击，贬低他人，抬高自己。如前所述，明代画家总有些市民气。这方面也受政治上党争和文学上宗派的影响。明朝政治宗派斗争自建国开始就十分激烈，皇室、王权、官僚之间斗争不止，错综复杂。而这些斗争都和文学家、画家有联系。譬如，武宗时，太监刘谨等人称"八虎"，刘谨勾结官僚焦芳等人，打市排斥大学士刘健、谢迁等数十人。刘谨等人横行朝内，江西宁王朱宸濠准备起兵争夺帝位，便和刘谨等人勾结。朱宸濠起兵前广招名士，就曾去聘请文征明和唐寅。明中期，为了争夺内阁首辅权，斗争也十分激烈，数派之间呼朋引类，攻击异己。从世宗

明 董其昌 秋兴八景图册之一 纸本设色，53.8cm×31.7cm，上海博物馆藏。

董其昌(1555～1636年)，字玄宰，号思白，又号香光居士，华亭（今上海松江县）人。董是明末极富盛名的大画家兼大理论家，尤以其为代表所提出的山水画"南北宗论"，影响到绘画主流的发展，并影响到画史的把握，直至今日，都无法摆脱。董的山水画以董、巨、米、元四家画风为主要面貌，也有他自己的精神状态，以柔润、软秀为主要特色。

开始说起吧，进士张璁及桂萼等人和首辅杨廷和意见不合，互相攻击，杨廷和败，大学士杨一清因支持张、桂反对杨廷和而做了首辅。杨不附张、桂又遭攻击离去，张璁做了首辅，他"顾指百僚，无敢与抗者"（《明史·夏言传》）。一部分官僚又结派拥夏言为首攻击张。夏又任首辅。夏引严嵩入内阁严嵩出来又攻击夏言，并杀死夏言，严任首辅，严嵩"握权久，通引私人居要地"（《明史·严嵩传》）。曾被夏言引进内阁的徐阶出来联合部分官员，推倒严嵩，徐阶任首辅。徐阶引进东宫官僚高拱，高拱又出来攻击徐阶，徐退位，高又任首辅，这是明中期的事。这些斗争都影响到画家，其中张璁和杨一清多次拉拢文征明。当然，宗派斗争的风气对画家的影响更为重要。到了明末，党争就更不得了。著名的东林党和阉党之争，就在这个时期。东林党的首领顾宪成和顾允成兄弟俩，他们在北京做官时，政见与当权者不合，便辞官回家乡无锡，在东林书院讲学，发表议论朝政的见解，从朝官到地方人士拥护者甚多，形成东林党。反对派有齐（山东）、楚（湖北）、浙（浙江）

明　董其昌　山水小景八幅册之二　纸本墨笔，29.4cm×22.8cm，上海博物院藏。

明 陈继儒 云山幽趣图轴

陈继儒（1558～1639年），字仲醇，号眉公，又号麋公，松江华亭人，与董其昌齐名。陈、董二人是好友，又是同道，他们的思想相近，学识相当，见解也一致，二人论画也几乎同出一口。"南北宗论"的创立和传播也可以说是他们共同的功劳。陈继儒主张作画要"文"不要"硬"，要随意不要刻画，并言儒家作画，便是涉笔草草，要不规绳墨为上乘，基本上皆能在他的作品里找到佐证。

三派。几乎每事皆争论，相互攻击，直到明亡。东林党既是学术党，又是政治党，大部分成员在朝中做官。天启年间，东林党和齐、楚、浙三党之争又演变为与魏忠贤为首的阉党之争，争论十分激烈，斗争也十分残酷，先是东林党人大批被杀害，崇祯年初，阉党又被逮捕杀戮。后来的文学团体"复社""几社"大都是东林党人的后代。直到崇祯帝死后，国破家亡，危在旦夕，在南京小朝廷里，东林党和非东林党的斗争仍很激烈。党争的风气对画派的影响很大。东林党人、非东林党人和当时一些画家也有直接或间接的联系。

　　文学宗派在整个明代最厉害，互相攻击不止。先是在永乐至天顺年间，台阁重臣杨士奇、杨荣、杨溥（三杨）等作家作粉饰太平的文章，平庸呆板，人称"台阁体"，长期统治文坛。成化时期，即有李东阳为首的一派主张法先秦、替代"台阁体"。李东阳是"茶陵人"，故称茶陵派。继而认真反对台阁体的是以李梦阳、何景明为首的"前七子"。嘉靖隆庆时又有以李攀龙、王世贞为首的"后七子"，力主复古，基本上捣毁了"台阁体"。万历年间又有王慎中、唐顺之、茅坤、归有光等人反对"前、后七子"的文学主张，而推崇唐宋诗文，被称为"唐宋派"。"唐宋派"和"后七子"并世，但未能撼动"后七子"在文坛的地位。接着便有袁宗道、袁宏道、袁中道兄弟三人起来猛烈冲击"前、后七子"的复古运动，三袁皆湖北公安人，故称"公安派"。公安派势力大盛时，又出现了以湖北竟陵人钟惺、谭元春为首的"竟陵派"。戏剧词曲方面还有"骈俪派"以及以苏州吴江人沈璟为首的"吴江派"。明末有张溥为首的"复社"，有以陈子龙为首的"几社"，还有以艾南英为首的"豫章社"。各派之间相互攻击，很少能合作（后期的文学结社风气尚好）。

有很多文学家本来就是画家，如程嘉燧、李流芳等等。尤其是吴派大画家又都是文学家，如沈周、文征明、唐寅等。王世贞、汪道昆虽不善画，但对绘画的影响也特大。董其昌亦曾与公安派的首领袁中道等人游，关系极密。文学上的宗派严重风气势必影响绘画。比较而言，绘画的宗派还不算太严重。

再重说一遍，各地画派纷生，主要原因还是工商业繁荣，经济发达，都市发展，市民阶层激增，画家群集于城市的结果。至于有互相攻击的现象，为了争夺市场也是原因之一。其他方面的影响当然也不能忽视。

陈传席文集

Selected Works Of Chen Chuanxi

第三卷 古代艺术史研究

 清 代

一、略论渐江和新安画派

　　渐江和以他为代表的新安画派在绘画史上占有重要地位，目前，已越来越受到国内外学术界的注视。

　　新安画派是中国画史上的传统称谓，日本学者至今因之；美国学者称之为黄山画派；台湾学者称之为安徽画派；安徽学者有的称之为黄山画派，有的称之为新安画派。所谓黄山画派或安徽画派也主要是以画史上的新安画派为中心，旁及宣城、姑熟（芜湖）以及徽（州）、宣（城）等地寓居在江、浙一带的画家。这批画家尽管在绘画上各具面貌，但有其共同的特点：题材大多是黄山，画风尚清逸简淡，境界幽僻，意趣荒寒。

　　渐江为这一画派的主要代表。他的画目前存世尚多，在他的画中几乎所有的山都是用大大小小的方形几何体组成，且主要用线条空勾，瘦峭坚凝，犹如折铁，山石的突凸处不皴，乃至大片面积全留空白，不着一笔，仅深暗处以干笔略皴，富浓重的装饰趣味。且看他的《黄山天都峰》《山水图》等作，层峦叠嶂，石块堆垒，其组织颇类黄公望的《天池石壁图》和《丹崖玉树图》轴，其精神、气氛尤似倪云林的画风。渐江的画学前人本不拘一家，取法于宋人较多，后来他较多地学习"元四家"，于黄公望、倪云林二家尤为亲近，最后终于专意于倪云林。他晚年的很多画中都自题"仿倪云林"，他的诗更云："疏树寒山淡远姿，明知自不合时宜。迂翁（倪云林）笔墨予家宝，岁岁焚香供作师。"（《偈外诗》，载《渐江资料集》下同）"欠伸忽见枯林动，又记倪迂旧日图。""老干有秋，平岗不断，诵读之余，我思元瓒（倪云林字）。"张庚《国朝画征录》谓渐江"山水师倪云林"。其《浦山论画》中亦谓"新安自渐师以云林法见长，人多趋之"。渐江师法倪云林的冷逸画风，这乃和他的身世、思想感情有关，和当时当地的社会风尚也有关系。

渐江（1610～1664年），本姓江，名韬，字六奇，新安歙（今安徽省歙县）人，明末诸生。尝拜汪无涯为师，读五经，习举子业，事母至孝，是典型的儒家信徒。顺治二年（1654年）清兵进逼徽州，他随师入闽，投奔福建唐王政权，参加抗清复明的斗争。次年，唐王失败，复明的希望彻底破灭，他到了武夷山，皈依古航禅师，削发为僧，法名弘仁，字无智，号渐江。他和"四王"之首王时敏大不相同。王时敏24岁时，就因"恩荫"出任明王朝尚宝丞，掌管国家印信，历任明王朝重要官职，直至升

清　渐江　松溪石壁图　纸本设色，117.4cm×50cm. 天津艺术博物馆藏。

渐江（1610～1664年），本姓江，名韬，字六奇，后改名舫，字鸥盟，新安歙县人。他皈依佛教后法号弘仁，号渐江。明清易祚，渐江目睹复国已无望，对世界倍加冷寂，对功名已彻底淡漠，他的思想基础决定了他的审美原则。他的画给人的突出感受是"冷""静"。

为太常寺少卿。而在明室覆亡，清兵将至太仓时，他却亲率太仓县"父老"，出城迎降（见《外家纪闻》）。渐江与他不同，是重气节的知识分子。渐江后期，目睹清王朝的强大，反抗已属不能，只好独善其身，而事实上，却从未忘却家国之痛，他的《偈外诗》云："道人（指他自己，古代和尚也称道人）爱读所南（郑所南，是南宋末年的爱国诗人、画家）诗，长夏闲消一局棋。桐影竹风山涧浅，时时倚杖看须眉。"看似清闲却痛心。

渐江的画在当时就有极高的声誉，和他同时的周亮工在《读画录》中谓："释渐江……甲申后，弃去为僧，喜仿云林，遂臻极境。江南人以有无定雅俗，如昔人之重云林然，咸谓得渐江足当云林。"可见渐江的画在当时享有的声誉。

和渐江同时的新安大画家有汪之瑞（天瑞）、孙逸（无逸）、查士标（二瞻）等人。他们都于明亡后，放弃举业，拒绝和新统治者合作，而以诗画终其老。当时在南京的画家龚贤就称渐江、汪之瑞、孙逸、查士标等为"天都一派"。天都是黄山一个著名的山峰，此处云生如海，因之称为"黄海"，后人则称四人为"海阳四家"或"新安四家"。汪、孙皆和渐江一样，宗法倪、黄，画风也差不多，汪画则更简淡，可以明白看出从倪云林画中来。孙逸山水画清淡瘦硬，几类渐江，他曾在一幅山水扇面上题诗云："云林不是人间笔，胸次无尘腕下仙。摹得东冈草堂法，两三株树小亭边。"可见他对倪的崇尚。查士标更是一生追随倪云林，倪自称"懒瓒"，他也自称"懒标"，他的画中多题"仿倪云林"。其诗有云："清绝倪迂不可攀"，"墨池洗出写倪迂"，"一自春归清閟阁（云林藏书阁），几番蛛网落花多"。

渐江的侄子江注字允凝，山水得渐江指授，"画逼渐公"。渐江的学生祝昌、姚宋，其画学渐江，亦宗倪，虽未脱出渐江窠臼，但成就亦不低。还有一位郑旼，是渐江的同乡，或谓其"原名旻，国变后移日于左，寓无君之痛也"。其遗民情绪最为强烈，有"言触往事者，辄哭不休"。他对渐江的人品、画品皆十分尊崇。

渐江之后，新安产生一大批画家，皆步渐江宗法倪、黄。王士祯云："新安画家，崇尚倪、黄，以僧渐江开其先路。"比渐江略长几岁的新安歙人程邃也说："吾乡画学正脉，以文心开辟，渐江称独步。"

和新安画家相联的，还有附近的宣城一大批画黄山的画家，以梅清、梅庚等最有成就。梅清比渐江年轻，他们互有联系。石涛题画曾谓："今天下画师，三吴有三吴习气，两浙有两浙习气，江楚两广、中间南都、秦淮、徽、宣、淮海（扬州）一带，事久则各成习气。"其实，南都、秦淮、徽、宣、淮海这一广大地区的共同"习气"是以徽、宣画家的影响为主的。很多文献资料都可证明，新安（徽）画家足迹遍全国各地，尤以南京、苏州、杭州、松江、扬州为活动最频繁之地。扬州八怪中，年龄最大的汪士慎和年龄最小的罗聘皆新安歙人。新安画派的兴盛，有几个方面的原因：

首先是画家赖以生存和发展的经济条件。新安是这一地区的古名，唐肃宗时称歙州，宋徽宗

清　渐江　天都峰图

渐江的画典型面貌是：一、构图奇纵稳定，层峦陡壑，空旷幽深；二、几乎所有山石都是用大大小小的方形几何体组成。此图可见其面貌。

宣和三年改称徽州，徽是美的意思，这里有天下称美的黄山、白岳、渐江（弘仁以地名为号）、新安江等著名风景。据考证，徽商起于东晋，宋朝发展到明代中期，徽人经商成风，足迹遍及全国各地，遂有"无徽不成镇"之说。"徽之山大抵居十之五，民鲜田畴，以货殖为恒产。春日持余资出贸什一之利，为一岁计，冬月怀归，有数岁一归者……而贾之名擅海内。"（《徽州府志》）"概邑中土不给食，大都以货殖为恒产。商贾之最大者举鹾……足迹几半宇内。"（万历间《休宁县志》卷一）明王世贞亦云："大抵徽俗，人十三在邑，十七在天下。"（《弇州山人四部稿》卷六十一）徽商巨富，各文献不乏记载，本来一个贫困的地区，例如原仅百户的歙县镇，"自乾隆以来，巨室云集，百堵皆兴，比屋鳞次，无尺土之隙"、"舆马辐辏，冠盖丽都"（《乾隆间本《岩镇志草·发凡》》）。发展成为一个商人聚居的繁华大镇了。乾隆皇帝南巡，接见的全国八大巨商中，就有一半是徽商。徽商的经济地位稳固了，但他们社会地位并不高，他们要向士大夫阶层靠近，或要自己子孙事儒学从举子业。于是乎新安出现了"父子尚书""兄弟丞相""连科三殿撰，十里四翰林""新安医派""新安画派"，乾嘉学派的代表人物戴震以及马克思《资本论》中提到的中国杰出理财家王茂荫等著名人物也相继出现了，还有"徽墨""歙砚""徽派版画""徽派篆刻""徽派刻书业"等等。文化名人中最多的还是画家，从渐江到黄宾虹，数不胜数。明清间的"末富"也多附庸风雅，收藏古玩字画。此风始于明代后期，据记载，明代文坛"后七子"之首王世贞发起的徽、吴、浙文士盛会，其东道主便是和王齐名的著名诗人、散文家、杂剧作家新安歙人汪道昆，汪官至右侍郎，喜收藏古董字画，于是徽商也纷纷仿效，争相购买古董字画。吴其贞《书画记》云："昔我徽之盛，莫如休、歙二县，而雅俗之分在于古玩之有无。故不惜重价争而收入。"其风愈演愈烈，《书画录》就是一个收藏活动的记录，其中谈到徽人定期于集市、寺观举行古董字画的交易等事。他们收藏不少古代书画精品。现存李唐名画《晋文公复国图》（在美国大都会美术馆），就曾经是歙县吴氏物；北宋翟院深的《雪山归猎图》，也是歙县商人在苏浙经商时购回，收藏在新安故里，此图至今仍藏歙县博物馆。徽商收藏字画主要是标榜"风雅"，他们争相收购元代文人画，以示自己的文人身份，于是元画价值剧增，大大压倒宋画。徽商重字画，大量购买字画，对当地的书画艺术的发展，无疑是一个极大的刺激。

徽商收购字画，常邀文人画家共同欣赏，这不仅对一般文士是一个刺激，而且也给他们学习带来便利。所以渐江"每闻晋唐宋元名迹，必谋一见"，那是因为不仅有物可见，而且也有可能一见。同时商人为了挤进文人士大夫行列，得到文人的美誉，长期和文人厮混，有人就成了文人，或者商人兼文人。他们还大力资助文人的艺术活动，出钱召开诗文书画会，请文人参加，延请画家为门客交游应酬。无怪乎谢肇渊在《五杂俎》中盛赞徽州商人。汪道昆也在其著作中极力赞扬徽商，视商人为圣贤。

徽宣一带是文房四宝的重要产地，宣纸就产在这里，刻书业也在这种情况下发展了。《五杂俎》记云："宋时刻本以杭州为上，蜀本次之，福建最下。今杭刻本不足称矣。金陵、新安、吴兴三地，剖厥之精者，不下宋版。"徽墨不仅为书画家服务，同时也请画家设计墨谱，著名方氏《墨谱》和程氏《墨苑》皆是请名画家设计的。至今我们还可以见到很多徽墨上有很美的山水画，且多以黄山为题材。

这一切都是新安艺术空前发展的经济因素。可以说，没有徽商也就很难有新安画派的兴盛。

其次，还要说明的是，明代文人画家董其昌等提出的"南北宗"理论对徽商和新安画家都有相当的影响。董其昌又特称倪云林，他在《画禅室随笔》中云："迂翁（倪）画在胜国时可称逸品……（吴、黄、王）三家皆有纵横习气，独云林古淡天然，米痴后一人而已。"董氏所居松江又是徽商活动的重地，也是新安前辈画家频繁来往之地，他们和董其昌、陈继儒都有很深交谊。明末时，倪画"江南人家以有无为清浊"。徽商本为标榜清门才收买古画，谁不争购倪画呢？所以徽商也重元四家画，又特重倪云林画。这也是新安画家皆争宗倪云林画的原因之一。

当然，松江、娄东、虞山诸派也学倪，但他们却未能和新安画派一样取得很高成就。渐江等新安画家在明亡后隐于书画，终老于山林、市井，"不求闻达，一室之外，山水而已"（查士标语）。对功名已彻底淡泊，对世界倍觉冷寂，一切跃跃欲试的念头完全消失。所以，渐江时代的新安画派的画，不仅有"冷"的气氛，而且特别有"静"的感觉。几块几何形组成的山静静地立着，绝无跳跃和躁动的笔墨。随着这一批遗民画家的相继去世，加之清王朝的"康乾盛世"和发展文化的政策，一般文人也渐渐忘记过去，心安理得，以至于新安四家中年龄最大的查士标也"欲谈往事无人识"了。随着人的感情和精神状态的变化，后期新安画派的画风也在变化，清逸之气、冷静之态一变而为阔笔纵横、水墨淋漓，其跃动之气，已非云林精神矣。愈到后来，新安画派的面貌变化愈大，有的气势磅礴，有的笔墨飞动，有的枯淡旷逸，有的草草简简，有的繁复皴点，乃至于流入凡俗或"四王"一系。

最后，还必须说一说黄山对新安画派形成的影响。黄山，古称黟山，传说黄帝和容成子在这里炼过丹，因之唐玄宗下令改名为黄山。景色之美为天下之壮观。著名旅行家徐霞客谓："登黄山天下无山，观止矣。"又谓："五岳归来不观山，黄山归来不观岳。"李白《送温处士归黄山白鹅峰旧居》诗云："黄山四千仞，三十二莲峰，丹崖夹石柱，菡萏金芙蓉。"但是黄山奇险，游览十分不便，游客也不多。直至明万历中，普明和尚募款在黄山开山筑路（离不开徽商的资助），皇帝又亲赐"护国慈光寺"寺名，并颁赐佛经、袈裟、锡仗、佛像等，黄山的开发和建设极盛一时。此后，游黄山的人才日渐增多。最喜游黄山的当然是画家。大画家石涛曾在黄山附近居游15年，尝云："黄山是吾师，吾是黄山友。"石涛的画、诗得力于黄山最多。新安画派中重要画家雪庄和尚在黄山中用树皮搭棚，居住终生，至今雪庄墓犹存黄山皮蓬。和渐江、石涛共称三画僧的石谿也曾在黄山一次游览一年。游览黄山最便最多的莫过于新安和宣城、泾县等地画家。渐江一生在黄山居住很久，他曾画《黄山真景册》五十幅，并在每一幅图上落款标明所在：逍遥亭、白砂岭、炼丹台、飞来峰、光明顶、天都峰等等。渐江现存画迹中，大都是黄山景致。如常见的《黄山天都峰》《黄山蟠龙松》《黄海松石》，还有众多的《山水》图轴。黄山归来必挥毫，其诗云："黄海灵奇纵意探，归来篱落菊毸毸。溪亭日日对林壑，茗啜濡毫一懒憨。""坐破苔衣第几重，梦中三十六芙蓉。倾来墨汁堪持赠，恍惚难名是某峰。"渐江画多用无数小几何形组成，和倪云林画中土石块组合不同，显然是来自黄山真景的启示。他画中老松倒挂，层岩堆叠，正是黄山的形质，画中奇纵的构图，也正是黄山奇纵的本来面目。

一个画家的成功，修养和精神气质是关键的，然而在学习和创作过程中，一个师传统，一个师造化乃是必备的基础。渐江画瘦峭的硬线、冷静的气氛来自他的精神气质，然黄山对他的影响丝毫不能忽视。查士标知道得最清楚，谓："渐公画入武夷而一变，归黄山而益奇。"知言哉。主观和客观的结合才能产生艺术。同是黄山，梅清写之不同于石涛，石涛不同于石谿，石谿不同于渐江，乃因各人气质不同，功力不一。他们面对大自然时，力求在笔下表现出理想的艺术效果，当已有的表现方法不足以达其志时，便要创造新法，久而久之，便形成自己的面貌。这和"四王"们一味地摹写完全异趣。

渐江和黄山画派中一些巨匠，日以黄山为师，他们共同受黄山秀丽风景的熏陶，神遇而迹化，画黄山分别得黄山之质、之体、之神、之影、之灵……皆各自涵摄黄山之英萃，充拓自己之心胸，"自然丘壑内营"，然后，心手相应而"成立鄞鄂"。

呜呼！伟大的黄山——新安画派的发祥地！

（载《美术》1984年第4期）

二、渐江述评

明末清初，生灵板荡，社稷丘墟，然而却造就了一大批杰出的人物，其中包括杰出的艺术家。在中国绘画史上占有重要地位的"新安四大家"，便出现在这个时期。

"新安"古地，即今之安徽省徽州地区，以歙县、休宁等地为中心。著名的新安江源流此处，故称新安郡。唐肃宗时称歙州，宋徽宗宣和三年改称徽州，"徽"是美的意思，这里有天下称美、徐霞客叹为"观止矣"的黄山以及白岳、渐江等，风景秀丽，堪为观止。南宋以降，新安由贫变富，商业发达，富甲天下。

"新安四大家"是渐江、汪之瑞、孙逸、查士标四位大画家，皆歙县、休宁人。休宁本属歙县地，古名海阳。故"新安四大家"又称"海阳四大家"①。

明清之际，"四大家"以自己独特的绘画风格称颂画坛，影响后人，其中又以渐江的成就和影响尤著。

渐江又和髡残、八大山人、石涛并称为"清初四画僧"。

"四大家""四画僧"，渐江皆居其首。

---

① 注：以前论者包括我在内，以为"海"是黄海，即黄山，阳是南面，"海阳四大家"即黄山南四大家，实际上，黄山南指歙县，应该再增加一层意思。

（一）渐江的生平和思想

渐江（1610~1664年），本姓江，名韬，字六奇，后改名舫，字鸥盟，新安歙人。少孤贫，有远志，性狷僻，能苦学。事母至孝，尝以铅椠膳母，母死后，依旧绝意婚娶。

渐江尝师汪无涯，读五经，习举子业。其虽刻苦，"掌录而舌学"，然至34岁时，还只是明朝的诸生。是年，李自成攻进北京城，崇祯皇帝（朱由检）自杀，明朝覆灭。不久，吴三桂引清兵入关，又挤走了农民军，继之挥旆南下。顺治二年（1645年），清兵进逼徽州，渐江同乡金声、江天一等民族英雄，率众抵抗，终因寡不敌众而失败。渐江即与友人程守哭别于相公潭上，然后"偕其师入闽"（《康熙歙县志・弘仁传》），投奔当时称帝于福建的唐王（朱聿键）政权，继续参加抗清复明的斗争。次年八月，唐王政权失败，复明的希望彻底破灭[①]。渐江到了武夷山，皈依古航禅师，削发为僧，法名弘仁，字无智、无执，号渐江、渐江学人、渐江僧，又号梅花古衲、梅花老衲。

渐江在武夷山数年之后，便返回故里新安，居歙县西郊披云峰下的太平兴国寺或五明寺的澄观轩。他尝治一印曰"家在黄山白岳之间"。其后，渐江"岁必数游黄山"。

渐江也曾到南京等地作短期旅游。1657年夏，渐江曾到南京，住香水庵消夏并作画，遗有山水画册八帧。1658年，渐江曾到杭州、芜湖、宣城等地，并在宣城天延阁和宣城梅清（1623~1697年）会晤。1660年回至歙县五明寺，同年八月，又游黄山，而且此次之游，更是每峰必

---

① 渐江三次抗清，出生入死，艰苦卓绝。和渐江同时画家郑旼皆有记录。郑旼及其后人冒死保存这些资料，秘不示人。当时基于清统治者的政治压迫，渐江友人在记载渐江的文献上，处处避开了渐江抗清的事迹，后人好之。如渐江去闽，血战强敌，九死一生，而记载谓之："自负累累卷轴，偕其师入闽。"造成一种在国难当头时，渐江去闽游览作画的印象。

登、每寺必往、每阁必至、每景必揽，并拜普门大师塔，浴温泉。

渐江陶醉于黄山奇纵美景之中，饱览饫游、吟诗作画，适然忘情。《渐江大师事迹佚闻》记僧宝月向汤岩夫道却一事云："渐师登峰之夜，值秋月圆明，山山可数。坐文殊石上吹笛，江允凝（渐江侄）倚歌和之，发音嘹亮，音彻云表。俯视下界千万山，山中悄绝，惟莲花峰顶老猿，亦作数声奇啸。至三更，衣辄益单，风露不可御，乃就院宿。"

康熙二年癸卯，渐江若将再进黄山，行前染疾，痛苦不已，"缁素号恸，吴越凄悲"，旋忽掷帽大呼："我佛如来观世音。"于是，示寂于五明禅院，时公元1664年1月19日，年仅54岁。遗命于塔前多种梅花，曰："清香万斛，濯魄冰壶，何必返魂香也，他生异世，庶不蒸芝涌醴以媚人诮口，其此哉。"（殷曙《渐江师传》）渐江死后，友人卜地于披云峰下，取唐代李白访著名隐士许宣平处为墓地，其生前好友汤燕生集渐江门人安葬了这位一世英才，并于墓旁种植梅花数十种。渐江墓在歙县西披云峰下、太白楼之左，至今完好。1984年5月，安徽省召开"纪念渐江大师逝世320周年大会暨黄山画派学术讨论会"期间，笔者尝偕国内（包括港、台）及欧、美、日、澳等数国学者前往拜谒，并共诵碑文。

渐江的思想早年属传统儒家范畴，他读五经、习举子业，"幼尝应制"，又"以巨孝发声"，总之，"臣忠子孝"的儒家思想是主导。直至为僧后，虽然自谓"此翁不恋浮名久，日坐茅亭看远山"（《偈外诗》，载《渐江资料集》，下同），但对故国之情却未曾少减。其诗有云：

衣缁倏忽十余年，方外交游子独坚。
为爱门前五株柳，风神犹是义熙前。

先辈曾谭正仄峰，峰前可有六朝松。
何年借尔青藤杖，再听牛头寺里钟。

偶将笔墨落人间，绮丽楼台乱后删。

花草吴宫皆不问，独余残汁写钟山。

渐江三十余岁，功名尚无建树，有些心灰意冷，于是，道家出世的思想开始萌露。自谓："瓦缶雷鸣可唱酬，不如归去任扁舟。""忽念名山神欲往，孤舟系向子陵滩。"（同上）入闽时，正是他发挥"兵韬六奇"的时候，他却易名舫，字鸥盟，这是他出世思想的流露。此时，他虽然"据于儒"，但又"依于老"，作好了隐居的打算，是他"逃于禅"的过渡阶段。

明清易祚，渐江已36岁，忠君、忠国、入世、济世的思想受到彻底挫败。他依旧抱志守节，为了表示不与新入主者合作，他出家做了和尚。他做和尚，固然儒家的初心未改，但也真的"逃于禅"。可以说，清初四画僧中，只有渐江一个真的有一些禅家思想。且不说他一生不婚不仕，他后来确实变得清心寡欲，"空山无人，水流花开"，不急不躁，不问国事。挂瓢曳杖，芒鞋羁旅，或长日静坐空潭，或月夜孤啸危岫。比起八大山人晚年苦心经营道院，比起石涛自称臣僧，三次接驾、口呼万岁、和达官贵人厮混，要算是有一点禅心。渐江"生平畏见日边人"，王泰征《渐江和尚传》还说："渐公畏除目中人，所谓'三朝损道心'耶"。（皆见《渐江资料集》）髡残虽然也做了和尚，且至死保持他的气节，一生以明朝的臣子自视，但他感情易于暴发，又十分激烈。他"十年兵火十年病"，但仍然"老去不能忘故物"（髡残自题《山水册》）。他一生先后到南京明孝陵拜谒七次，又到北京拜谒明陵六次，表达他忠于大明的素志。当他得知老友熊开元去明孝陵时，首先关心的便是如何行礼，熊说："佛之道，君父拜之，于君父不拜。"髡残当即叱骂不休，直至熊认错，复去明孝陵磕头为止。感情暴躁一至于此。这都为禅、道"安于静""无怒无怨"的戒规所不容。渐江和髡残都参加过抗清斗争，都至死未忘"忠义"，但渐江要比髡残冷静得多，感情也不像髡残那样激烈，也很少外露。他的心虽不像一潭死水，但也不像大海一样遇风而动，所以说比较起来，倒有一些禅心。

　　总结一下渐江的思想，早年全"据于儒"，后期儒、道、佛三家俱存。禅其表，道其中，儒其实。有时他也真的能忘掉一切，完全沉醉于佛、道境界，"负一瓢游息其地累年"（自题《武夷岩壑图》轴，藏辽宁博物馆），"颇白闲适，日曳杖桥头，看对岸山色"（《丰溪山水》卷），"唯是道人偏爱懒"，"画禅诗癖足优游"。但是在他逃禅养静的生活中，也时时触动他的故国之情，其《偈外诗》云："道人爱读所南诗，长夏闲消一局棋。桐影竹风山涧浅，时时倚杖看须眉。"看似清闲却烦恼，为什么偏爱郑所南诗呢？郑名思肖（思念赵宋），字忆翁（常忆故国），号所南（心向故国），宋亡后，他处于异族统治下。画兰不画土，谓："土为蕃人夺，忍著耶？"郑所南的诗反映了他怀念故国的强烈感情。渐江偏爱读，其志显见。其实大明王朝对渐江未必有大恩，一个已腐朽了的"君国"也不必留念。明王朝如果不危亡，渐江也许无动于衷，甚至出世了（"孤舟系向子陵滩"）。然而"士穷乃见节义"，"疾风知劲草，板荡识忠臣"，一个受过儒家传统教育的人，在江山易主、原则变更的时候，却偏要坚持他的"原则"，以身献国，以显示他的忠义。而且"匹夫不可夺志"，至死不改变他的初衷。这就是儒家思想在渐江身上的表现及其所起到的作用。所以他身在佛门，而儒志不舍。儒家始终是主张积极进取的，但矛盾的是"忠义、气节"又使他不能降清求仕。于是渐江在武夷山为僧时，开始潜心于山水画的研究和创作。在此之前，他虽也作画，但是终以举业为主。

　　时易事移，渐江目睹清王朝的强大，复国已完全绝望，忠孝皆不可待。他对世界倍加冷寂，对功名已彻底淡漠，一切跃跃欲试的念头完全消失。他的精神深处浸透了"冷"，他的思想意识固定了"静"。

　　渐江的思想基础，决定了他的审美原则，是形成他个人艺术风格的决定因素。所以，渐江的画给人的突出感受其一是冷，其二是静。

（二）渐江山水画及其美的根源

渐江虽也写梅，且偶作人物，但主要是画山水。

渐江的画，并非一种作风，但有他的典型面貌和突出风格。

渐江的画存世不少，典型面貌：其一，构图奇纵稳定，层峦陡壑，空旷幽深。其二，几乎所有的山石都是用大大小小的方形几何体组成。往往于两块简单、迹近抽象的空白大石当中画上一些碎石和小树，大几何体和小而繁的几何体，相间组成，疏密有致。其三，石多树少，或于山下置三两株松树，或于山头倒悬一松，或于峭壁悬瀑旁伸出一些虬枝。

在笔墨处理上，其几何体的山石多用线条空勾，没有大片的墨，没有粗拙跃动的线，没有过多的点染和繁复的皴笔。其线条貌似折铁，细观之，乃是用松蓬虚灵之笔写出，有时补上几笔重而刚的实线。笔与墨皆虚、实并出，蕴藉充实而变化无穷。与那些下笔简单、墨无蕴藉、缺少内涵、乏于变化的画风完全异趣。清人杨翰《归石轩画谈》谓渐江的画"于极瘦削处见腴润，极细弱处见苍劲，虽淡无可淡，而饶有余韵"，看了渐江的原作，这种感受特深。渐江的画具有独特的风格。它具有：纯净、高洁、空旷、清雅、峻逸、腴润、枯淡、瘦峭、宁静、坚稳、深邃、幽僻的美。给人以冷和静的感受尤深。

形成渐江山水画这种独特美的根源很多，其中有三个来源最为重要。

其一是传统。

渐江画从宋画入手，上追晋、唐，尔后力学"元四家"，于"元四家"中倪、黄二家著力尤多，最后专意于倪云林。这在各文献记载中亦甚详。《图绘宝鉴续纂》记："僧渐江……善画山水，初师宋人，及为僧，其画悉变为元人一派，于倪、黄两家，尤其擅扬也。"王泰征《渐江和尚传》云："凡晋、唐、宋、元真迹所归，师必谋一见也。"张庚《国朝画征录》："弘仁……山水师倪云林。新安画家多宗清閟法者，盖渐师导先路也。"周亮工《读画录》云："喜仿云林，遂臻极境。"

杨翰《归石轩画谈》："画仿云林。"李玉棻《瓯钵罗室书画过目考》云："山水师云林……兼具大痴苍厚。"其他文献类似记载尚有很多，兹不一一具载。

渐江自己画中常题"仿倪云林"。其诗中尝谓："欠伸忽见枯林动，又记倪迂旧日图。""老干有秋，平岗不断，诵读之余，我思元瓒。""传说云林子，恐不尽疏浅。于此悟文心，简繁求一善。"他的诗更云：

> 疏树寒山淡远姿，明知自不合时宜。
> 迂翁笔墨予家宝，岁岁焚香供作师。

其醉心于倪云林，一至于此。

我们从渐江的画中可以一一寻求其传统根源。其刚挺的线条、谨严的章法和周密的用笔，来源于宋，其清淡虚灵，蕴藉而变化丰富的墨法来源于元，更多地来源于倪云林。

在故宫博物院所收藏的《墨笔山水》等几图中，可见到其山头、坡渚、树石皆以干枯的淡墨写出，再以淡而松枯的笔勾皴，以更清淡的墨破之，偶以浓而实的墨加强。远处的坡石堆叠，以曲柔的笔法随意勾皴，全似倪云林。

渐江的画，更多地既似云林，又不似云林。其虚淡松枯的笔写出后，往往加勾刚实的线，其变化蕴藉的笔意却给人以凝劲坚硬的感觉，皆倪所无。他吸收倪云林和宋人法，糅进自己的感情和志愿，化而为自己意中的笔墨技法，皆大大超过了宋人和倪云林。

渐江画神韵逸趣似元，风骨法度似宋。

其二是师造化。

渐江山水画不同于倪云林画所具备的美，其根源更在师造化之不同。渐江常年游览于黄山之中。石涛云："公游黄山最久，故得黄山之真性情也。即一木一石，皆黄山本色，丰骨泠然生活。"（跋《晓江风便图》）渐江曾面对黄山写《黄山图》六十幅，每一幅注一地名，皆黄山之景，其曰：

逍遥亭	觉　庵	卧云峰	松谷庵
翠微寺	白沙岭	鸣弦泉	立雪亭
油　潭	仙人榜	炼丹台	阎王壁
云门峰	藏云洞	云　谷	飞光岫
小桃源	观音岩	九龙潭	皮　蓬
西海门	天都峰	掀云牖	老人峰
月　塔	莲花庵	小心坡	石　门
北斗庵	仙灯洞	龙翻石	散花坞
扰龙松	石笋矼	大悲顶	飞来峰
碣石居	绿蓑崖	清潭峰	一线天
朱砂泉	锡杖泉	光明顶	醉　石
逍遥溪	白龙潭	慈光寺	青莲宇
横　坑	丹　井	卧龙松	乌龙潭
狮子林	莲花峰	洒药溪	赵州庵
仙　桥	文殊院	蒲团松	桃花溪

　　渐江所画的60景，今日基本上皆可以寻到。对照其景其画，可以见到渐江是十分忠实地描写黄山真景。描写黄山真景，古代传统笔墨未必全部适用。渐江之前画黄山的画家并不多，卓有成就的大家更无。渐江可谓第一位画黄山的大画家。北宋画家描写北方雄强山水的笔墨，不适于描写黄山。倪云林描写无锡一带一河两岸、几个土堆、几株枯树的表现方法更不足以写黄山雄奇深阔的景象。所以，渐江的笔墨及构图、题材得力于黄山之助最多。

　　现存渐江的画，其题有《黄山图》《黄山天都峰》《黄山蟠龙松》《黄海松石图》等等，都标明出于黄山真景。渐江的画即使不标明黄山

某峰某山，我们也可以看出它是黄山真景的变幻。他自己的诗最能说明
其中真谛：

坐破苔衣第几重，梦中三十六芙蓉。
倾来墨汁堪持赠，恍惚难名是某峰。

他还说：

敢言天地是吾师，万壑千岩独杖藜。
梦想富春居士好，并无一段入藩篱。

渐江每游黄山，归来必挥毫，其诗云：

黄海灵奇纵意探，归来篱落菊毵毵。
溪亭日日对林壑，啜茗濡毫一懒憨。

游过黄山并对黄山略有研究的人，都知道黄山属花岗岩质，和峨眉
山绿荫覆盖不同，它石多树少，仅在山头、石壁的缝隙中长出几株松
树，或倒挂，或悬空，皆十分突出。黄山石奇，有的一山如一石拔地而
起，直插云表，石中光滑，没有"皴笔"。渐江画中两块大石夹一些碎
石和小树，这不仅是画面疏密的需要，更是黄山真景的实际。黄山怪石
嶙峋的山峰，似无数碎块石头堆叠，且多矩形、方形类的几何体，正是
渐江画中大大小小几何体的根本。渐江画中奇纵的构图，也正是黄山奇
纵的本来面目，其空旷深邃之美，也正是黄山的本来品质。

其三是精神气质的决定作用。

同样是师倪云林、师黄公望，同样是师黄山，画出来的黄山却各有
各的面貌，梅清不同于石涛，石涛不同于石谿，石谿不同于渐江。其故
安在？曰：一个画家的成功，师传统、师造化，是必备的基础，但不是

决定因素。犹如造房，有了土和茅草，能造茅屋。有了砖和瓦能造瓦房。但同样是砖和瓦，造出的瓦房却大相径庭，这就要看造房人的素养和审美情趣。画家个人风格的最后形成，他的修养和精神气质是关键的。"风格即人"，这是外国人说的；"书如其人，画如其人"，这是中国人说的。各个画家都有他自己的精神气质和审美统觉，当他面对大自然，力求在笔下出现自己"心声"的理想效果时，已有的表现方法不可能达其志，便要创造新法，久而久之，便形成自己的面貌。一味摹写，是不可能有个人精神面貌的。缺乏强烈的精神气质，其作品也不可能有强烈的精神面貌。

前已言，浙江精神中的冷、思想中的静，决定了他的审美统觉，也决定了他的笔墨发展方向。如古人云："喜气写兰，怒气写竹。"喜气时精神畅舒、不阻滞，易于写出兰的柔润之态；怒气时易顿易挫，表现出刚猛之状，易于写出竹的"气节"和坚硬之感。一个急躁的人，在他笔下必有急躁的表现，一个文雅的人，笔下也有文雅的线条，一个冷而静的人，笔下也必有冷而静的反映。因而浙江冷而静的风格之形成也正是他自己冷而静的精神状态之外化。

浙江学倪云林"遂臻极境"（周亮工《读画录》），也出于他们精神境界之相同。倪云林之后，学倪画的人甚多，尤其是董其昌的"南北宗论"一出，把倪云林推为文人画家的最高代表[1]，于是各家争以学倪为上。浙江及新安各家均学倪，"四王"及吴地诸家亦学倪，金陵等地诸家亦然，学倪形成一股时髦风气。举国皆学倪，为什么有人能臻极境，有人却难得神髓呢？这是一个重要问题，不深入研究，必影响对古代绘画的理解和把握，也不可能完全理解浙江学倪而成功

---

[1] 董其昌主绘画"南北宗论"。他推崇"南宗"画，于"南宗"画家中，尤推崇"元四家"。然他又认为"元四家"中的黄公望、吴镇、王蒙差之倪云林远甚。其《画禅室随笔》有云："迂翁画在胜国时可称逸品……（黄、吴、王）三家皆有纵横习气，独云林古淡天真。"是倪云林在"南宗"画中地位最高。

清 渐江 西岩松雪图轴 纸本墨笔 192.8cm×104.8cm，故宫博物院藏。

渐江山水往往于简单、迹近抽象的空白大石当中画上一些碎石和小树，一画中无大片墨，无粗拙跃动的线，无过多的点染和繁复的皴笔。

的底蕴。绘画是精神产品，其成功与否，一归于精神。以"四王"之首王时敏来说吧，他24岁时，就由"恩荫"出任明王朝尚宝丞，掌管国家印信，并奉命巡视山东、河南、湖广、江西、福建一带封藩地区，历任明王朝重要官职，直至升为太常寺少卿。这样一个历受明王朝大恩、一生未受过屈辱、无怨无怒的人，在明灭之际，清军将至太仓时，第一个主张投降（并得到那位"竟一钱不值何须说"的吴梅村支持），亲率太仓县"父老"，出城迎接清兵（见《外家纪闻》）。因之，王时敏的画如其人，给人以无怨无怒的温媚感。以王时敏为首的"四王"绘画得到官廷的提倡，他们一生处于顺境，和倪云林的身世、处境、精神状态完全不一样。倪云林所处的元代，把人分为四等，汉人和南人居末，元代大画家大都属于最低一等人。他们反抗是无益的，蒙古人的铁蹄踏遍亚洲，它的强大是罕见的。顺从又受屈辱，为了生存，他们不得不过着屈辱的生活，甚至不得不和达官贵人应付，乃至去做官。但只要他是汉人，就免不了这屈辱的心理。元代画家领袖赵孟頫一生富贵荣华，但仍说"中肠惨戚泪常淹"，"一生事事总堪怜"（皆见《松雪文集》卷五）。倪云林却一生不仕，隐居太湖，他厌恶那种"磬折拜胥吏，戴星候公庭"的生活，但他终究是极端痛苦的，其诗云："人间何物为真实，身世悠悠泡影中。"他的诗和画都充满了深沉的哀愁。昔人云：宋人画繁，无一笔不简；元人画简，无一笔不繁。后者实则是以倪云林为模特的。画简，正是他们淡于世味，觉人世无可恋的反映；笔繁，正是他们复杂的、受屈辱的心情之不自觉流露。倪云林画不可名状的萧条冷落，使人观之即生无限的感伤，正是倪云林自己的心境外状。渐江的心境和精神，正和倪云林相同，他自己也每比于倪云林，其诗云：

> 倪迁中岁具奇情，散产之余画始成。
>
> 我已无家宜困学，悠悠难免负平生。

　　绘画是精神产品，也必是作者精神之流露，渐江的精神状态和倪云林相同，所以，其感情最近，所以渐江学倪画最顺手，也最得其神。渐江也有和倪不同之处，倪一生下来，就在屈辱中生活，就失去了人格刚猛自立的土壤，而渐江则参加过抗清复明的斗争，所以倪画用笔松散柔曲而无刚性线条，渐江的画则含有刚强锐利、坚拔之感。但二人的画的内涵精神则是相同的。王时敏之流则不然，他们也学倪画，而且临摹得更勤更多，乃因其人的品格、心境不同，所学仅得皮相，而精神无一相肖。

　　可以说，倪云林之后，学倪画的人虽多，而真正能得其神髓者，惟渐江及其画派而已。所以，石涛阅遍大江南北画手，得出结论云："笔墨高秀，自云林之后罕传，渐公得之一变。后诸公学云林，而实是渐公一脉。"（跋《晓江风便图》）斯言得之。

（三）渐江绘画的成就及其影响

　　渐江绘画的成就是巨大的、空前的、独特的。它代表明末清初中国山水画的一个独秀的高峰。我们可以从纵横两个方面比较而论。先从纵的方面来看：

　　中国山水画，六朝时代兴起，尚处于幼稚阶段。山、水、树、石、人、舟的比例尚弄不准，画上犬、马、禽、鱼也十分繁琐，自不必论。隋代山水画解决了空间感的大问题，但其有勾无皴，尚不成熟。唐代出现了第一位专画山水的画家李思训，他的画以墨线造型，以青绿为质，虽有金碧辉煌之感，然艺术情趣尚不足。至吴道子、王维、张璪，又创造和发展了水墨画。吴道子"只以墨踪为之"，有气无韵。王维一变勾斫而用"水墨渲淡"，其画有些类水彩。吴、王之后，山水画发展甚快，至五代山水画高度成熟，出现了南北两派画风。南派以董源为代表，创长、短条子皴——披麻皴之始。以柔润温雅线条皴写，外廓线和皴笔一致，无浓重轻淡之分。南方山水画给人以润媚平淡天真之美感。北派有荆浩、关仝、李成、范宽等大家，其画法度甚严，外廓线较重而突出，内皴以坚硬的短线、钉头、雨点之类——斧劈皴之始。北派山水画给人以雄伟、浑厚、崇高的美感。北宋山水画大抵皆学李成、范宽，继承北派山水画。南宋山水画出现了李、刘、马、夏诸家，用大斧劈皴、刚性线条，给人以极端刚猛的感觉，而且还以"一角""半边"给人以景少意多之美。但他们的画笔下内蕴甚少，线太刚太实，乏于变化，为此，被董其昌一帮人攻击不轻。元人山水画大抵皆出于董源，以倪云林面貌最为突出。倪画的美也是空前的、突出的。明代戴进一派画学南宋，其成就在南宋画之下甚远。代表有明一代成就的"吴门四家"也称"明四家"，其成就在宋人及"元四

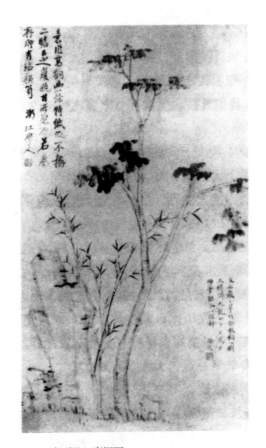

清　渐江　高桐图

渐江学倪云林"渐臻极境"（周亮工《读画录》），正是因为他的心境和精神与倪相同，他的诗云："倪迂中岁具奇情，散产之余画始成。我已无家宜困学，悠悠难免负平生。"此图正是渐江画中绝似倪瓒的一张。

家"之下，文、沈、唐、仇都没有突破前人窠臼，都没有能辟一代新貌。明代山水画较有成就的是董其昌，他的画生气不足，但给人以温暖、秀润、柔媚的美感，董在理论上更明确地崇尚"柔媚"，反对刚强的"马夏辈"。不过他的画多出于临摹，缺乏较强的个人感情。董其昌的画影响十分大，包括渐江为首的新安画派也都受过他的影响，董画温、秀、柔、媚已到了尽头，学不好就变成了软、甜、懒、俗，"四王"画风靡漫全国，大体皆如此，乏于生气，缺少新意。

至此，可以看到渐江的画与历史上董源一派不类。虽学北宋，但决不像北宋画那样，用繁多、尖硬的皴笔去表现山的形与质。渐江画多用空勾，大片空白，乃至一笔不着。其简峭、明洁、雅逸、清冷绝非宋画之所有。渐江画的线条也不是宋画那样实而乏于内蕴，其笔墨灵秀丰富而多变化。

渐江山水画，神韵逸趣非宋画之所梦见。

渐江学元画，尤多学倪。他学倪成功处正在不似倪，佛经有云："似我者死。"渐江是佛教徒，深明真谛。倪画仅在一丘一壑，而渐江却画崇山大壑，这多因师造化的对象不同，暂且不言。且言倪画讲求"逸笔草草""不求形似"以及"简漫荒凉"，渐江画却严谨整正，一丝不苟，幽深寂静，气势宏大；倪画一味地柔曲松灵，以韵胜，给人以萧条、不胜愁怅之感，渐江画逸韵不少，然而风骨奇正、雄强瘦峭，有一种刚猛的力量和至大至刚的正气。倪画极端的纯静，渐江画于纯静中隐藏着生动、搏斗和被压抑的力量。

渐江既吸取了云林笔墨的长处，又超出了云林的窠臼，以自己不同于云林的精神个性，借助黄山、武夷的造化之功，发展变化形成了自己的独特风貌。渐江的艺术造诣也决非云林等元代画家所能代替。

渐江"丘壑内营"而流露于画上的山水境界之美，以及为了适应于这种美的境界所独创的笔墨技巧皆是空前的，它在画史上具有崭新的面貌和独立的地位。

再从横的方面比较来看：

清初的山水画实际存在三种大的类型，如前所述，其一是以王时敏为首的一派，代表着安分守己、不反抗、不革新、不求上进、无怨无怒、安然自得的艺术，因之，它没有任何刺激性。其二是遗民画，反映着与统治者不合作的情绪。遗民画又分两大类：一是八大山人一类，流露出强烈的愤懑和郁结不平的怒气，髡残属于此类。一是渐江一类，这是遗民中真正的隐逸之士，流露出自甘寂寞，于世无求，虽有刚正之气而不打算发泄的冰冷、平稳、静谧的气氛。其三是石涛一类，代表着清初奋发向上的精神和一部分士人通过各种门径求功心切的情绪。三类画中以渐江一派的艺术为最高艺术，是十分难得的艺术。不过这一派艺术也只有少数的鉴赏家和艺术修养很高的人才能欣赏得了，不像石涛的画那样通俗浅易而能为一般画家所接受和易读。就艺术影响而论（仅限于对后世影响），石涛一类超过渐江，就艺术价值而论，渐江决不亚于石涛，也许在石涛之上。

石涛的画固亦有其过人之处，其奇谲多变，纵横捭阖，出奇取巧，亦如其人。但正如今人陆俨少所指出："章法多有牵强违背情理的地方。""其实他大幅章法很窘，未能达到左右逢源的境界。用笔生拙奇秀，是他所长，信笔不经意病笔太多，是其所短。"（《山水画刍议》）画史上的大山水画家，范宽、李成、李、刘、马、夏、黄、吴、倪、王，其画面貌皆十分突出，石涛画风貌甚多，然无一种十分突出。而渐江的画给人印象却特深，风格极突出。所以学渐江的画能形成派，学石涛则不然。渐江画既然如此冷峭静谧，后学者性格如不合，自难学得了。石涛的画易为后人所接受，而具有石涛积极进取，多方经营性格的人益多，所以学石涛画而成功的人亦益多。

其实就风格而论，石画不如渐画突出，就艺术功底论，石画不如渐画深厚、精妙、谨严。石涛往往恃才信笔乱扫，对传统过于轻视，这在他的画论和画题中表露尤著，什么"二米法""二王法""南宗""北宗""北苑"统统不在话下，甚至遭到他的嘲笑和叱责，他强调的是"自用我法""自有我在""法自我立"，而且"纵使笔不笔，墨不墨"①也不要紧。诚然，清初，石涛画亦足琼珍，其过人处，亦有渐江所不及者。

"四王"一系的山水画，功力非不深，然就艺术品质而论，自不及渐江。有口皆碑，毋须赘言。

八大山人以花鸟见长，其作山水亦不同流俗。髡残的山水画以老辣苍厚、豪纵雄浑见长。二人皆有一股愤怒郁结不平之气，发泄于画中，形成他们的独特风格。后世画家具有这种愤怒不平之气者，大有人在，所以，继承他们画风的人并非少数。但就艺术价值而论，亦不能替代渐江。就传统画法而论，恐怕还逊渐江一筹。中国传统绘画讲求雍穆作风和宽宏气度，讲求儒家"文质彬彬"和道家"外柔内刚"的静美，而多以动美为浅躁。石涛、髡残、八大山人的画大多属动美，而渐江画属静美。当然，这种传统看法是否有道理，尚可研究。我也不过聊申一己之见而已。

就当时的影响而论，髡残、八大山人都远逊于渐江，渐江的画虽不得宫廷提倡，但"江南人以有无定雅俗，如昔人之重云林然。咸谓得渐江足当云林"（周亮工《读画录》）。收藏家又以缺渐江画为"恨事"。可见渐江的画在当时享受何等的声誉。和渐江同时代或略后一点的大画家几乎都对他的画十分倾倒。程邃谓："吾乡画学正脉，以文心开辟，渐江称独步。"查士标谓："渐公画入武夷而一变，归黄山而益

---

① 石涛过分轻视传统，处处有流露。什么"几根柔条笑倒北苑，数点恶墨恼杀米癫"，"今问南北宗，我宗耶？宗我耶？一时捧腹曰：'自我用我法'"，"纵使笔不笔，墨不墨，画不画，自有我在"，"古人未立法之前，不知法何法？""动则曰：某家皴点可以立脚，非似某家山水不能久传"，"纵横似某家，亦食某家残羹耳，于我何有哉？""古之须眉，不能生在我之面目，古之肺腑，不能安入我之腹肠"，等等。石涛于反对泥古不化及以临摹代创作方面，是有贡献的，其论自有相当积极意义。但也形成另一极端——给他自己带来轻视传统的不足。石涛大部分画很高妙，小部分画信笔乱抹，而后人尤喜学他信笔乱抹的画，尤喜他轻视传统的言论。所以清初以降，中国山水画先坏于"四王"的以临摹代创作的影响，后损于石涛轻视传统而信笔乱扫的影响。所谓痛快淋漓，实则风雅全无。但赢得"四王"和石涛的声名如日中天，盖因于此。

奇。昔人以天地云物为师，况山水能移情于绘事有神合哉？尝闻读万卷
书，行万里路，乃足称画师。今观渐公黄山诸作，岂不洵然？"杨自
发谓："渐师画流传几遍海宇，江南好事家尤为珍异，至不惜多金购
之。"许楚《画偈·序》谓渐江画："遂尔称宗作祖。江表士流，获其
一缣一箑，重于球璧。"石涛谓："笔墨高秀，自云林之后罕传，渐公
得之一变。后诸公学云林，而实是渐公一脉。"石涛题渐江画诗跋很
多，每一题皆对渐江十分折服。推崇渐江的记载甚多，不可具载。

清代著名美术史家张庚在《国朝画征录》中记："新安画家多宗清
閟法者，盖渐师导先路也。"又在《浦山论画》书中谓："新安自渐师
以云林法见长，人多趋之，……是亦一派也。"渐江奠定了新安画派的
基础，对金陵、扬州等地绘画也有过巨大的影响。

三百年后，我们在渐江故乡纪念这位艺术大师，中外学者济济一
堂，可见其影响之深远。

1984年5月纪念渐江大会后自黄山归来写于文学艺术研究所（载
上海人民美术出版社《论黄山诸画派文集》，1987年12月版）

三、论皖南诸画派几个问题

（一）画派的名称问题

什么叫画派？鄙意，凡派皆有首，因之画史上凡称画派者，必备两个最基本的因素：其一是有画派之首或骨干画家，其二是画派的基本风貌有某些共同因素。否则，便很难称之为"派"。画史上的南宋院派是可以成立的，它是以李唐为首，刘、马、夏为骨干，画风大体相近。浙派是可以成立的，它是以戴进为首，吴伟、张路、蒋三松等为骨干，画风大体相类。苏松派以赵左为首，云间派以沈士充为首，华亭派以顾正谊为首，三派皆地松江府，且皆受董其昌影响，因之三派总称松江派，松江派以董其昌为首，风貌也大体相类。虞山派以王石谷为首，娄东派以王原祁及其祖王时敏为首。常州派以恽南田为首，江西派以罗牧为首，等等。这些画派大抵都具以上两个最基本条件，它的形成，大抵是因一位画家的成功，造成很大的影响，于是门人、后人争相学习，或同辈中略晚画家受其影响，而作画有共同的基素（当然还有受时代影响而产生大抵相同的精神状态问题），于是形成派。但是画派中的画家风格又不是完全相同。画派由画家组成，完全同于他人则不足名家，亦不可入派。因之，画派中的各家在有共同性的基础上，准许而且也必须有一部分个人的面貌。但是，个人面貌过于突出，完全摆脱了原画派的影响，自己独立门户，则又须另行称家、称派。我们只能说他曾经受过某派影响，而不能再把他称作那个画派了（研究家把他和原画派联系起来，以便于研究原画派，又当别论）。

因此，虽在一地，也共享声誉的大画家们，如果不具备画派的这两个最基本因素，我们则很难称之为派。

画史上的"金陵八家""扬州八怪""吴门四家""画中九友"等等，当时论者不称他们为派，而称他们为"家""友"等，可能有其道理。今天，我们如要改称他们为"派"，就必须找出他们是否具备成派的两个最基本因素。

明以后，由于社会经济结构的变化，形成地区性画派，画派以地区为名。往往在一个大的地区，受某种共同因素的影响，几个小画派关系密切，画派之间也相互影响，后人为了研究画史的方便，合几个小画派而成为一个大画派，大画派由几个小画派和处于小画派之间的一些重要画家组成，它们可能缺乏一个共同的领袖（大画派中的小画派时间可能略有先后），但是必具有骨干画家，而且也必须是受某些共同因素（如传统和造化）的影响，画风的形成也必须有一些联系。否则也不能称为大画派。

我们可以从明代吴地一些画家被后世学者称家、称派的先例，看出前代研究家做学问的苦心。明代中期的苏州，经济文化发达，出现了许多著名画家，其杰出代表沈周、文征明、唐寅、仇英。文、沈师法"元四家为主"，唐寅师法南宋院体为主，仇英以工笔重彩见长，"四家"面貌各一，苏州春秋时属吴地，苏州又称吴门，故画史称四人为"吴门四家"，而不称为"吴门画派"。文征明虽师沈周而能独立门户，从学者甚众，子、侄、女、孙等后人以及门人，遍及吴门，声势颇大，亦不乏名家大师，然其画面貌大体相同而略异，因之，后人称之为"吴门派"而不称为"吴门×家"，"吴门派"以文征明为首。"吴门派"下延至以董其昌为首的"松江派"（由三个小画派组成），它们皆属吴

清 萧云从山水册
萧云从（1596～
1673），字尺木，号
默思，别号于湖渔人
等，姑熟（今当涂）
人。萧的山水画笔墨
多方折而枯瘦，和浙
江的画比，骨体差不
多。此图乃是萧73岁
时所作，画中一高士
坐于屋中赏梅，怡然
自得而"自惬怀"，
是抒其胸臆之作。

地，且风格大体相近，因之，论者称之为"吴派"。"吴派"的重要画
家是文、沈、董，董师文、文师沈，但又不是专师一家，吴派中画家多
直接师董、师文、师沈，受董、文、沈影响而上追元人，所以，画风有
共同因素。但是，一般说来，提及吴派并不说它以谁为首，而只提它的
骨干画家，这样一个大范围画派，是很难找出一个具体的领袖的。然而
细心回味，它们的祖源却是一致的。

　　以上所说的画派的两个最基本条件，也大抵适用于国外。比如，野
兽派以马蒂斯为首，抽象主义画派以康定斯基为首，北德意志表现派以
蒙克为首……各派画风必有其一致性。但中国的画派还强调地别，在浙

地方可称浙派，在吴地方可称吴派，在新安地方可称新安派，不能胡乱取名的。

　　我约略地给大、小画派划出一个范围，作出一些规定。下面再具体地谈及皖南画派的名称问题。

　　画史上没有任何一个画派比明末清初活跃在皖南地区的几个画派之称谓再混乱的了。至目前为止，或称之为"新安画派"，或称之为"黄山画派"，或称之为"安徽画派"（有时还旁及一个"姑熟画派"），等等。今之论者皆欲以其中一个称谓总括皖南地区的画派。惟鄙意不敢苟同。

　　据我浅薄所知，"新安画派"的称谓最早形成于清人张庚（1685～1760年）的著作中。此前，虽有王士祯等人提到新安画家以及"多宗渐公"等说，但没有明确提到新安派。张庚《浦山论画》中有谓："画分南北，始于唐世。然未有以地别为派者。至明季方有浙派之目……松江派国朝始有……金陵之派有二……新安自渐师以云林法见长，人多趋之……是亦一派也。"张庚谓自渐江始，新安形成一派，实际上即新安派以渐江为首。其后黄宾虹先生和贺天健先生都承认新安画派，又都提出黄山画派这一称谓。贺天健在《人民日报》1957年1月18日版上发表了《黄山派和黄山》一文。他在这篇文章中，把"黄山派"和"新安派"两个称谓并用，贺文一开始便谓："明末清初，是国画'家派'最多的时期，如娄东……新安……"他还说："渐江和尚的画，是新安派中最佼佼者。"他承认"新安画派"，也承认渐江是其中巨匠，都与传统说法不悖。然而他说黄山派，似乎是另一种意思。他说："写黄山而得名的黄山派诸人，各人有各人的长处。"则他所定义的"黄山派"乃是指画黄山而得名的诸人。我们说，画鸟、画人、画驴而得名的画家是不能称为鸟派、人派、驴派的。以作画对象相同而称之为画派，恐怕不太科学，古今中外先例亦不多。贺天健还说："黄山派中最著名的是石涛、梅瞿山和渐江。"这三个人的画风据贺自己说也各有鲜明特征，是很难成为一派的。事实也正如此。若再以地别为条件论之，称派就更难成立。

日本多数学者沿用中国的传统说法称之为新安画派，中国部分学者亦然。但多数扩大了它的范围（当然也有少数学者坚持传统说法的）。新安本指安徽的新安江流域，即今徽州一带，古称新安郡。前代学者所谓"新安派"基本上指这一带画家，不包括宣城、姑熟（芜湖）等地画家。因为宣城、姑熟不属新安郡所辖。至于画风是否　样，虽然更为重要，还当另议。明代以后所谓画派，总是以地别为派的。因之中、日很多学者把新安之外的宣城、姑熟等地画家也算作新安画派，明白与"实"（地区）不符，新安不能包括那么广。

中、美另一部分学者称之为"黄山画派"，其含意有二，一是如贺天健所说的以其画黄山而得名（此说当然不能成立，何况如萧云从就没有见过黄山）；一是借黄山为名，其范围如前一部分学者所称之新安画派相同（贺天健称黄山画派未尝废除新安派说，而后者却废除了新安派说），这一名称也不十分严谨。因为中国明清画派强调地别，黄山的范围很狭小，如果过分计较，黄山派主要画家只有雪庄。扩大一点说，也只能延及黄山周围几个县，还是新安地区，而宣城、姑熟距黄山很远，此二地加上新安，实际上是整个皖南地区，黄山只坐落在皖南的一曲，而不能说黄山包括了皖南。那倒不如称之为皖南画派更为确切。更为重要的是以梅清为代表的宣城画家，其画风和以渐江为代表的新安画风，区别甚大。前者用线曲拙宽柔流动，墨韵淋漓，后者用线刚挺细劲稳健，画风生涩冷硬，很少用墨。虽然他们互有联系，前者从后者变出，但两派各有首领，各有骨干画家，风貌迥异，一目了然。取消新安派，而称之为黄山派，合不同风貌、不同系统画家为一派，未免勉强。这里也找不出一个共同的首领。

此外，台湾和美国部分学者称之为安徽画派。范围似乎太大了些。所称"安徽画派"，地仅新安、姑熟、宣城，限于皖南地区，与淮北地区完全无涉，与江淮之间也无关涉，这两个地区，实占安徽的四分之三。因之，所谓"安徽"，实仅限于皖南。

Selected Works Of Chen Chuanxi

我认为，皖南地区在明末清初实际存在着三个画派，其一是以渐江为首的新安派，其二是以梅清为首的宣城派，其三是以萧云从为首的姑熟派。

新安派的画，其突出特征，是构图稳定、简朴，气氛冷静清逸，几乎所有的山都是用大大小小方形几何体组成，主要是用线条空勾，线条瘦峭坚凝，犹如折铁，山石的突凸处不皴，乃至大片的面积全留空白，不着一笔，仅暗处以干笔略皴。

姑熟派的画之突出特色颇类新安派，山头也多用石块堆叠而成。姑熟派的画不同于新安派的是：其画山水增加一些横皴或竖皴，线条和墨色没有新安派那样刚挺、简洁、明净，气氛虽也荒寒，但不像新安派那样强烈。

清 萧云从山水册 现藏美国克利夫兰博物馆。

画中题："秋同萧瑟思无限，驴背闲吟自写情。"萧属于遗民画家，思想中始终具有反清情绪，寄兴山水之间是他的一个重要画题。

宣城派的画线条曲拙，水墨淋漓，从稳静中产生了跃动，虽然缺乏了"冷"的感觉，"凉"的气氛仍在，宣城派的画显然和新安派有差距，变化较大，但也可以看出它从冰冷变清凉，从稳静中变跃动，和新安派还算有一点联系。这一点联系可以合而共称为一个大画派而不能加入新安画派。

梅清曾在天延阁会晤过渐江，二派中其他画家交游亦多。新安派的奠基人渐江曾向萧云从学过画，"新安四家"之一孙逸也在芜湖和萧云从并称"孙萧"，二派关系尤密，且又同时。三派互有联系，皆处皖南，因之应称之为"皖南画派"。

历史地看，称"皖南画派"最为科学。

如果用"黄山"代替"皖南"叫它黄山派，似应按以上的解释方能成立。

（二）画派的跨越年代

皖南画派的跨越年代问题亦众说纷纭，有主张上至明中期，下逮今人黄宾虹，更有主张上追五代张志和，下至现在的刘海粟，跨越近千年。过分张皇，未免孟浪。其实皖南画派始自明清之际，至17世纪下半叶已逐渐衰弱，17世纪末，这个画派也基本上结束了，不过几十年时间。画派的寿命，和画派的灵魂有关。弄清这一问题，必须解决和此有关诸问题。

纵观历史上的画派，从兴起至衰亡，一般都跨越几十年时间。这是由社会思想决定的。

任何一种画风到了成熟时期，便是尽头，再不变革，便要走下坡路，保守是很困难的。因为绘画是画家的精神产品，而画家的精神乃为时代的精神所培育，时代不停地变化，人的精神状态也将随之变化。第二代和第一代相距不远，故其精神状态尚有相近处，其后便不可能完全一样。因之，我们必须了解新安画派所处的社会之变化状况。

明王朝实际上是亡于李自成为首的农民起义军，而非完全亡于清。当李自成的农民军以摧枯拉朽之势进入北京城时，一大批忠于明王朝的士人无可奈何地看着这个王朝的覆灭。继而吴三桂勾结清兵入关，他们又企图抗清复明，可怜无补费精神，不久便失败了。所以，明末一批遗民常常咒骂自己无能，惭愧自己无智，产生一种十分后悔懊恼的心情。诗人至死沉吟："竟一钱不值何须说。"画家中自号"悔迟""岂贤""垢道人""活死人""驴""屋驴""愚道人""龙眠愚者""白秃""废人""髡残""瞎尊"……渐江也自字无智、无执……凡属明朝臣子而保持气节者，心绪皆极端复杂。损毁了他们的"前途"、捣坏了大明江山的直接仇敌李自成已亡，他们拼命似无对手。他们曾是明朝臣子，又不能变节降清求仕，所以，唉声叹气，伴

清　戴本孝　山水册之一

　　戴本孝（1621年～1693年），字务旄，号鹰阿、鹰阿山樵等。戴氏父是反清英雄。他作画运以模糊的枯笔，用墨干涸，这两张山水册能反映他的山水画面貌。

清 戴本孝 山水册之二

狂垢污，或逃禅、或入道、或慷慨悲歌、或怨天尤人，终身处于市井、山林，"或负薪穷谷、或拥书村塾，卖文为活，溷迹市屠"。遗民中大部分人皆能画。画，心声也，或如八大山人之郁结烦困之气挥洒于纸上，表现出一种求生不生，求死不能的煎熬苦闷之状，或如渐江冰冷、寂静，与世无争的静止之态外化于纸上，或如率众降清、缺乏骨气、缺乏自立之志的王时敏那样在画中表现出软、媚、甜、懒之态。其中以渐江为首的新安派，最能代表遗民画家的情绪。但最早消失的也是以渐江为首的新安派，皆因时代思潮使然。

清初，一部分士人遗民情绪强烈，是可以理解的。他们的气节、人品赢得了一般人的敬重。顺治皇帝也说过：明朝的臣子如果不思念明朝，就不是忠臣。清统治者礼葬崇祯皇帝，嘉奖曾经抗击过它的明代将官和英雄人物，准许遗民发牢骚，写怀念明朝的诗文和戏剧，而且一入关便宣布明朝的举人、生员全部有效，清政府在中央各机构中实行"满汉复职制度"，在地方，知府以下的官吏主要以汉族知识分子充当。复设"博学鸿词科""经济特科"和"孝廉方正科"等名目，吸收有声望的知识分子。有些知识分子不愿与之合作，清统治者努力说服，直至绑架他们出来做官，确实不愿做官的，也并不加迫害。同时清政府在发展汉文化方面，也做了一定程度的努力，大力提倡学术，奖励理学（虽然也别有用心）。由于清统治者的种种努力，民族矛盾缓和很多。随着一批老遗民的去世，加之康乾盛世的滥觞，遗民情绪渐渐淡漠，隐居市井、山林，寂静不求闻达的思想似乎与时代不符。明朝遗老去世或老化，其他一些本与明代关系不大，或者受到"宽柔"政策感化的知识分子自觉解除冷遇的感觉，开始活动起来。因而，作为遗民画代表的新安派那样静而冷的艺术也就很难保持下去了。顺便说一句，"遗民气节"等要求是不能加诸石涛的。我们可以说石涛人品中有俗的成分，他身着僧衣，却数次接驾、口呼万岁，并和达官贵人混迹，都是十分无聊而庸俗的。但以气节要求石涛，便有些过分。石涛本是清朝的臣民，明朝灭亡时，他只是一个两三岁的幼儿，本来就算不上遗民，到了石涛懂事的时候，明朝已灭亡多年了。他和八大山人不同，明亡时，八大山人已是19岁的青年；和渐江更不同，明亡时，渐江已是35岁的成年人。所以，"遗民""气节"似与石涛无涉。

遗民意识最强烈时期在清初，17世纪下半叶，渐趋淡漠。至17世纪末，虽不能说全无，但在社会思想中，基本上不占有什么位置了。因而代表遗民情绪的新安派绘画也和时代思潮一样，渐渐失去了它的精神支柱，渐渐趋于衰亡。

渐江一派的绘画既为遗民画的代表，遗民的气节便是它的灵魂。我们可根据这个灵魂所支配的艺术风格之形成与消失来分析这个画派的寿命。

根据画派形成的两个最基本因素分析，如果不管其精神状态和画风如何，只要乡籍一致，便论之为一派，恐怕不妥。在渐江之前新安也有一些较有名气的画家，但他们似乎不能算作新安派。

清 梅清 黄山图册题跋

梅清（1623～1697年），字渊公，号瞿山，安徽宣城人。梅是宣城画派之首，他也是遗民画家。梅清存世的画多是中年及晚年的作品，有清秀萧疏一路，有曲偃淋漓的一种，但皆有苍凉的感觉。《黄山十九景图册》为纸本设色，共16页，最能代表其清秀润淡的艺术风格。

现藏美国哈佛大学福格美术馆的龚贤（1618～1689年）一幅《山水》卷上有其自跋云：

孟阳开天都一派，至周生始气足力大。孟阳似云林，周生似石田，仿云林。孟阳程姓名嘉燧，周生李姓名永昌，俱天都人。后来方式玉、王尊素、僧渐江、吴岱观、汪无瑞、孙无逸、程穆倩、查二瞻，又皆学此二人者也，诸君子并皆天都人，故曰天都派。

天都本是黄山中一个著名山峰。明末著名的爱国将领兼戏剧家、散文家、书画古玩收藏家汪道昆（1526～1593年）致仕后，回故乡新安，自号天都外臣。汪道昆当时颇有影响，文人"不东之娄东，即西奔徽中"，娄东指王世贞，徽中乃汪道昆在黄山的别业。汪自号天都外臣，其后，有人便把天都作为新安的代名词。龚贤谓之"天都派"实即新安派。但他的说法却值得商榷。程嘉燧"初寓武林"，"后侨嘉定四十年"，"晚居虞山"，他与唐时升、娄坚、李流芳等人被称为"嘉定四君子"，又和董其昌等人被称为"画中九友"。程卒前不久才回到新安，他的画风以及那位李永昌的画风都和后来渐江等人的画风并不一致。渐江等人是宗法倪云林的，说他们学程、李二人，亦属不经之言，或许受过二人一些鼓舞。龚贤毕竟是一位画家，而不是研究家，他的话也不过是漫与之说，所以后人并不以为然。

新安画派的作品，我们尚能见到不少，文献记载亦在，可以看出其精神面貌始自渐江。诚然，渐江画面貌并非一种，他亦用碎笔、米点点过山水，但形成他个人风貌的画却是十分冰冷静谧的。这和他的精神面貌有关。渐江本是明末诸生，读五经、习举子业，又事母至孝，是典型的儒家信徒。顺治二年（1645年），清兵进逼徽州，他随其师入闽，投奔福建唐王政权，参加抗清复明斗争。失败后，他到武夷山，削发为僧。思想渐趋于冷寞静寂，虽然他至死都没有完全改变其儒者初心，但儒家的忠孝气节使他不可能在江山换主之后，再去积极进取。渐江后期，目睹清王朝的强大，反抗已属不能。他便独善一身，自甘寂寞，隐于书画，终老于山林市井，对复国完全绝望，对功名彻底淡漠，对世界更加冷冰，一切跃跃欲试的念头完全消失。所以，流露于他的画中，不仅有冷的气氛，更有静的感觉，几块几何形的山石静静地立着，绝无跳跃和躁动的笔墨。渐江和倪云林不一样，倪云林一生下来便在屈辱中生活（元统治者把中国人分为四等，倪是末等人），他过多地在个人生活小圈子里哀愁叹止，画亦如之。渐江曾经是儒学立身，有强烈的民族责任感，当民族危亡之时曾经奋起反抗，为僧后，他也没有完全忘记家国之痛，"当日浩气一往，遂尔逃儒"（程邃跋渐江《黄山山水册》）。所以，他的画既有一股刚正健壮之美，又有一种幽旷深邃之美，且都透露出冷静的气氛。

渐江的画影响至大，石涛题《晓风轻便图》有云："笔墨高秀，自

清 梅清 西海千峰图轴

云林之后罕传，渐公得之一变。后诸公学云林，而实是渐公一脉。"诸公"指的是新安诸家，如孙逸、汪之瑞、查士标等人。汪、孙的画风和渐江差不多。汪画则更加简淡，有的画面上只突出几根轮廓，张庚《国朝画征录》谓其"终日可得数十幅"。孙逸山水画清淡瘦硬，他曾在一幅山水图上题诗云："云林不是人间笔，胸次无尘腕下仙。摹得东冈草堂法，两三株树小亭边。"可见他对倪云林的崇尚。查士标更是一生追求倪云林，他学懒瓒（倪云林）自称"懒标"，其自少至老的画中多有题"仿倪云林"字样，其诗云："清绝倪迂不可攀"，"墨池洗出写倪迂"，"一自春归清閟阁，几番蛛网落花多"。查士标得长寿，其后期画风有所改变。

其实新安的画家们精神气节也都和渐江一样，于明亡后，放弃举学，拒绝和新统治者合作，保持贞操和高逸的人品，"不求闻达，一室之外，山水而已"。故尔，他们的画在精神面貌上可以基本契合。

渐江的第二代如江注、祝昌、姚宋等人所处环境基本上和渐江差不多，所以他们学渐江能"画逼渐公"。他们的画俱在，可以看出是和渐江一派。

王士祯云："新安画家，崇尚倪黄，以僧渐江开其先路。"比渐江略长几岁的新安歙人程邃也说："吾乡画学正脉，以文心开辟，渐公称独步。"可见诸公和渐江一脉，而形成新安派，渐江是奠基人。

新安画派形成于明、清之际。

渐江和他的门人相继去世之后，随着时代的变化，人们的感情和精神状态也在变化，遗民情绪渐渐消失，新安派的灵魂也渐渐消失。查士标便是典型，新安四家中，他去世最晚，亲身体验到时代思潮变化的气氛，他在自题山水画的诗中就感叹："剩水残山似梦中"，"欲谈往事无人识"。是的，时代在变化，旧的东西被人遗忘，新的东西又使人向往，他自己不也发出了"江山风月无常主"的动摇情绪吗？所以，在顺治后期，他的画也因自己情绪的变动出现了阔笔跃动的一路。新安派静而冷的艺术开始了动的迹象。由静而动，乃是整个时代使然，也是这个画派瓦解的迹象。而且，由于经济发展的不平衡性，新安画家于17世纪后期多数寓居扬州、金陵等大城市，他们完全脱离了新安画派，甚至改画花鸟以迎合寓居地买主的口味。所以，到了17世纪末，新安画派就基本上消失了，虽然它的影响仍在，而且确实也影响到今天。

后记：

本文原拟写五个问题。然只于1983年工作之余仓促草成二节，后即忙于学术讨论会的筹备工作。不但以下三节未能写出，草成的二节也无暇修改，即匆匆付印，在大会上散发，以期求教于海内外诸家。此次收入文集中，不但没有补写其余三节，且已打印好的二节，为避免受他人影响之嫌，又删去两段文字，余皆未作丝毫增加，粗疏零乱之处，谨乞谅解。

1983年于安徽省文学艺术研究所

（载《论黄山诸画派文集》，上海人民美术出版社1987年版）

四、动美和静美——四僧画审美观变迁议

（一）四僧画在当时和后世的影响之比较

对后世的影响，尤其是对近现代绘画的影响，石涛较大。

但在当时（清初），石涛的影响远远不及渐江。清初四僧中，当时影响最大、名气最高的也是渐江，连石涛都十分推崇渐江。这并不因为渐江年长一些，石涛是目空四海的，很少有人被他看得起，"万点恶墨，恼杀米颠，几丝柔痕，笑倒北苑"，"荆关耶，董巨耶，倪黄耶，沈文耶……"连统治一代的"南北宗论"都不在石涛眼里，"今问南北宗，我宗耶，宗我耶，一时捧腹曰：我自用我法"。和渐江同辈人以及更长一辈人中，得到石涛美誉的画家甚鲜，但石涛独对渐江却一赞再赞，推崇备至。

当时追随渐江的画家众多，形成了一个新安画派。新安画派以渐江为首，当时就存在并被承认，石涛跋渐江《晓风轻便图》卷有云："笔墨高秀，自云林之后罕传。渐公得之一变，后诸公学云林，而实是渐公一脉。"（此图现藏安徽省博物馆）所以，略晚于渐江的张庚（号浦山）著《浦山论画》说："新安自渐师以云林法见长，人多趋之……是

亦一派也。"以渐江为首的新安画派在绘画史上有崇高的地位，这是世界各国研究中国美术史的学者都承认的，毋容赘言。清初四僧中，也只有渐江开创了一个画派，而石涛、髡残、八大山人在当时追随者几近于无，更没有一个画派。

当然，开创一个画派，可以看出一个画家的影响，但不能代表一个画家影响的全部。有的画家成就很高，其影响未必最大。但成就很低的画家，却不可能有很大的影响。明清两代开创画派的大画家如浙派的领袖戴进、吴门画派的领袖文征明、姑熟画派的萧云从、宣城画派的梅清等等，成就并非太小，惜其影响仅在一地。然而渐江却不然，他的影响绝不仅在新安。清初的绘画艺术主流和重镇皆在江南，在江南影响最大的画家便是渐江。周亮工曾总结了当时人的看法，谓："释渐江……喜仿云林，遂臻极境。江南人以有无定雅俗，如昔人之重云林然，咸谓得渐江足当云林。"（《读画录》）周亮工（1612～1672年）和渐江是同时人，明末崇祯进士，曾授监察御史，仕清后，任户部右侍郎、江安粮道等职，曾长期在江南、北京等地，是当时著名文人和大鉴赏家，交游遍大江南北，见多识广，他的话本有相当的权威性，何况又是总结性的结论。江南人以有渐江的画为雅，无渐江的画为俗，有无渐江的画成为区分雅俗的标准，可见渐江的画影响大到何等地步。其他三僧的画固然各有特色，有些方面也许超过渐江，但在当时的影响无论如何也不能和渐江相比拟。正因为渐江的画有如此重大的影响，所以"人多趋之"，形成一派，而且造作他假画的人也益多，周亮工《读画录》记"其门徒赝作甚多，然匡骨耳"。秦祖永《桐阴论画》谓之："想是门徒赝作，非真迹也。"赝品越多，越说明画家的地位高，影响大，正如古代的王维、李成的赝品多，近代石涛的赝品多，都说明他们的影响大。

渐江的画产生如此重大的影响，和他同时以及后世的画家是绝无仅有的，"四王"的画虽然也曾风靡全国，但并未达到以之定雅俗的地步。渐江之前，只有元代倪云林的画产生过如此重大影响。但倪云林的画之声誉是在明代尤其是董其昌的"南北宗论"出现之后才有如此重大

清 八大山人山水册

八大山人(1640～约1671年)，原名统，明亡后，法名传綮，字雪个，因其在兄弟中排行老八，又爱读"八大人觉经"，故后期的号即是八大山人，江西南昌人，原为明宗室。八大山人的山水画出于七处和尚，格调亭清，在一般画家之上。

的影响。根据"南北宗论"，董其昌的朋友和门人一致认为"南宗"为中国画的正宗。而正宗中最优秀的画家乃是"元四家"，"元四家"中最优秀的画家乃是倪云林。董其昌云："迂翁（倪云林）画在胜国（已亡之元朝）时可称逸品……（吴镇、黄公望、王蒙）三家皆有纵横气，独云林古淡天然，米痴后一人而已。"（《画禅室随笔》）董论一出，云林画成为元画第一[①]，江南人争相购之，盛况空前，并以有无定清浊。清初，又出现了以有无渐江画定雅俗的现象，而且像昔人重云林一样，并都说得渐江画足当云林，渐江之外的任何画家皆没有足当云林的记载，八大山人、石谿、石涛的画，江南人可以有，也可以无，但渐江的画却不可无，否则便俗了。问题就是这样严重。

当时几乎所有的画家、文士都对渐江的画十分推崇，渐江的画在当时如石涛的画在近代一样如日中天。

石涛、周亮工对渐江的推崇前已录，兹再录部分资料以证实之。

比渐江年长的许楚（1605～1676年），字方城（王渔洋谓之："一赋曾高六代名，无人不识许方城。"），跋渐江《晓风轻便图》卷云："观渐公画如读唐人薛业、孙逖诗，须识其体气高邈，遥集古人……其吮墨闲旷，水穷云起，自卷自舒，有濯足万里之致。吾乡百余年来，画苑一灯，恒不乏人，至若为此道放大光明，无识想相，则渐公卓有殊勋。"

姑熟画派领袖萧云从跋渐江《黄山山水册》云："……余恒谓天下至奇之山，须以至灵之笔写之……余老画师也，绘事不让前哲，及睹斯图，令我敛手。"

程邃跋《黄山山水册》云："吾乡画学正脉，以文心开辟，渐江称独步。"

"新安四大家"之一查士标跋《黄山山水册》云："渐公画入武夷而一变，归黄山益奇，昔人以天地云物为师，况山水能移情于绘事有神合哉？尝闻读万卷书，行万里路，乃足称画师，今观渐公黄山诸作，岂不洄然。"

---

① 倪云林的地位渐渐增高，在元代尚不甚显，明人始论其为"元四家"外的三逸品之一，后来成为"元四家"之一，以"元四家"代表元画的最高成就。再后又以"倪黄"代表"元四家"的最高成就。倪年小于黄而居黄之前，遂为元画家第一。皆董其昌之"功"矣。

杨发以跋《黄山山水册》云:"渐师画流传几遍海宇,江南好事家尤为珍异,至不惜多金购之。论者谓其品与沈处士、文征君相伯仲。顾长帧大幅,启南擅其雄,赫蹄尺素,征仲标其秀,二公各有独至,不能兼长也,渐师无境穷,大小互见,较之二公,实有兼长,讵止伯仲云尔哉。"

罗逸《颐渐江画天际识归舟》诗有云:"……皆供师妙笔,大可胜荆关。"(转引自《浙江资料集》)

弘眉《黄山志》(刻于康熙六年):"释渐江,善绘画,凡古今名家悉究其法,……有超然尘外趣味。"

张庚《国朝画征录》:"新安画家多宗清閟法者,盖渐师导先路也。余尝见渐江手迹,层峦陡壑,伟峻浑厚,非若世之疏竹枯株自谓高士者比也。"

秦祖永《桐阴论画》:"梅花古衲渐江,山水专摹云林,当时极有声誉。"

杨翰《归石轩画谈》:"……江南人谓得渐江画足当倪高士……欲辨渐江画,须于极瘦削处见腴润,极细弱处见苍劲,虽淡无可淡,而饶有余韵,乃真本耳。"

吴瞻泰《题雪庄黄山图》云:"梅花老衲渐江画得倪迂之神,松圆老人亟称之。自入黄山后,笔墨大进。时作黄山图六十幅,脱去畦町,潇洒出群。"(《浙江资料集》)。

闵麟嗣《弘仁传》(刻于康熙十八年)云:"弘仁……善画,初学一峰,晚法云林,已入清閟三昧,尤好绘黄山松石,人争宝之。"

康熙《歙县志·弘仁传》有记:"……周藩伯亮工购其遗画,虽片帧必收之。"

许楚《画偈·序》云:"遂尔称宗作祖。江表士流,获其一缣一箑,重于球璧。"

……

渐江之外,八大山人、石谿、石涛在当时不能说没有影响,只是他们的影响差之渐江甚远。八大山人的画当时只在南昌小有影响，且远不及罗牧。罗牧只长八大山人四岁，二人同居南昌，然追随罗牧的人十分众多，以罗牧为首形成了一个江西派，"江淮间亦有祖之者"（《国朝画征录》），追随八大山人的人寥寥无几。当然，这并不是说八大山人的艺术水准不如罗牧。到了乾隆年间，"八大名满天下"（《郑板桥集》165页），愈后则愈响。

石谿的影响，当时只在金陵和程正揆并称"二谿"。但石谿在金陵的影响，当时远不及七处和尚朱翰之，更有"金陵八家"，名气决不在"二谿"之下。

石涛到处结交名人，曾得到宣城梅清和娄东王原祁的赏识。王原祁并称"大江以南当推石涛为第一"。他两次接驾后，又去北京活动，和皇室贵族、公卿大臣打得火热，既为他们绘制新画，又为他们临摹古画，对跟随皇帝的辅国将军博尔都尤为亲近，石涛在京三年，努力作画，自谓："欲向皇家问赏心，好从宝绘论知遇。"但当康熙皇帝要绘制大型《南巡图》时，就没有看中石涛，乃是舍近在身边的石涛，而从千里之外请来了王石谷。这对石涛来说，不能不是一个重大的打击，石涛不得不离京而回到扬州[1]，靠卖画为生，他的画销路也似乎不是太好，所以，又靠磊石造园为生（参见《扬州画舫录》）。乾隆时，十分推崇石涛的郑板桥也不得不承认这样一个事实："石涛名不出吾扬州。"（《郑板桥集·题画》165页）

随着时间的推移，原来的情况发生了变化。石涛、八大的名声愈来愈高。乾隆时代，已死去的石涛在扬州就享有极高的声誉，具有扬州特色的画家（后世所谓"扬州八怪"者也）无不对石涛顶礼膜拜。当然，其时石涛的影响仍只限于扬州。清末民初，文坛大家，凡晓画者，无不

---

[1] 本文写毕，适遇美国密歇根大学武佩圣博士来访，他说石涛离京还有政治上的靠山失势的原因，所考详密可信。欲知其详，可向武先生请教，但武先生认为我所说的，因王石谷来京主持《南巡图》的绘制，石涛不得不离京，也是一个重要原因，也有道理。

对石涛推崇备致。近现代的画家尤甚，林纾《春觉斋论画》云："余论画，奇到济师而极，幽到石谿而极，二绝不能分高下也。"黄宾虹是近现代振兴山水画的大家，他仍然能清醒地认识到渐江画的价值，但对石涛评价也不低，他在《虹庐画谭》中云："清湘老人所画山水，屡变屡奇……全在墨法，力争上游。"齐白石《题大涤子画像》更云："下笔谁教泣鬼神，二千余载只斯僧。"傅抱石原名瑞麟，因崇拜石涛，连名字也改作"抱石"了，一般画家对石涛的称赞也就无所不用其极了。推崇石涛成为一代风气，这和清初只有王原祁一个人说石涛为"大江以南第一"完全不同了。

于是石涛以及八大山人的名声显赫，如日中天，石谿和石涛被并称为"二石"，亦不落后。"四僧"之中，只有原来声誉最高的渐江渐渐被人淡忘，甚至有人怀疑"推为云林，吾未敢论"（见陈遽《蝶野论画》）。渐江渐渐落在石涛等人之后。他的画只有少数深谙画史的专家和一些大鉴赏家能看得懂，在学问大家心目中仍然保持着崇高的地位。一般缺乏修养的人都无法欣赏，甚或妄加评议，认为当居四僧之末。甚至于以陈遽、罗家伦、傅抱石之高才，犹不能识渐江，况凡俗乎？

事实上，对近现代绘画的影响，也是石涛第一，八大山人以及石谿次之，渐江较小，和清初正相反，这当是人们审美观的变迁所决定的，并不是他们的成就所决定的。

渐江的画在清初名声最高，影响最大，石涛反之，何以到了现代却让位于石涛而居其末？值得深究。

（二）四僧画的静美和动美

中国明清时代的传统绘画讲求静穆作风和宽宏气度，讲求儒家"文质彬彬"和道家"外柔内刚"的静美，而对那些表现出猛烈气氛和外现力度感，尤其是显示出跃动、狂怪的情绪以及一切不太"文静"的绘画，皆不以为然，乃至视为浅躁和粗鄙。这一类画中，有一部分确粗躁浮浅，但也有一部分生机勃勃的画，显示出"动美"型，但却不为传统的文人所欣赏，甚至对"浑厚""刚劲"皆有所忌，王原祁就说要"化浑厚为潇洒，变刚劲为柔和"（《麓台画跋·题仿大痴笔》）。

当然，这种传统审美观是否正确，还当另议。

四僧中，八大山人、石涛、石谿的画皆属"动美型"。只有渐江的画最"静"。其静表现在很多方面，主要表现在笔墨上，他的画没有大片飞动的墨，没有粗拙跃动的笔（线），其线瘦削文静，虽貌似折铁，而实是用松蓬虚灵之笔轻而缓地写出，有时补上几笔实而刚的线，用笔亦稳重，而不似"动美型"绘画那样用笔飞走迟速，激奋跃动。渐江的画貌似平淡无奇，而实则内涵丰富蕴藉，和"动美型"的绘画相比，一是表现在外，一是深藏于内。渐江的画动势深藏于内，具有无穷的生命力，而外观平稳轻缓之状，犹如一儒将，不是拍马舞刀、吼声如雷地去杀人，而是手捻长髯，深谋远虑，在腹中计算去杀人，所谓"安居平五路"者也。所以，给人以"静"的感觉。其次，渐江的画构图"静"，我曾在很多文章中谈道和佛的关系时都说到：道和佛是一致的，不过佛比道更"过火"一些，道家主"静"，佛家主"净"，净比静更彻底。渐江画在经营位置上以净而现出的静感特强，他的画主要用线条空勾，几乎所有的山石都用大大小小的几何体组成，既没有过多的点染，更无拥挤热闹之状，每一块山石都有晶莹透明之感，显得十分清净，给人"静"的感受特深。

再次，渐江的画在境界中亦显示出特别的"静"，其画深山幽涧，层峦陡壑，竹岸荒浦，浩水长天，皆非人居。其诗云："空山无人，水流花开"，"山风时出涧，冷韵听柯竽"。画境如诗境，呈现出一派静如太古的气氛和逼人的冷韵，皆非寻常。

渐江画的"静美"根源在哪里？也是必须深入探讨的。众所周知，"风格即人"，艺术是艺术家精神的产品，是艺术家的意识形态，一个人的意识是看不见、摸不着的，但形之于某种"态"上（如书法、诗词、绘画等），便可窥视其人的意识。渐江画的静美，归根于他的静的意识和静的精神状态。

现存渐江的画大都是他36岁之后的作品。在这前一年，明清易祚，渐江曾在家乡奋起抗击入侵的清军，失败后，又去投奔当时称帝于福建的唐王朱聿键政权，不久明王朝彻底覆灭，复明的希望彻底破灭。渐江寒透了心，到了武夷山，皈依古航禅师，削发为僧，表示不与新统治者合作的决心。清王朝的统治渐渐稳固，渐江也目睹清王朝的强大，反抗自是无益，他又决不愿失节改志去到清王朝里求仕，于是他的心由冷而静，一切跃跃欲试的念头完全消失，"唯是道人偏爱懒"，"画禅诗癖足优游"（渐江诗）。既不反抗，又不求功名，于是他认真地逃禅养静作画，无欲无念，心境平静，所以他的笔下没有跃动的线条，也没有繁闹的笔墨。他的画所呈现出的"静美"正是他精神静、意识静的外化状态。

我在《渐江》[①]一书中曾说过，清初四僧中真正有一点禅心的只有渐江一人，渐江曾是一个爱国主义者，虽然后来他的爱国初衷未改，但并不十分激烈，毕竟渐渐地静下来了，真正地进入了禅的境地，且"生平畏见日边人"（《渐江资料集》）。石谿虽然也做了和尚，但至死保持他的气节，一生以明朝的忠臣自视，感情又易于暴发，且十分激烈，他"十年兵火十年病"，"老去不能忘故物"（石谿自题《山水册》）。当他得知老友熊开元去明孝陵时，首先关心的便是如何行礼。熊根据佛规回答："佛之道，君父拜之，于君父不拜。"石谿当即叱骂不休，直至熊认错，复去明孝陵磕头为止。性情暴躁一至于此，这都为禅、道"安于静""无怒无怨"的戒规所不容，石谿之出家为僧实际上只是为了避祸，他的心未尝有一日安静，他沸腾的热血未尝有一日冷静下来，所以他的画不可能太静。石谿画的技法来自王蒙，但精神状态全不似王蒙，王蒙用笔固然繁密，但总的显得文静柔润（世称牛毛皴）。石谿用笔繁闹，但显得老辣苍浑，画面上有一种烦躁和怒郁的气氛。程正揆在

---

① 此书已由北京人民美术出版社出版。

　　清 石涛 山水清音图轴 纸本墨笔，103cm×42.5cm，上海博物院藏。

　　石涛（1640～约1718年），俗姓朱，名若极，小字阿长，法名原济，亦作元济，号涛，又号大涤子、苦瓜和尚、瞎尊者、清湘老人等，广西桂林籍。石涛是遗民画家中自我派的代表，他的绘画实践乃是他的绘画理论之体现，他的《画语录》对后世影响极大。此图是石涛苍劲清雅的一路画风，用浓淡而有变化的线条勾写，墨气淋漓，层次丰富。他这一类画数量最多，艺术水平也最高。

《题画记》中说："石公作画如龙行空，虎踞岩，草木风雷，自先变动，光怪百出，奇哉。"正道出石谿画的"动美型"。石谿和程正揆（号青谿）并称"二谿"，时谓石谿画"粗服乱头，如王孟津书法，"青谿画"冰肌玉骨，如董华亭书法"。（为周亮工题《程正揆山水册页》），甚至有人把青谿评在石谿之上者，笪重光《江上画跋》即云："本朝画法，必以青谿为第一。"但现在看来，青谿画是远远不及石谿的，就是因为青谿画略有一些静气，所以当时被抬得很高。"二谿"画在当时齐名，至今日，又相距甚远，石谿名位益高，青谿几乎被人忘却，也是由于明清至今的审美变迁之故。

八大山人于明亡后，悲愤痛苦已极，其友邵长蘅《八大山人传》记云："山人胸次汩淳郁结，别有不能自解之故，如巨石窒泉，如湿絮之遏火，无可如何，乃忽狂忽暗，隐约玩世。"陈鼎《八大山人传》云："初则伏地呜咽，已而仰天大笑，笑已忽趎跹踊跃，叫号痛哭，或鼓腹高歌，或混舞于市，一日之间，癫态百出。"他时时思念大明王朝，在诗中多有流露。他对清王朝恨之入骨，恨不得一脚踢翻它，因而后来竟以"驴"为号①。八大山人书画虽皆出于董其昌，然绝无董氏之古雅秀润感，因为他没有董氏那样悠闲自足的心情。他笔下的鱼翻白眼、鸟睁怒目，求生不得生、求死不得死的痛苦煎熬之状，正是他本人心境的结晶。他画中激愤的笔墨正是他激愤情绪的流露。八大的精神状态一直是不平静的，他的思想一直在作强烈的波动，哭之，笑之，因而，他的画动势很强，乃是典型的"动美型"。

石涛的画风格多样，但"动美"乃是他作品的主流和特色。石涛一生到处云游，忽行忽止，他的思想有时平静（尤其是自北京还扬州之后），但主要阶段一直是不平静的。他两次接驾，口呼万岁，又去北京和达官贵人厮混，企图得到皇家的赏识，去干一番出人头地的大事业，

---

① 详见拙作《八大山人"驴"号臆释》，载《八大山人研究》，江西人民出版社1986年版。

最终失败，临死前还苦心经营生圹。他的思想复杂极了，有痛苦、有快乐、有清高、有庸俗、有耿介、有狡黠，有空幻遁世，也有八方经营，有呼风唤雨、不择手段，也有卑躬屈节、随人俯仰。这正是他的画纵横排奡、腾挪跳跃，"奇变狡狯，无所不有矣"（何绍基语）。邵松年在《古缘萃录》中总结石涛的画："笔情纵恣，脱尽恒蹊。有时极平常之景，经老人画出，便觉古厚绝伦，有时有意为之，尤奇辟非人间所有。有时排奡纵横，专以奔放取胜，有时细点密皴，转以枯淡见长，昔人谓其每成一画，与古人相合，推其功力之深，吾则谓其一生郁勃之气，无所发泄，一寄于诗书画，故有时如嶅然长啸，有时若戚然长鸣，无不于笔墨中寓之。"其画正如其人。黄宾虹更说他："天子呼名，将军长揖，图成百美，花写四时……本未儒服，偶亦黄冠，和光同尘，不甘岑寂。"

石涛的画代表着清初奋发向上的精神和一部分士人不甘寂寞通过各种门径求功心切的情绪，因而他的画不仅"动"到了极点，而且也"变"到了极点，不仅生气勃勃，而且奇恣多变，和八大山人一味的奇僻郁怒又有所不同。

（三）传统审美观

前面讲过，传统中国画讲求静穆作风和宽宏气度，讲求儒家"文质彬彬"和道家"外柔内刚"的"静美"。明末文人一致定下的标准，诗文书画，以柔淡为尚，以静为美。诗崇陶渊明，自宋苏东坡至元倪云林再至明董其昌，一代胜似一代。董其昌宣扬"南北宗论"，实际上就是号召画家以柔淡为尚的，以"南宗"画为榜样。南宗画家自王维、董、巨、二米、"元四家"，皆是以柔弱的线条为之。沈周是文征明的老师，其画，生气过于文征明而地位似乎略逊于文，人称"文沈"，就是因为文的画柔且静略胜于沈，至董其昌正面追求柔、媚和古、雅、秀、润，其效果就是"静美"，他的画乃是"静美型"的顶点，再向

清　石涛　山窗研读图轴　纸本墨笔，200.7cm×67.2cm. 现藏上海博物馆。
石涛的画法多变，风格多样，他的画乃得大自然的真实感受，这是他山水画生动的原因之一。

前，柔的发展是弱，静的发展是死。他的继承者——"四王"的画就是明证。明人对"柔"已习惯了，清人在理论上又特别强调"静"，笪重光《画筌》有云："山川之气本静，笔躁动而静气不生，林泉之姿本幽，墨粗疏则幽姿顿减。"王石谷、恽寿平在此语后评曰："画至神妙处，必有静气，盖扫尽纵横余习……画至于静，其登峰矣乎。"

崇尚柔、静，至明、清二代到了顶点。这正是明清的时代精神进而成为明清士人们的集体意识，士人们的意识又加速了这个社会由柔变弱，由静至死，封建社会不久就奄奄一息了。

明末的绘画有生气者就不多，清代绘画更是以僵死沉闷著称，这正是时代的象征。只有明清之际，被称为"天崩地解"的时代，封建社会作了最后一次振动，这一振，产生了有生气的"四僧"和他们的绘画。

艺术是时代灵魂，是时代的折射镜，历代艺术皆能证明这一问题。唐代以"安史之乱"为分界，之前是中国封建社会的上升阶段，之后是封建社会的下落阶段。物体上升需要力量支持，社会上升也需要各种力量支持，封建社会处于上升阶段，人们欣赏有力度感、壮美感的美，因而"天付劲毫"的吴道子作画"观其壮气""立笔挥扫、势若风旋""笔所未到气已吞"，他的画大气磅礴，具有阳刚的美，所以被当时人视为"画圣"，具有柔淡感呈阴柔美的王维画尚不被重视。到了宋代，疆土变小，国力变弱，人们的意识形态皆有所变，于是具有柔淡感呈阴柔美的王维画开始受到人们的重视（苏东坡和《宣和画谱》的作者皆把王维推崇到最高的地位），吴道子的地位渐渐下降。淡柔的观念在人们心目中愈来愈高，但因传统的习惯，阳刚的美还没有正面遭到排斥。然而，凡具有激烈情绪、动荡气势的作品，已被人视为"众工之事"和"粗鄙"，因为它外现力度感。倪云林的画之所以在明清备受尊崇，就是因为它轻柔静谧，古淡天然。到了董其昌时代，封建社会已由下坡时入了末期，物体下降时不需要任何力量支持，社会亦然。所以，凡有力度感的形式一律遭到排斥，阳刚美彻底让位于阴柔美，人们崇柔、崇弱、崇静、崇寂。柔、弱、静、寂，本来皆是老、庄所宣扬的中心，但老、庄所宣扬的柔、弱、静、寂，乃是一种表面的状态，其根本和目的都是要达到它的反面更超越之。比如《庄子》一书中所宣扬的柔，实是内蕴着无限的力量和不可一世的气势，且是以"克刚"为柔的目的。《庄子》第一篇谈的是"逍遥游"，其游固然逍遥，然"怒而飞，其翼若垂天之云"，其大"不知其几千里也"，其背"不知其几千里也"，"鹏之徙于南冥也，水击三千里，抟扶摇而上者九万里"。这是何等的气势，何等的力量。他要"乘云气，御飞龙，而游乎四海之外"，没有十分伟大的内力是无法实现的。《老子》曰："柔弱者胜刚强""柔弱处上""宁柔曰强""天下之至柔，驰骋天下之至坚""天下莫柔弱于水，而攻坚强者莫之能胜"。因之，老庄的柔是为了强，为了"处上"，为了能攻"坚强"，"至柔"为了"至坚"。老庄的"无为"也是为了达到其反面"无不为"。"静"也是为了涵纳万物，"水静犹明，而况精神？圣人之心静乎，天地之鉴也，万物之镜也。夫虚静恬淡，寂寞无为者，万物之本也……夫明白于天地之德者，此之谓大本大宗，与天和者也"（《庄子·天道》）。"正则静，静则明，明则虚，虚则无，无则无为而无不为也。"（《庄子·庚桑楚》）老、庄的哲学曾风靡于六朝，六朝人读老、庄，谈老、庄，以庄学的精神投向自然、亲近自然，然未尝失却庄学的至大至刚之基底和内蕴。嵇康学庄，敢于"非汤武而薄周孔"，敢于嘲弄贵公子钟会至遭杀身之祸而不惜。阮籍学庄，敢于装醉而拒绝帝王的拉拢，敢于白眼视俗物，敢于长叹"时无英雄，遂使竖子成名"。直至唐代的李白学庄，仍不失为豪迈气概和傲岸作风，他的作品却不曾有柔媚之气。

封建社会到明清阶段，已经行将就木。士人们的精神空虚，无所适从，庄学又一次成为士人们的特别需要，又一次盛行，有类于六朝①。人们欣赏柔、弱、静、寂的形式，但已失却了六朝时代所能保存的庄学之内核本质、柔静外状下所内蕴的无穷力量。所以六朝的绘画虽然是"春蚕吐丝"式的柔，然而其宽缓气度和充实的内蕴，没有软弱和死寂的感觉。而明清时代的画，柔变成了软弱无力，静变成了死而无生气，这并不是画家有意追求软而无力和死寂，而是整个时代精神使然。

柔、弱、静、寂成为一代审美意识，画家们就不敢超越它，只能处处紧守。当时的画论对刚硬的线条、激烈的笔墨深恶痛绝，动辄便大骂不休，认为是"斯文扫地""躁硬""悉习""日就狐禅"，在董其昌之前的何良俊尤称这类画"虽用以揩抹，犹惧辱吾之几榻也"（《四友斋丛说》卷二十九）。画家们作画生怕"躁硬"，沾染"悉习"，拼命追求柔而静的精神状态，但因人的心境不能彻底地静，心手不能相应，所以作出画来，总不能真正地静，便以临摹前人的作品企图达到表现自己心声的目的，结果只能得到一个僵死的躯壳，所以，他们的画不是静，而是死，更无美可谈了。

---

① 详见拙作《谈清初山水画的"返祖"》，载《艺苑》1986年4期。

渐江的心真正地静下来了，但静而不死，他早年读五经，事举子业，积极进取；明清易祚，他早年"忠君"的儒家思想决定他不能去清朝求仕。于是便把自己的生命投入绘画，他的诗云："倪迂中岁具奇情，散产之余画始成。我已无家宜困学，悠悠难免负平生。"（《渐江资料集·画偈》）可知他虽然出了家，不去积极求仕，也不去积极地作无益的反抗，即静了下来，但静的下面还有积极的成分，他不愿负却平生，因而他的画，在静态下面，还可以看出他顽强的生命力，在静的下面还压抑着铮铮的铁力和曾经有过的反抗精神。因而，渐江的画绝无软和死的感觉。《爱日吟庐书画续录》卷三记渐江《黄海松石》有云："其崛强拗怒，偃蹇盘空，真是生龙活虎，宜得其气而生也，……直令观者如登黄山接筍峰，听惊涛澎也。"

清人极力地反对"笔躁动""墨粗疏"，树立了"画至于静，其登峰矣乎"的最高美学标准。因而不仅在"四僧"中，即在整个清初画坛，渐江自是佼佼者。所以，他在当时能享有那样高的声誉，乃至于"江南人以有无定雅俗"，也就很易理解了。

至于其他三僧画，毋容讳言，在静气方面，自是不及渐江。

如果把"静"作为绘画的最高美学标准能够成立的话，那么，在全部绘画史中，除了倪云林外，也无人能超过渐江，渐江的画静到使人感到一股寒意，清代画家的画，有静意者不少，然其静中皆有一股温暖感（严重者即近于媚俗），其静则不纯不彻。

（四）传统审美观的变迁

龚自珍诗中的名句"万马齐喑究可哀"，确实是当时中国的写照，"万马齐喑"可谓静也，但却没有生气，几乎于死。柔而弱，长期下去，也接近于死。但整个世界并不柔和静，而是大动荡、大竞争、大速度的发展。别人在动，我们在静，别人主强，我们主柔（实弱），强食弱肉，列强开始向柔弱者开刀，他们用大炮打开了中国的大门，我们依旧在柔弱、静寂。静寂导致默默忍受、割地，任人宰割，任人蹂躏。然而，这仍不能满足列强的贪欲，它们要彻底瓜分中国，吞噬中国，在这紧要关头，中国人终于觉醒了，再也不能继续柔弱，再不能继续静寂，再也不能半死不活地在那儿"读义理书、学法帖字、澄心静坐、益友清淡、小酌半醺、浇花种草、听琴玩鹤、焚香煮茶、泛舟观山、寓意奕棋"（美国佛格博物馆藏"丁亥阳月录明人语　则"条幅）。否则，就要被吞噬、被淘汰，就要亡国灭种。强存弱亡，而中国的生死存亡的关键在于民族意识的改变，是静坐以待毙，还是奋发以求生。于是不堪灭亡的中国人激奋了，怒吼了——动起来了。从鸦片战争、太平天国运动、中法战争、中日战争、戊戌运动、义和团运动，直至辛亥革命，民族意识一步一步地在改变，中华民族不能再静寂了，更不能再柔性了，而是要动、要激荡、要奋力向上。

民族意识决定审美标准，"四王"式的太萎靡柔弱，倪云林式的太清淡萧疏，"马夏式"的太刚猛易折，缺乏韧性，米芾式的太率易。简言之，"北宗"式的精细刚脆、"南宗"式的柔淡清润，皆不符合这个天翻地覆的时代。这个时代需要雷霆万钧之势来驱除列强，扫荡黑暗势力，因而需要的是吴道子式的磅礴大气和"天付劲毫"，需要的是梁楷式的天风海雨逼人气氛，需要的是石涛"没天没地当头劈面"式的纵横排奡，于是画坛的偶像"四王"被推翻了，代之而起的是"四僧"。

"四僧"的画皆是有生命力的。但只有渐江的画静到发冷的地步，它固然是高尚的、纯洁的、幽僻的、高人逸士式的，但缺乏革命的野性。袁启旭（清康熙三十五年卒）题渐江《如见斯人山水册》云："阅渐公画，不问为何人，知其为高流静士胸无纤尘者。清泉白石，一往情深。吾延陵宝之也固宜。"（《渐江资料集》1984年版104页）吴肃公跋云："渐公高士逃禅……予不谙画法，爱其闲静简远，如对幽人，如聆禅悦。"（同上）所评确为公论。但这种画在那种轰轰烈烈的时代，却大有不合时宜之憾。所以，渐江的画渐渐被人忘淡。人们对它的兴趣远远不及石涛了。随着时间的推移，社会的变迁，大部分人的思想与古

清 髡残 苍翠凌天图轴 纸本墨笔淡色，85cm×40.5cm，南京博物院藏。

髡残(1612～1671年后)，俗姓刘，出家后法名髡残，字介邱，号石谿，又号白秃等，湖广武陵（今湖南省常德县）人：他是遗民画家，明亡时，他已30岁，曾奋起反抗清军，失败后出家。石谿的血气、豪气和勤奋在他的画中皆有表现，其画以老辣、苍健见胜。此图是其苍而辣的作品之典型。

人大差庭径，具有冰冷清逸思想的高流静士型人物渐少，人们不择手段地追逐热闹，向往轰轰烈烈，所以，渐江的画很难恢复原来那样众多的观众。石涛的画确有革命性，他敢于蔑视古法，敢于对抗时流，敢于强调自我，高呼"一画之法，乃自我立"，"我自发我之肺腑，揭我之须眉"（以上见《画语录》），"我自用我法"，"此道见地透脱，直须放笔直扫"，"古人未立法之前，不知古人法何法？古人既立法之后，便不容今人出古法。千百年来，遂使今之人，不能出一头地也，冤哉"，"万点恶墨，恼杀米颠，几丝柔痕，笑倒北苑"（以上题画）。如前所述，他的画"笔情纵恣，脱尽恒蹊"，"有时排纂纵横，专以奔放取胜"，"奇变狡狯，无所不有"，自言："有没大没地当头劈面点，有千岩万壑明净无一点。"有时为了达到某种效果，竟不择手段。总之，他的画具有奋发向上的勃勃生机，具有革命的野性，这正符合当时人们的审美需要，对整个社会去柔求强，略静求动的思想也起到一定的鼓动作用。后来不甘寂寞，寻求各种门径，望图出人头地的人士多了，对石涛画的美的形式和精神欣赏不已的人也就不衰。雍乾时代，扬州因盐商打下的基础成为繁华闹市，各种商业竞争，生气勃勃，石涛就特受尊崇，惜仅其一地而已。近现代，石涛的影响风靡一世，皆因时代风气使然。八大山人的画还有一种受压抑之感，一种不平之气和含愤沉怒、郁结嫉俗之志，颇能和一部分画家共鸣。所以，也有人认为"四僧"中八大的艺术最高。

石谿的画苍厚老辣，表现出一个血性汉子的率直、厚道、痛快和刚猛的性格，所以，也有人说"四僧"中，实际上石谿最高。见仁见智，皆可以理解。

（五）结论

清初，四僧中以渐江影响最大，近现代，以石涛影响最大，渐江逊之，皆因时代精神的变化引起人们审美观变迁的结果。

　　画家因自己的性格和修养不同，各有偏好，喜渐喜石，或拒渐拒石，本无可非议。欣赏者因时代意识的影响，喜静喜动，好渐好石，亦无可奈何，然美术史家把美术史作为一种科学进行研究时，必须作出一种公正的结论。贬石褒石，皆是一种偏见。正确的评论：渐江的画属于"静美型"，石涛、八大、石谿的画属"动美型"。

　　静美和动美是两种不同美的形式，"动美型"的绘画艺术犹如古典小说中的典型张飞、李逵，"静美型"的绘画则犹如孔明、岳飞、宋江，率猛、儒雅，环肥、燕瘦，各具其美。

　　古代鉴赏家把最高的艺术品定为逸品。渐江的画就被列为逸品（见《桐阴论画》）。而认为那些具有刚性的线条、猛烈的大斧劈皴之类，具有强烈情绪的绘画不入品，如继承"北宗"马、夏传统的浙派画。石涛、石谿、八大山人的绘画虽然具有激烈的情绪，但和"北宗"的绘画根本不同（此处恕不多辨），所以，历来都没有人非议，只是评价的高度有时不同。今天，我们如果把他们的画也定品的话，当然也应该列入"逸品"。但二者还应有所区别。

　　渐江的画应为"高逸"，石涛、石谿、八大的画应为"放逸"。

　　关于高逸和放逸，我还要专门写一篇文章加以论述，这里仅作提示。"高逸"的画一般说近于"静美型"，"放逸"的画一般说近于"动美型"。

1987年3月写于美国堪萨斯大学

1987年6月病中定稿于南京师范大学

（载《美术史论》1989年3期）

五、徽商与新安画派

　　渐江从杭州返回徽州，其绘画艺术的巨大成功，以及新安画派的兴起，都与徽商的赞助有关。因而必须弄清徽商与以渐江为首的新安画派之关系，才能解决渐江研究中的很多问题。

　　在古代，笼统地论，印象地看，画家被视为雅，商人被目为俗。然而，认真考察，这一对冤家却是不可分的，正如莲之"出污泥而不染"，实则正因为有泥之污，才有莲之纯洁艳丽。

　　明代以降，因商业、手工业的发展，城市发展，人口增多，地区性的画派兴起，雅的画即正基于"俗"的商，而商业发展了，绘画艺术也必然跟着发展。某一地区商业十分发展，其绘画艺术也随着十分发展。反之，商业经济衰落了，绘画艺术也就随之衰落了，甚至大批商人转移到另一地，绘画艺术也就随之转移至另一地。

　　本文且就徽商的兴盛带动徽地文化事业和新安画派的兴盛作一论述。

（一）

　　以渐江为首形成了一个新安画派。新安画派中的众多画家，在当时和后世皆极受世人注目。收藏家以无他们的画为"恨事"，"江南人以

清 查士标 花鸟图

查士标（1615~1698年），字二瞻，号梅壑道人等，海阳（今安徽休宁）人。查是"新安四大家"之一，他对扬州画派的形成具有很重要的作用。曾寓居扬州数年，且又死在扬州，其花鸟画为"扬州八怪"之师，此图可见端倪。

有无定雅俗"。三百年后，学术界又一次认识到渐江及其画派的重大价值，渐江和新安画派的影响已波及全世界，世界上很多文化发达的国家都有专门研究渐江和新安画派的专家、学者、教授和博士，国外还成立了专门研究机构。渐江的故乡安徽省在渐江逝世320周年的1984年，曾集国内外三百多名学者，举办盛大活动，纪念这位伟大的画家。

但新安画派的形成以及画风成就等等，正是徽州商业经济兴起和发展的结果。

南宋之前，乃至于元代，徽州一地无甚文化，更谈不上被称为"文之极也"的绘画。新安文化的发达是在新安商业发达之后的事。

新安是郡名，汉属丹阳郡地，三国时吴国分置新都郡，晋太康元年改名新安郡，南朝宋齐因之。至隋代移治安徽歙县，唐肃宗时称歙州，宋宣和三年改成徽州。从此，这块地方就叠称新安和徽州。徽是美的意思，这里有天下称美的黄山，谚云："五岳归来不观山，黄山归来不观岳。"大旅行家徐霞客登黄山惊叹曰："登黄山天下无山，观止矣。"历代大文人对新安风光十分醉心，流连忘返，并留下大量诗句。可是，这里的居民曾经是十分贫困的。南宋罗愿编纂的《新安志》，其卷一《州郡·风俗》篇记这里"山限埂隔，民不染他俗，勤于山伐，能寒

暑，恶衣食。女子正洁不淫佚，虽饥岁不鬻妻子。山谷民衣冠至百年不
变。自唐末赋不属天子，骤增之民，则益贫。"新安地处僻塞，土少人
多，又以农业为主，自然很贫困，唐末人口大增，就更加贫困。贫极则
思变，其实新安的山岗林木河流，大有可为，他们完全可以大量地伐木
砍竹，采叶为茶，运往外地，高价出售。但在北宋前，这里经商之风尚
不普遍。虽然很多学者认为徽商始于东晋，然却无可靠资料使人信服。
《中国史研究》1980年第3期《试论徽州商人资本的形成与发展》一文，
用力甚勤，影响较大。然谓"徽商的兴起早在东晋时期"其惟一的根据
是《晋书·五行志》中谈征兆的一则事例：司马晞"宴会辄令娼妓作新
安歌舞离别之辞，其声悲切"。其实《晋书》出于唐人之手，其所依据
的资料是《世说新语·黜免第二十八》："桓宣武既废太宰父子。……
太宰父子，远徙新安。"刘孝标在此条下注云："司马晞传曰：晞字
道升，元帝第四子，初封武陵王，拜太宰。少不好学，尚武凶恣……
太宗即位，新蔡王晃首辞，引与晞及子综谋逆。有司奏晞等斩刑，诏
原之，徙新安。晞未败，四五年中，喜为挽歌，自摇大铃，使左右习
和之。又燕会，使人（按景宋本作：倡伎）作新安人歌舞离别之辞，其
声甚悲，后果徙新安。""新安人歌舞离别之辞"是不是就是商人或为
商人外出之辞，尚不是惟一的推论结果。即使是，也不能说明东晋时代
新安已有大量的商人，因为至唐末，这里民"益贫"。徽商不是指一两
个徽州的商人，而是指徽人经商成帮、成风，以经商为主，如此，这里
则不会"益贫"。"益贫"则说明其地商业不发达，而且愈是贫者愈是
安土重迁。就在上引《新安志》的"骤增之民，则益贫"下，罗愿接着
记到："然力作重迁，犹愈于他郡。"不过贫到无法生存之时，就要发
生变化。"此年多徙舒、池，无为界中。歙为负郭县，其民之弊，好委
人事，泥葬陇，卜穸至择吉岁，市井列屋，犹稍哆其门，以素吉向。休
宁俗，亟多学者，山出美材（木、竹等），岁联为桴下浙河（即浙江，
自新安至浙江入海），往者多取富。"南宋出现了变化，一是消极的办
法，向附近迁徙，一是积极的办法，出外做生意。

南宋和议之后，宋金息兵，南宋小朝廷一时出现了富裕状态，加之人口骤增，临安城内大兴土木，兴造官府私第，需要大量的竹木，新安的浙江（浙河）是通往临安的，有人砍伐山中竹木，编排为桴，顺流而下，然后拆桴出售，取利而回。贫极之民，不畏艰险，纷纷联桴下浙河，靠苦力砍竹伐木，靠苦力运输，加之有山林之源，水道之便，竟然取富而归，这便是徽商之始。尔后，新安人不但卖竹木，也卖茶叶等等，世面见多了，什么生意皆做。比如最赚钱的盐运业就是徽商经营的最主要之业。但南宋只是徽人经商之始，尚不十分普遍，且以离新安江最近的休宁、歙县为主。南宋端平年间李以申《新安续志》记云："六县（指当时徽州六县休宁、歙县、祁门、黟县、绩溪、婺源）山垠限隔，俗或不同。歙附郭，其俗与休宁近，读书力田，间事商贾。"（转引自《徽州府志》）

清　汪之端　山水轴　纸本墨笔，79cm×52cm，故宫博物院藏。

汪之瑞，字无瑞，号乘槎，安徽休宁人，"新安四大家"之一。最能代表汪突出风格并和渐江等新安画有相同之处的绘画，乃是他的极简而淡的山水，简到只一根线勾出一个岗，三五笔一株树，没有大片的墨，也无浓密的皴。

　　必须注意的是，徽州人并非天生善于经商，一是地少人多，从事农业，无法生存，不得不出外谋生；二是有从事商业的途径和社会条件。明末抗清英雄金声曾给朋友说过："郡邑处万山，如鼠在穴，土瘠田狭，能以生业著于地者，什不获一。苟而家食，则可立而视其死。其势不得不散而求衣食于四方。于是乎移民而出，非生而善贾也。"（《金忠节公文集》卷四《书与徐按台》）

　　元代的民族政策压制了汉人的商业经济发展，徽人经商仍未能蔚然成风，乃至于一度中止。元末天下大乱，徽州商人乘机而起，横行天下。徽州的几个巨商皆起于元末明初，如《休宁率东程氏家谱》记："宗一公，讳维宗，字明德，号仁叟（1332～1413年）……年十九，尝一一赴乡试，不捷而归……既而遭时革运，无复荣念，从事商贾。货利之获，多出望外，以一获十者常有之，若有神助，不知所以然者，由是家业大兴。"其他如歙县巨商吴氏、王氏，休宁县巨商曹氏、孙氏皆起于元末明初。"天下碌碌，都为利来"。骤增的"益贫"之民，正在寻找出路，经商成功之路在先，以一带十，以十带百。到了明代中期，徽人经商成风，足迹遍及全国各地，从事农业生产的所谓"力田"者就少了。明弘治元年的《休宁县志》记云："治在万山间，愿隰坟衍之地少，居窄民稠，民鲜力田，而多货殖。"（转引嘉靖刻本《休宁县志》）明代文坛"后七子"之首王世贞《弇州山人四部稿》卷六十一《赠程君五十序》有云："大抵徽俗，人十三在邑，十七在天下。其著聚则十一在内，十九在外。"徽商兴起，其势甚大，屡见于各种文献之中。《徽州府志》谓："徽之山大抵居十之五，民鲜田畴，以货殖为恒产。春日持余资出贸什一之利，为一岁计，冬月怀归，有数岁一归者。上贾……中贾……小贾……而贾之名擅海内。"万历《休宁县志》卷一《风俗》记云："概邑中土不给食，大多以货殖为恒产。商贾之最大者举醝，次则权母之轻重而修息之，千百中不一二焉，其余借怀轻资，编游都会……诡而海岛，深而沙漠，足迹几半宇内。"

　　《歙志》更云："今之所谓都会者，则大之而为两京、江、浙、闽、广诸省，次之苏、松、淮、扬诸府，临清、济宁诸州，仪真、芜湖诸县，瓜州、景德诸商……故邑之贾，岂惟如上所称大都会者皆有之，即山陬、海壖，孤村僻埂，亦不无吾邑之人。”

徽商遍及宇内，且大至都会，小至孤村僻埂，无不有之，故有“无徽不成镇”之说。

明末著名学者顾炎武在《天下郡国利病书》卷三十二中收有《歙县风土论》一文，其中有云："……寻至正德末、嘉靖初，则稍异矣，商贾既多，土田不重，操资交换，起落不常。能者方成，拙者乃毁，东家已富，西家自贫，高下失均，锱铢共竞。互相凌夺，各自张皇，于是诈伪萌矣，讦争起矣……迨至嘉靖末、隆庆间，则尤异矣，末富居多，本富益少。"作者虽然是出于对当时风气的忧虑，但道出了"末富（商人）居多，本富益少"的事实。徽商起于南宋，但尚未在徽地蔚然成风，因之它尚不能改变徽地的经济面貌。徽商正式发迹于元末明初，大盛于明代中期，遂在中国经济生活中占有极其重要的地位。

乾隆皇帝下江南时，接见全国八大巨商，其中一半是徽商。

徽商名振天下，一时成为巨富的代名词和典范，小说中的巨富人物，多冠以徽州人士某某，如《杜十娘怒沉百宝箱》中那位夺取杜十娘的巨商孙富，书中特别指出他是徽州盐商。蔡羽《辽阳海神传》，凌濛初《二刻拍案惊奇》卷三十七中据以改作的"叠居奇程客得助，三救厄海神显灵"，其中主要人物程宰，在辽阳经商至巨富者，书中也特指出："程宰士贤者，徽人也。"

（二）

后来，徽州的巨商们不是从事竹木茶叶贩卖，而大都从事有巨利可图的水产业，开辟盐场。由全国各地聚集在扬州的盐商中，徽商就占一半以上。他们的财产积累有百万两银子，那些有二三十万两银子资产的商人只能算作中等商人（参阅谢肇淛《五杂俎》）。徽商的巨富是不难想见的，各文献也不乏记载，比如"万历盛时，资本在广陵者不啻三千万两，每年子息可生九百万两"。当然这只是一小部分徽商和秦、晋商人在广陵（扬州）的钱（《野议·盐政议》，转引自《中山大学学报》1983年1期，叶显恩《徽商利润的封建化与资本主义萌芽》），可当时全国税收总数不过一千多万两。"汪文德……乙酉，大（清）兵南下，德率弟健诣豫王军前，以金三十万犒师，且请曰：乞王勿杀无辜"（康熙《祁门县志》卷四《教义》）。一个人一次送给清军三十万金，其富可知矣。据《淮鹾备要》卷一记，后来扬州业盐的山西和徽州商人资本约七八千万两（仅在扬州的部分），而康乾盛世时国库存银至多也不过七千万两。徽商中一部分财产便足可敌国了。再如《新安黄氏会通谱·黄处士仲荣公墓志铭》："以墨池交结天下士，见者谓其有元龙气象。不数年得缠十万贯矣。遂归之，志不再出。顾旧庐隘陋，莫容家众，撤而新之，计三百余楹，匾其堂曰：大隐。旁辟一轩为燕息之所，凿渠引流，栽花植竹，日与二三老徜徉其间，或论文，或抚琴，且夕无倦容。"本来一个贫困的地区，例如原仅百户的歙县镇"巨室云集，百堵皆兴，比屋鳞次，无尺土之隙"，"舆马辐辏，冠盖丽都"（引自《岩镇志草·发凡》），由贫瘠之极变为繁荣之极。

徽商的经济地位稳固了，他们一年所赚的钱，足当一世挥霍。但他们的社会地位并不高，商人是居四民之末的，故其富者被称为"末富"（地主被称为本富），比起"席上珍"的儒者是大为逊色的。他们要向士大夫阶层靠近，要向官僚阶层靠近。但他们惟一的资本，也是最大的资本，就是钱。不过，有了钱，一切事也都好办。据《休宁县志》所记，本来这里"俗尚俭啬，而务蓄积"，这是他们成为巨富的因素之一。但明代中期之后的徽商却极为奢侈，楼台妓馆，犬马声色，挥金如土（参见《五杂俎》）。这些形式上的贵族化，仍不能使他们靠近士大夫和官僚阶层。

徽商们采取了两方面的措施。

其一是叫自己的子孙事儒学，从举子业。有雄厚的经济为基础，改观大有可为，他们花钱延请名师大儒教育子孙，并捐款兴办各类社学、书院、县塾，"十户之村，不废诵读"，"远山深谷，居民之处，莫不有学有师"。于是乎，在经济的高潮到来之后，接着便出现了一个文化高潮。新安由原来文化十分落后的状态一下跃居全国的首位，考中状元进士的人数，仅次于历史上的苏州（苏州地区人口多，新安地区人口较少，如按人口比例，新安考中状元进士的人数一时间应占全国的首位）。

新安还出现了"父子尚书""兄弟丞相""连科三殿撰，十里四翰林""新安画派""新安医派"……乾嘉学派的代表人物戴震，《资本论》中唯一的中国人、杰出的理财家王茂荫，名墨胡开文，名将兼戏曲家、散文家、诗人、五子之一汪道昆，新安四大画家渐江、汪之瑞、孙

清　戴本孝　烟鸿杳霭图轴　150.6cm×73.2cm，现藏苏州博物馆。

逸、查士标等等，直至近代陶行知、胡适、张曙、黄宾虹等等，皆是新安名人。还有"徽墨""徽戏""歙砚""徽派版画""徽派刻书业""徽派篆刻"等等，皆举世瞩目，各行各业在竞争中皆出现了名人奇士，一时压倒文人荟萃之地的三吴两浙。当时的文人，一提起徽州，皆惊叹不已，称之为"东南邹鲁"。张潮在《洪玉图歙问序》中记载的江、浙、皖文人盛会，就颇能见出徽州文士之盛，所记明代文坛魁首王世贞从江苏、浙江挑选一百多名文士，皆各擅一技，来到歙县，准备会同歙县文士一同游览黄山。歙县东道主汪道昆和王世贞齐名，又是同科进士，当时文人"不东之娄东，即西奔徙中"（娄东是王世贞的家乡，徙中即汪道昆在黄山的别业）。汪以黄山主人的身份，租借名园数处，接待来宾，每一位宾客皆有一两位文士作陪，而且是画家陪画家，书家对书家，诗人会诗人，琴师、棋手、篆刻、勘舆、星相、投壶、蹴鞠、剑槊、歌吹等等，皆一一伴对角技，江浙之士竟难以匹敌，皆十分惊叹，王世贞为歙地一邑之人才竟胜闻名于世的江浙二省群雄，江浙文士因之大为称赏，并十分折服。江、浙文化发达，是有历史根源的，而徽州在元代之前，几乎没有什么文化可言。在徽州的商业兴起之后，文化才猛地兴起，并超越江浙，汪道昆本人就出生于徽商（盐业）之家。

在徽州的各种文化事业中，最兴盛的还是绘画艺术。文化名人中最多的也是画家，丁云鹏、丁观鹏、程嘉燧、李永昌、李流芳、海阳四大家，直到清中期，扬州八怪中部分画家也是徽州人，清末则有虚谷，近代则有黄宾虹，数不胜数，皆一代名家。但从地方志和各种文献资料中查阅，在徽商兴起之前，还没见过这里有过像样的画家。就在徽商开始具有强大实力的时期，徽州开始有了绘画，不久，一大批画家也就开始崭露头角。其原因，将在下面披露。其二，"末富"们一方面培养自己的子孙，让他们做官，成为文士，自己跟着沾光；另一方面，还要马上提高自己的社会地位和社会声誉，于是开始附庸风雅，接近文士画家，收藏古玩字画便成为他们的拿手好戏。孟子曰："饱食、暖衣，逸居而无教，则近于禽兽。"（《孟子·滕文公上》）所以，中国人特别注重居处环境的文化装饰，以表示自己"有教"和异于禽兽。"画者，文之极也"（《画继》），附庸风雅之士，无不对画感兴趣。但古代名迹十分昂贵，缺乏巨大的财力者是不敢企望的，可这对于徽商却十分简单。徽商从何时开始购买字画，已不可具考，但可知此风大兴于汪道昆。汪虽出生于徽商之家，却自幼读书学文，进士及第，官至右侍郎，而且是颇有名的爱国将领，致仕后回家，隐居黄山，自称"天都外臣"。汪在京为官时就喜爱收藏古玩字画，此时兴趣尤浓，名人巨儒、高雅文士纷纷登门求观，引起徽商们的艳慕，于是纷纷效颦争相购买古玩字画。

文人是不愿和商人打交道的，但文人一是爱文，二是要生活。商人有钱，可以占有文艺品，可以资助文人，文人又离不开商人（新安画派、扬州八怪、松江画派等等，画家们皆依靠商人）。商人们购买了罕见的艺术品，迷恋于古代艺术珍品的画家文士们就不得不登门求见，著名画家渐江"闻晋唐宋元名迹，必谋一见"（见《渐江资料集》），其中主要是向商人谋见，渐江有很多朋友就是商人。得到渐江画最多的友人就是吴不炎，这位吴不炎便是商人。吴去扬州（想象是经商），渐江画《晓江风便图》以赠，吴不炎在画后跋云："渐公与代离老人贻予诗画颇夥。"程守跋云："渐公留不炎家特久，有山水之资，兼伊蒲之供，宜其每况益上也。此卷实吴子走邗沟时，渐公以代离赠也。"可知，渐江不但经常住在吴不炎家，且每出游山水，其资也由吴不炎出，平时生活也皆由吴供给（伊蒲之供）。吴不炎经商，又是大收藏家，家藏古代书法及宋元名画颇多，渐江也常在他家中看画。为了报答吴不炎，渐江常为吴不炎作画，且所赠多为精品。渐江去庐山途中还为吴不炎作画，下庐山回歙时，吴不炎又为之接风，展观家藏古代法书及宋元名画，又陪之坐舟游石淙。文士们，有的成为商人的座上客，有的为商人歌功颂德，所以，商人们也就渐渐"斯文"起来。商人和文人互相需要，乃至成为不可分割的一体（商人们占有文化遗产，文人们要利用这些文化遗产），有的商人也就成为文人，如吴其贞，有的文人也兼为商人，如詹景凤。

一时间，徽商收购古玩字画成风，徽人常以收藏古玩字画的多寡、有无定其雅俗，徽人《书画记》云："昔我徽之盛，莫如休、歙二县，而雅、俗之分，在于古玩之有无，故不惜重价争而收入。"其风愈演愈烈。吴其贞所著《书画记》就是一个收藏活动的记录，其中谈到徽人定期于集市寺观等地举行古玩字画的交易活动等事。

徽商们收藏"元四家"、赵孟頫等元代大家，李、刘、马、夏等南宋大家，李成、范宽、王诜、郭熙等北宋大家，荆浩、关仝、董源、巨然等五代大家，直至唐代王维等人的精品绘画，不计其数。现存的一幅李唐名画《晋文公复国图》长卷（藏美国大都会美术馆）就曾经是歙县吴氏（徽州巨商）物。我国惟一的一幅北宋翟院深的画《雪山归猎图》）也是歙县商人在苏浙经商时购回的，收藏在新安故里，此图至今仍藏在歙县博物馆。现藏日本的王维名画《江山雪霁图》，北京故宫博物院赵孟頫的名作《水村图》，以及北京、台湾两故宫博物院和上海、南京、辽宁等博物馆院所藏的宋元明画中，可见到经过徽商收藏的作品十分多。尤其是元代大家倪瓒（云林）的作品，如名迹《幽涧寒松》《东冈草堂》《汀村遥岭》《紫芝山房》（现在台湾）、与王绎合作的《杨竹西小像》等等众多作品，皆经过徽商的收藏，因为其他买主是不敢和具有雄厚金钱基础的徽商们并驾"逐鹿"的。徽商们的收藏可谓富可敌国了。

徽商同时也收藏当代画家的绘画作品。这在朱之赤的《朱卧庵藏书画目》中，可见分明。

徽商收藏古今名画主要为了标榜自己的"风雅"，所以，除了收藏价格昂贵的古代稀世名作以出名外，其重要特点就是特重文人画。中国绘画，元代带有长长诗文题跋的文人画特别突出，所以，也尤为徽商所重，价格剧增，大大压倒了宋画。其次是明代和当代的文人画价格大增。王世贞不明其理，十分惊叹地说："画当重宋，而三十年来忽重元人，乃至倪瓒，以逮沈周，价骤增十倍……大抵吴人滥觞，而徽人导之，俱可怪也。"（载《丛书集成》）其实并不怪，因为徽商为的是标榜自己的文雅身份，购画以文人画为主，买的多了，价就贵，愿意买，争着买，也贵。

徽商重字画，大量收购古今绘画，这对当地绘画的发展，无疑是一个巨大的刺激。

前文说过，徽商收购字画，为了炫耀，有的自己也欣赏，有的要邀文人共同欣赏，有的是文人登门求观，这对当地绘画也是一个很大的启发，原来不知绘画为何物，现在明白绘画是高雅的艺术品。同时也给当地学画的人带来便利，所以，渐江谋见晋唐宋元名迹，那是因为不仅有物可见，而且也有可能看见。

据吴其贞《书画记》所记，因为徽商高价收买古玩字画，"时四方货玩者，闻见奔至。行商于外者搜寻而归，因此时得之甚多。其风噶于汪司马兄弟，行于溪南吴氏丛睦坊，汪氏继之，余乡商山吴氏、休邑朱氏、居安黄氏、榆林程氏，所得皆为海内名器"。古代名迹大量流入新安，尤以倪云林为首的元四家绘画流入新安，这对新安画派的形成，尤其对新安画派风格的形成起了巨大作用。

另一方面，商人们为了得到文人们的美誉，长期和文人厮混，还大力资助文人们的艺术活动，出钱召开诗文书画会，请文人们参加，前例王世贞等召集江、浙、皖三省文人盛会就是徽商出资。徽商们还延请画家、文人为门客交游应酬，还捐款办学，培养那些天资聪颖而贫困不能学的孩子成为文学艺术方面的人才。无怪乎谢肇淛在《五杂俎》中那样地盛赞徽州商人。汪道昆更是徽商的代言人，他极力颂扬徽商的美德，乃至于有人说汪将徽商当作圣贤了。商人们也以此为满足，当然，这样也更加鼓舞商人们资助艺术事业，文人们也就更加接近和感激商人，热闹之状，不难想见。

在商人们配合下，手工业也应势为文化艺术事业服务。文人增多，需用文化用品亦多，也就促使徽州及其附近地区尽快成为文房四宝的重要产地。

刻本业也就在这种情况下产生了，而且一跃超过历史上有名的杭州、蜀地和福建。《五杂俎》云："宋时刻本以杭州为上，蜀本次之，福建最下。今杭刻本不足称矣。金陵、新安、吴兴三地，剖厥之精者，不下宋版。"

徽墨不仅为画家服务，同时也请画家设计墨块上的图案，这些图案大多是山水画，或山水加人物画，著名的《方氏墨谱》和《程氏墨苑》就是集中这些图案刊印而成，皆是巨册，皆配有精美的插图。《程氏墨苑》中刊有五种不同的图案和造型。当时著名人物，哲学家焦雄、学者屠隆和书画大师董其昌等人皆为作序，图例由著名画家丁云鹏等人绘制。《方氏墨谱》刊有三百八十多幅图案和徽墨造型，由汪道昆和王樨登作序。这些图案也都由徽商刊印，一方面作为艺术品推销，另一方面对艺术家是一个鼓励，同时也起到广告的作用。绘制这些图案，全要画家从事，印刷这些图案又需要木版印刷技术，这样又推动了印刷技术的发展。至今尚能看到许多的木版画，如《黄山志》中的渐江、雪庄等所作的黄山图，萧云从的《太平山水图》，丁云鹏所作的书籍插画等等（参见周芜《徽派版画史研究》中的附图）。著名的《十竹斋书画谱》和《十竹斋笺谱》木版套色画就是明末徽人胡日从印行的，其雕刻之精，前代所未有，后代所不及。

木版印刷画稿和套色印刷画稿的创作，对新安画派风格的形成也起到十分重大的影响作用。新安画派的山水以精练稳重的线条为主，多直折，不拖泥带水，很少皴擦，就是得益于木刻版画。新安画派的领袖渐江僧就和胡日从的儿子胡致果关系密切，现存渐江僧的画迹中还可以见到二人来往的行迹。

总结一下徽商和新安画派形成的关系：

首先，没有徽商的兴盛就不会有新安绘画的兴起。在徽商发达之前，新安不但没有有影响的画家，而且各种文化皆十分落后。徽商打下的经济实力，是新安绘画兴起的最好基础。徽商依靠自己的经济实力培养自己的子孙后代，捐款办学，使新安人的后一代普遍具有较高的文化艺术修养。徽商附庸风雅，大量收购古玩字画给新安人带来了绘画遗

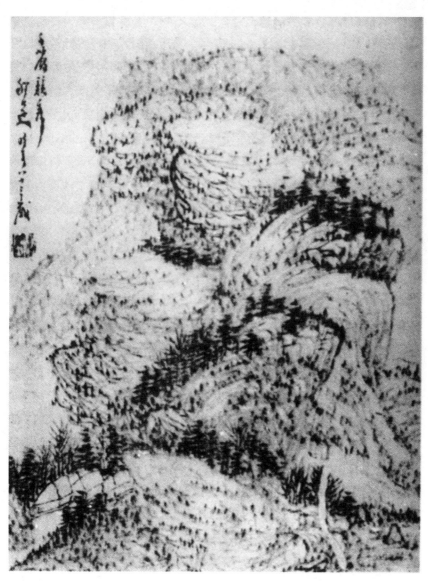

清 程邃 千岩竞秀图轴 纸本墨笔，29.5cm×22.4cm，浙江省博物馆藏。

程邃（1607~1692年），字穆倩，号朽民，又号垢道人等，安徽歙县人。程的画虽有几种
面貌，然以渴笔焦墨为其最突出特色。

皖南民居

皖南古牌坊

产，同时徽商交结文人画家，这皆对新安艺术兴起起到了启发作用。徽商高价收购古今画家的作品，以及画家得到的崇高礼遇，对新安绘画的发展起到了巨大的刺激作用。徽商资助文化艺术活动，加强了新安艺术的发展和壮大。徽商的很多活动需要画家参与，徽商以及和徽商有关的事业皆需要大量的画家从事，大画家有大画家的作用，小画家有小画家的作用，一般绘画者也有一般绘画者的工作，多了，能容纳得了，少了，反而不够，这就促使画家队伍的壮大和齐全，而且在竞争中易于促进画家的成长。

因为徽商穷搜狂聚的购买，大量的古代名迹流入新安，这也给新安人学画带来便利。中国绘画一向重传统、重传移摹写的入手学习作用，在古代缺乏高明印刷术的情况下，真迹的有无，是学画成就高下的重要因素之一，这一点，新安人又是得"商"独厚。

徽商购买古代画作的偏重，比如，特重以倪云林为主的元代文人画，给新安画家学画以倪云林为主的元代文人画为主要，也促使画家学习创作木版画，师法对象带来影响。就是说，徽商对古代名作的喜好，也给新安画派画风带来一定影响；同时，徽商需要印制木版画。总之，新安绘画的兴起和新安画派的成立以及新安画派风格的形成，皆在一定程度上受徽商的制约。在某些方面，徽商的作用是决定性的，没有徽商就没有新安画派，而且反过来影响新安画派的画风。

（三）

徽商从明代开始就有外迁的现象，不过，仅是少数。清康熙、乾隆时期，是徽商的鼎盛期，也是徽商大量外迁的时期。徽商大量外迁原因有二：一是新安交通十分不方便，不像金陵、苏州那样四通八达，且缺少金陵、苏州那样繁华的都市，后期徽商奢侈淫逸，重小妾，重楼台妓院，于是渐渐移入闹市。二是徽商的经营地大都不在新安，经营棉纺业的多在松江，经营盐业的多在扬州。有的徽商彻底迁走，有的徽商迁居他地，还在新安留有宅地。如明李永昌少年随父迁往嘉兴，晚年又回到新安。清末黄宾虹之父继承徽商传统，又经商，又好诗文，又喜书画，富名书画收藏，迁居浙江金华，在新安歙县原籍仍留有房产，黄宾虹少年大部分时间仍在歙县。

当时徽商向金陵、扬州、嘉兴、苏、杭等地迁徙甚多，新安画家也多流入这些地方。扬州的大商人多半是徽商。《歙县志》记："邑中商业，以盐典茶木为最著。在昔，盐业尤兴盛焉，两淮八总商，邑人恒占其四。"扬州的园林极盛，但大多是徽州人所建，最负盛名的三座园林皆新安商人所建，小巧玲珑山馆，乃徽州祁门县人马曰琯所建，糠园乃徽州歙人程梦星所建，休园乃徽州歙人郑侠如所建。著名的书院，如梅花书院等等，也皆徽州人所建。

扬州画家的活动场所、诗酒会，资助人也多半是徽州流寓扬州的商人。外地流居扬州的画家很多，其中一半来自徽州。"新安四大家"、萧云从、梅清、梅庚、戴木孝、程邃等等，都在扬州留居过，查士标则长期旅居扬州，并且死在扬州，葬在扬州西山余家桥。《广陵诗事》记查士标"尝居北乡吕祖坛。坛去城三十余里，有老柏修篁清溪绕之。二瞻书'偶落人间'四字额"。其址中"梅花书屋"乃是查士标吟诗作画之处。前已述，查士标的画在扬州产生巨大影响，时谚云："户户杯盘江千里，家家画轴查二瞻。"

后来"扬州八怪"中年龄最大的汪士慎和年龄最轻的罗聘，以及李勉等人，皆是徽州人。《扬州画舫录》中所记在扬州的画家半数来自徽州。著名的"小师画派"之首方士庶，女画家方婉仪等等，皆是徽州人。

乾隆之后，徽商最盛时期已过，新安画派也开始衰微。失去了强大的经济支持，绘画的市场就变小，队伍就缩小，力量也就减弱。现有的大画家就很难保住（他们要向经济繁荣商业发达的地方寻找出路），新的大画家就更难出现。需要画家配合的手工业为了继续存在和发展，也都陆续迁到易于其发展的城市，等等一切，总之，随着徽州商人及商业的转移和衰落，徽州画家及绘画也跟着转移和衰落。其原因，从理论上去寻找并非难事，从史实、现象上去考查就更为明了。

　　附记：关于徽商的巨富及其对绘画、文学等的赞助，拙文《论扬州盐商和扬州画派及其他》（刊于香港《九州学刊》1987年9期）有更详细的论述，读者可以参阅。

　　　　　　　　　　　　　　　　　（载《商业经济》1986年1期）

六、有关萧云从及《太平山水诗画》诸问题

萧云从是清代姑孰画派的领袖，本文有关萧云从乡籍等问题的讨论，希望能引起读者特别的关注和批评。

（一）关于萧云从的生年问题

萧云从的生年，现在有好几种说法。清代较早的几本史籍如《国朝画征录》《图绘宝鉴续纂》《读画录》中皆无明确记载。但在乾隆末年成书的《画友录》中，萧云从的同乡且对萧有相当研究的黄钺却有明确的记载，谓之："卒于康熙七年己酉，年七十八。"按康熙七年应为戊申公元1668年，己酉年是公元1669年，不知何以致误。好在仅误一年。《画友录》是研究萧云从及姑孰画派的重要文献，依此说，萧当生于1591年或1592年，卒于1668年或1669年。但这一说法却与萧云从自己所说的相悖谬。现存萧云从的画迹甚多，其上经常钤有他的两块印章，一曰"岁丙申生"（阴文）[①]，一曰"前丙申生"（阴文）[②]（按和萧云从

[①] 此印文，《穰梨馆过眼续录》卷十三中收录。

[②] 此印文，《虚斋名画录》卷十中《萧尺木山水轴》中著录。

同时的新安画家查士标等人也常在画上钤上自己生年的印）。丙申是公元1596年，明万历二十四年，这与黄记显然不合。查萧云从画迹，如广东省博物馆所藏萧云从《梅石水仙图》轴上，自署："戊申冬，七十三翁云从。"（此图被公认为真迹，曾刊于《广东省博物馆藏画集》中）以此推算，亦当生于1596年。其他有年岁的绘画真迹，都可以推算出萧生于1596年，不一一列举。又查《石渠宝笈续编》"乾清宫"册，所录萧云从画《秋山行旅》一卷，有款文曰："……今予年六十有二，重一相遇……丁酉（1657年）花朝题，钟山萧云从。"以此推之，亦当生于1596年。又查《虚斋名画录》卷十记有《萧尺木山水轴》，识曰："胡公九十好林居，三十年前老秘书……文章善后延松鹤，敬为胡公赋遂初。日从先生长余十二岁，别三十年，偶来金陵拜瞻几杖，年开九秩，人景千秋，犹镌小印，篆成绳头，神明不隔，真寿征也，丁未九月区湖七十二弟萧云从诗画呈教。"丁未年是1667年，年72岁，前推也正生于1596年丙申。又，著名的十竹斋主人胡正言，安徽休宁人，后寓居南京，以创制《十竹斋书画谱》《十竹斋笺谱》等声溢艺林。胡生于万历壬辰（1584年），尚无疑论，萧云"先生长余十二岁，"仍是1596年。因之，萧云从生年当以1596年为确。

凡是生年与此不合的记载和画迹，皆不确。如《一角编》乙册记"萧尺木山水真迹"，末署："乙酉冬日写于东皋梅舍，七十四老人萧云从。"则所记画迹为赝品无疑。

萧云从卒时78岁，《芜湖县志》《画友录》等文献皆作此说，尚无疑据。考之萧云从画迹以及其他方面的佐证，此说可信。故知萧卒于公元1673年，其时为清康熙十二年癸丑。凡是出现于此后的所谓萧云从画，皆伪作无疑。

（二）关于萧云从的乡籍问题

萧云从的乡籍，国内外的研究家皆一致认定是今之芜湖，且深信无疑。乃至于《辞海》"萧云从"条以及各种收有萧云从的辞书上皆作此说，其源出于清代乾隆时的既是萧云从的研究专家又是萧云从的同乡黄钺。黄钺在乾隆末年所写的《画友录》中认真地写道："萧云从……芜湖人。"而且又在后面按语中重申："云从，蓝瑛《图绘宝鉴》，张庚《画征录》，皆误作当涂人。"为了说明萧是芜湖人，而不是当涂人，批驳以前史家的"错误"，黄钺是把萧云从的乡籍作为一个重要问题提出来的，可谓惨淡经营，但却不能令人首肯。

萧云从到底是何处人，这对研究他的绘画，尤其是研究姑孰画派至为关键。不论找出多少证据，查出多少文献，总不如萧云从自己所说为确，因之，有了萧自己所记，无须博引旁征。现存萧云从的很多画迹，包括《太平山水诗画》所刊（如《青山图》《牛渚矶图》等），画家皆自识："于湖萧云从。"是知萧云从为于湖人。他有时又自署区湖，其他各说皆不可信。萧云从还有一号曰"于湖渔人"。但萧云从未说自己是芜湖人，更无一号与芜湖有关。大约一般学者看到"于湖"，便以为就是文献中的"芜湖"，其实，二湖并非一地。"芜湖"在芜湖县，因水浅而多生芜藻，故名。于湖是何处？《资治通鉴》"晋太宁元年"记云："（王）敦（自武昌）移镇姑孰，屯于湖。"于湖就是姑孰（详后），东晋时曾侨置淮南郡于此。隋郡废并县入当涂，故城在今当涂县南。后人所说的于湖就是当涂，这在各种文献中所记皆甚清（详后）。因之，最早的文献如《图绘宝鉴续纂》及《国朝画征录》中皆称萧云从为"当涂人"，是完全正确的。和萧云从关系密切且身居当涂四载的地方官张万选为萧所作《图画小序》中亦称"于湖萧子尺木"（见《太平山水诗画》）这也没有错。

再说姑孰派问题。姑孰一作姑熟。中国古代的画派皆以其创始人的原籍命名，这是众所周知的，如第一个画派是明前期戴进开创的浙派，这一派画风靡全国，其重要画家多在金陵，有的是湖北人，有的是安徽新安人，有的是吴人，只因为开创者戴进是浙人，故称之为浙派。娄东派是娄东人王原祁所开，虞山派是虞山人王石谷所开，新安派是新安人浙江所开，当然，萧云从所开创的姑孰派，也是以萧的原籍姑孰命名的。姑孰何地也？《辞海》明文释云："古城名，因城南临姑孰溪得名，一作姑熟……故址在安徽当涂。地当长江重要渡口，为京师建康（今南京市）西南门户。东晋、南朝历为豫州及南豫州治所。隋移当涂县治此。"这个解释是正确的。1931年出版的《中国古今地名大辞典》中亦云："姑孰城，今安徽当涂县治。"又云："姑孰城，在安徽当涂县南……姑孰城因此名。"当涂县人告诉笔者，姑孰溪至今犹在，仍叫姑孰溪，就在当涂县城。当涂又叫姑孰，当地人皆十分清楚。这些都证明萧云从是当涂人。

今人因误把萧云从当作芜湖人，故而又说芜湖即古之姑孰。查遍所有文献，无一称芜湖作姑孰者，而所称姑孰皆是当涂。

清 萧云从 太平山水诗画

《太平山水诗画》共有43幅，用细线勾斫。日本南画都是学他的《萧尺木画谱》。此图为《东田图》。

又有云于湖就是芜湖。其谬之甚，我在上面已述。其实早在民国八年的《芜湖县志》卷二中就对此一问题严加批评过，其云："其时，于湖与芜湖两县并立。""杜氏《通典》：于湖城在姑孰城南。胡三省云：当涂，郡属九江郡。成帝侨立于湖，而《纲目》注亦谓：于湖，今当涂地。《通志》载入当涂，宜矣。旧说相沿，多以于湖为芜湖，其谬殊甚。"

以经解经乃是最可靠的方法，萧云从在他的《太平山水诗画》的"跋"中，说得更不容辩驳，其云："姑孰，滨大江，攒石环冈，不数百里，而平遥铺芜，滦洄薮薄，地乏良杰，多得古人之流寓于斯者，如谢玄晖、李青莲、苏、黄诸名夙，流连庚赞为无穷也。……有玄览焉，则青山、采石、赤铸、丹丘……"所说姑孰正是当涂，谢眺（玄晖）、李白（青莲）、苏轼、黄庭坚等人的遗迹也皆在当涂，而不在芜湖；青山、采石、赤铸、丹丘等也皆当涂之景，亦非芜湖之地（参阅《太平山水诗画·全图分注》）。

姑孰就是当涂，萧云从就是当涂人，当涂旧称于湖，这已没有什么可再辩驳的了。

实际上，古代的当涂也比芜湖重要得多，萧云从时代，太平府辖当涂、芜湖、繁昌等县，其府治也在当涂而不在芜湖。二地同在长江之岸，芜湖的发展，后来超过了当涂（1949年由县析置市），那是另有原因，这里不多论述。

萧云从是当涂人，他自己讲得既明白，友人和早期史家也写得很清楚，乾隆之前，并无谬异。把萧云从的乡籍弄错了，如果出于对萧不熟悉或者距离萧太远的人倒有可能，何能错在萧的同乡且又是对萧素有研究的学问家黄钺手中呢？此一问题颇令人费解，于是我又仔细翻阅黄的《画友录》。

黄在《画友录》前赫然题着："当涂黄钺左田著"（左田是黄钺的字），卷首小序也明白写着："乾隆乙卯岁，余综同里诸君，暨国初诸老之善画者，为《于湖画友录》一卷，……"真是明白如火。他所录的画人是以于湖为中心的，书中的第一人也是记载最详细的一个即是萧云从，其次是云从之弟云倩，再次是云从之子一旸，再次是云从之侄一芸，再次是为云从所称赏和"尝赠以诗"的一些画家，皆是围绕萧云从的。当然，后面也记载一些非于湖的画家，故改书名为《画友录》。很明白，黄氏所录，正如余绍宋《书画书录解题》中云："原为《于湖画友录》，专记于湖画人。于湖者，当涂县旧称也。"黄钺是最早的萧云从研究专家，乾隆戊申举人，庚戌进士，官至户部尚书，他既是萧云从的同里，又是萧的门人，诗画皆学萧云从。众所周知，他的画"深得其乡萧尺木遗韵"（见《墨林今话》卷七），他又辑有《萧汤二老遗诗合编》，皆是研究萧云从的重要资料。黄氏既称萧是他的当涂"同里"，又称萧是"芜湖人"，而且还反驳前人把萧"皆误作当涂人"，世界上竟有这样明显的矛盾吗？笔者为解此一矛盾，苦思冥想，翻遍了当时的文献。

原来，黄钺所处的时代正是文字狱最酷烈的时代，尤其是在编纂《四库全书》时，文字狱也达到了高潮，凡是"悖谬之语"，或"妄议朝政"，乃至一切违反皇帝旨意的言论者，皆要"立毙杖下"或"凌迟处死"，且动辄便诛数百人。比如康熙五十五年，《康熙字典》印行，有一个穷学究王锡侯又写了一本《字贯》，意思是用字义把零散的字贯穿起来，可弥补《康熙字典》之不足。乾隆四十二年，乾隆皇帝亲自看了《字贯》，认为这是"大逆不法""罪不容诛"，命令以"大逆"律处决，而且连有关官员也被判以斩刑和降职处分等等。因之，在清代凡属"钦定""御制"的官方思想，即使是普通的纯学术问题，也是绝对不能批评，更不能更改的。黄钺当时正在朝中做官，文字狱的惨酷，他不但亲闻，而且还目睹，岂能不惊。因之，他的著作绝不敢有丝毫违反"钦定"之意。他是萧云从的"同里"，萧是当涂人，他当然极其清楚，但当时"钦定"的《四库全书》中却说萧云从是芜湖人（见《四库全书总目》卷九："《〈易〉存》，国朝萧云从撰。云从字尺木，芜湖人。"）。大约萧后来在芜湖卖过画，论者便谓之为芜湖人。《四库全书》是皇帝亲自主持组织人编辑的，《总目》也以皇太子永瑢领衔编撰，卷首还分列乾隆帝的"圣谕"。黄钺著《于湖画友录》正在《四库全书总目》修成之后，他又何敢违反圣意？所以，不论他心里如何清楚，不论萧云从是不是芜湖人，他都必须跟着大讲萧是芜湖人。

但黄钺何能未有苦衷，所以，他赫然著明自己是当涂人，又认真声明自己所撰是"同里诸君""为《于湖画友录》"，而书中又无一于湖（当涂）人。不这样做，心中不安，做了又害怕，于是在注明萧是芜湖人之后，又于按语中再加反驳前代史家把萧云从"皆误作当涂人"的意见。这样，既保险了，又心安了。他等待后世知者，但后人却未能理解他的蕴意。

"钦定"萧云从是芜湖人，还不止于此，《画友录》中更有另一段话值得注意："四库全书馆进（萧）所画《离骚图》，高宗纯皇帝命馆臣为补《天问》以下，盖云从未图也。又题其山水长卷诗云：四库呈览《离骚图》，始识云从其人也。群称国初善画人，二王（原小字注：翚、原祁）恽（原小字注：寿平）黄（原注：鼎）伯仲者。二王、恽虽手迹多，石渠所藏屡吟把。萧则石渠无一藏，侍臣因献其所写（原注萧云从，芜湖人，国初时工画山水，昨四库馆进其所著《离骚图》，检石渠所藏，向无云从迹，侍郎曹文埴因进所藏山水长卷，笔墨高简洁净，颇合古法）……"乾隆帝题诗的这幅萧云从山水画至今犹存故宫博物院，很多画集上皆有影印，画上乾隆帝"壬寅新正之月"的御题十分醒目，但并无小注，观黄钺所录乾隆帝诗中的小注，尤其是"昨四库馆进其所著《离骚图》，检石渠所藏"云云，决非黄钺自己所为，似是乾隆帝的口气，但又不见于乾隆诗中，因而，我疑心黄钺在朝中做官时，侍臣知其喜萧云从之画，而将乾隆此诗加注转抄给他。诗中小注如不是皇帝的意见就是侍臣或四库馆大臣的意见，三者必居其一，但黄钺都是不敢违反的。

顺便说明，乾隆"钦定"萧为芜湖人之后，连《芜湖县志》也不得不把萧当作芜湖人了。因之，国内外学人（包括我在内），甚至1986年在芜湖召开的纪念萧云从诞生390周年的学术讨论会，皆以萧为芜湖人，实乃不考之误，或过于轻信了乾隆帝及其近臣的妄语。

清亡后，清史馆的史家为萧云从列传于《清史稿》卷五百四《艺术三》，也称萧云从为"当涂"人了。

（三）萧云从的生活经历

萧云从字尺木，号无闷道人，又号于湖渔人、玉砚山人、石人默思、江梅、谦翁、钟山老人、梅石道人、东海萧生、梦履、小咬脐、梅主人、忍辱金刚等等，这些字号在他的作品上款字和印中皆可见到。

据黄钺《画友录》所知，萧云从之父名慎余，"明乡饮大宾。云从始生之夕，慎余梦郭忠恕（五代宋初著名画家，列传《宋史·文苑》）至其门，曰：'萧氏将昌，吾当为嗣。'"慎余也是一位画家，惜不太出色，因而希望自己"生子当如郭忠恕"，长期积思而成梦。后来，萧云从也确实刻了一枚"郭忠恕后身"的印章，常常钤在画上。

萧云从所经历的明朝万历、泰昌、天启、崇祯数代，是明朝走向灭亡的时代。皇帝不亲理政事，事事依靠宦官，统治腐朽，内阁官僚派系纷起，互相争斗。一批正直的知识分子结成东林党，"讽议朝政，裁量人物"。当朝廷中以魏忠贤为首的阉党祸国殃民时，东林党人奋起与之斗争，赢得了一些有正义感人的尊敬。崇祯五年，一批东林党人的后代和与东林党有关系的地方上知识分子，组成了一个文学团体——复社，以太仓人张溥为首。复社实际上也是一个政治团体，他们关心国家大事，敢于抨击邪恶势力。萧云从和他的弟弟云倩也在崇祯十一年参加了复社。当时，他的弟弟已经是举人了。

崇祯十二年，已经落后于弟弟的萧云从已44岁了，始考中乡试副榜。这种副榜没有什么实际意义，只是考试中的一种附加榜示，连和举人同赴会试的资格都没有，但下科仍可以再考。果然，三年后，云从又考，又中副榜，这时他已47岁了。连乡试都未考中，其心情难堪，当可想见。不久，明王朝也就灭亡了。

明王朝始亡于李自成的农民军，复灭于清，清军进军到芜湖时，萧云从避兵于宣城的高淳。

从萧云从存世的诗画中可以了解到，云从在当涂、芜湖和金陵皆有落脚之处。清兵入侵前，他在芜湖梦日亭附近有一个小筑，可供他作画吟诗。明清易祚，"天崩地解"的暴风雨过后，云从又从高淳回到了芜湖。当他看到自己的故居被清兵破坏后，十分感慨，他写的《移居诗》六首，其序云："畴昔小筑于东皋，则近王处仲梦日亭池。甲申后，为镇兵是据，遂毁精舍为围栅。至丁亥秋，始得儿子担书箸、薙秽缉垣，略避风雨而家焉。惟乱离迁播，亲友凋残，触景内伤，忽然哀愤，溯其

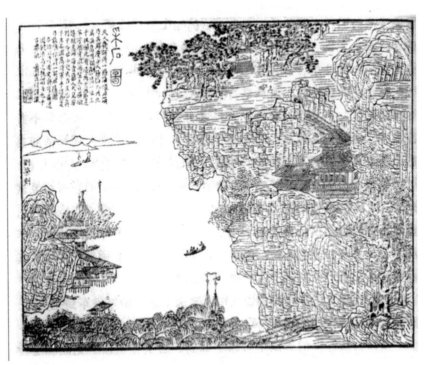

清 萧云从 太平山水诗画（其二） 此图为《采石图》。

凄戾，横集无端，况余老矣、病矣、无能为矣。穷途日暮，情见乎词，得诗六首……"（《萧汤二老遗诗合编》）他在这里重建了梅花小筑，然后即应张万选之请动手创作了《太平山水诗画》。在芜湖期间，他和新安人寓居芜湖的孙逸感情甚笃，人称"孙萧"。萧是姑孰派领袖，孙原是"新安四大家"之一，同到芜湖卖画，萧不但没有文人相轻的陋习，且对孙大加推崇，尝有题孙逸临唐六如《鹤林玉露册》，谓之"绝伦逸群"。云从和汤燕生来往亦密。汤字元翼，号岩夫，宁国府太平县人。明末为诸生，名播大江南北，明亡后，隐居芜湖东河沿，筑"补过斋"，自号黄山樵者，拒绝与清统治者合作，"四方巾车过者，造门求访不绝。然意有弗惬，即达官宿望，闭门不欲见。"（乾隆本《芜湖县志》卷十五）然惟与云从"论《易》，益复有合"（同上）。云从还在芜湖接待过新安派领袖弘仁（号渐江），谈论甚欢（见萧云从跋渐江《黄山图册》）。寄兴于山水之间，更是云从一个重要课题，他"尝东登泰岱，南渡钱塘"，自谓："山水之游，似有前缘。"（见《黄山图册》跋》）

据《金陵通传》二十二"萧一传"所记："……公云从，字尺木，贡生，擅画，移家金陵，遂为上元人，晚号钟山老人。"萧云从55岁时所作雪景山水就署名"钟山老人"，可见他55岁之前就移居金陵，因而号钟山老人。实际上，他亦不住在城内，但经常赴城内，72岁那年，他造访了十竹斋主人胡曰从，并作画题诗相赠。

萧云从晚年又回到了芜湖。

康熙十二年，云从度完了他支离、困苦、忧郁不得志的一生，临终"执诸同志手曰：'道在六经，行本五伦，无事外求之，仍衍其旨。'赋诗毕，瞑去。"（乾隆本《芜湖县志》）萧云从的墓至今仍在芜湖西严家山。云从死后，他的弟子张秀璧、朱长芝等人把他的诗文汇编成集，曰《梅花堂遗稿》，但未刊行。他的《〈易〉存》却在《四库全书》中有存目（见《四库全书总目》卷九）。

（四）萧云从的思想

萧云从是一位爱国的正直之士，他早年敢于和祸国殃民的阉党作斗争。异族入侵时，他又奋起参加反抗，他之所以奔赴高淳，并非想长期移居于彼，因为高淳是当时的抗清据点。据《宣城县志》卷十四记载，"高淳民不靖"，乃至顺治初，那里还有激烈的战斗和顽强的反抗。直到顺治四年，萧云从眼看复明无望，才离开高淳，但他的思想仍不屈服，他讴歌反抗的殉节之士，在《吊邑人周孔来殉节泾县学署》诗中高歌："泮壁何人自鼓刀，天寒日暮风飕飕。老儒转战敌长稍，弟子据魂赋反骚。夜雨同悲涵水鳣，阴雷欲戴剚山鳌。庙空悬古松长碧，浩气森森北斗高。"《皖志列传稿·张秉纯传》记："乙酉，南都亡，降者皆剃发，秉纯闻之，遂绝粒不食。"这位反清志士的传记即出于萧云从之手。

萧云从还写了很多诗文，表达了他的反清情绪。尔后，他一直过着隐居生活，专意于书画的研究和创作。他自己说："……人处乱世，上不得击枻纾奇，次不得弹琴高蹈，而优游尘土，画青山而隐，则吾与芸子解衣磅礴，相附于长康、探微之流，亦足矣，他复何顾。寒食日石人云从识。"（《古缘萃录》卷七《萧尺木青山高隐画卷》跋）他自称"石人"，即颜师古谓之"言徒有人形耳，不知好恶也"。明末清初的画家因未能保住大明江山，十分懊恼、惭愧，因而多自号"悔迟""朽民""岂贤""垢道人""活死人""愚道人""废人""髡残""瞎尊"……云从亦其一也。

他交接的朋友中，最要好者，皆是反清的爱国志士。他的爱国情绪一直是强烈的，心情一直是悲忿的，这在他的诗中时有表现，在他的画中更有强烈的反映。如常见的云从之作《闭门拒客图》，画一高人卧房内，院门紧闭，家犬看守，拒一人于门外，自题："赵荣禄仕元，省其舅（兄）子固，子固高卧案檐，闭门拒之，今就子固画法为图，荣禄笔意虽优，余无取焉。"（此图现藏安徽省博物馆）赵子昂（荣禄）仕

清 萧云从 太平山水诗画（其三）　此图为《牛渚矶》。

元，丧失了民族气节，曾去看其兄子固（即画家赵孟坚），子固具有强烈的民族意识，鄙其弟，闭门不见。关于子昂访子固遭子固奚落的事有种种传说，其实皆后人编造，子昂仕元时，子固早已去世，各种传说无非是对子昂以宋臣身份仕元缺乏民族气节的讽刺。明亡，有人降清求仕，有人抗清不仕。云从作此图，其意不言而喻。赵荣禄是元代最富盛名的大画家，"笔意虽优，余无取焉"。爱憎分明，一至于此。

　　《西台恸哭图》也是萧云从的名作之一。内容是根据宋末谢翱《登西台恸哭》一文而作。并题："宋谢皋父事，用赵子固笔法为之，盖其志同也。"表达了萧云从对亡国的痛苦心状。谢翱，字皋羽（皋父），是宋末著名的爱国志士，文天祥在福建起兵抗元，谢散尽家财募兵投奔文天祥，共同抗元，宋亡后，他悲痛欲绝，北行至浙，登台恸哭。萧云从爱画此题材，其志显见。萧云从屡次提到"子固笔法为之"，正因为子固有民族气节，"其志同也"，表达了萧云从的民族气节。

萧云从不承认清统治，因而在入清后，他从不在自己作品上署清朝年号。现存云从众多作品皆可证实。《太平山水诗画》一册中亦可见其一斑，如《梦日亭》一幅中，署"丁亥除夕，灯下，书于梅花小筑"。《北园载酒》一幅下署："戊子四月四日记，萧云从。"并未在丁亥、戊子前加"顺治"二字。只有在"跋"文末署"顺治戊子岁复五"，乃是云从诗画中，惟一署清代的年号，可以断定，这"顺治"二字是张万选在付印前加上的。

（五）关于《太平山水诗画》（上）

如前所述，萧云从是姑孰画派的领袖，他的艺术在清代曾产生过巨大的影响，其中最值得称道的乃是他的《太平山水诗画》。古今中外，凡是提到萧云从的地方，不论是文章还是书籍，乃至辞书中的"萧云从"条，无不提到他的《太平山水诗画》。这本画集，17世纪在日本被翻印后，又名之为《萧尺木画谱》《太平山水画帖》。这部画集在中国美术史上的地位，是所有美术史家皆公认的。尤其是在中国版画史上的崇高地位，在明清时代，它与陈老莲的人物画双峰并峙、标代百程。在山水版画中，则是高帜独悬，无以伦比的了。

萧云从的《太平山水诗画》传至日本后，奠定了日本南宗画的基础。日本南宗画的兴起到完成，其间大大小小的画家学画作画率皆以《太平山水诗画》为师范，故称之为画谱和画帖，学者临摹入微，乃至图中书法，必至逼肖。日本南宗画后来成为日本画坛的主流和最高尚的画派。

以日本著名画家祇园南海和池大雅等人为例吧。据日本著名学者秋山光夫《萧尺木与〈秋山行旅图卷〉》中所记："祇园南海是日本南宗文人画的开拓者，池大雅则是南宗文人画的完成者。"南海实即萧云从的私傲弟子，其书法绘画俱学《太平山水诗画》，据日人白井华阳《画乘要略》中的《祇园南海传》所记："祇园南海纪伊人，仕本藩，才调无双，声闻四方，又善丹青。柳里恭、池大雅并就问画法，南海出旧储清《萧尺木画谱》，嘱仿其格也。"同书又在《池大雅传》中记："池大雅初学伊孚九（按中国寓居日本的著名画家）山水，后从柳里恭模其秘迹。相传贷成（即池大雅）病其画不进，质之祇园南海，南海出旧储清《萧尺木画谱》，因谓贷成曰：'子学画当学文人学士画。'乃以画谱与贷成。贷成大喜，出入不释手，遂得其风趣，于是其技大进，书亦仿佛萧氏。"梅泉注释中还记小田海仙"尝于蒹葭堂亲观大雅所学萧尺木《太平三山图》"云云。

可见日本南宗画家皆把萧云从视为正宗祖师，非萧而不学了。

后来，在大正十三年，日人泷川吾山在跋其所藏萧尺木《离骚图》时，也特别提到《太平山水画》，其云："……我邦祇园南海所得其《太平三山图》，称为士大夫画，传诸池霞樵（即池大雅），霞樵因悟六法，南宗之画于是盛行。尺木绘事之妙可知也。"日本著名学者秋山光夫在《萧尺木与〈秋山行旅图卷〉》中记云："萧尺木艺术的影响，在我国绘画发达史上有很深的意义，这是谁都必须承认的。因南海以《萧尺木画》（按即《太平山水诗画》）给大雅这件事，在我国艺苑已成为脍炙人口的佳话。"可见这本画集产生了何等深远的影响。

可是，就是这样一套对国内外产生过巨大影响的绘画作品，到了今天，除了在文献资料上能查到它的曾经存在，偶尔也能见到画辑或书籍附图中，有几幅存在（多是辗转翻拍而模糊不堪的画面），很少有人能见到它的全豹，更谈不上见其真面目了。所以，研究萧云从及其画派的学者每引以为憾事和苦事。乃至于萧云从的名字反不及扬州八怪响亮。

笔者数年前即从事萧云从及姑孰画派的研究，跑了很多博物馆和图书馆，皆未能见到这本画集，于是研究工作不得不停止。后来，美国密歇根大学专门从事萧云从研究的Marshall Wu先生告诉我，初版《太平山水诗画》，现仅存两本，皆藏日本。后来，其中一本又被卖到美国去。Marshall Wu先生当时任密歇根大学艺术博物馆东方部部长，因研究萧云从而闻名。卖主是两位日本人，持画找到他，因要价太高，且因他手中又有根据初版复印的本子，反复对照，与原版无异，因之，便未有购入。不久，这个本子被卖到经济力量雄厚的波士顿艺术博物馆去了。另一本仍藏于日本。Marshall Wu先生曾广搜中、日、美各有关资料，得知，在18世纪中期，因萧云从《太平山水诗画》的巨大影响，曾有几位日本学者，花巨资来中国广为调查，企图将初版画集全部购走，结果一无所获。结论是：这套画集，在18世纪中叶，不但早已绝版，而且中国已一本不存了，初版画集已全部流到国外。有人根据初版的有限数量和在日本的收藏情况加以核实，证明其结论不误。当然，这是国外学者的研究结论。国外收藏家喜欢自夸，且公私收藏皆公开，至今仅存二本初版画集的结论，如果限于国外，估计不会有误。但说中国一本不存，却未必可靠，中国人喜欢秘藏不公，不仅私人收藏，即是公家收藏，皆不喜公开，故有"秘阁""秘笈"之称。所以，在我国，这本画集的初版，公私收藏家手中肯定还会有的，只是十分鲜见而已。当然也不可能太多，乾隆年间，成立四库全书馆，皇帝下旨在全国广为搜索各种图书，各地官员亦皆穷尽极力采购查访，结果只采进了萧云从的《离骚图》残本（我们现在见到的全本是乾隆帝命馆臣们应兆补绘的，水平悬殊甚大），和这部《太平山水诗画》成为一套的"太平三书"中其他书亦皆采到，惟有《太平山水诗画》一本也未有采到，因为初版的数量本来就十分少，且多已流至国外。

1986年，我承美国著名学者李铸晋教授之邀请，到美国去任研究员，得以周游美国及日本各地，终于见到《太平山水诗画》的全豹，一时喜不自胜，于是全部复印而回。

（六）关于《太平山水诗画》（下）

萧云从的艺术成就是多方面的，遗存至今的各种作品亦非少数，这里仅谈谈他的这部《太平山水诗画》。先解释一下画集的名称：

　　"太平"是地名，在安徽省东南部，宋设太平州，元为太平路，明清为太平府，辖当涂、芜湖、繁昌等县，故治在今当涂县。"山水"指的是这三地山水名胜。所以，这本画集又叫"太平三山图"（有人谓日本人始称此图为"太平三山图"，非也。清《图绘宝鉴续纂》即称萧云从"有《太平三山图》刻本于世"。）三地山水景致之美，奇绝幽秀，令人漱怀难忘。"诗画"，每一幅图中皆有诗有画，诗多是古人之作，萧云从书录其上，诗的内容基本上和画的内容相应。

　　关于这部画的创作背景。据图前济南张万选所题的《国画小序》可知，张因向往汉隐士向子平那样"遍游五岳"以及刘宋宗炳那样"图五岳名山于齐壁"以"卧游"之，所以，他要请人画一套山水图，以满足他的烟霞痼疾。先听听他自己的诉说吧："余理姑四载，姑名胜日在襟带间，披榛涉巇，溯洄寻源，实愧未能，今适量移北去，山川绵眇，遥集为艰，岁月驱驰，佳游不再。于是属于湖萧子尺木，为撮太平江山之尤胜者，绘图以寄。余思间一展卷，如见鸟啼，如闻花落，如高山流水，环绕映带，如池榭亭台，渗缋满眼，即谓置我于丘壑间，讵曰不宜。"这已说得十分清楚，真是雅致非常。据《四库全书总目》卷七十六所记："万选字举之，济南人，官太平推官。"太平府治在姑孰，故有"理姑四载"之说，当他要离开太平北去时，感慨"佳游不再"，恋恋不已，于是请萧云从"为撮太平江山之尤胜者，绘图以寄"，使自己一思念即展卷，太平山山水水又似环绕在他的周遭，如宗炳"卧游"一样。又云："萧子绘事妙天下，原本古人，自出己意，正未知昔日少文壁上曾有此手笔否？"少文即南朝宋宗炳的字，他"每游山水，往辄忘归"，"西陟荆、巫，南登衡岳，因而结宇衡山"，"欲怀尚平之志"，但他年老多病时，叹曰："老疾俱至，名山恐难遍睹，唯当澄怀观道，卧以游之，凡所游履，皆图之于室。"（见《宋书·本书》及《历代名画记》）他把山水画于墙上，卧在床上观看，谓之"卧游"，张万选亦欲"卧游"，但自己不能画，故请萧云从画。可见，这套《太平山水诗画》是应张万选之请，为之创作的。张万选的思想和为人尚不十分清楚，从他写的序中可知，似是一位半隐半官的高人逸士，喜山水名胜，他自己在序中所说："万里春粮之有待，何如卧游一室之无烦。""异时布袜芒鞋，涉迹五岳，当循是图为嚆矢，请洒酒与谢（玄晖）、李（白）诸公订盟而去。"高雅之情，一溢于言表。萧云从《跋》中亦云："济南张公祖举之先生之理姑孰也，民乐熙恬，人文翔洽，既以吏能闻于江之南矣，观风振宪之暇，倦怀今古，而神契于山水之间，惟先生鸿誉蜚芳，振藻艺圃，顾其生也，负荷世业，家有藏书，质气敏迈，而学问加厉。"显然，张和一般的庸官俗吏不同，否则，萧云从也不会和他打交道。

张万选喜爱太平山水，请萧云从为他画一套不就可以了吗？为什么又要付之剞劂呢？萧云从在跋中亦写得清楚："先生又虑其播之不广，传之不远，而寿事于剞劂，又曰，昔米颠父子以摩诘画如刻画为不足道，而辋川图以恕先临本存于石碣者为奇画，岂不可刻乎。"这当然是付之剞劂的原因之一。但据《四库全书总目》卷七十六所载，这本画集实是张万选所编的"太平三书"之一。三书皆成于顺治戊子，据其序例，一曰图画，二曰胜概，三曰风雅。当然二说并不十分矛盾，编书也是为了传播广远。可惜后来江西巡抚采进"太平三书"十二卷奉献给四库全书馆时，惟存胜概七卷，风雅四卷，此图集却佚阙了。也许大部分被日本人抢购而去，国中却难以见到了。

张万选不但约请萧云从创作此图，还"口语指画""某山某水确有肖乎某诗，而简（选择）其顾陆以下，倪黄以上，某写某工确有肖乎某山水，与某人诗者"。所以，画中皆题上诗，这些诗确实也和这些山水相肖。又每一图中皆注明用古代某画家的画法。这些都是为了满足张万选的要求。其实，几乎所有的画法皆和他所题的用古人××画法无涉，只有极少数画和他所题的古人画法略有近似而已。明清画家靠卖画为生，必须符合买主的需要，读者当能理解。

张万选请的刻手也是当时的名手，刻得十分精工，刻工把自己的姓名刻进图画里，我们知道是刘荣、汤义、汤尚三人。刘荣刻得最多，对于研究民间工艺者来说，这也是一份绝好的资料。

完整的《太平山水诗画》有：一、张万选题签；二、张万选《图画小序》；三、太平山水图画目录；四、四十四幅画，画分四个部分，第一部分二幅，第一幅是《太平山水全图》，第二幅是《全图分注附》，第二部分是当涂山水名胜，计一十五幅，第三部分是芜湖山水名胜，计一十四幅，第四部分是繁昌山水名胜，计一十三幅；五、萧云从《跋》。

（载《朵云》1990年第2期，
又见拙著《萧云从画谱》，安徽美术出版社1995年9月版）

七、坐拥群花过岁寒——恽南田及其绘画艺术

（一）恽南田的生平和思想

恽南田（1633～1690年）原名格，字寿平，后以字行，更字正叔，号南田，此外，他还有很多别号，如：惟大、东园外史、东园草衣、瓯香散人、白云外史、南国余民、筠谷樵隐、云溪外史等等。恽家的历史颇不寻常，寿平远祖恽贞道在西汉时曾做过梁王的左相。传44世至南宋时，为提举恽方直，都一直居江西。恽方直次子继思始由江西鄱阳迁至江南常州上垫（后改名上店），上垫属武进县，古称毗陵，即今之常州市。这里北靠长江，南临太湖，大运河小流经于此。其地遍织水渠，重湖叠巘，三秋桂子、十里荷花，风景绝美。恽家居此又14世，即到了南田曾祖绍芳一代。绍芳于明嘉靖二十六年间考中进士，官至湖广按察司金事，福建布政司参议。他和当时著名的文学家李攀龙、王世贞等"后七子"交游唱和甚密，颇有文才，并有诗文集刊行于世。南田的堂伯父恽厥初，万历年间考中进士，有《素园集》行世。另一堂伯父恽本初（1586～1665年）字道生，号香山，后更名向，是明末著名山水画家，亦善诗文。被南田称为十四叔的恽于迈是崇祯间恩贡生，廷试时以推官

知县起用，明亡后削发为僧，云游四海，有《退耕堂诗草》行世，亦善画。南田亲族中能诗善画者还有一些，都对南田有很大影响。

南田之父恽日初（1612～1678年），字仲升，号逊庵，更是一位了不起的人物，他饱读经书，以天下为己任，青年时即文章纵丽于百氏，无所不窥，后来成为著名的理学家爱国志士刘宗周的入室弟子，并常和复社志士们议论天下，裁量人物。就在南田出生的崇祯六年，日初举乡试得副榜，遂留京师。崇祯十六年，边事孔亟，日初应崇祯帝之诏"上守御十策"（见清汤修业《赖古斋文集》卷二《恽逊庵先生传》），惜未被采纳，日初"知时事不可为"，于是把家事交给长子恽祯，自己率二子恽桓、三子恽格（南田），携书籍三千卷离家去浙江天台山隐居。

当李自成的农民军攻进北京城，崇祯帝自杀后，接着便是清军入关，河山易祚。清兵挥旆南下，势不可挡，明神宗的亲孙朱由崧在南京建立的弘光王朝也因内部摩擦消耗过度而被清兵消灭。顺治二年（1645年），明太祖朱元璋的第十世孙鲁王朱以海监国（代理皇帝职）于绍兴，鲁王久闻日初之名，曾遣使至天台山敦聘日初出山抗清，日初却"以监国为不然，固辞不起"（见清恽敬《大云山房文稿初集》卷三《逊庵先生家传》）。因为当时朱明王朝的残余势力在福州还有一个唐王隆武政权，唐王朱聿键是朱元璋的第九世孙，日初认为鲁王监国是僭越（见同上）。故拒绝了鲁王的敦聘。大敌当前，朱氏子孙不是团结抗清，反而相互残杀，唐王甚至认为"时事之可忧，不在清，而在鲁"。鲁王内部也很腐败，所以，于顺治三年（1646年）三月，被清兵一举攻破，绍兴、温州、台州也相继陷落，鲁王仓惶逃命，漂泊海上。浙东落入清人之手，南田和他的父兄一时没了藏身之地，不得不离开天台山，向福建奔逃。清人沈受宏曾根据恽南田的叙述所写的诗中记载他："苍黄复南窜，岭峤经崎岖。"（见《白溇集》卷三《赠毗陵恽正叔一百韵》）到了福州，日初和南田立即参加了唐王的抗清斗争之行列。可是这个隆武政权是操纵在郑成功之父郑芝龙手中，郑芝龙却派儿子成功监视唐王，弄得离心离德，唐王也在另谋靠山。郑芝龙和大汉奸洪承畴是同乡好友，二人曾有密约，当清兵来攻时，郑将长达二百里的仙霞岭防线的守军全部撤走，清兵长驱直入，一举拿下福州，唐王也在逃走中被俘身亡，隆武政权也就结束了。南田父子只好再次逃亡。

这时，广西巡抚瞿式耜和两广总督于魁楚等人又拥戴神宗之孙桂王朱由榔为帝，改元永历。原唐王手下大学士苏观生又在广东另立唐王之弟朱聿𨮁为帝，建元绍武，占据广州。于是，南田父子经过考虑后，又去投奔广州的绍武政权。绍武和永历两家又是不抗清，而在自家骨肉之间互相残杀，清军坐收渔利，攻下了广州，绍武政权仅40天就灭亡

清　恽南田　晴川览胜图轴

恽南田（1633~1690年），原名格，字寿平，后以字行，更字正叔，号南田，江苏常州武进人。阵山水、花鸟兼擅，和四王、吴历并称为"清初六大家"。恽和四王不一样，他作画并非一味摹古，和他们的绘画思想也不一致，其山水简洁、纯净、清逸，力主绘画要"净静"，影响甚大。

了。恽日初于悲愤绝望之中，同时又为了逃避清军追捕，乃落发为僧，法名明云昙，字人华。这就是沈受宏《赠毗陵恽正叔一百韵》诗中所说的"由兹托方外，岩谷长逃逋"（《白溇集》卷三，以下简称沈诗）。

清初，统治者对汉人采取残酷镇压的政策，"扬州十日""嘉定三屠"等等，皆是血洗运动。郑成功之父降清后也被软禁，后来全家被杀，郑成功之母也被清军奸污而死。早在郑芝龙降清之日，郑成功囚哭谏无益，便扯起"背父救国"大旗，在全州招贤起义。此时，郑成功起兵海上，杀回福建。鲁王部将们也攻克了被清军占领了的福建30个州县。福建的抗清局势重新打开，一时声势大震。南田父子原从广州投到福建，顺治四年，正遁居在建阳山中。日初为僧，不过是"聊以托足"而已（见《赖古斋文集》卷二《恽逊庵先生传》），他正等待时机，东山再起。当明郧西王朱常潮在义军拥戴下收复建宁、其大将王祁收复邵武时，建宁附近州县响应者风起云涌，建阳士民因久闻恽日初素有报国之心，便拥戴他聚兵抗清。王祁是日初同乡，也致书日初，希望他到建宁共商抗清大计。这就是沈受宏送南田的记事诗中所说的"建宁王阁部，旗帜明火茶。远迎帝室胄，草草称乘舆。贻书话同乡，要父同谋谟"（沈诗）。

日初接信后，作了谨慎的思考，为了避免妄动轻举，决定先派南田到建宁去侦察王祁及其义军情况，沈诗记云："小子奉严命，侦察前趋趋。此地尚全盛，兵强富储胥。窃观王公为，魁杰实丈夫。"南田侦察后，将实况报告日初，并加鼓励，促成其父出山抗清。于是，日初父子决定赴建宁参加义军。当时，南田才15岁，已经成为抗清的英雄了。到了建宁，王祁"一见厚款遇，开筵倾玉壶"（沈诗）。恽氏父子兄弟也便开始了战斗的生涯。日初建议王祁攻打浦城，占据仙霞岭以为屏障，建宁就不怕清兵攻犯了。于是，王祁便派寿平长兄恽桢与副将谢南云率兵去攻浦城。可惜，这一仗出师不利，全军覆没，二人皆于攻战中牺牲。日初闻之，悲痛欲绝。又马上率兵夜袭浦城，惜又遇大雨，人马陷于泥泞中，到了浦城，天已拂晓，夜袭又不成功，只好退守建宁，以作后计。

顺治四年十二月，清政府改任陈锦为浙闽总督，加紧镇压浙江、福建两省的抗清力量。陈锦实力雄厚，能征惯战，率军六万，来攻建宁。恽南田和二兄恽桓奋起同建宁军民一起血战强敌，守城百余日。日初奉命外出请求援兵未回。顺治五年四月，建宁城终被攻破，城破后，王祁坚持巷战，最后投火自焚。南田回忆当时战斗："岂知仙霞破，突骑忽长驱。身居围城里，矢石交体肤。杀声动天地，拒守百日余。士卒多勇敢，大将亲援桴。吾父外请救，羽毛急军符。一朝黄雾寒，对面迷双瞳。敌人遂登陴，谁复能枝梧。短刀夹长戟，格斗血流渠。烈火复四起，烟焰连街衢。满城百万户，无一存妻孥。"（沈诗）可见战斗之惨烈，但终因寡不敌众，义军失败。

城破格斗之时，南田二兄失散，南田也被清兵俘获，从此开始了囚徒生涯。南田自谓："我年才十五，被执为囚俘。饘酪不能咽，饥肠日空虚。"（沈诗）因为一个偶然的机会，他碰到了一位"青楼旧相识"，这位歌妓已成为陈锦的"侯门姝"，她一见南田这位旧时相识，就把他引入将军帐中，据《恽逊庵先生传》记载："南田初下狱，甚苦，时有作画以消遣，会陈锦妻欲置道饰，令人画模多不当意，或人言（恽）格能画者，特释之出。见其艳神秀朗，进退从容，喜出望外，遂蓄为子。"（《赖古斋文集》卷二）而据南田自己回忆，他在囚俘生活中："彳亍行伍间，乃见侯门姝。青楼旧相识，怜我千金躯。引入将军帐，余餐赐盘盂。从归陈制府，收拔称掌珠。装我紫貂冠，饰我绣罗襦。出入照路光，蹀躞乘龙驹。"（沈诗）从以上两段记载可知，因为南田善画，又因一位青楼女子的引见，他由一个囚俘变成了陈锦的养子，成为陈妻的掌上明珠。从此，他又过着公子哥儿般的优裕生活。然而，他的精神却十分痛苦、委屈、矛盾，直到晚年，他都为自己这一段认贼作父的不光彩历史感到惭愧。但他并没有泯灭天良，他身在陈家，心却在其失散的父兄身上。"所痛我两兄，荆榛没枯颅。""自与我父别，信音各阔疏。一纸偶得书，存亡问何如。他日倘相见，会须还故吾。"（沈诗）他在陈府等候着与父兄相见的日子。

南田在陈家作养子五六年，裘马翩翩，常随总督陈锦游山玩水。顺治九年七月，郑成功又一次出兵攻打漳州，陈锦再次率兵前往漳州救援。七月七日，陈锦至漳州灌口，被其家丁刺死（见清《世祖实录》卷六十六·四），陈锦妻率南田前往收尸并扶榇归至杭州灵隐寺，请陈锦生前曾雅重的灵隐寺高僧具德和尚聚僧为之超度亡灵。南田作为陈锦之养子，当然也在场。就在这作佛事的众僧中，南田忽然发现了其中一僧就是他的父亲日初。沈诗记云："制府旋遇难（陈锦被刺），万里回丧车。我从阿母（陈妻）行，道出灵山区。山寺闻神僧，幡幢开给孤。母施遍地金，灵堂设伊蒲。众中得我父，变服已浮屠（日初已为佛徒）。欲认不敢前，形势反而虞。"原来，日初于建宁失守之后，便率残部退入广信山中，因粮尽，且大势已去，知天意难回，遂解散部队，以行僧身份云游四方，寻访二子消息（见《赖古斋文集》卷二《恽逊庵先生传》）。他云游至杭州时，曾有一次遇见南田"裘马翩翩，随从总督陈锦游山，知锦已抚为子，怦然心动，欲脱之归而苦无善策"（同上）。日初又打听"陈锦雅重灵隐寺僧巨德（即具德）"，便请求具德和尚把他留在寺中，共商见子大计（参见同上）。恰巧在这次道场中，父子得见。沈诗记云："密约得私见，哭罢交持扶。神僧为设法，乞母凤凰刍。此子年命短，宜作释迦徒。阿母恋不舍，鸡鸣戒前途。提携便北去，京国高门闾。谓当袭遗荫，横玉纡青朱。长跪向母告：富贵非吾须，愿终云水游。佛祖言不诬，宗祊自有主。其立亲贤且。母意竟感悟，兴辞拜阶除。飘然一身归，奉父寻故庐。"具德和尚（《灵隐寺志》卷七有传）是日初老师刘宗周的方外交，又是同乡。在这位神僧的帮助下，诈言南田命短，宜出家为僧。陈妻不许，要带南田去京承袭陈锦的爵位，享受人间荣华富贵。但南田坚决表示：不要富贵，而愿出家为僧。陈妻无可奈何，感悟而去。于是南田得以和其父相见。父子皆暂居灵隐寺中，南田有时作画自遣。北京故宫博物院藏有他的《小景十叶》，最末一页上自识："小景十叶，奉呈本师和尚清玩，弟子恽格画。"即作于此。日初也常给南田督课经传儒先之书，南田学业大进。

南田在灵隐寺前后这一段悲欢离合的经历，后来被王时敏之子王抃编演为《鹫峰缘》剧本，大约在康熙十八九年间，多次上演，成为"脍炙一时佳话"（见《瓯香馆集》卷一《寄石谷先生》）。南田为此还写了一首诗："穷庐旧事恨飘零，地老天荒梦未醒。公子初翻新乐府，他时筵上断肠听。"（同上）

在灵隐寺隐居一段时间后，南田即与其父返回常州老家。别后蓬莱径已深，恽氏家道已衰败。堂伯厥初去世，本初尚在，南田得以随他学习山水画。在南田33岁时，本初也去世了。其父日初只是杜门著书，并以课子为务，不务生产，且其复社遗老友人甚多，来往筵饯，花费甚多，家计十分困难（见恽鹤生《恽南田先生家传》，刊于《南田画跋》之前）。于是南田只好卖画维持。南田少时作画，出于性之所好，他的志向却不在画，他在《湖上遇沈子因歌一章》中云："长铗凄凉一敝裘，壮夫已为雕虫误。"可是因生活所迫，他不得不从青年开始就作画出售以求其生了。

南田从灵隐寺回家到四十余岁之间，更多的时间还是跟随其父四处奔波，日初因是明末著名学者刘宗周的高足、复社遗老，又是抗清志士，颇有知名度，鹤生《家传》记其："学问气概，东南硕果，四方声气奏集。"（同上）他到处讲学、访友，来往于苏州、常州、无锡、杭州等地，南田随父拜访并结识了很多反清志士和文化名人。其中包括著名画家，如程邃、查士标、唐荧、杨晋、王武、罗牧、笪重光、梅清等等。南田和王石谷相交尤早，他们共同作画、共同游览、共同饮酒，感情甚笃。南田所到之处，务要作画出售，否则无法生活。其中，南田在杭州的时间较长，因为杭州有他的老友莫云卿，莫家住杭州城东板桥巷口的东园，此园原是南宋帝王的御花园。南田每次来杭，总住在东园，故号：东园生、东园草衣、外史。他在这里又结识了很多朋友，诗画之余，也去同游西湖，当然更多的是卖画生计。

这一段时间，南田父子的处境，有时也颇紧张，清政府一直严密监

清 恽南田 荷香水榭

"四王"因当时是"守法派",南田是"反法派",他把动辄仿某家、学某法骂为剩唾、涤溺、垢滓,可惜他在绘画上无此勇气。此图《荷香水榭》,有其所倡"静""净"之气,此二字成为有清一代画人追求的目标。

视他们。顺治十六年,郑成功和张煌言又一次北伐,克瓜州、下镇江、进芜湖、取徽宁。东南大震,望风反正者不可胜数,吓得顺治皇帝也准备逃回关外。终因郑成功不听部将建议而失败。事后清政府清查"通海"者,有人告密说张煌言之弟张鸿翼是恽日初的学生。于是,府县曾一度准备收捕日初一家(见《赖古斋文集·恽逊庵先生传》),南田一家也十分谨慎。南田寄给其叔恽含万诗云:"尚慎春前札,犹怜草木身。"句末自注:"叔父书来,以尚慎笔札相诚勉。"(《瓯香馆集》卷一)但因此时清政府对汉人采取了镇压和怀柔两种政策,所以,南田尚能外出游览作画。

　　日初年老时，南田就很少远行，杭州也不去了。又因康熙十二年，吴三桂、耿精忠等起兵反清，战乱波及杭州，南田更不能去了。尔后，多在常州附近的苏州、扬州、芜城、无锡、虞山、娄东等地会友卖画。康熙十七年（1678年），其父日初卒，为安葬其父，他花费甚多，致使家境益贫，为了应付租赋家计，他作画更勤，至今流传的作品以此时最多。

　　江南是比较富饶的地方，但当时，江南地赋役也百倍他省。南田家虽有"薄田数亩"（恽鹤生《南田先生家传》），然不但不能够维持生活，且尚不足交纳税租，他的诗文中常有和吏胥打交道的记载："南田子，遥招呼，闭门不顾高阳徒。负郭今有无，县吏常催租。十指倒泻五狱图，抽豪空使神灵趋。""树案渐妻子，呼门畏吏胥。"（《瓯香馆集》）恽敬《南田先生家传》中记其："家甚贫，风雨常闭门饿。"为了应付吏胥们的催租和维持一家人生计，他不得不拼命作画，他题画云："陶徵士云'饥来驱我去'，每笑此老皇皇何往乎。春雨扃门，大是无策，聊于子久门庭乞一瓣香。东坡谓：'饥来展看，还能饱人。'恐未必然也。"（《南田画跋》）又云："灶突不烟，时烧树根，向窗棂微阳，借笔遣兴。昔人云：'饥时展看，还能饱人。'又不知寒时展看，还能代绵袍否？"（同上）有时穷得连衣服都不全，"久客无完裙"，"头上无完巾"。甚至去赴宴，还要借别人衣服穿一次（见《明清画苑尺牍》"恽寿平手札"）。

　　南田在困苦中，也得到很多朋友的帮助，其中有王石谷、王时敏值得一提。王时敏通过王石谷了解到恽寿平，对他十分欣赏。南田对王时敏也十分感激，他在给王石谷的诗中尝提到石谷的老师王时敏，诗云："双鱼尺素语千行，字字毋忘王太常。无那相思向东立，海云天外半扶桑。"（《瓯香馆集》）康熙十九年，王石谷陪南田来到娄东，其时，王时敏已卧病在床，据鹤生《恽南田先生家传》记云："娄东王太常爱赏特甚，屡遣客招致，而翁方出游，所至倾慕，虚馆争迎，不能即往，适往而太常已病，闻其至，喜甚，请至榻前，一握手而后瞑。故留馆娄东最久。"王时敏去世后,南田悲伤地写了《哭王奉常烟客先生》二十四首(见《瓯香馆集》卷六·十二)。从南田的诗文中可知,这次见面,王恽二人"止于榻前两番执手而成永诀"。但王时敏为了南田的到来,却给他准备了银两作为供客之资。而且二人"闻声相思",神交十有余年。王时敏死后,他的几个儿子继续给予南田不少帮助,当南田不得已要离开娄东时,王石谷和王时敏的几个儿子又竭力相留,高情难却,南田只好暂时留下来。娄东的文士们对南田皆很崇敬,其中值得一提的是诗人沈受宏,他是一代词宗吴伟业的学生,在当地享有盛名。王时敏之子王抃曾将南田少年抗清与其父失散、为僧等悲欢离合之事编写成传奇《鹭峰缘》,在娄东等地多次上演,沈受宏曾看过《鹭峰缘》,对南田少年抗清,与父兄离散以及在灵隐寺具德和尚帮助下,和其父团圆的经历十分感慨,于是仔细地向南田问起此事,南田便把自己的经历如实相告,沈受宏便根据南田的叙述,写了那首著名的《赠毗陵恽正叔一百韵》,成为了解南田生平的重要诗史。

朋友的挽留关照以及赞誉,使南田生活较舒适,"弹冠坐明发,高誉望良朋"(《瓯香馆集》)。在朋友高誉下,画的销路也好。南田常和友人们共同作画吟诗,寻幽访胜,真有点"乐不思蜀"了。

根据南田画迹可知,这期间,他去过苏州、镇江、杭州、虞山等地,石谷也常来约他去虞山游览、作画、题诗,但仍以娄东为中心,而且在娄东的时间为多。

南田年近50了,尚无子,王时敏的几个儿子伙及一些朋友,一起出钱又为南田娶了一个年轻的小妾。南田50岁时,这个小妾为他生了一个儿子,南田和朋友们都十分高兴。康熙二十二年(1683年),南田决计离开他久客的娄东,回常州老家,朋友们在王抃的拙堂中设宴为他饯行,南田当场赋诗,道出了胸中块垒、离愁,以及抱子之喜,尤其道出了对朋友的感激之情。诗云:

把酒芳筵话远征,萍踪犹系故人情。

只因半世从屠钓，安用诸侯识姓名。
别路且攀吴苑柳，何心重听蓟门莺。
三年庑下栖迟客，一夜离愁白发生。

花残江馆滞征缨，绿浦红潮柳岸平。
芳草有心抽夜雨，东风无力转春晴。
艰难抱子还乡国，落拓浮家仗友生。
只为踌躇千里别，归期临发又重更。

按此诗曾题《春江送别图》（现藏上海博物馆，文字略有异），诗前题："春江送别图，癸亥清明后二日，呈芝翁先生（芝翁即杨芝田）。毗陵南田寿平。"诗后又跋："拙修堂宴集，分韵，时将移家返里，即有远行别娄中诸君子并录求正，聊为别后相思之资尔，寿平。"

回到家乡不久，为了卖画，南田又不时外出，在他生命的最后几年中，仍然是游览于江浙一带，赏景、访友、吟诗、作画、卖画，每到一处，总是找到朋友家落脚、聚会，卖了画后，又回常州之家，和妻妾子女相聚，在家一段时间后又外出。

康熙二十九年（1690年）溽暑，南田度完了他动荡凄苦而又清幽的一生，卒于常州家中，终年58岁。一个辛勤创作一生的画家，死后家人竟无力安葬他。王石谷闻讯后，立即前往南田灵前，恸哭吊唁，经理葬事。此时，王石谷又正忙于赴京主持皇家《南巡图》的绘制工作，因而，不能事事过问，于是出资委托日初的学生也是南田的好友董珙以及南田弟子邹显吉（邹一桂之父。邹一桂此时为南田之婿）经营殡葬事。南田的灵柩被安葬在常州武进县南之上店（垫）村胥城之西。

"诗如其人，画如其人""风格即人"，南田的艺术亦不例外。他出生于一个世代官家又是书香之家，自幼受到诗书字画的薰陶，因而，他有很高的文学和艺术的修养。他的诗被称为"毗陵六逸"之首，除了题画诗之外，更有很多言志之作，他的好友顾祖禹评他的诗："忽焉使

清　恽南田　山水轴　纸本墨笔，
81.6cm×49.1cm，现藏台北故宫博物院。

人凄其流涕，忽焉使人怒发上指。"（见《瓯香馆集·序》）顾炎武也说他的诗："落笔如子山（庾信）词赋，萧瑟江关。"（《瓯香馆集·附录》）他的诗反映了他的性格，他的性格因遗传和环境影响而形成。他的父亲是以天下为己任的壮烈之士，因而，南田自幼具有爱国思想，15岁便成了抗清英雄。但他又算不上响当当的慷慨死节之士。他不是石谿那样的血性汉子，也不是渐江（弘仁）那样战则战、逃禅则逃禅的干脆利索清高之士。他在忍受不了囚俘生活时，做了敌帅的养子，认仇敌为父母。但在脱离母子关系后，他仍以恩人侍之（南田至老仍感激其养父母），并不反目为仇。他开始主要交接抗清复明志士，后来也和达官贵人接触，甚至还成为相国王琰（王时敏第八子）的座上客，但他又大骂达官贵人是"沐猴称上客"。

他有志气，但骨气却不硬，他的灵魂基本上是纯洁的，从没有从思想上想去投敌求仕得富贵，只是他善于蒙垢饮恨，以求其伸而已。少年抗清，一生未改其初，而且"以父兄忠于明，不应举"。他时时回忆当年的抗清战斗："潜身木末看传箭，变服芦中急避兵。世事漫劳亲故问，且将樽酒话平生。"（以下凡不注名者皆见《瓯香馆集》）"生还如在玉门外，客路伤心遍草莱。血雨重城鸡犬尽，黄埃千帐马驼回。""春城血战冷悲笳，废垒伤心旧炮车。""我有游魂招未得，劫灰天畔忆黄华。""黄华城曲吊残晖，阴火犹闻照铁衣。青草不生洲上路，鹧鸪还傍战场飞。"（黄华，山名，地处福建建宁东北。南田当年在此与兄失散）直至晚年，他还"伤日国破为俘日，赋就招魂泪未干。"但他又自恨："不为英雄死，谁能国士看。""我亦江城失职人。"他终其生都为做了总督的五年养子而后悔惭愧，自谓算不上清白之人。但他并没有为富贵爵位所动，仍然心念抗清的父兄，一旦见其父，便毅然离去。他目的明确，手法却灵活曲折。

他既有"青楼旧相识"，又能做陈锦妻掌上明珠，说明他并非冷铁心肠。但他缺乏怒火般的急愤，既不能怒吼一声，拔剑而起，亦不能拼将一腔热血，抛出头颅，打出淋漓血斑。所以，他的画既不像渐江（弘仁）之冷峻，也不像石豀之苍辣，更不像徐渭之激烈及气势磅礴。他虽善于保存自己，委屈求全，但又心地纯正，有淡逸之气，不贪富贵、不恋功名、不拖泥带水。因而其画也纯正、淡逸、秀洁、清明、不浑浊、不拖泥带水。

他壮心不已，有"济时念"，一直企图为国为民干一番大事业，每以绘画为雕虫小技，并视为耻事："嗟予亦草莽……壮心事雕虫。徒抱济时念，谁能排云虹。鸣雷争瓦缶？待叩非洪钟。"他五十多岁时还高唱："烈士壮心，其能已乎？昔人于此不禁唾壶之缺。"依旧"雕虫心自悔"。但他又不能不全力于画。矛盾、委屈、痛苦，摧残了他一生，却玉成了他的艺术。

（二）恽南田的山水画

南田以写生花卉画著誉画坛，其实他一开始是学山水画的。《国朝画征录》说他："好画山水，力肩复古，及见虞山王石谷，自以材质不能出其右，则谓石谷曰：是道让兄独步矣。格妄，耻为天下第二手。丁是舍山水而学花卉。"其实南田的山水画并非真的不如石谷，只是石谷有名在先，南田的山水画要想取得更大名气是很困难的，而花鸟画还没有这样被人公认的名家。实际上，清初花鸟画，墨笔大写意有八大山人，且又地南昌，设色没骨只有南田一人，是独诣而无人与之"同能"的。南田画没骨花卉只是为了卖钱和赚取名誉，当然，也体现了他个人的精神状态，但他的更大兴趣还是在山水。他一生都没有停止创作山水画，其《南田画跋》三百多条基本上是题自己的山水画的。

"四王"和吴历皆以山水画著称画坛，恽南田和四王、吴历并称为清初六大家，当然是以南田的山水而论的。若以花卉画论，在当时所谓正宗画中，还无人能和南田平起平坐。仅以南田的山水画和其他五家比，春兰和秋菊，各得其宜；就淡逸灵秀而论，也许在五家之上。寿平的山水画开始是学其叔恽向的，受过恽向的专门指点，后来，他学黄、吴、王、倪诸家皆是通过恽向而上追。

现存恽寿平最早的一幅山水画即题"小景十叶，奉呈本师和尚清玩，弟子恽格画"的一幅墨笔山水。画于20岁左右，画上又题："观大痴江山卷，得此数笔。"大痴的《江山卷》，不得而见，这一幅构图却似《富春山居图》的一部分，用笔亦很简括。但其精神状态却与黄画大不相同，黄画是干而松的，此图是润而清的。黄画苍莽雄秀，此图明丽淡逸。黄画作树多用笔点簇，惟松针勾写，此图树叶或圈或写，勾点的方法也和黄画不一样。可见南田初学画时就能灌输自己的精神意态于画中，师其意而略其迹。他在《自题仿大痴卷》中说："略借粉本而洗发自己胸中灵气，故信笔所之，不滞于思，不戾于法，适合自然。"

（《南田画跋》）就是这个意思，这幅画中用笔不尖不圆，信手为之。实际上流露出的乃是恽向的笔法。30岁左右，他的画笔变得尖瘦，28岁时为蒋枞庵所画的《山居图》（此图现藏日本东京国立博物馆）也是学黄子久的，但较之以前更荒率，用笔也更为进步，作画的态度也似乎更加认真。北京故宫博物院所藏《灵岩山图》卷（纵20.7厘米、横107.2厘米，墨笔，《过云楼书画记》著录）是南田甲辰（1664年）二月上旬（中春上浣）所作，画的是苏州灵岩山，左端是虎丘塔。自题："先香山翁（恽向）曾为和尚写灵岩图，题其帧首曰：此山之趣在背，寺之趣在面，水之趣在天。盖以侧面取势，令湖光出其上。惜此图逸去，无从悬购。今追用此语，直写正峰，自落红亭以上，剪取芙蓉城一片尔，而全形具焉；如须弥山七宝所成，上下四旁，各见一种色，色色不同，所见皆须弥也。呈老和尚鉴之。毗陵弟子恽格画并题。"又在前再跋："昔黄子久画富春山卷，颇自矜贵，携行箧历数年而后成。顷来山中镜清楼上，洒墨立就，曾无停虑。工乃贵迟，拙何取速，笔先之意，深愧于古人矣。寿平又跋。"（这段题跋已收录在《南田画跋》中）其画虽取法黄子久，然已更多地加入己意，以尖瘦的笔法勾皴，又略加渲染。没有子久画那样虚松，润淡秀雅却过之，而且密处更密，疏处更疏，似有意为之，然密处也有疏的感觉，疏处却也很充实，并不密。《南田画跋》中有一段话："文征仲述古云：看吴仲圭画，当于密处求疏；看倪云林画，当于疏处求密。香山翁（恽向）每爱此语，尝谓：'此古人眼光铄破四天下处。'予则更进而反之曰：'须疏处用疏，密处加密。'合两公神趣而参取之，则两公参用合一之元微也。"南田此画正是他的理论之实践。不过，这类画可能只是南田一时试验之作，疏处尤疏，密处尤密，形成强烈对比，风格突出，但和他后来强调的"淡"不合。他这种画法在后来画中亦有表现，但却不太强烈了。同年中秋，南田所作的《双松图》轴（纸本设色，纵133.3厘米、横62厘米，现藏上海博物馆），笔法和《灵岩山图》卷相似，但疏密对比虽然很明显却不那么强烈了。此图上南田自题："秋夜薄醉，秉烛观古松，乃金陵六朝遗影，枝如虬龙，翠微间拂拂疑有声，如风涛作于怀袖，瑟瑟盈耳可听，泠然静深，又若古桐鸣而万壑寂也。因以诗赞之：摩诘庭前鳞未老，渊明篱下影长孤。耻从东岱观秦礼，错使人疑五大夫。甲辰中秋，余病甚，过客舍盘桓竟夜，病良已，晓起拈管，戏笑作此图，恨子晋（唐荧）不在座，无繇发寄怀，虚此晤对尔。东园寿平。"题诗内容表现了南田高逸思想和耻于从官的态度。这两株松也是他的精神写照吧。而且题跋还道出了他的画是"观古松"而得，南田的山水画不再是单一的临写古人，他已开始从造化中得取题材和灵感。从此之后，他的山水画开始走向成熟。

南田成熟的山水画存世尚不在少数，上海博物馆所藏《山趣图》扇面，虽小幅，然却十分精到，其山境平远、深远俱有，境界空旷，景致缥缈，苍苍茫茫。自题："乱如复乱，断如复断，点画离披，落花游丝，能领斯趣，目与神遇。乙巳腊月，东园客寿平自赞。"可知此图作于康熙四年（1665年），时南田33岁。题字道出了他作画的意思，尤其是观赏大自然得其神为上的旨趣。但得自然之神又靠的是画家的修养和情怀，故曰："目与神遇。"南田此图乃其得意之作，已有自己的面貌，他融化了古画的书法，用尖瘦的笔勾点皴披，画得生秀润峭、朝气勃勃，和"四王"一系缺乏生气的绘画完全异趣。

南田山水画到36岁至40岁左右已完全成熟。北京故宫博物院藏有南田的《富春山图》轴，自题画于戊申（1668年）秋杪（此图《石渠宝笈初编》有著录），其时南田36岁。画中山重水复，长木巨卉，云雾缥缈，用笔细润清淡，貌似黄公望，而用笔风骨以及精神状态，全出己意。他这一时期所画的长轴大约皆作为中堂出售作品，在构图和笔墨上都显示了他的成熟。他38岁在镇江为笪重光所作的仿王蒙《夏山图》轴（现藏北京故宫博物院），也和前图一样，构图似王蒙《夏山图》，而风骨神韵全出己意。但他仿倪云林的画，用侧锋落纸却另有意思，和仿黄、王画风貌不同。

香港虚白斋藏有南田《南山云起图》轴，左上自题："醉里常呼鸾鹤群，林风空翠落秋雯。隔溪自结黄茅屋，闲里南山起白云。庚戌

（1670年）南田草衣在静啸阁得句。"可知此图作于38岁。其画构图略似云林，用笔亦侧锋，但云林画用笔虚而松、干而缓，南田画却润而清、湿而利，有冰肌玉骨之感。此图右上又题："曾见云林小帧，为层峰叠嶂、林木郁密，笔思在荆、董之间，此景略用其意。今人欲以一树片石，率意点笔为云林，岂复知有云林哉？园客寿平题。"可见他对云林画理解之深，而他自己也不过"略用其意"而已。南田画仿云林者大抵皆是这个样子。和《南山云起图》差不多的还有他39岁时所画《疏树溪堂图》轴（现藏上海博物馆），二图基本相同，连题的首句也基本上相同："醉后闲呼鸾鹤群，北山何用著移文？偶从物外留真想，不向诗中写碧云。辛亥新春发笔为房仲抚倪元镇。恽寿平。"画法也和上图基本一致。

上海博物馆还藏有南田两幅山水扇面，一作于39岁，画上自题："辛亥六月，在西溪竹下，抚李营丘雪山图，为枚吉（吴逢原）大兄消暑。因忆客冬聚首，正积雪凝寒时也。寿平识。"一作于40岁，画上自题："壬子天中，南田客寿平仿黄鹤山人意。"其实这二画皆是他自家笔意，和李营丘、王蒙基本无关。当时在画上题仿某人，用某家法、某家意，是一种时髦，有的并无多少实际意义。

南田还有大量的册页，注明用黄公望、倪元镇、董源、赵大年等五代宋元诸家法，其中仿元人法尚能"略用其意"，仿五代宋元画有的是出于猜意，有的是全无其实，题用某家法，有时也为了表现自己的画有来头（传统）而已。另外，当时正统派画法强调某画用某法，反对"自出己意""以己意玄奇"，注明用某家法，易于出售，购画的往往需要这些来头。南田这些册页画得特为精致，尤见情趣，他自己题画云："大帧难于得势，小景难于得趣，余曾见董宗伯有此，戏抚其意，庶几于趣矣。得势得趣，自以谓绘苑名言，研求斯义者当不易，吾语未必以为诞也。寿。"（上海博物馆藏南田十二页山水册之一）他自己的小景就颇能得趣，现藏各地博物馆中南田的小景画，皆能证其所得情趣非凡。

南田的山水画还有些是用古人笔意画眼前之景，也显得十分特别。

广东省博物馆藏有南田《春云出岫图》（文物出版社1986年出版的《广东省博物馆藏画集》中有清楚图版），自题"拟高尚书法"，又识："癸丑（1673年）暮春之初在阳羡南岳山遍地开花，观铜峰云起得此意。""观云起""是眼前之景，又用高克恭法，可谓写生和临摹的结合。图中线条和米点都比高克恭的画清润秀逸得多，而且密处加密、疏处用疏，云雾迷漫，秀峰隐现，显得特别舒目而亲切。这类画还有很多。

南田成熟之后的山水画基本上没有再变，况且他的主要精力用于花卉画，只是到了晚年，50岁左右，他的山水画笔墨略显粗率，境界也较前空旷，线条较前疏落得多，对于古人之法就更不加拘泥了。上海博物馆所藏一套册页十二幅，上有甲子年款，乃是他52岁时所作，其中仿张贞居、摹赵大年、临赵元之画皆荒率粗疏，不像中年那么工整文细，临方壶、高克恭的几图，也皆是淡墨一抹，略加浓点而已，且下笔较为随意，当然也更加自然（淡）。南田晚年的画或更加淡逸，或更加率意，这在他的花卉画中也有所表现。

总结南田的山水画：

一、早年因受其堂伯恽向指点，多临写恽向的画，受其影响较大，恽向的山水画是师法董巨的，后期崇尚倪云林和黄公望，多作小景，南田早期山水以及小景画显然是转手于恽向而学倪黄，他作画终生皆有恽向的基底，只是画得更加秀润淡逸而已，而且对恽向的枯简作风也有所改变。

二、南田和"四王"是好友，画风互相影响。但"四王"的画，尤其是王时敏和王原祁的画，多"叠石重台"，貌似大山，细一分析，皆小石堆砌。从学者益甚。南田的山水画整体感很强，没有小石堆砌之弊。这既和他注重写生有关，也和他临古人画略取大意有关。"四王"及其追随者们学画，是从黄公望等元人画中一石一树学起，如小儿之临帖，故创作时难免一石一树的堆砌。《南田画跋》中对此问题曾有严肃的论述，云："子久《富春卷》……凡十数峰，一峰一状，数百树，一树一态，雄秀苍莽，变化极矣。与今世所传叠石重台，枯槎丛杂、短皴横点规模迥异。予香山翁（恽向）有抚本，略得大意……"

三、南田的山水画虽和王石谷山水画相近，但二人区别亦很大。南田山水古澹明秀，清润逸荡，如冰晶玉莹，风姿独绝，无一毫尘俗气，更没有当时绘画中的甜气、粗莽气和僵死气。他的笔墨都有一种透明之感，这是十分难能可贵的。他本人在理论上也经常强调"幽淡之笔""神气古澹""幽情秀骨""余故亟称宋人澹雅一种""别有一种贵秀逸荡之韵""古澹明洁""秀润""幽澹原真性，孤标不受怜"等等（皆见《南田画跋》）。由古淡秀润的笔墨而形成了一种"远"的效果，这是粗浓的笔墨所不能企及的。

四、古淡秀润的笔墨既是南田追求的目的，又是他借以达到意"远"的手段。南田谓："意贵乎远，不静不远也。"（《南田画跋》）山水画中，还有二种，一是景有远的感觉，这比较容易达到。二是笔墨所表现的"远"感。宋人论李成和范宽的画为一文一武，说范宽的画，离远观亦如面前真山；李成的画，虽近观，如对面千里。即李成的画笔墨效果中就有远的境界。远的境界乃是清净、高雅、纯洁、秀逸的境界，最为古代文人们所向往。

五、静净。南田论曹云西的画云："云西笔意静净，直逸品也。山谷论文云：'盖世聪明，精彩绝艳，虽却静净二语，便堕短长纵横习气。'涪翁（黄山谷）评文，吾以评画。"南田的画最可贵的就是：静净。静即去除躁动的笔墨，使山水产生一种静气。笪重光《画筌》中云："山川之气本静，笔躁动而静气不生。林泉之姿本幽，墨粗疏则幽姿顿减。"南田和王石谷在这段话后评曰："画至神妙处，必有静气，盖扫尽纵横余习，无斧凿痕，方于纸墨间静气凝结。静气，今人所不讲也。画至于静，其登峰矣乎。"净比静更进一步。静的画要画家心境静，净的画则更要画家心境纯净。南田所要追求的"古淡明洁"和"荒寒之致"，皆从净中来。又，静乃是道家的标致和境界，净乃是佛家的标致和境界，中国文人受道释的影响，皆归于"静净"。"静净"二字是画家最不易达到的境界，也是古代中国山水画的最高境界。

艺术和政治相距最远，但艺术家一旦得到政治力量的支持，其势力就无可与之比抗。王石谷专作山水，有强硬的后台，有皇家支持鼓吹，画名已大振于前，若纯以艺术水平而论，南田的山水画，乃是正宗文人画中的最高境界。张庚谓南田山水画"深得元人冷淡幽隽之致"（《国朝画徵录》卷中《恽寿平》）。秦祖永更说："南田翁天资超妙，落墨尤具灵巧秀逸之趣，为当代第一。"（《桐阴画诀》）非过誉也。

（三）恽南田的没骨花卉画

南田在绘画史上更突出更引人注目的地位乃是他的花卉画，如前所云，以花卉画而论，无论是实际成就抑是实际地位，南田皆堪屈指一流，清人秦祖永称他为"当代第一"，不仅指他的山水画，更指他的没骨花卉画。

南田画花卉是在画山水之后的，但他少年时也不是完全不画花卉。据记载，南田于兵败被俘之时，因给陈锦妻画钗而得生，则他16岁时就画过花卉而无疑。但他后来还是画山水为多。中国古代绘画"山水居首"，当时的正统派画家皆以山水为业。所以，南田少时画花卉只是偶尔为之，或为情势所迫而已。中年之后，主要画花卉，又为另一种情势所迫。

据《书画鉴影》卷十七·二十七记载，南田25岁曾抚徐崇嗣没骨牡丹图扇面。这是记载中南田最早的花卉画作品。《十百斋书画录》记载南田有花卉册四桢，作于己亥年，时27岁。但现存南田花卉多出于他40岁之后。若从《瓯香馆集》中统计，其花鸟画约244幅，山水画约152幅。现存画迹，也似乎花卉画略多于山水画。而且，提起南田，给人总印象，他乃是一位花卉画家。

南田的花卉画，早期作品很鲜见，其40岁之后之作已完全成熟，除了晚年作画有淡逸风格之外，尚有粗略率意的一种，算是明显的变化，其他的变化皆不是太明显。则他的成熟期是一个长巅，而不是一个尖

清　恽南田　花卉册
（之一）　纸本设色，
24.1cm×27cm，现藏
苏州博物馆。

清　恽南田　花卉册
（之二）

恽南田的花鸟画开
了"常州画派"，花卉
全从写生中得来。在当
时，若以花卉论，在所
谓正宗画中，能出其右
者尚无。

峰。但南田每一时期作画又皆有几种面貌并存，这从他的画迹中可以明显地看出。

我曾经说过，一个画家固然可以有多种风格存在，但必统一于同一的性格之中，即风格的多样化统一于性格的同一化之中。南田的花卉画究其性格是一致的，他的几种面貌的出现，有时是因为情趣的变化，有时出于朋友的需要，有时也因为要照顾买主的兴趣。即有时要"泄胸中萧寥不平之气"，有时又要"卖画以供朝夕"。卖画因买主不同而作画的面貌也有异，这当中当然也有雅客。南田画的买主多为朋友延揽，有时南田还要去信向朋友问及买主的需要和兴趣，然后再落笔。这在他的画札墨迹中尚可得到验证。有时他把画画好，等待买主，如《故宫名扇集》中有南田一幅《百龄图》，画的是百合和灵芝（谐音为百龄），画左题："百龄图，乙卯（1675年）孟夏南田拜祝。"既"拜祝"却无上款被祝之人，显然是等待买主购买时根据买主的需要再补写上款。还有他常画的题材：雄鸡在下，鸡冠花在上，题名为《官（冠）上加官图》。这类吉利语，十分庸俗，也完全不合于南田的思想，南田是拒绝为官的，而且十分鄙视庸官，但却又画这类内容，祝愿别人升官。画上题诗"铜壶玉漏金门下""凤凰楼下朝天客"等也都和南田思想格格不入，其中苦衷不言而喻。为了生存，他不得不画，不得不写。

根据南田画迹，归纳起来，他的画大抵有四种主要面貌和二种次要面貌。即：浓艳、淡逸、浓淡适中、粉笔带脂，其次是晚年率意、勾花写叶。另外，南田虽然很少画鸟，但却常画鱼蝶蝉猫之类。也算是一种吧。以下分而论之：

浓艳一种，以美国大都会艺术博物馆(The Metropolitan Museum of Art)所藏之《花卉长卷》最为典型。此图绢本，长约10米(测)，末识："未识有合古人万一否耶，南田草衣寿平。"无年月。卷末有王石谷题跋曰："白云外史蝉脱物外，故其用笔设色超忽，落寻常畦径，可谓神化已极，非仅生动形似而已。鉴者宝之。时癸亥嘉平石谷王抟。"此图大约就是南田于癸亥（1683年）年所作，时51岁，正是南田生子后最需要用钱的时候，全图既自然分段又互相联系地画有水仙、月季、碧桃、绣球、菊、海棠、蝴蝶花、杜鹃花、荷、木芙蓉、大丽、芍药、牵牛、牡丹、玉兰、木槿、白梅、芙蓉等等，皆没骨法，纯用色，浓而艳。花叶都用浓重的绿色没骨写出，分出向背、正侧、前后，再用更重的墨绿色勾筋，二叶之中也有不同的变化，似有光的感觉，叶脉有主从粗细之分，根据转侧而注意其趣向，画得工整严谨。花朵多用红白（粉）或蓝白晕写，再以重红或重蓝勾染，花瓣亦用没骨法分浓淡写出，再以淡色渲染。花蕊用白粉勾点，再推罩雄黄，凸出纸面，其中菊花用重黄色，没骨写瓣，再用白粉勾丝，再适当地用淡红色渲染，极细腻工整浓艳，形象如脱纸而出。这种画法粉太重，色浓而重，艳而亮，乍视之，似俗，细审之，其根基仍非常雅致。然到底缺少淡逸之趣，也和他自己的"幽淡原真性，孤标不受怜"以及"古澹明洁"之思想有距离。南田这类浓艳的没骨花卉存世非止一幅，如东京博物馆所藏之《石榴花图》，北京故宫博物院《牡丹图》，南京博物院《芍药图》等等，皆精工之致，几夺造化。惟富而艳，乏于古淡雅逸之趣。想象这类画大多是为了卖给一般的富贵而文化不高的人家。但是这类画同样也反映了南田美学思想的另一面。其一，南田自称画学宋人，宋人作花鸟画设色皆浓重。花鸟画至元人钱选始变浓重为清淡，但宋人花鸟设色浓重而不艳，澹雅而浑朴。南田的画浓重而艳，艳乃南田故求之，以迎合富贵买主之兴趣也。其二，南田力主形似，以形似而求神韵，最后达到形神俱妙之目的。他在一幅《安石榴图》扇面画上自题："写生家神韵为上，形似次之，然失其形似，则亦不必问其神韵矣。余曾见宋人画一石榴，渲染且数十遍，至无笔可寻，无色可拟，庶几神形俱妙。识之于心已久。"南田这一类精工浓艳之画，正是他这一思想之试验和实践。不过，这类画在南田一生所作画中所占比例毕竟甚少，并不代表他作画的主要面貌，也非他的得意之作。代表南田花卉画的主要面貌乃是他的淡逸画风。

淡逸画风，是南田出自胸臆的画风，也是读者最为欣赏的画风，最能代表他的没骨花卉之成就，现存这类风格的作品也最多，上海博物馆所藏《落花游鱼图》就是南田43岁时的作品。这时正是他由画山水为主转向画花卉为主的时期，这幅画在他现存花卉作品中算是较早的一幅。画中清静的湖水，几朵浮萍，几片桃花，其中一花刚落入水中，惊动一群（十尾）游鱼，争相从四面游来，逐食戏娱，附近水藻也随之被搅动。画面生动多趣。左上自题："孤叶翠相结，藻影青可怜。鯈鱼游其间，愿得惠子分，从我于濠上之观兮。乙卯（1675年）余客湖滨，绿堤花岸，蒲滩荻港，于此流连，戏作斯图，略得宋人刘寀遗法，青蘘钓隐恽寿平。"湖滨即杭州西湖附近，是知此图是南田于康熙十四年作于杭州。全图完全不用勾勒，花藻用花青和赭石没骨点染，群鱼则用淡墨没骨写出，若淡若无，几无笔迹可寻，亦无色相可拟，用笔皆轻而缓，文静而淡秀。全图基本上没有浓重的色和墨，其水渍充分而清润，用墨秀洁而清淡。和他一贯主张的"幽情秀骨""澹雅""古淡明洁"的审美观完全契合。刘寀是北宋画家，其作品《落花游鱼图》至今尚可见。南田的鱼藻与之十分相似，可见他对于传统的学习，下了很大的工夫。

南田对此图特感兴趣，画上题字用庄子和惠子濠上观鱼的典故，表达了南田淡泊闲适的情趣。以后，他又画了很多幅《落花游鱼图》，如现藏美国火努鲁鲁美术馆(Honolulu Academy of Art)的扇面画，也画几尾游鱼，争食于水藻之中，这幅扇面画实是上海博物馆《落花游鱼图》之缩小，考其风格，应作于同时，其画左方题："仿刘寀《落花游鱼图》意，于瓯香馆，寿平。"北京故宫博物院所藏《蓼汀鱼藻图》轴，其上自题："青山园池，蓼花汀上，得此景。白云溪外史寿平剪烛戏图。"也是这幅画的改动，不过，从风格上考定，这一幅当作于南田晚年，因为画面既淡逸又有率意，正是他晚年的代表画风。

上海博物馆所藏《半篱秋图》轴，是南田45岁时作品。图中画锦葵在上，雁来红在下，纯用色没骨写出，皆清雅淡秀，雁来红以淡胭脂或略加花青轻轻地写出，颜色最淡处，几近于清水，然后用略重的胭脂勾叶筋。锦葵花黄白色就更淡而润，其实主要是用水画，水中加一点颜色而已。南田淡逸一类画皆有这个特点，故秀润清淡。此画上自识："丁巳九月，吴门寓斋观钱舜举秋容小帧，略去畦径，独得天趣，以视白阳、包山，犹隔一尘，此景即仿其意。南田寿平。"前已述，钱选（舜举）是将花鸟画由浓重转向清淡的重要画家，南田仿其意是可信的。南田52岁时所画的《秋花猫蝶图》轴（上海博物馆藏），其中雁来红画法亦与《半篱秋图》相同，只是颜色更加淡润秀洁而已。

南田画愈到晚年愈淡润秀洁。上海博物馆所藏南田《花卉册》六幅，其中白芍药一幅，花叶用淡花青稍调藤黄轻缓地写出，极润淡清秀，因颜色秀洁而有透明感，虽极淡亦十分清晰，因笔趣不凡，复能得其荒寒之致，令人泠然神远。画中南田题："红苞金粉露凝寒，溱洧何年留所欢。别有澹妆称国色，玉盘曾向月中看。白云溪外史寿平。""凝寒"即寒冷的积聚，"月中看"是一种荒远空明之境。正因为作者胸中有些"凝寒"之物，荒远空明之境，他的笔下才有此意境，读者观之也有同感。艺术品倘能约束人的神情，改变人的心境（移情），使人有某种特殊的感受，这就是伟大的艺术、非凡的艺术。然而，这种艺术也必出自具有非凡心境和品质的作者之手，它不是单纯技巧的作用，而是心境外化的结晶。同册中月季花，用淡红色悠悠地写出，花瓣当中的颜色空明几近于清水。碧桃花一幅亦然，花瓣之间自然留出空白。其淡润而清，和他自己另一种粉笔带脂点染一路画风不同。

南田晚年，心境愈加淡泊清空，其画因之。五十余岁后作画较前又更加清秀明洁，包括他的粉笔带脂点染一路画风，其花叶也都有一种透明感。鉴者览之，有荡涤庸怀俗虑之效。

上海博物馆所藏南田《天香图》扇面，自题："天香图，丙寅麦秋临吴炳本，寿平。"是年南田54岁。《珍果图》扇面，自题："珍果图，戊辰春月，白云溪渔，寿平。"是年南田56岁。这二图都是南田晚年之作，皆愈见其淡逸之致。

最能代表南田胸臆的一路画风是水墨清淡一路，这一类画也属于淡逸一种，但却不用色而纯用水墨。在《南田画跋》中，有很多条内容表示他对水墨花卉的特别欣赏，如："唐解元墨花游戏，如虢国夫人马上

淡妆，以天趣胜耶。""墨花至石田、六如，真洗脱尘畦……非抹绿涂红者所可概论。"同时他对自己的画"玲珑丹彩散天葩，刻画争传没骨花"，表示无可奈何。南田的水墨花卉以美国火努鲁鲁美术馆所藏一套花卉册页最为典型。这一套册页纯用水墨，其清淡如水，透明如膜。如《霜气图》一幅，画桂叶用清润的淡水墨，叶之背墨淡如水，略重墨勾叶脉，后面的叶子似有似无，朦朦胧胧，自题："枝上霜气清，树底烟苔薄。密叶满金风，宝阶细花落。云溪渔父。"阅其画后，果有一种"霜气清""烟苔薄"的感受。《南田画跋》中有："清如水碧，洁如霜露……余谓画品当时作此想。"讲得很深沉。他的画正如此。其《温香图》一幅画大牡丹，仅花蕊用略浓墨点写，其余皆用淡如清水之墨没骨写出，当然，淡如水的墨中仍有不同层次，以见淡濬之意。其他几幅皆如此。花和叶全用淡水墨没骨点染，全图仅有图章是红色。其画法虽同于没骨法设色，但因全用水墨，融五色于一色之中，玄之又玄，因而就更加淡逸。

可惜南田这一类水墨清淡画存世并不多，他在当时也不会画得太多。他既要抒其胸臆，又要卖画求生，所以，他的画仍以着色为主。

以上说的是浓艳和淡逸二种，以及水墨清淡一种。南田还有一种花卉画介于浓淡之间者，这一类画数量也很多，且较为常见。浓艳一种画未必合于南田胸臆，故数量亦非太多。特别清淡秀逸者，非入寂寞之境和宁静之时而不可得，非心境淡泊、神情深静之致者不可至，故不是任何时候皆能画出来，更不可用以对客挥洒。惟非浓非淡者可以随遇而安，其画既丰腴又秀逸，兼浓淡二者之长，虽澹逸不及，而润媚过之，色彩丰富而又非清淡者之可比。如上海博物馆所藏之《九华佳色图》扇面，其上自题："黄鹅紫凤舞霓裳，耐得秋寒斗晓妆。一片绿涛云五色，更疑严电起扶桑。丙辰九月戏作九华佳色。园客寿平。"时南田44岁，正是他把精力主要用于花卉画之时。南田此种画不像他作淡逸一路画，用色几近于用水，画面秀洁透明；也不像他画浓艳一路，用色十分厚重。它既厚实又有一定的透明感。菊叶色彩丰富，花青藤黄、赭石墨加调，表现出菊叶的深浅冷暖以及正反老嫩盛败鲜枯之态十分得当。花朵也鲜润明丽，但不俗。所以，这类画雅俗共赏，易于出售。

上海博物馆还藏有南田同类型的扇面画《艳菊图》，上题："庚申十月，娄东客馆夜坐拥炉，明窗净几，玩胆瓶艳菊，经霜未改，色态犹妍，戏为留照，南田。"时年48岁。右又题一诗。《双凤图》画的是两株凤仙花，自题："庚申秋八月拟徐家没骨图，南田客恽寿平。"后又附一诗，时年亦48岁。这二幅画和前幅同类，但更近淡逸，设色也更加明洁清润，只是花朵较为浓艳。因为南田的画愈接近晚年愈淡秀，这二幅正反映出这种变化。《锦石秋花图》上自题："锦石秋花，元人逸趣，壬戌九月，南田寿平。"作于50岁。这幅画也属于浓淡适中者一类，但更接近于晚年率意一种风格。南田晚年画，一是更加清淡，一是出现率意，这幅画正是从轻缓走向率意中的一幅，且十分典型。

粉笔带脂点染一种最有特色。清人方薰在《山静居画论》中说："恽氏点花，粉笔带脂，点后复加以染笔足之，点染同用，前人未传此法，是其独造。如菊花、凤仙、山茶诸花，脂丹皆以瓣头染入，亦与世人画法异。"方薰总结得基本如实，不过，粉笔花卉，古亦有之，宋人画花卉，用粉加脂，但不是粉笔带脂。南田在宋人基础上有所改造，只是更加精妙，更加潇洒而已。因而他的粉笔带脂画法大部分是自己的独创。上海博物馆所藏南田花卉十页，画红杏花、秋海棠等，从风格上判定当是他中年之作，其中杏花、秋海棠花都是粉笔带脂之法。这种画法是先用笔调粉，再以粉笔蘸脂，一笔点下，自有红白深浅之变化，神化之迹，无笔可寻，自然天趣。

南田54岁时所作之花卉册，其中也有秋海棠、千叶桃等，花的粉笔带脂点染法与前相同，只是更加清淡秀润一些，这和他作画的整个发展趋势正好相一致。

其次，南田画花还有用粉勾的一种，亦颇精妙。

南田晚年的花卉画，和他的山水画一样，出现了率意之笔，有时近于草率。香港虚白斋所藏《恽王合璧册》，南田作花卉四帧，王石谷作山水四帧。南田在丹桂图上题："为爱秋阴桂始开，隔溪幽径锁青苔。花光不是金银气，何必游人逐队来。丙寅中秋。玉峰北园看桂十首之一，寿平。"是知南田作此册时年54岁。所作丹桂枝及叶用笔皆较快且率意，和他的精工细润画法大相径庭。另一幅《二友图》画梅花和天竹，梅枝粗笔草率，梅花也任意一点即成。天竹球甚至不用没骨，而用墨笔勾圈。北京故宫博物院也藏有南田一幅《二友图》，自题诗后并识："寒檐二友图，丁卯冬日暄和研色得此，云溪。"是知此图画于55岁。内容形式都差不多，天竹球也用勾圈法，略率意。这在南田50岁之前的作品中是几乎看不到的。上海博物馆所藏南田《杂画册》十页，从风格上判定，也是他晚年之作，其中《百合花》《蒲塘秋影》《轻儵戏藻》《芝房石土》等用笔皆率意粗草，和他以前精工之作完全不同，就属小写意一种。其中花草鱼石，皆随意一抹一勾，笔笔可见，用笔也简括，显得空疏。这正是他晚年作画的重要特征之一。

勾花写叶一类也属南田晚年率意一种。前天竹球即作勾笔。北京故宫所藏南田《牡丹图》扇面，自识："临北宋人水墨花呈教，己巳小春，寿平。"作于南田去世前一年的57岁。其中牡丹花不用没骨，乃用勾写法，率意但颇得神采。牡丹之叶依旧没骨法写出。这类率意的笔墨不但反映了南田作画的另一面，也反映了南田晚年风格的变化。他中年前是无此笔墨的。南田早年以画山水为主，40岁后以画花卉为主，很少画鸟，但也常画鱼、蝶、猫、蝉之类。他取得最高成就者还是没骨精工一类的花卉画。

他的花卉画，除了"没骨""淡逸"之外，还具有以下一些特色：

一、丰腴。南田笔下花卉多取丰腴之态，一反文人们喜作清瘦枯败的作风。他《题月季小帧》有云："南田篱下月季，较他本稍肥。花极丰腴，色丰态媚，不欲使芙蓉独霸霜国。予爱其意，能自花擅于零秋，戏为留照。"（《南田画跋》）可见他笔下的丰腴之态，不仅为了易于出售，也是他本人审美观的一面。他的友人广霞先生评王忘庵和他的画曰："忘庵卷如虢国澹扫蛾眉，子（南田）画如玉环丰肌艳骨。"（《南田画跋》）唐玄宗的贵妃杨玉环是肥胖丰润的美女，其友说南田画如"玉环丰肌艳骨"，也就是丰腴，可谓善鉴，南田的花卉也正如此。

二、静净。如山水画节所述，南田评画云："云西笔意静净，真逸品也。山谷论文云：'盖世聪明，精彩绝艳，虽却静净二语，便堕短长纵横习气。'涪翁评文，吾以评画。"这段话虽评山水画，也深刻地体现在他的花卉画上。他的画气氛静、意境静、笔墨静，绝无躁动和繁闹之意；花净、叶净、墨净、色净，清幽之姿、纯洁之质，透彻人的心灵，精神为之一爽。他自己又说："写生先敛浮气，待意思静专，然后落笔，方能洗脱尘俗，发新趣也。"（手稿，现存上海博物馆）又："观其运思，缠绵无间，飘渺无痕。寂焉、寥焉、浩焉、渺焉，尘滓尽矣，灵变极矣……雅有成风之技，乃致冥通之奇，可以润泽神风，陶铸性器。"（《南田画跋》语）

三、轻缓柔润。南田的画除了晚年有一种率意外，都是轻缓柔润的，颇具文雅儒秀之态。这正是当时所谓正宗文人画的标准。南田在理论上反对"笔过伤韵"和雄劲之笔（见《南田画跋》），主张"工乃贵迟，拙何取速"（同上）。实践因之。

四、骨峙于外，神藏于内，虚实相兼。南田的画斟酌古今，兼收宋元。宋画骨峙于外，元画神藏于内，宋画实，元画虚，南田作画实中见虚，虚中见实。他下笔不像宋人那样重而狠，也不似元人那样干而松，既笔力不露，又流利不滞，加上他笔下水分充足，因而能融宋元之长加以变通而独开生面，他自己《题扇示学者》云："用笔时须笔笔实，却笔笔虚。虚则意灵，灵则无滞，迹不滞则神气浑然，神气浑然则天工在是矣。"（《南田画跋》）虚有二意，其一是虚松，其二如南田所谓："夫笔尽而意无穷，虚之谓也。"（同上）但二者的起点却是一致的。

南田的画还有一些特点，在上面，我分析他的作品时皆已述及。

下面再论他的绘画之师承和源泉。

清代文献记载南田没骨画来源于北宋徐崇嗣，现在史家又说南田的画完全出于独创。二者说法皆难令人满意，也不合于南田自己的总结。

徐崇嗣的画，后世鲜有流传，但因宋沈括在《梦溪笔谈》卷十七《书画》中谈到"熙之子乃效诸黄之格，更不用墨笔，直以彩色图之，谓之没骨图。"以及《宣和画谱》中有徐氏没骨海棠图之记载，后世凡作没骨画者皆称宗师徐氏。其实真正见到徐氏没骨画的人至清代几乎没有，徐崇嗣的画又到底是怎样的，清人也未必清楚。但从"没骨"二字上得到启示，也不可抹杀，南田的很多画中常写有"抚徐崇嗣赋色""拟徐家没骨图"等等，不过表示他的画有来头而已。有时也是随便一题，如上海博物馆《水仙图》，右题："临赵子固水仙。"左题："用北宋徐崇嗣没骨图法。"其实就是他自己画出后，找一位古代名家作为靠山，使买者知道这画并非杜撰。他的画中也注有学五代黄筌、宋人刘宷、赵昌、赵子固、文湖州、吴炳，元人钱选、赵松雪、王渊以及明人沈周、唐寅、范安仁等等。总之，凡是古代名家，南田都题在自己画上作为自己作品的来头。

实际上，南田学画，只有山水画曾亲受其伯恽向指授外，花卉鱼虫画皆是他自己摸索，宋人的花鸟，他可能看到过一些，如刘寀的《游鱼图》之类，但他不可能看到太多，因为他缺乏便利条件。他题用某人法，大多根据画史的记载而推测，他能见到的画以明代画家作品为多，尤其是沈周、唐寅、陈白阳（道复）、周之冕等人。他的没骨法花卉受前人影响最大者是沈周（字启南，号石田，又号白石）。只要比较两人画迹，其师承关系便一目了然。但南田在沈周的基础上更加精进，在淡逸等特点上更有蝉蜕龙变之突出特色。南田对沈周的推崇也超过一般，他提到沈周的地方也最多，最诚心，给予的评价也最高。先看他的手稿："写生有高逸一派，明代石田翁，北宋之徐熙也。白阳山人（陈道复）用笔隽快，实开后世率易径路，为周之冕诸人滥觞，不可不辨。南田草衣恽寿平。"

清　恽南田　锦石秋花图轴　纸本设色，140.5cm×58.6cm，现藏故宫博物院。

（原件藏上海博物馆）这里提到高逸一派，首列沈周，可见他对沈周之服膺。

"元人多作墨菊，明代白石、白阳尤称擅长，余不能兼综众家，亦不入时人畦径。为叙五先生清赏，南田恽寿平。"（题《东篱佳色图》扇面，现藏上海博物馆）美国纳尔逊博物馆(Nelson Gallery -Atkins Museum)所藏的南田墨菊扇画，题字与此相同。

"画菊难，墨菊尤难，元人王澹轩（渊）之工秀、周草窗之清妍，不如白石翁之高逸。此图师六如（唐寅）而兼白石，虽已脱落畦径，然犹未尽吾墨华三昧也。南田。"（此图现藏故宫博物院。上海人民美术出版社1984年出版《中国绘画史图录》第801页）显然南田认为沈周花卉超过元人。如前所引，在《南田画跋》一书中，他多次提到"墨花至石田、六如，真洗脱尘畦，游于象外，觉造化在指腕间，非抹绿涂红者所可概论。"又云："待诏（文征明）写生，虽极工整，犹有土气，与世俗所尚大有径庭。然视白石、白阳随笔点染，得生动之趣，又隔一尘矣。"他认为，沈周画不但超过元人，在明代也在文征明之上。

至于画中提到用白石法、石田法者比比皆是，而且这一类画都是他的佳作，如美国火努鲁鲁美术馆所藏《风柳蝉声图》，题曰："白石翁有风柳蝉声，戏寀。寿平。"上海博物馆所藏南田佳作《山斋供养图》上长题后注"临石田翁"。《芝房石丈图》上题"白石翁芝房石丈"。《松柏图》"临白石翁本"。北京故宫博物院《菊花图》"拟白石翁法"等等。

其次是师唐寅，上面所述，南田提到沈周的同时也提到唐寅的地方颇多，不再复述。此外，上海博物馆所藏《霜柯竹泉图》上题："唐解元霜柯竹泉，泠泠有高人韵致。寿平。"《山阁观梅图》上题："花朝前一日于娄东客馆临唐解元。"《南田画跋》中有："六如居士，以超逸之笔作南宋人画法，李唐刻画之迹为之一变，全用渲晕，洗其勾斫，故焕然神明，当使南宋诸公皆拜床下。""寒林，昔称营丘、华原，后惟六如居士能尽其趣。予欲兼李、范之法，收六如之胜，破河阳之藩篱，殆非十年拟议不可也。"等等。则又可见南田对唐寅之推崇。实际上，南田的画得益于沈周、唐寅二家最多。对照他们的画迹，就更为明了。沈周、唐寅的花卉画多数是没骨法，但他们的没骨画又近于写意，尤其是唐寅。南田的没骨画只是对他们的画"斟酌"而已，并非照搬。

正确的说法：南田的画，启导于沈周，斟酌乎古今，参之以造化，一洗时习，独开生面，为写生正派。

南田自己有一段题在唐荭为王石谷作寿而画的荷花图（南田补绘卉草）上的跋文，道出了他的画师承来源，最为真实。其曰："余与唐匹士（荭）研思写生，每论黄筌过于工丽，赵昌未脱刻画，徐熙无径辙可得。未（此字点去）殆难取则，惟当精求没骨，酌论古今，参之造化，以为损益。匹士工画莲，余杂拈卉草，壹本斯旨，观此图可知予两人宗尚，庶几有合于先匠也。取证石老幸指以绳墨，寿平又识。"（原画藏北京故宫博物院）徐熙的画无存于世，所以，"殆难取则"，可见他经常赞美的徐熙之画乃是据画史记载而推测，其他的画，又难以令人满意。所以，他在"精求没骨"的过程中，要"酌论古今，参之造化，以为损益"，这就是他的没骨画成功的因素和师承来源。

（四）恽南田没骨画的地位和影响

画中有花鸟是很早的，原始社会就特多，但作为艺术品的花鸟画，到了唐代才兴盛，五代高度成熟，产生了"徐熙野逸，黄家富贵"两种不同审美风尚的花鸟画，至北宋前期流传的都是黄筌一派画风，北宋后期，花鸟画家们才兼收黄筌、徐熙二家法。但直到南宋，花鸟画的画法、色墨皆是很浓重浑厚的。梁楷、法常、玉涧等人所作禅意花鸟画，逸笔草草，开创了水墨写意一路。元代绘画复古，花鸟画又上追黄筌、徐熙，钱选有部分作品又一变浑厚为清淡，开创了又一局面，但他们的画都不是没骨的。元代王渊创墨画花鸟，以墨代彩，然其体格还是师自黄筌一派，稍粗简而已。明代初期，边文进等人又恢复南宋画风。继而，吕纪、林良又以南宋水墨苍劲的山水画笔法作写意花鸟。明中期，沈周一出，画风开始转变，由苍劲精工变为文秀淡润，他的花鸟画一部分近于写意，一部分近于没骨。没骨法也从写意而变来，因为他去除了狂气、硬气，增加了柔和的文雅气，所以，近于没骨。唐寅的花鸟画雅而逸，但又近于写意。其后，陈淳在沈周、唐寅等人基础上，作花卉随意点染，下笔甚快，开后世率意一路。徐渭的水墨大写意花卉，非常值得一提，但在当时，师法者尚不多，而且他的画靠精神气质所致，非学而能。周之冕所创勾花点叶一派，实从陈淳画中得到启示。明末花卉画盛行的即是周之冕的勾花点叶一派，即花用笔勾，叶以没骨点染。但他们的画都略其形似，"以三笔五笔得神者佳"。且明代画论也都是主张写意，轻视形似，《书画鉴影》引祝枝山语云："绘画不难于写形，而难于写意。"徐沁在《明画录》卷六《花鸟叙》中云："写生有两派，大都右徐熙、易元吉而小左黄筌、赵昌，正以人巧不敌天真耳。有明惟沈启南、陈复甫（淳）、孙雪居辈，涉笔点染，追踪徐、易，唐伯虎、陆叔平、周少谷（周之冕）以及张子羽、孙漫士，最得意者……吕廷振（纪）一派终不脱院体，岂得与大涵（画僧怀海）、青藤花卉，超然蹊径者同日语乎？"这可明显看出他对工细一派不以为然，欣赏和提倡的是"涉笔点染""得意"以及怀海、徐渭一类水墨大写意。理论的影响是巨大的，这就使本来很少见的精工形似一派更加减少了。

南田正是在这种气氛中反动潮流，力挽狂澜，推倒一世之智勇，脱颖而出。他的画虽从沈周那里得到启导，又酌论古今，但更重要的是参以造化，以没骨的形式创造出精工细腻而又淡逸的一派。这一派，他是开创者，是独树一帜的，前无古人的。

南田的画绝不是不讲神韵，而是在形极似的基础上追求神韵，寓神韵于形似之中。他自己的审美观也正是如此，如前所引，他说："写生家神韵为上，形似次之，然失其形似则亦不必问其神韵矣。"《南田画跋》中有云："沃丹、虞美人二种，昔人为之多不能似，似亦不能佳。余略仿赵松雪，然赵亦以不似为似，予则以极似师其不似耳。"又云：

"白阳、包山写生皆以不似为妙，予则不然，惟能极似，乃称与花传神。"他的理论不论正确与否，但他是这样实践的，而他的实践又是极其成功的。他在花鸟画史上具有不可磨灭的业绩和崇高的地位。没骨写生一派，南田的画古今无人与之伦比。

邹一桂《山水画谱》卷下记："国初恽寿平，运以生机，曲尽造物之妙，所题诗句极清艳，画初得河南（褚遂良）三昧，洵（实）空前而绝后矣。"虽溢美而不失其实。

方薰《山静居画论》有云："南田氏得徐家心印，写生一派，有起衰之功。其渲染点缀，有蓄笔、有逸笔，故工细亦饶机趣，点簇妙入精微矣。""起衰"即是将已衰落的花鸟画重新振起，其功不可谓之不大。又云："南田恽氏，画名海内，人皆宗之。"

张庚在《国朝画征录》卷中"恽寿平传"记其："一洗时习，独开生面，为写生正派，由是海内学者宗之。"又在卷下"迟煓传"后总结且评论曰："花鸟有三派，一为勾染，一为没骨，一为写意。勾染，黄筌法也。没骨，徐熙法也。后世多学黄筌，若元赵子昂、王若水，明吕纪，最称好手。周之冕略兼徐氏法，所谓钩花点叶是也。王勤中始法徐熙，学者多宗之，而黄筌一派遂少。及武进恽寿平出，凡写生家俱却步矣。近日无论江南江北，莫不家南田，而户正叔。遂有常州派之目。"这一段总结当时花鸟画存在和发展的历史十分可贵。恽南田的没骨写生花卉一出，本来存在的师黄筌一派和盛行于时的周之冕钩花点叶派为之一扫。

花卉画坛，如百川归海，万神朝元，皆归于南田一派，江南江北，莫不家家学南田，户户师正叔（南田），这是何等的威力和气势。画派有南田这样影响，实属罕见。南田是常州人，故称这一派为常州派。又称毗陵派、武进派、恽派、南田派。

常州派的重要画家十分多，据记载可查者有百余人，在画史上有一定影响者亦不在少数。《国朝画征录》"恽寿平传"附记其"弟子马扶羲，字元驭，得其传授，名于时，逸笔尤佳"。马元驭(1669～1722年)

的画存世尚多（如南京博物院的《南溪春晓》等），体格韵味皆甚似南田，虽淡逸精工不足，而流利超逸过之。有些近于写意，对上海画派的影响颇大。马元驭之女马荃，妙得家法，在当时十分著名。

邹显吉（1636年～？），字黎眉，号思静等，无锡人，为南田最爱之弟子，又尝从吴伟业学诗，作画古雅，善画菊，人称"邹菊"。其写菊以重粉点瓣，用淡色笼染，盖早为小山导先路也。

南田的弟子子孙众多，大都善画，如恽源浚、恽源清、恽馨生、恽怀英、恽怀娥、恽如娥、恽冰、恽青等等。其中以曾孙女恽冰最为出色。恽冰，字浩如，号清于、兰陵女史，作没骨花卉似映照日光，花朵灿灼，亦能诗，当时和马荃二人并称"双绝"。

唐荧（1620～1690年），字于光，又字子晋，常州人。其父唐禹照是鉴赏家，号半园居士，和南田是忘年交。唐荧虽然长南田13岁，但作画多与之相切磋，故画风极相似，在润色方面，于光却受南田影响甚大，尤其是画荷花，其色超过南田，人称"恽色"，又称"唐荷花，恽牡丹"。唐荧虽年长，仍被目为"恽派"或"常州派"重要画家。

蒋廷锡（1669～1732年），字扬孙，号南沙。秦祖永谓之"逸笔写生，颇有南田余韵"，蒋廷锡因是康熙四十二年进士，官至大学士，影响颇大。

邹一桂（1686～1772年），字原褒，号小山，雍正五年进士，官至内阁学士兼礼部侍郎。为恽氏之婿（见《四库全书提要》）。工花卉，分枝布叶，条畅自如，设色明净，清古冶艳，恽南田后仅见也。其所著《小山画谱》为第一部专论花鸟画之书，颇有价值。皆得益于南田。

华嵒（1682～1756年），字秋岳，号新罗山人，又号东园生。为"扬州八怪"中重要画家，其画师法南田。他反复认真临摹南田没骨花卉，亦深为推崇，尝题南田画册云："笔尖刷却世间尘，能使江山面目新。我亦低头经意匠，烟霞前后不同春。"亦重写生，构图新颖，形象生动，敷色鲜嫩不腻，有松秀明丽、空灵骀宕之致，可与南田并驾。华嵒的花鸟画在清中叶之后影响颇大。

"扬州八怪"之一罗聘有一部分花鸟画也师法南田。

沈铨（1682～约1760年），字衡之，号南苹，作花鸟师法南田而又有所变，沈铨于雍正九年受聘往日本长崎侨居三年，从学者甚众，其画对日本有非常重大的影响。

清末岭南画家居巢，上海画家任伯年、吴昌硕等人皆临摹过南田的绘画，受过南田很大影响。

又有一位缪椿，字丹林，号东白，师法南田而稍易其法，名噪一时，时称"缪派"，又称"常州派支流"。

总之，南田独开生面的没骨花卉画出现后，影响直至今日不绝。南田被后人称为"清初六大家"之一，那是就山水画而论，然就花卉画而论，他是最独出的写生大家，"清六家"中其他五家是无法与之相比的。

（五）南田的绘画理论

尤为难得的是南田的绘画理论。其深、其广非一般所能及。南田的绘画理论集中在《瓯香馆集》《南田画跋》之中，也散见于他的题画和书法手稿中。以上介绍他的没骨花卉画时，已述及很多，还有一些，尤其值得注意。（以下引文，凡不注明者，皆出自《南田画跋》）"笔笔有天际真人想，有一丝尘垢之点，便无下笔处。古人笔法渊源，其最不同处最多相合。李北海云：'似我者病。'正以不同处同，不似求似，同与似者皆病也。香山曰：'须知千树万树无一笔是树；千山万山无一笔是山，千笔万笔无一笔是笔。有处恰是无，无处恰有，所以为逸。"

"真人"即"仙人"，天际即远离尘俗之地。天际真人，当然是纯净、清高的，脱离凡俗的，自然无"一丝尘垢之点"，南田又说："所谓天际真人，非鹿鹿尘埃泥滓中人所可与言也。"下笔有"天际真人想"，笔下才能出现相应的高雅艺术，思想中有庸俗的想法，有一丝尘垢，在其笔下就会流露出来。心手不可相欺乃如此。画家虽然画的是树、是山，用的是笔，但表现出来的乃是他的心境、情怀和修养，所以，画中纵然以千笔万笔画下千树万树千山万山，也无一笔是树，无一笔是山，无一笔是笔，而是他本人。董其昌题自画《秋山高士图》（此图现藏上海博物馆）诗云："……谁知简远高人意，一一毫端百卷书。""简远"是高人意，"一一毫端"即每一笔都集中体现了画家胸中百卷书的修养。所以，南田接着又说："气韵藏于笔墨，笔墨都成气韵。"他还在一幅菊花图上题："将与（菊）寒暑卧游一室，如南华真人化蝶时也。"他把菊视为自己的化身，而菊我同一也，《庄子》谓之"物化"。所以，画菊也便是画自己，画自己的心和思。"有处恰是无，无处恰有，所以为逸。"有处即着笔处，反映了画家淡泊纯净、灵明潇脱、不挂一丝的情怀，其空而明，故无。"无处"即空，又凝聚着画家的暇想，反映了画家空明的心境，故有。有无相生，气韵自然，方为"逸"。画家下笔不同、不似，但所体现的空明静净之心却相同，此形不似而神似也。若仅为形似所拘，所得必是僵死之形，神则不可能似，故"不同处同，不似求似"。师造化亦同。南田又《题迁翁》云："迁翁之妙会，在不似处，其不似，正是潜移造化而与之天游，此神骏灭没处也。""云林通乎南宫，此真寂寞之境也，再著一点便俗。"

　　以上这段话，反映了南田对艺术根源的深刻理解，心有灵犀，并和盘托出，深沉而精绝。所以，他又强调画要得"意"。其《题画册》云："销暑，为破格写意。意者，人人能见之，人人不能见也。余游长山，处处皆荒寒之色，绝似陆天游、赵善长。今思之，不能重游，画此以志昔者。"又说："群必求同，同群必相叫，相叫必于荒天生木，此画中所谓意也。"他在《南田画跋》中，处处强调"意"："草草游行，颇得自在，因念今时六法，未必如人，而意则南田不让也。"他虽然学前人画，其"意"乃自得，正如他自己所云："树师营丘，石壁学华源，至象外之意，则东园生自得之心匠尔。"即是说，他的画不过借李成的树、范宽的石壁以寄托自己的"意"，这是旧瓶装新酒，其味正浓。

　　南田提到"意"的地方特多，题《雪图》中云："偶论画雪，须得寒凝凌兢之意。"《题画》："东坡于月下画竹，文湖州见之大惊，盖得其意者全乎天矣。"《五株烟树》："石谷得法外之意，真后来居上。"《题竹》："千顷琅玕，三间草阁，吾意中所有，愿与赏心共之。"《子久》："子久以意权衡，皴染相兼，用意入微，不可说，不可学。如太白云'落叶聚还散，寒鸦栖复惊'差可拟其象。"《春烟图》："……秋令人悲，又能令人思。写秋者，必得可悲可思之意，而后为之。不然，不若听寒蝉与蟋蟀鸣也。"《题画秋海棠》："画秋海棠，不难于绰约妖冶可怜之态，而难于矫拔有挺立意。惟能挺立而绰约，妖冶以为容，斯可以悦美人之贞而极丽者。于是制图，窃比宋玉之赋东家子、司马相如之赋美人。"要在秋海棠的绰约妖冶可怜之态中见到矫拔有挺立之意，才是十分难能可贵的。所以，南田又提出"作画在摄情"的问题（见后）。

南田又说："逸品，其意难言之矣。殆如卢敖之游太清，列子之御泠风也。其景，则三闾大夫（屈原）之江潭也；其笔墨，如子龙之梨花、公孙大娘之剑器，人见其梨花龙翔，而不见其人与枪、剑也。"则南田所说的"意"和"韵""趣"有相通的一面，皆是可感受而不可指陈的。不过南田所说的"意"，本身就包含着主观，而韵和趣，体现在客观之中，主观隐在背后。当然意也有体现在客观之中的一面。如前所引："树师营丘，石壁学华源。至象外之意，则东园生自得之心匠尔。"则"意"是象外之物，也就是第二自然，乃是艺术的立基之地。他又说："天外之天，水中之水，笔中之笔，墨外之墨，非高人逸品，不能得之，不能知之。"从天外之天到墨外之墨，都是靠人的意去控制，也靠人的意去体会。所以，仅知一点笔墨技巧的人是无法知道的。

南田又说："不知如何用心，方到古人不用心处，不知如何用意，乃为写意。""吾意不能如笔何矣。""此中有真意也。"……

"意"如何去求呢？南田说："正须澄怀观道，静以求之。""澄怀观道"出自宗炳《画山水序》，澄清人的怀抱、心胸，使胸无杂物，思无俗虑，静而观圣人之道，然后则得之。若满腹功名利禄，世俗浊污，则不可能静，不静则浮躁，"意"则不可得。南田又说："若徒索于毫素间者，离也。"他还说："自非凝神独照，上接古人，得笔先之机，研象外之趣者，未易臻此。""横琴坐忘，或得之于精神寂寞之表。残春高馆，昼梦徘徊，风雨一交，笔墨再乱，将与古人同室。而溯游不必上有千载也。"诗要孤、画要静，宁静以致远，于尘嚣缰锁、凡俗纷扰中只能得到躁气和表相之物，一切高雅之意皆不可期至，这是无疑的。

南田还提出摄情、生情、移情的问题，值得深思。

"笔墨本无情，不可使运笔运墨者无情，作画在摄情，不可使鉴画者不生情。"

"观其运思，缠绵无间，飘渺无痕。寂焉、寥焉、浩焉、眇焉，尘滓尽矣，灵变极矣，一峰耶，石谷耶，对之将移我情。"

所以，南田又说："写此云山绵邈，代致相思，笔端丝丝，皆清泪也。"这就是摄情。只有作画者摄情，以情入画，鉴画者才能感通而生情。以情观景，以情作画，反之又能移人之情，乃至"可以润泽神风，陶铸性器"。这就是艺术的效用。

主观注入客观，则相同之景可以有不同之反馈（感受）；不同的客观，映入主观，也可以产生不同的反射。则客观（造化）不可谓之不重要，南田说："出入风雨，卷舒苍翠，走造化于毫端，可以哂洪谷、笑范宽、醉骂马远诸人矣。"又说："乱竹荒崖，深得云西幽澹之致，陟趣无尽。""余曩有抱瓮之愿，便于舍旁得隙地，编篱种花，吟啸其中，兴至抽毫，觉目前造物，皆吾粉本。庶几胜华之风，然若有妒之，至今未遂此缘。每拈笔写生，游目苔草，而不胜凝神耳。"

南田之所以和王时敏等人不一样，其中重要的一条就在于他不是一味地在古人画中乞寻营养，他重师造化，曾游历名山大川，心胸得到大自然的充拓，画笔得到大自然的启示，他在《南田画跋》中有云："少时曾住天台山中，随道侣入天峰，登华顶，即太白诗天台四万八千丈是也。宿华顶峰，观日出，云海浩荡，骇目洞心，诗句画图不能摹写其神奇要妙也。"经过大自然的锻铸，他的精神又不同于一般，所以，尽管他临写元人之画，仍然有自己的特色。而且，他的很多画信手挥，未必是临写，由于精神气质相类，往往与古人合。他曾题在《古木流泉图》上一首诗云："真想来空襟，忽与古人遇。我不学云林，亦有云林趣。"他又在一幅上题："古人有子久，今人无子久……此不作子久，而甚似子久。腕中信有鬼，真宰不能守。"腕中之鬼正是精神使然。他还说过王石谷的画："从真相中盘郁出，非汩乎毫端，不关乎心手。正杜诗所谓真宰欲出者。"这些皆和王时敏们的与古人同鼻孔出气、得些脚汗气之论截然不同。

南田虽然和王石谷等人来往密切，但绘画思想却不一致，他对当时声势浩大的文、沈和云间画派是持否定态度的，他尤其对"四王"们动辄仿某家、仿某法表示深恶痛绝。他有一段话表达了他的鲜明立场：

> 自文、沈创兴，遗落笔墨，而笔墨之法亡。云间崛起，研精笔墨，而笔墨之法亦亡。何则？衍其流者亡其故，渐靡滥觞，不可使知之矣。墨工槃人，研丹调青，且不识绢素为何物？涂垩狼藉，辄侈口曰：仿某家，曰：学某法。其所矜，唏唾也；其所实，涤溺也；其所尚，垢滓也。举世贸贸莫镜其非，耳食之徒，又建鼓而趋之，遂使龌龊贱工亦往往参入室之誉，盖郑声作，而大雅之音亡，骏骨不来，而鼠璞宝矣。嗟呼，又岂独绘事然哉。（《瓯香馆集》）

他把动辄仿某家、学某法骂为唏唾、涤溺、垢滓，并认为举世如此，耳食之徒，又加以鼓吹而追随，故使庸俗四起（郑声作），高雅不存（大雅之音亡）。南田这一段话比石涛的革新言论还要激烈！可惜他在实践上却没有石涛那样的勇气，盖气质不同之故也。

所以，南田又说："学唏古似唏古，而唏古不必传。学唏古不必似唏古，而真唏古乃传。"

"昔人云：恨我不见古人，又恨古人不见我。视天下画家者流，何啻相去万里。"

"高逸一派，如蛊书鸟迹，无意为佳，所谓脱尘境而与天游，不可以笔墨畦径观也。"

在论到笔墨简繁问题上，南田有两段特别精到之语：

"画以简贵为尚，简之入微，则洗尽尘滓，独存孤迥，烟鬟翠黛，敛容而退矣。"但繁也未必不贵。需繁而简，则意不能抒，需简而繁，则令人生厌。画患不能简，尤患其可以不繁而必欲使之繁。繁简得当，适人与笔之性，皆是好画。南田说：

"高逸一种，不必以笔墨繁简论。如于越之六千君子，田横之五百壮士（一本作人），东汉之顾厨、俊及，岂厌其多。如披裘公，人不知其姓名，夷、叔独行西山，维摩诘卧毗耶，惟设一榻，岂厌其少。双凫乘雁之集海滨，不可以笔墨繁简论也。"

比喻之贴切，文词之优美，说理之透彻，南田之外，鲜可至也。他尤能说出：

意贵乎远，不静不远；境贵乎深，不曲不深，一勺水亦有曲处，一片石有深处。绝俗故远，天游故静。拘于繁简畦径之间，未能与古人相遇于精神寂寞之表也。横琴坐忘，或得之于精神寂寞之表。寂寞无可奈何之境，最宜入想，亟宜着笔。

奔走于形势之途，来往于权贵之门，则不寂寞也；算计于金钱之道，热衷于世俗之为，则不无可奈何也。文穷而后工，画静而后雅，古今伟大的思想、高超的艺术，皆产生于寂寞无可奈何之境、委屈痛苦孤独难忍之状。南田为之，又得能道之，这是何等深沉而伟大的心境啊。

1989年10月于南京

（原刊于台湾《艺术家》1990年2期）

八、"四王"散考

本文第一部分考证了王时敏在明清易祚之际主动投降清王朝之事实，并佐以王时敏的同乡好友吴梅村的经历，证实了吴梅村当时支持王时敏投降的行为。第二部分考证了吴梅村与"四王"的交往。吴梅村是明末清初著名文人，号称"一代词宗"，和王时敏关系特别密切，交往颇多，和另外"三王"也有交往。吴梅村宣传"四王"也是"四王"名气大振的因素之一。第三部分订正了画史上一些错误，考证了明清原有两位画家王鉴，皆颇有地位。可供鉴定家鉴定古画及画史家研究画史时之参考。

（一）王时敏降清变节述考

王时敏降清变节之事，我在我的《中国山水画史》一书中略有披露[1]。材料见汪曾武《外家纪闻》，原刊《江苏文献》第一、二期合刊[2]。外家

---

[1] 见陈传席《中国山水画史》第886～887页。江苏美术出版社。我所读到的《江苏文献》，藏南京图书馆特藏部。

[2]《江苏文献》，民国31年（1942年）出版，江苏省国学社印。

即汪曾武外祖王家。汪记其自明万历至清其家发展之概况，尤于文肃公王锡爵和太常公王时敏之事迹记载特详。原文颇长，第一期即刊载33页之多，以后还有连载，多歌功颂德之言。后人研究王时敏生平，多取材于此文。其记王时敏于明清之际，有一段云：

　　太常公遭明思宗之变，国祚已斩，宗社为屋，清军南征，将至太仓，郡人仓皇奔走。吴梅村与太常商议曰：拒之百姓屠戮，迎之有负先帝之恩，终无万全之策。太常筹画数昼夜，又与郡绅集议明伦堂，众以太原（案：王时敏属太原王一系）为明之旧臣，代有显贵，咸视太常为进退，太常知时势之不可回，涕泣语众曰：余固大臣之后，死已恨晚。嘉定屠城，前车之鉴，吾宁失一人之节，以救合城百姓。梅村相与大哭，声震数里，众亦感泣。议遂定，而清军已至。遂与父老出城迎降。至今西门吊桥，颜公迎恩。

　　这一段记得清清楚楚，不管他找出什么借口，他还是"出城迎降"了。他自己在迎降之前就知道是失节行为，这一点后人无须为之辩护。
　　现在要考查这一段记载是否可靠问题。据《吴梅村年谱》[1]"顺治二年"所载："汪曾武《外家纪闻》撰于民国六年，去明清易代之际岁月既久，又得之传闻，故所记不确。"实际上汪曾武写《外家纪闻》态度十分严肃认真，大部分内容都注明出处，如"见《明史·王肃公传》""见厉大鸿《玉台书史》"等等，有很多文献也较为罕见，王时敏率众降清，不但出于可靠的传闻，而且还有汪氏的考察。他在文中注明："至今西门吊桥，颜公迎恩。"就是说，直到汪氏写作此文时，太仓的西门吊桥上，还有王时敏迎降清军的纪念文字，这真是铁证，无可怀疑。也许汪所记之细节上有出入，比如在嘉定屠城之前（正在战斗

---

① 《吴梅村年谱》，江苏古籍出版社，1990年出版。

中），太仓的士绅已先剃发表示降清，迎清军也许略晚。清军南下之残杀汉人，处处可见，"扬州十日"，杀人如麻，血流成河，不必以嘉定为鉴。汪曾武增添嘉定屠城细节，大抵替王时敏借口为救合城百姓而降清作文饰，但降清之事不可抹杀。否则，汪为其外祖家丑事隐之犹恐不及，何能妄加张扬？

《吴梅村年谱》的作者认为《外家纪闻》所记与事实不符的理由是："顺治二年，伟业五月中旬至矶清湖避乱，居两月，复转徙，后返里，则其返里断不容早于本年闰六月矣。此时，清军已下太仓州。汪曾武《外家纪闻》谓清年初下太仓州时，伟业尝与王时敏商议，同地方父老出城迎降，与事实不符。清军下太仓前，伟业已至矶清湖乱（按：'乱'字前当有一'避'字，可能为排印所误），清兵下太仓时，其尚未返里，

清 王时敏 杜甫诗意

王时敏(1592~1680年)，字逊之，号烟客，晚号西庐老人，江苏太仓人。"四王"所领导下的娄东派和虞山派，受到皇帝和朝臣的支持、鼓吹，加之是顺应董其昌的趋势而延续下来的，一时被视为正宗。"四王"是以王时敏为首的，他自幼即走上摹古道路，在理论上认定了摹古是绘画的最高准则。

清　王时敏　答赠菊竹山水（局部）

　　王时敏画得最多、最擅长的作品是师法黄公望一路的画法，用笔几从黄画中得来，此图甚明。

　　不能有迎降事。"①查吴伟业（梅村）《矾清湖》诗，其序云："矾清湖者，西连陈湖，南接陈墓……余以乙酉（顺治二年，1645年）五月闻乱，仓皇携百口投之中流，风雨大作，扁舟掀簸，榜人不辨水门故处，久之始达。"又云："居两月而陈墓之变作，于是流离迁步，懂而后免。"从此序知吴乙酉五月闻乱，即携家口百人出走，离开太仓。"闻乱"是闻南京失守、弘光小朝廷灭亡之乱。据《明季稗史初编》所记，

　　①《吴梅村年谱》，江苏古籍出版社，1990年版。关于吴梅村与王时敏商议降清事一节，见该书第151页注⑤。

南都破，弘光出亡，在乙酉五月初九①。吴氏"闻乱"当在此时，两月之后，当为乙酉年闰六月初九左右。这期间正是清军下太仓的日子②。若九日回，随即议降、迎降，日期正合。

　　另一方面，诗中日期并非十分的确数，吴梅村在乙酉年基本上在太仓和矶清湖两地来来往往，两地并不遥远。他诗中说的在矶清湖两月，指的是携家属百口安置于此两月，这期间，他未必不能独身回太仓。他是这里的士绅之首，家乡事岂能不管。即使他不管，家乡人也会找他回去商量，所以，"居两月"只能指携家小安置于此两月，并不能确指他本人在此两月一步不离。

　　吴梅村参加迎降清军的最大证明，乃是他的一首脍炙人口的著名词篇《贺新郎·病中有感》：

　　万事催华发，论龚生，天年竟夭，高名虽没。吾病难将医药治，耿耿胸中热血，待洒向西风残月。剖却心肝今置地、问华佗解我肠千结。追往恨，倍凄咽。　　故人慷慨多奇节。为当年，沉吟不断，草间偷活。艾灸眉头瓜喷鼻，今日须难决绝。早患苦，重来千叠，脱屣妻孥非易事，竟一钱不值何须说。人世事，几完缺。③

　　此词《白雨斋词话》定为"梅村绝笔"④，以后学者多从之，而且皆公认词中内容是为自己降清失节而自悔无穷。但近来有人考证，此词

---

　　①《明季稗史初编》卷十三第二六五页。上海书店。1988影印本。

　　②参见《中国通史》第九册第161页："清朝的剃发令传到嘉定。闰六月十三日，嘉定各村人民组织起来进行反抗……十四日，向驻在东关的清军发动进攻……这时，太仓士绅已经率先剃发……十五日，李成栋（清将）派骑兵四十多人，向太仓告急。"说明太仓在闰六月十五日前已为清军所占。王时敏等剃发降清当在此之前。

　　③见《吴梅村诗集笺注》下"诗余"，上海古籍出版社，1983年影印本，第889页。

　　④清人陈廷焯《白雨斋词话》卷三："《贺新郎病中有感》一篇，梅村绝笔也。悲感万端，自怨自艾。人民文学出版社，北京，1983年版。

作于顺治十年，所考可信。顺治十年[①]，清廷要征吴梅村赴京做官，吴闻征辟诏书下，尚未动身，即怫郁而大病，病中以为将死，故写此词以自悔，历来论者都认为梅村"追往恨""为当年沈吟不断，草间偷活"指的是顺治十一年赴京降清，任秘书院侍讲，迁国子监祭酒事。一个明朝的进士、大臣因不敢抗拒清朝的征召，做了清朝的官，当然是失节，所以，他"恨"，但这似乎不是"草间偷活"，且顺治十年时，他还未做过清朝的官，他惟一的一次"失节"就是顺治二年在太仓迎降清军，而且这一次真正是"草间偷活"。除此之外，他一直隐居在家，并没有"失节"。如果顺治二年，他没有迎降清军之事，他就用不着悔恨，也就无"往恨"可追。顾炎武、黄宗羲、王夫之、傅山等人，也没有死，但他们都是忠于明王朝的，未曾向清人投降，而且皆慷慨大义，铁骨铮铮，皆无恨可追。梅村却没做到这一点。所以，这一首词正是他为自己在顺治二年迎降清军而作。多少年来，他为此事怫郁在心，"问华佗解我肠千结"，而且"吾病难将医药治"。他的朋友夏允彝、夏完淳、陈子龙、瞿式耜、张煌言等等，皆为抗清而死难，死得壮烈而有气节，所以他说"故人慷慨多奇节"，自己却未能像他们那样，而成为贪生怕死之徒，"沈吟不断，草间偷活"，迎降了清军，虽然活着，"竟一钱不值何须说"。而"脱屣妻孥"，也正是指当年"携百口"家小避之矾清湖之举。所以，这首词正是吴梅村顺治二年迎降清军之证。这一次迎降清军正是他和王时敏共同商量的。

当然，迎降清军的首要人物还是王时敏，吴梅村只是附和者和赞同者。所以，城西吊桥上"颜公迎恩"，"公"专指王时敏，铭刻的是清王朝表彰王时敏的顺臣行为。吴梅村虽为附和者，然却为此举追恨终生，咒骂自己"一钱不值"，其气节虽不足道，其性情还算坦直、真率。所以，吴梅村的词和诗尚有一股悲凉慷慨之气，吴梅村的画，也有

---

① 见《吴梅村年谱》"顺治十年"条，第263页。又，专篇的考证文章也曾发表过，忘其刊名，然知其考可信。

一点苍浑之感。而王时敏终生没为自己的失节行为感到追悔，他的诗集中竟无一言道及。他一生心安理得，不仅忘记了自己祖宗数代食明之禄，享受高官厚爵，也忘记了自己身为明朝重臣之一。

明代受朝廷大恩的人，在紧要关头大多背叛了朝廷，倒是很多与朝廷无关的人，在紧要关头能奋起保明。清军侵犯江南、江阴、嘉定，数十万人拼死抗击，前仆后继，视死如归，或战死沙场，或拔刀自刎，或投河自尽，乃至"浮尸满河，舟行无下篙处"①，真是气壮山河，留下了反抗民族压迫的不朽篇章。而王时敏身为明朝大臣，不但不能在关键时刻率众反抗，反而在清军未到之前，即借口保护百姓而议降，清军一到，即率众迎降。他不仅是一个软骨头，无是非感，更缺少真率性情，感情也颇麻木，缺少鲜明的性格，而这正如他的画。

吴梅村才华在王时敏之上。至顺治十年，清廷才下令征召他去京做官，而王时敏始终没得到清廷的征召，所以，他不得不隐于娄东西田，并非是不想做清人的官，他的子孙数十人皆在清朝做官，八子王惊官至宰相。一个真正的遗民不会容许儿子仕清求官的。渐江、石谿等白衣之士，皆能舍命抗清，失败之后，逃禅绝嗣，永远不和清人合作，萧云从、戴本孝、程邃、郑旼、龚贤等一大批真正的遗民画家，或负薪穷谷、或拥书村塾、或卖画为活、或溷迹市屠，皆世代不做清朝的官。王时敏与之相比，真是天壤之别。

（二）吴梅村与"四王"交往考

吴梅村是因其家有梅村而号，王时敏家有南园，因又号南园。梅村距南园仅一里路，相当于现在的500米，两家常来往。

吴梅村《琵琶行》诗《序》云：　"去梅村一里为王太常烟客南园。

---

① 见《明季稗史初编》卷十三，上海书店，1988年影印本第277页。

今春梅花盛开，予偶步到此，急闻琵琶声出于短垣丛竹间，循墙侧听，当其妙处，不觉附掌，主人开门延客，问向谁弹？则通州白在湄子或如父子。善琵琶，好为新声。须臾花下置酒……"①于是，就在王时敏家中，白氏为吴梅村弹了一曲，乃崇祯帝十七年以来事，又谈了一些往事，吴梅村和王时敏等人皆"相与咽者久之"②，于是写出了这首著名的《琵琶行》一诗。据王宝仁《奉常公年谱》所记："（顺治）三年丙戌，南园梅花盛开，时通州白在湄及其子或如，俱善琵琶，流落吾州，延之园中，适梅村至。"可知，梅村写此《琵琶行》当在顺治三年，时年38岁，王时敏55岁。当时二人俱居家无事，故常往来。

王时敏又号西田。西田在城西12里，原为明代皇家禄赐给王时敏之祖父文肃公王锡爵之地，王锡爵又以之贻子孙。王时敏辞官归田后，在城中有赐第以安起居。顺治三年，他又在近郊西田构筑别墅以自娱，构成之后，他在这里作画吟诗，故其诗集名《西田集》。吴梅村为老友有这样一个别墅而感到高兴，还特为王时敏写了一首《西田诗》③，诗中有云："穿筑倦人事，田野得自然。""而我忽相访，棹入菰蒲天。""执手顾而笑，此乃吾西田。长得君辈客，野兴同流连。籍草倾一壶，聊以娱余年"。可见二人情好趣投，来往之勤。

王时敏和吴梅村的交往活动大多在西田，吴梅村还有诗题为《王烟客招往西田，同黄摄六、王大子颜及家舅氏朱昭芑、李尔公、宾侯兄弟赏菊》④。可知，王时敏邀友赏菊时，还特别请到吴梅村。《王烟客先生集·西庐诗草》中亦有诗题曰："农庆堂菊花盛开，王遗民、吴梅村、朱昭芑、黄摄六、内侄李尔公，宾侯同过夜饮。"其诗有云：

---

① 见《吴梅村诗集笺注》卷二第121页～128页，上海古籍出版社，1983年影印本。按《笺注》为清代康熙至乾隆年间学者程穆衡、杨学沆所作，清保蕴楼钞本，下同。

② 同上。

③ 见《吴梅村诗集笺注》卷二，第129页。

④ 同上，第132～133页。

"能使几回成胜集，邻鸡野哭莫相催。"吴梅村诗云："九秋风物令公香，三径滋培处士庄。花似赐绯兼赐紫，人曾衣白对衣黄……"吴诗则从王时敏之祖（令公）写到王时敏本人。王时敏读了吴梅村诗后，也奉和了二首，题为《西田看菊归，梅村以佳作见投，次韵奉和，并用为谢》①，其一云："老圃秋容傲晚香，群贤星聚在渔庄。名花紫风还输丽，宿酿新鹅更赛黄。伴隐正宜俦远志，延年何用觅昌阳。谁为藻饰东篱色，诗律于今有墨王。"其二云："寒候孤开如有意，萧斋纷列自成研。苍官结侣同三径，红友追欢拥七钿。篱畔霜华惊岁晚，灯前瘦影幸天全。却嗟众卉多摇落，独把幽芳肯受怜。"用的就是吴梅村二首诗之韵，内容也表现了二人的友情之深，在王时敏招吴梅村西田赏菊一月之后，苍雪法师来访，吴梅村又

清 王鉴 浮岚暖翠图 127.8cm×51.7cm

王鉴(1598~1677年)，字玄照，后改字元照、圆照、染香庵主，太仓人。他的画也属于董其昌、王时敏一系，亦善作青绿设色图。王鉴和王时敏年龄相若，当时人称"二王"。

---

① 见王时敏《王烟客先生集·西庐诗草》上卷。

忆及此事,写了《丁亥(1647年)之秋,王烟客招余西田赏菊,逾月苍雪师亦至,今年余既卧病,同游者多以事阻,追叙旧约,为之慨然,因赋此诗》①。诗中有云:"露白霜高九月天,匡床卧疾忆西田……"亦足见吴梅村和王时敏友情之深。

王时敏也写过《西田杂兴》诗②,吴梅村读后又写和诗二首以寄,题为《和干太常西田杂兴韵》③,诗的内容也是谈西田的幽境和王时敏在西田中的雅趣:"一卧溪云相见稀,系船枯柳叩斜扉。桥通小市鱼虾贱,水绕孤村烟火微。到处琴书携自近,骤来宾客看人围。画将松雪花溪卷,补入西田老衲衣。"

明亡后,吴梅村隐居太仓,无事可做,作画也就多了。其所遗画迹,皆作于明亡以后,而且和王时敏等画家交往也多了。他写出了著名的《画中九友歌》④,影响颇大。《画中九友歌》中,除了已故董其昌外,他首先提到王时敏和王鉴。

吴梅村60岁时,还写诗怀念王时敏。他的《怀王奉常烟客》诗⑤云:"把君诗卷问南鸿,憔悴看成六十翁。老去只应添鬓雪,愁来那得愈头风……"吴梅村虽比王时敏晚生17年,但过分愁苦,却比王时敏早逝,63岁便离开了人世。但他临逝前还和王时敏保持极好的关系。

王时敏对吴梅村也颇为服膺。顺治二年,王时敏以数百千钱购得其祖父文肃公王锡爵的闱牍墨本,便特请吴梅村题跋⑥。

有好友到了王时敏的西田,他也去请吴梅村作陪。吴梅村认识很多画家,就在王时敏的西田西庐中,《梅村家藏稿》卷一有《西田招隐诗》四首,其中有"卞生工丹青,妙手固谁匹"句。卞生即"画中九友"之一的

---

① 诗见《吴梅村诗集笺注》卷三,第183页。

② 王时敏《首夏西田杂兴·用沈景倩家林诸作韵》十首,见《王烟客先生集·西庐诗草》。

③ 见《吴梅村诗集笺注》卷二第133~134页。

④ 同上,卷五第291~293页。

⑤ 同上,卷七第480页。

⑥ 见《梅村家藏稿》卷二十六《跋王文肃公闱牍》。

卞文瑜（字润甫），也是在王时敏家中认识的。

王时敏60岁，也即顺治八年时，清廷仍无意于起用他，他心灰意冷，乃筑"农庆堂"以明永远躬耕之志。于是又请吴梅村为之写《归村躬耕记》[①]，吴梅村写道："烟客自号归村老农，筑农庆堂以居，而以告其友人曰：'吾年六十，盖以老矣，将躬耕乎此。'"乙巳（康熙四年）九月，王时敏又邀吴梅村至郊园小集，两人皆很高兴，王时敏写诗记之云："月白枫丹秋水碧，忻从胜侣泛轻舠。隐居欲采幽山桂，避世难寻源水桃。野岸花繁聊有酌，冈峦松稚亦生涛。愁多对景无佳思，犹喜诗人逸兴高。"[②]可见二人共娱之兴。

王时敏70岁时，吴梅村又为之祝寿，写了《王奉常烟

清 王原祁 仿大痴山水

王原祁(1642~1715)，字茂京，号麓台，别号石师道人，太仓人，王时敏之孙。王原祁山水画也是以师法黄公望为主的，他更发展了黄画中有小石堆砌的习惯，形成了自己的画法特点，不过，这种画法特点并非来自师造化，而是把黄公望的局部画法扩大，乃至形成程式化。

---

① 见《梅村家藏稿》卷三十九。

② 见《王烟客先生集·西庐诗草》下卷补《乙巳九月之望，邀吴梅村诸公郊园小集，承糜泾（王国瑞）九日以佳什见投。漫赋俚言奉谢》。

客七十序》①。

康熙十年（1671年）八月，正是王时敏80大寿，当时梅村已衰体难支，但仍亲往祝贺②。四个月后，梅村就在悲苦中离开了人世。吴梅村和王时敏一生都是好友，相偕相重，从未破裂过。

吴梅村和另外"三王"交往不如王时敏多，但感情亦笃，且录部分资料证之。

《梅村诗集》卷七有《送王元照还山》七绝八首③，诗中有"故国兴亡已十年"句，可知大约写于明亡后第十年。诗题下自注"王善画，弇州先生曾孙，偶来京师，旧廉州太守也。""偶来京师"一语，说明吴梅村当时正在京师。吴去京师做官是顺治十一年，可知王鉴也是此年自京师来娄东的。诗中对王鉴的行踪和绘画颂扬颇高，很多画史书中引用的那首名句"始兴公子旧诸侯，丹荔红蕉岭外游。席帽京尘浑忘却，被人强唤作廉州"即出于这组诗中。同集还有《再送王元照》五言诗一首，作于同时，连连送了两首诗，可见两人情笃意切。

顺治十四年，王鉴为吴梅村画了一幅《秋林图》，吴梅村为之写了一首《沁园春》词④。其序云："丁酉小春，海棠与水仙并开，王廉州为予写《秋林图》初成，因取瓶花作供，辄赋此词。"词中称王鉴"妙手黄筌未见来。霜天晚对瓶胆双绝，点染幽斋。"

康熙十年，即吴梅村逝世的当年，还招集王鉴等人宴集于乐志堂，即席分韵赋诗⑤。

吴梅村还常为王鉴画题诗，这在他的诗集中皆可见到。

---

① 见《梅村家藏稿》卷三十七。
② 见王抃《王巢松年谱》："辛亥……康熙十年……八月中，吾父（王时敏）八十大庆……梅村夫子亦与集，岂知于冬底，两公同时并去，真可骇也。"
③ 见《吴梅村诗集笺注》卷七第444页。
④ 见《吴梅村诗集笺注》卷七，"诗余"部分，第887页。
⑤ 见《百名家诗选存·毛师柱诗选》，其中《辛亥元夕，吴梅村先生诏陪吴湖州园次同余澹心、王湘碧……羿集乐志堂，即席分赋，兼呈湖州》。王湘碧即王鉴。

王石谷是比吴梅村晚一辈的画家，吴梅村对他的评价更高，盛赞："石谷，画圣也"①。吴梅村尝写《观王石谷山水图歌》②，称："世间胜事谁能识，兵戈老尽丹青客。真宰英灵厌寂寥，江山幻出王郎笔。王郎展卷闲窗净，良久呼之曾不应。""一时儒雅高江东，气韵吾推里两翁。师授虽真肯沿袭？后生更自开蚕丛，取象经营巧且密，丰神点拂天然中。顿挫淋漓写胸臆，研精毫发摹宗工……"诗中极称"王郎驰誉满通都""羡君人材为世出，盛年绝气须难得"。吴梅村诗集中，还有很多题王石谷画的诗③，对王石谷推崇备至。

王原祁比吴梅村小17岁。当王原祁成名时，吴梅村已老。然吴梅村仍来得及为王原祁的诗稿写序。《梅村家藏稿》卷三十四有《王茂京稿

清 王翚 虞山枫林图 146.2cm×61.7cm

王翚(1632~1717年)，字石谷，号耕烟散人、清晖主人等，江苏常熟人。王石谷的画也主要是以摹古为主。他的绘画和其他"三王"，尤其是王时敏、王原祁的区别在于：其他三家虽也师法"元四家"，但每挥毫，仍归于黄子久，而石谷的精品却在王蒙和倪云林的基础上杂以宋人法。

① 见《国朝画征录》卷中"王翚"条。
② 见《吴梅村诗集笺注》卷十，第685~687页。
③ 如同前卷十《题王石谷画》两首等等。

序》（茂京为王原祁字）："吾里以春秋举者，是科得二人，其一则通
家王子茂京也。初余早岁忝太常公执友，而端士（王揆）从余问道，以
此交于王氏者最深。今端士成进士十余年，又见其子贵，方与太常少子
藻儒（王翚）同计偕（同年中进士）……余颓然衰以老矣，茂京稿行，
端士取首简属余，余将何以长茂京哉。"可知，王原祁及其叔王翚同年
中进士那一年（康熙九年），王原祁之父王揆（字端士，顺治十二年进
士）把其稿一部分拿给吴梅村看，吴梅村便为他写了稿序。王时敏是吴
梅村好友，王时敏之子王揆（也即王原祁之父）又是吴梅村的学生，那
么，对于王原祁来说，吴梅村已是其祖父辈了，吴梅村说"交于王氏者
最深"，可谓的言。

（三）王鉴生卒年考

王鉴生卒年，从他的大量画迹题款中皆可推知，生于明万历二十六
年（1598年），卒于清康熙十六年（1677年），各史料、文献中记载
皆可靠清楚，本无须再考。但本来清楚可靠的问题往往又会被学者们搞
乱，如果是出于影响较大的著作或文章中，就更加麻烦，至少会贻误青
年，所以，有必要拨乱返正。其中不免又要考证。

《中国美术通史》是目前从事美术史工作的人常备的一套书，影响
颇大。其第八卷是年表，其《中国美术史大事年表》中说王鉴卒于康熙
十六年丁巳（公元1677年）[1]，这和传统说法不悖，也是对的。但"备
考"中却注明见于"《明史》卷二八二附传"，这就大错特错了，古
人做学问多注重自己人品，避免拍马逢迎之嫌。像今人那样，名人尚未
死，就忙着写入史书中的事，明清学者多不为。而且，"隔代写史，当
代立志"，王鉴不亡于明，是不会被列入《明史》的。

---

① 见《中国美术通史》卷八，第154页。

Selected Works Of Chen Chuansi

查《明史》卷二八二①，其中的王鉴和"四王"中王鉴同名，且也是画家。但他字汝明，号继山，无锡人，嘉靖末年进士。这位王鉴是画家王问之子，父子皆善画，"附传"记其"鉴亦善画，有言胜其父者，遂终身不复作"，但却不是"四王"之一的王鉴。为了避免混淆，我们称"四王"之一的王鉴为王鉴元照，称另一位为王鉴汝明。王鉴元照传列《清史稿》卷五百四②："鉴，字圆照，明尚书世贞曾孙。与时敏同族，为子侄行，而年相若。崇祯中，官廉州知府，甫强仕，谢职归，就弇园故址，营构居之，萧然世外……康熙十六年卒，年八十。"考王鉴元（亦作圆、玄）照，并没有中过进士，只中过崇祯六年（1633年）举人，崇祯八年，以荫仕至廉州太守。

王鉴元照确实卒于公元1677年，但王鉴汝明却不是卒于此年。汝明的卒年虽不可具考，但却可考出决不卒于公元1677年。他是嘉靖末进士，嘉靖年是公元1522年至1566年，则至迟也是嘉靖四十五年即公元1566年进士。那么从中进士那年算起到1677年也就111岁了。何况古人中进士一般年龄都不会太轻，否则便会特别提及。而且，《明史》中记载这位王鉴汝明官至尚宝卿（后来王时敏接任过此职），改南京鸿胪卿，和以官任廉州太守的王鉴元照根本不是一回事，也不是同时人。

王鉴元照是王士骐之子。王士骐字冏伯，传列《明史》卷二百八十七《王世贞附传》中。王士骐和唐伯虎一样，曾举乡试第一（解元），万历十七年中进士，终吏部员外郎，能文而未闻善画。

但这位王鉴汝明也是一位不简单人物，他进士出身，资历、官位都高于"四王"中之王鉴，又善画，想必也有画迹遗世，会不会被人误为"四王"中王鉴元照之作？这颇需注意。故附录于此，以供鉴赏家、文物家、画史家继续研究。

（载《清初四王画派研究》，1993年上海书画出版社）

---

① 见中华书局点校版《明史》第7246页

② 见中华书局版《清史稿》第46册，第139页。

九、谈清初遗民画家对"六法"的反对

本文将提出一个奇怪的现象，供读者思考。

明清之际是一个"天崩地解"的时代，部分士人精神无可寄托，有类于晋宋之际，而且比晋宋之际的士人更增加了懊丧的心情。因为他们没有为国家尽到责任。

宋朝灭亡之前，宋朝的士人是尽到责任的，李纲、岳飞抗金于前，辛弃疾、陆游战斗于中，文天祥、张士杰殉国于后，大部分士人皆能为国尽责。惜大势已去，无可奈何。元朝处于异族统治之下，士人们一直不得志，多数士人置国家兴亡于不顾，元朝的灭亡与士人无关。明朝恢复了汉族统治，士人们本应努力为国，但承元代士人消极思想之影响，当国家将危之际，纷纷离去，士人多为自己着想。崇祯皇帝就大骂大臣们误了他的大事，后世文人也曾感叹当时皇家养大臣无益于国。明代倒是有一批未曾享受"皇恩"的在野士人，十分忠于明王朝。但在李自成的农民军以摧枯拉朽之势进入北京城时，一大批士人却无可奈何地看着这个王朝覆灭，继而吴三桂勾结清兵入关，他们才清醒过来，企图抗清复明，可怜无补费精神，不久便失败了。所以明末一大批遗民常常咒骂自己无能，惭愧自己无智，产生十分后悔懊恼的心情，画家中自号"朽民""垢道人""悔迟""活死人""驴""驴屋驴""愚道人""龙眼愚者""白秃""废人""髡残""瞎尊""岂贤""无智"等等。一时风气，正是一代具有正义感士人的思潮使然。凡属保持气节的明代士人，心绪皆极端复杂，损毁了他们的"前途"、捣坏了大明江山的直接"仇敌"李自成已亡，他们拼命似无对手，他们曾是明朝的臣民，又不能变节降清求仕，所以，唉声叹气，佯狂垢污，或逃禅、或入道、或慷慨悲歌、或怨天尤人，终身处于市井、山林，"或负薪穷谷，或拥书村塾，卖文为活，溷迹市屠"。思想皆十分痛苦，无可奈何，乃至去寻找佛老的精神支柱。

清初，一个奇异的现象，即衰落了几百年的佛教禅宗复兴，佛教在宋代已一蹶不振，禅学在僧侣中衰微，却流行于士大夫之间，形成一种新的清谈，即口头禅。南宋后期兴起的全真教，是士人喜爱的宗教，至元代，道教全真派发展到全盛时期，而且在文人最多最集中的江、浙、皖等地尤为兴盛。有一位高僧名正传，号幻有，禅学功夫极深，其门徒有密云（号）圆悟（名）、天隐圆修、雪峤圆信等等。密云圆悟就住在浙江宁波的名刹天童寺，他的徒弟有汉月法藏、木陈道忞等11人。而汉月、木陈等人所收的门徒更多，遍布江、浙、皖等省的很多名刹。著名僧人善果月（即旅菴本月）就是木陈的徒弟，石涛又是善果月之徒。在《龙池世谱》中记载石涛是南岳下第三十六代子孙。石涛的图章有一方印文为"善果月之子，天童忞之孙，原济之章"。天童忞即住持天童寺的木陈道忞。清初佛教，以这一派势力为最大，遍布江、浙、皖等省，直至北京，其他宗派尚多。佛教复兴之可知也。画家中，渐江、髡残、石涛、八大以及半山、雪庄、担当等人皆身着僧袍。有很多画家虽未着僧袍，但对方外生活十分向往，如梅清、戴本孝、程邃等人。

清初，另一现象即：庄学为士人所需要比前代更深沉。大批士人隐居山林，他们的思想无疑与庄学相通。这在当时士人的大量诗文中尤可明见。戴本孝《赠渐江》诗云："读罢蒙庄《齐物论》，端的一室得天游。"①正是当时士人对庄学需要的典型总结。

庄子的思想乃是大动乱年代的产物，时代的动乱，人事之复杂，窒息了人的心，束缚了人的自由，只要入世就会使人的情操遭受到庸俗的熏陶。为了解脱自己，使精神自由，使情操高雅，使心地纯净，使窒息的心逍遥，于是便要"出世"，也便是后世所说的"超脱"。因为求之于现世而不可能，反抗的力量不足，同流合污非其所愿，积极进取必受龌龊，必限制了自己的自由。所以干脆"不遣是非""忘年忘义""忘礼乐""忘仁义""堕肢体""黜聪明""离形去知""逍遥游"，使自己离开尘世"与天为徒"，"独与天地精神往来"（以上皆《庄子》语），庄子所要追求的"虚""静""忘""无为""物化""心斋""自适"，皆非求之于世，而是求之于自己的心。禅宗更发展了这一点，"故虽备修万行，须以无念为宗"者然。

晋宋之际，天下大乱，和庄子所处的大动乱时代不同，"名士少有全者"，故庄学特为士人所需要，佛学也大兴盛。宗炳就是以庄为本，而以佛为归的。清初的大动乱，士人的处境和心境也和庄子时代以及宗炳时代相类。所以庄学和禅学大为兴盛。他们的思想容易相通，他们所需要的理论基础容易一致，因而所产生的理论要求也容易一致。绘画理论尤然。这当然主要指遗民画家的理论，也影响到革新派。

"返祖"指的是局部，非指全部，但这一"返祖"现象却值得深入研究，颇有意义。

山水画论之祖是宗炳。宗炳写的第一篇山水画论《画山水序》②论"道"和"理"，以"道"统"理"。宗炳说的"山水以形媚道"，"圣人以神法道"，"贤者澄怀味象"，山水画的本质就是要起到"媚道"的作用，这"媚道"是使人"澄怀"而"味象"，乃达到"通"于

---

① 蒙庄即庄子，《齐物论》是《庄子》书中的名篇。

② 参见陈传席《宗炳〈画山水序〉研究》。载《朵云》第六集。又收入《六朝画论研究》。

道的目的。当时玄学家畅言："自然之理，有寄物而通也。"（郭象《庄子·外物注》）宗炳的"以形写形"，就是要再现"自然之理"，而见其"道"。作画重"道"而无所谓"法"。"道"是常而不变的，法却是可变而且必须常变的。

谢赫在宗炳之后，开始论"法"，他认真陈述"六法论"。谢赫的理论是继承宗炳的，姚最的理论是继承王微的。谢赫并无错，宗炳谈了"道"和"理"之后，他谈"法"，作画总要有点法。"法"是为了表现"道"和"理"的一种手段，而不是目的，更不是本质。中国画本来就是"道"，而不是"法"。前人知"法"而未尝忘"道"，明清人则"数典忘祖"了。

在谢赫之后，画人们却津津乐道于"六法"，历代论述不休，"六法"遂成为绘画之代名词。直至清初，遗民画家们又普遍恢复了对宗炳画论的信任和需要，而对谢赫的"六法"却不以为然了，乃至于视"六法"无用，把"六法"作为消极的用语使用，主张超越"六法"，抛弃"六法"，直入宗炳的"澄怀观道"和"以形媚道"之堂奥。

最典型的是遗民画家戴本孝，他在一幅画上题道：

> 欲将形媚道，秋是夕阳佳。
> 六法无多德，澄怀岂有涯。

这里对"六法"的轻蔑，对宗炳理论的服膺是显而易见的。他还在另一幅《山水轴》上题道：

> 宗少文论画云，山川以形媚道，乃知画理精微，自有真赏，……触景见心，仁智所乐，不离动静，苟非澄怀，乌足语此？

这里每一句语义皆出自宗炳（字少文）的理论，而与"六法"无涉了。

本孝在《象外意中图》卷的跋文中更有系统的论述：

> 六法师古人，古人师造化，造化在乎手，笔墨无不有。……取意于言象之外，今人有胜于古人。盖天地运会，与人心神智相渐，通变无穷，君子于此观道矣。余画初下笔，绝不敢先有成见，一任其所至以为起止。屈子远游，所谓'一气孔神，无为之先'，宁不足与造化相表里耶……

他把"观道"作为目的，把造化看成根本，只要造化在手，"笔墨无不有"。古人都师造化，而"六法"又师古人，且"今人有胜于古人"，可见"六法"是不足为训的。他引用了屈原"一气孔神，无为之先"[1]的话，更是宗炳"澄怀观道"的翻版。戴本孝更强调人与大自然为一体，"盖天地运会，与人心神智相渐，通变无穷"，也与宗炳的"万趣融其神思"相一致，更与庄子的"物化"相类。

本孝在题跋中还多次提到"澄怀以观道""以形媚道"等等。

本孝对"六法"的不以为然情绪流露更多。他在《华山图》中自书："非世间六法所可方物者。"在1688年款的《山水轴》上自写：

"余写山居，常数为之图，多在六法之外"。又有"积习难除，近于六法"，"惟天都莲花有此风致，非世间六法可绳也"，[2]"读万卷书行万里路，古人六法少知律"等等。

总之，本孝论画弃谢赫六法而趋宗炳的"道"是十分明白的。至于谢赫之后的画论更在抛弃之列了。

---

① "一气孔神"语出《楚辞·远游》，汉王逸《楚辞章名》定此文为屈原所作。现代学者多认为是楚人摹仿屈原《离骚》之作。原句是："一气孔（最）神兮，无为之先（澄怀清心最为重要）。"

② 见戴本孝《山水册》之五，原画藏美国翁戈处，《艺苑掇英》第34期刊载，1987年1期。

著名的遗民画家兼学者方以智（法号无可）亦对"六法"颇不以为然，《读画录》卷三"张尔维传"条引："无可题：虽有六法，而写意本无一法。妙处无他，不落有无而已。世之目匠笔者，以其为法所不得……"也是反法的。方以智又是著名的思想家，他的著作中反法重道的思想更多。

遗民画家中的龚贤亦如此。他说："画有六法，此南齐谢赫之言。自余论之，有四要而无六法耳。"（见《虚斋名画续录》）龚贤多次提到宗炳的"卧游之兴"，又云："如宗少文帐图给于四壁，抚琴动操则众山皆响。"（同前）龚贤很多思想皆和宗炳思想相合，如："士生天地间，学道为上，养气读书次之，即游名山川……""丘壑屋宇舟船梯磴碕径，要不背理……虽曰幻境，然自有道观之，同一实境也。"

（同前）他还说"心穷万物之原，目尽山川之势"（《一角编》），等等，皆和宗炳之论一脉相承。

渐江没有绘画理论专著遗世，但在他的诗文中，画跋中，多次提到宗炳，且其诗文画跋多显示宗炳绘画思想的基本理念。他在五明寺居住时，更把自己的画斋取名叫"澄怀观"和"澄怀轩"。其友许楚为他写的《十供文》中有云："少文（宗炳）游足，振锡言归，灭影林皋，证寻初地。""……供师领行箧之玩，以可携眺孤岭，呼云共赏，澄怀逸峪，……望衡九面，蕴岭埼，是供师酬众响之观，以可因形媚道……"此乃深知渐江之同于宗炳也。许楚的话深深地道出了渐江作画思想的底蕴。

姑熟派领袖遗民萧云从的画跋中也喜用"澄怀"一词（见1663年的《山水图》，现藏瑞士凡诺迪氏家）。

新安画派和姑熟画派中的很多画家，其绘画思想多超越明元宋唐而直趋于宗炳，这在他们作品的题跋中多能见到。

在南京和石谿并称为"二谿"的书家程正揆，遭受清王朝打击后，开始隐居，好和遗民交往，后期具有反清思想，他画了五百余幅山水，皆取名《卧游图》。在《卧游图》中，以其一、其二、其三、其四区别之。他在《青谿遗稿·杂著》中"青谿道人作《江山卧游图》若干卷"

一段中说："六合虽遐，一览可尽，风景如故，心目依然，不知天地之高厚，人事之治乱，此身之古今，穆王八极，何其隘也。"《江山卧游图》其七的跋语说："居长安者有三苦，无山水可玩……予因欲作《江山卧游图》百卷布施行世，以救马上诸君之苦。"这就和宗炳因年老不能去游山而借观画卧游的思想完全一致。

此外，遗民傅山在《霜红龛集》中所阐述的绘画思想也完全和宗炳的理论相契。据日本学者岛田修二郎的《八大山人笔〈安晚帖〉解说》一文分析，八大山人和宗炳的艺术思想也十分接近。

石涛的绘画思想是深受遗民们影响的。他把宗炳的思想发展到一个新的境地，其《画语录》和众多的题跋，如"山川万物之荐灵于人""一一尽其灵而足其神""腕受神则山岳荐灵""山川与予神遇而迹化也"，皆完全是宗炳绘画思想的翻版。只要真正懂得他的《画语录》，也真正读懂宗炳的《画山水序》，他和宗炳思想的一致性即可一目了然。

再说"法"。

明人重古人画法太甚，画树、画石、画某某山，用某人法，皆有规定，严重束缚画家的性情，对于保守派、安分守己的顺民来说是很合适的，遗民画家就受不了这一套，革新派就更不能容忍。他们掀起了一个反"法"运动，这一方面是"物极必反"的结果，另一方面也是受当时禅宗复兴的影响。

大思想家兼画家傅山在自己的山水画题道：

"问此画法古谁是，投笔大笑老眼瞠。法无法也画亦尔，了去如幻何亏成。"（《霜红龛集》卷六）

"法无法也"语出禅学《传灯录》的释迦牟尼佛章："法本法无法。"《金刚经》中有："法尚应舍，何况非法。"佛家所说的"法"有二义，一指法则的法，二指所有存在和非存在的东西。傅山用"如幻"一词表示所有法皆是空的，画法也和佛法一样，本来"无法"，如果再死守后来的法，那就十分可笑了。

对旧法的嘲讽，最卖力的莫过于佛门弟子石涛了。《画语录》第一章第一句便是："太古无法。"又说"法于何立，立于一画"，这完全和佛家的"法本法无法"旨意相同，实际上便否认了法。又说："一画之法，乃自我立，立一画之法者，盖以无法生有法，以有法贯众法也。夫画者，从于心者也。"画在我心里，乃来于禅宗的佛在我心里之说。这把当时画坛上奉古人画法为宗旨的风气扫荡殆尽。《画语录》中每一章几乎都在反"法"，"有的法不能了者，反为法障之也"，"至人无法"，"无法而法，乃为至法"。仿古派严守画从古法中来，石涛却说："法自书生。"石涛反古法的绘画思想乃是立在佛教的空观上，针对于当时迷信古法以至于愚昧的现象给予"当头棒喝"。但他所说的"天之缚人于法，人之役法于蒙"，"我自用我法"，乃是反掉了历代之法，这大概是矫枉过正的说法，是针对当时过于重法的风气而言的。他说的"太朴一散而法立矣"，则是返祖返到最原始的状态。中国画自有"六法"以降，历代谈法不绝，谢赫之后，有《山水松石格》，格就是法。唐代有托名王维的《山水诀》《山水论》皆是谈法，张彦远《历代名画记》反复阐述六法，还谈吹云泼墨、破墨之法等等，五代有《笔法记》《山水诀》，宋代有托名李成的《山水诀》。郭熙《林泉高致》中《山水训》也是谈法，山水画之外的《画龙辑要》《华光梅谱》等亦谈法。还有邓椿的《画继》、韩拙的《山水纯全集》等皆大量篇幅谈法，元人黄公望《论山水树石》全是谈法，陶宗仪《辍耕录》中有《写像秘诀》《彩绘法》全是谈法。明清人更是论法成风。董其昌更说："岂有舍古法而独创者乎？"（《容台集》）论法的结果是绘画每况愈下。这正如唐人不论诗而诗盛，宋人论诗而诗亡了。

傅山、石涛不但不论法，还一反众法，力主"无法"，完全回到"太朴一散"的状态。这正是画论"返祖"。

清初遗民和遗民式的画家反法思想十分普遍，限于篇幅不再一一列举。

遗民派和革新派画家，一反仿古派"与古人同鼻孔出气"的思想。

石涛主张："搜尽奇峰打草稿。"程正揆主张："足迹尽天下名山"，
"天地是一幅大山水，人却向画中作画，何异梦里寻梦耶"。浙江：
"敢言天地是吾师。"髡残："为因泉石在膏肓。"龚贤："至理无古
今，造化安知董与黄。""我师造物，安知董黄。""心穷万物之原，
目尽山川之势。"等等。他们的绘画和绘画主张给画坛带来生机，黄宾
虹说"清初画坛，可媲美宋元"，这正是画论"返祖"的反映。惜封建
社会气数已尽，这一生机却未能勃勃而起。

十、关于"金陵八家"诸问题①

　　明末清初，南京画坛最为纷乱，也最为活跃，全国各地画家如北京之陈卓、江西之吴宏、湖南武陵之石谿、青谿，洞庭之葛一龙，安徽之程邃、戴本孝，浙江之高岑、王概、陈舒，广西之石涛，贵州之杨龙友、马士英，福建之许有介，四川之王子京，尤其是江浙一带，松江、苏州、昆山、溧水、扬州、嘉兴、江阴、钱塘等等，各地画家都拥向南京。至于短期活动于此的，几乎包括了全国的画家。还有影响最大的十竹斋、芥子园画谱的制作，等等，皆在南京。当时的南京可谓中国画坛的中心，流派纷繁，风格各异。龚贤《题程正揆山水册》云："今日画家以江南盛，江南十四郡以首郡（南京）为盛，郡中著名者且数十辈，但能吮笔者奚啻千人……"盖实录也。在这"奚啻千人"当中，偏有八

---

　　① 此文写于1987年至1988年春，曾呈送美国龚贤研究专家吴定一博士，吴博士阅后，很赞成我的看法，并且告诉我，他曾查到清人王弘著作《西归日札》（成书于1662年），其中明确地记有"金陵八家"，也是陈卓等八家，没有龚贤。吴博士研究龚贤几十年，没见到当时任何记载中说过龚贤是"金陵八家"之一，而都说陈卓等为"金陵八家"。龚贤为"金陵八家"之一是后来不了解情况的人说的。

　　又，英国伦敦大韦陀教授听我研究金陵八家，曾把大英博物馆所藏金陵八家及龚贤的画拍照寄来，谨致谢意。

人称为"金陵八家",值得研究。

"金陵八家"是八位各自成家的画家,他们不是一个画派,因而不存在以谁为首领问题。但几种说法的"金陵八家"一以陈卓排在第一,一以龚贤排在第一,似乎他们的地位也较为重要些。为论述方便计,姑称之为"以陈卓为首的金陵八家"和"以龚贤为首的金陵八家"。

这个"首"是传统记载中名次排列的第一人,而不是首领的首。

"金陵八家"的记载不一,后世学者辗转相抄,既不辨是非,又错误百出。笔者查阅了所有的最早的地方志和大量文献,在本文中给予彻底廓清,继而着重论述"金陵八家"的构成,并以此窥视画史上很多严肃的问题,以及明末清初画坛上不同流派的不同观点。

(一)关于"金陵八家"的最早文献和三类记载

据清代南京(江宁、上元)的地方志所载,"金陵八家"的提法出于周亮工(1612~1672年)的品题(详下)。

目前,我所见到的"金陵八家"提法的最早文献是方文的《嵞山集》,其续集卷五《七言绝句》中有二首《题樊会公小像》,其一是:"此是樊生廿载前,风标巾舃似神仙,如今渐老容非昔,破屋埋头野寺边。"其二是:"绘事江东有八家,君工人物更修姱。奈何不把青铜镜,自写真形对雨花。"樊会公即"金陵八家"中的樊圻,字会公,比方文和周亮工年轻四岁。"江东八家"即"金陵八家",金陵古称建邺、建康,汉末孙权父子兄弟最早在这里开创基业,建立都城,《三国志》《三国演义》等书中,皆称这里为江东。方文字尔止,安徽桐城人,著名学者兼画家方以智之叔,生于明万历四十年(1612年),卒于清康熙八年(1669年)。他的《嵞山集》的最早刻本不得而知,但我所见到的北京图书馆所藏方文全集即《嵞山集》《嵞山续集》《又嵞山续集》,乃由方文之婿王棨(字安节,《芥子园画谱》的编著者)在康熙二十八年(1689年)全部刻成,首尾完整。这样看来,不但方文提到八

家时，八家都健在，而且在方
文去世20年后，他的全集刻
成时，陈卓、樊圻等八家仍还
健在。方文自注此诗写于癸
卯年，即清康熙二年(1663)，
樊会公这年48岁，其"八家
说"比通常所依据张庚《国朝
画征录》中所列龚贤等"八
家说"早大半个世纪。但方
文只提到八家中的一位樊圻，
其他七家，他就未提。而且从
诗中可知，"八家"的提法在
他之前已成定论。前已云，从
地方志记载可知，"八家"提
法出自周亮工。周亮工在江南
做官时，搜求名画千百卷轴，
曾亲自择其最精者校雠装潢，
又建造读画楼藏之。方文《嵞
山续集》卷一有《读画楼诗为
周栎园使宪作》长诗，其云：
"周公有画癖，远近无不搜，
丹青累千百，一一皆名流。择
其最精者，手自成较雠。装潢
十余帙，林壑烟光浮……今年
官南国，署斋有高楼。四面环
青山，居然见皇州。因取向所
癖，贮之楼上头，锡名曰读
画，退食时稍休……"从诗

清　龚贤　夏山过雨图　绢本墨笔，
141.9cm×57.6cm，南京博物馆藏

龚贤(1618~1689年)，又名岂贤，字半千，
又字野遗、野逸，号柴丈人、半亩居人等，原籍
江苏昆山。龚画独特的风格有两种：一是"白
龚，"二是"黑龚"。此图即为"黑龚"之代
表，反复皴染、浑厚苍润，用的是"积墨法"。

的内容可知，方文是亲自到了读画楼观光后才写出来的。又据龚贤《题周亮工集名家山水册》记云："诗人周栎园先生有画癖，来官兹土（即龚贤所在之金陵），结读画楼，楼头万轴千箱，集古勿论，凡寓内以画鸣者，闻先生之风，星流电激，惟恐后至……"（《石渠宝笈三编》御书房著录，《周亮工集名家山水册》）可知，周的读画楼就在金陵，当时很多名人皆应邀夫参观过，所以有可能是周亮工在亲自校雠这千百卷名画时，发现并选出金陵八家具有特出风格的画家之作品，品题为"金陵八家"，一时传为美谈，而方文后来去欣赏时，也承认此八家特出，故在《题樊会公小像》时特为提出。总之，方文的"八家"说来于周亮工，问题不会太大。但周亮工的"金陵八家"，以陈卓为首，不包括龚贤。方文的集子中提到龚贤的地方最多，他和龚贤是最密的朋友（其婿是王龚的学生，周亮工《读画录》也记其"足不履市井，惟与方盦山、汤岩夫诸遗老过从甚欢"）。但其诗文中都未有只字透露过龚贤是"金陵八家"之一，可知，方文的八家中绝无龚贤。

龚贤当时是以诗人面目出现的，而不是以画家面目出现的，当然这是另外的问题。

一般画史著作和文章都谈到"金陵八家"有二说，其实，至少有三类说法（九种记载），为求资料完整，一一录之。

一是乾隆《上元县志》，其卷二十四《方伎》"陈卓"一条中云："陈卓字中立，性耽书史，寄情翰墨，花卉翎毛、山水人物楼阁，咸称最善，名与吴远度、樊会公、邹方鲁、蔡霖沧（滄的简体字是'沧'，此字通'苍'。凡写作'蔡霖沧'者，皆误）、李又李、武忠伯、高畏生相埒，栎园（按即周亮工）品题为金陵八家。"按蔡霖沧即蔡霖苍，名泽，号雪岩。中国历史博物馆所藏《洗桐图》，其右下款"雪岩画"三字旁，钤二印，上一字曰"泽"，下二字曰"霖苍"。又李是李氏的字，其名尚无考。武忠伯应是武衷白，名丹，《上元县志》中即写作"武忠伯丹"。高畏生即高蔚生，名岑，《上元县志》即写作"高畏生岑"。周亮工（号栎园，1612～1672年，和"八家"同时人）品题陈卓等为"金陵八家",目前我还未有查到原文。但县志所记,绝非妄语。《上元县志》"陈卓小传"前一人即"龚贤小传",传末注"见栎园《读画录》中"。查周亮工《读画录》,《上元县志》所记龚贤小传之语,果出其中,且一字不差。但"陈卓传"中却未注明见周亮工何书中,此县志记事皆有出处。此处仅云"品题",想来可能是周题画或其他题识中有此语。

《上元县志》"隐逸"和"方伎"两传中所列画家不少,如顾又新、田林、史秉直等,成就亦非太高,但陈卓以下七家却无一列传,不知何故。又,我看的《上元县志》是乾隆十六年(1677年)版,藏南京大学古籍部。书内有很多空行,如明朱翰之条前即空了18行。看来雕版之后,又经审查,大约害怕文字狱的缘故,又铲去很多内容。但根据铲板情况和内容比较,吴宏、樊圻等七家绝非失于铲板。

康乾时期,文字狱大兴。周亮工的著作本来都收入《四库全书》中,乾隆五十三年复查《四库全书》时,因为《读画录》"胡元润"一节中载有"人皆汉魏上,花亦义熙余"的诗句,被视为"语涉违碍",奏请查毁,因而周亮工的著作《读画录》《印人传》《同书》《书影》、《闽小记》等全被查毁了。但乾隆十六年修《上元县志》时,周亮工的书还未成为禁书。因之,他的著作还可以被征引。而且,胡元润的名字在《上元县志》中还有。所以,铲板不会因为周亮工著作中记过与否。但县志中提到"金陵八家",又为什么未有其他七大家的条目和记载,还值得研究。

附录:

嘉庆十六年《重刊江宁府志》(按此志由江宁府知府吕燕昭主修,姚鼐总修并序)第四十三卷《技艺》部分有和《上元县志》相同的"金陵八大家"内容,文字略简,兹附录于此:

陈卓字中立。上元人,善画花卉、翎毛、山水、人物,与吴远

清 龚贤 丛林重山

　　龚贤用墨特讲究，能"润"而不"湿"，有人谓"半千之所以独有千古便在墨"。龚作画用的是层层积染法，笔笔间留出空隙，直至十余遍。

度、樊会公、邹方鲁、蔡霖沧、李又李、武忠伯、高畏生齐名，周亮工品题为金陵八大家。

　　二是张庚《国朝画征录》。按此书创始于康熙壬寅（1722年），脱稿于雍正乙卯（1735年），开雕于乾隆四年（1739年）。其卷上记云：
　　"龚贤，字半千……同时有声者，樊圻，字会公；高岑，字蔚生；邹喆，典之子，字方鲁；吴宏，字远度；叶欣，字荣木；胡造，字石公；谢荪，字□□；号金陵八家。"但张庚只记了龚贤及樊圻和邹喆、

吴宏、胡造五人，其余四人，张庚自谓"未见其迹"。而且，胡造应作
胡慥，胡自己署画皆为胡慥，周亮工熟悉胡，也记作胡慥，张庚却误作
胡造。可见"金陵八家"的说法乃是张庚听闻，非自创。张庚听谁说的
呢？尚无可考。张庚这一段话，还有一个问题不可解，即其题目是"龚
贤、樊圻、吴宏、胡造、樊云、高荫、邹坤"另附以"高岑，高遇、
邹喆、叶欣、谢荪"。但文中记载又是龚贤、樊圻、高岑、邹喆、吴
宏、叶欣、胡造、谢荪"。另附有会公子云，蔚生子荫，方鲁子坤，孙
冰和文。文题相对似不妥，不知何故。按"金陵八家"皆明末至清初
人，龚贤生于1618年，卒于1689年，其他七家也大抵在此前后。张庚
（1685~1760年）著《国朝画征录》时，"八家"去世已几十年。这期
间，八家颇为世所目。先有同时人周亮工等赞之不已，后有王原祁等人
骂之无休。皆是考证"八家"的重要线索。

　　又，后来秦祖永（1825~1884年）著《桐阴论画》谓"龚贤……与
樊圻、高岑、邹喆、吴宏、叶欣、胡造、谢荪为金陵八家"。其说全因
于张庚。张庚误胡慥为胡造，秦亦随之而误。三是同治《上江两县志》
（按即上元、江宁两县，皆今之南京市）卷二十五《方伎》，又云：
"国朝石谷、南田流风远扇，而邑人至康熙中始灼然有风范，如陈卓
（字中立）善画，与吴远度（宏）、樊会公（圻）、邹方鲁（喆）、胡
石公（造）、叶荣木（欣）、武伯忠（丹）、高蔚生（岑）齐名，亮工
题为金陵八家。"

　　乾隆、同治、嘉庆所修地方志，皆无龚贤，皆以陈卓为首。同治
《上江两县志》"金陵八家说"，去掉了乾隆《上元县志》"八大家"
说中的蔡霖沧和李又李，易以胡造和叶欣。同治《上江两县志》虽晚，
但也道出出处。且立县志是十分严肃认真的事，参加修志的人皆是以德
才盛称一时的名流，审定皆是当时政府主要官员和名儒，其说不至孟
浪。所以，当地政府组织要人整理当地文化，又有据所依，总比外地私
人（张庚）著述而又无所依据，仅依传闻立说，要可靠得多。因之，对
于张庚的一己之见尚不能盲从。对于当地政府著述，更不能盲目否定。

如果弄清了什么是"金陵八家",也许会觉得以"陈卓"为首的"金陵八家"之组成更有道理。

（二）"金陵八家"的构成因素及其他

关丁"金陵八家"的构成，我在拙著《中国山水画史》第九卷第八章第二节中已道及，指出"八家"所不同于当时画风的两大因素。1987年，我又就其中一个因素加以阐发，写成《金陵八家的构成及四位高岑问题》，发表在《东南文化》1987年第3期上。本节在上面二文的基础上，加以裁损、修定，再作探究。

所谓"金陵八家"，一般学者皆认为是清初在金陵的八位最杰出的画家，或者称之为这一地区的代表画家。我以前也曾这样理解过。可是深入地思考，并非如此，清初在金陵的杰出画家何止这八个人。最杰出的画家亦非此八人，和"金陵八家"同时在金陵的石谿（髡残）、青谿（程正揆），人称"二谿"，绘画成就决不在"八家"之下，何以不把他们列入"金陵八家"或"金陵十家"呢？石谿、青谿是外地人，寓居金陵，是不是这八位画家皆是金陵本地人呢？一查文献，三种不同说法的"金陵八家"皆非全是金陵本地人。

陈是北京人；吴宏题画皆曰"金溪吴宏"，即江西金溪人；樊圻是江宁人；邹喆原是吴县人；蔡泽是江苏溧水人；高岑是浙江杭州人；又，龚贤是江苏昆山人；叶欣是松江人；胡慥是金陵人；谢荪是江苏溧水人。

以上统计可知，不论是陈卓等"金陵八家"，还是龚贤等"金陵八家"，大部分都不是金陵人，当然他们后来都寓居金陵。

那么，是不是此八人交往密切呢？一查文献，亦非是。八家几乎未有特殊的关系，倒是龚贤和程正揆、石谿的感情较近。研究"二谿"有一段著名的文献曰："今日画家以江南为盛，江南十四郡以首郡（南京）为盛，郡中著名者且数十辈，但能吮笔者奚啻千人……然逸品则首推二谿。曰石谿，曰青谿……残道人画粗服乱头，如王孟津书法；程侍郎画冰肌玉骨，如董华亭书法……"这段话便是龚贤《题程正揆山水册》中的名言。《读画录》记"程青谿论画，于近人少所许可。独题半千画云：画有繁减。乃论笔墨，非论境界也。北宋人千丘万壑，无一笔不减，元人桔枝，瘦石，无一笔不繁，通此解者，其半千乎？"可见他们之间互相服膺，超过一般。当然，龚贤和其他画家也有交往。英国伦敦大英博物馆(THE BRITISH MUSEUM)所藏叶欣的《灵岩一线天图》轴，上便有龚贤的题诗曰："山折奇峰叶似莲，山腰楼阁住神仙。一声铁笛白云尽，人凭危栏月到天。半亩龚贤题。"天津艺术博物馆所藏《岁寒三友图》上也有龚贤题诗曰，"别有岁寒友，丹铅香色分；山中虽寂寞，独赖此三君。半亩龚贤题。"

寓居金陵的画家们不可能不相互来往，从南京市博物馆主办的"全国金陵画派作品联展"中可以看到，金陵所有的画家虽各有风格，然都互相吸收，各取所长，所以交往密切与否决不是金陵八家构成的因素。

我还想了很多构成因素，结果皆一一否定，详情不赘。

那么，后人为什么称此八位画家为"金陵八家"呢？最早记载此事的书中未加说明。《国朝画征录》只说："同时有声者……号金陵八家。"其他文献中也未曾解释。这个疑团，一直闷在我胸中。后来，我观赏和分析"八家"的画，其中有各博物馆所藏的原作，也有各画集中的印刷品，读到吴宏和邹喆的画，我忽然明白了一半，然后又回忆我所见到的"八家"画，再和明后期董其昌以降的所谓"正宗"画作比较，这个问题终于解决了。

原来，画家因性情、气质和学养、境遇之不同，所出现在笔下的风格也就自然不同。比如五代时蜀人石恪和南宋时山东籍后居杭州的梁楷，并无师承关系，梁楷也没有见过石恪的画，只因二人性格一致，所画简笔粗笔人物精神状态也就一致。唐寅虽师法周臣，但因性情学养不同，画风也就有异。画史上大体存在着最明显的两系画风，一是刚硬苍劲雄浑一系，一是柔和温润潇洒一系。简言之，一属阳刚性，一属阴

清 龚贤 木叶丹黄图轴 纸本墨笔，99.7cm×65cm，现藏上海博物馆。

龚画树叶笔法多样，勾叶有纵、横、斜和介、个等法，又有圈、点、染等法，他在课徒中亦云"以线立骨""画树先画枯树起，画好树身，然后点叶"，此图乃是其画树佳作。

柔性。这二系从来就有。齐梁时谢赫《古画品录》中评卫协画"颇得壮气，陵跨群雄"，即是阳刚性的，戴逵画"情韵连绵"，"风趣巧拔"，即是阴柔性的。据董其昌研究，唐代始分成李思训和王维二宗。如禅家之"南北宗"，以李思训为首的北宗派，传而为赵干、赵伯驹、伯骕，以至马远、夏珪等辈，皆用刚性的线条勾斫，加以猛烈的大斧劈皴。以王维为首的南宗一派传而为董源、巨然、米芾、"元四家"等，皆用柔性的线条和温和的披麻皴。正如其友陈继儒《白石樵真稿》中说的："文则南，硬则北，不在形似，以笔墨求之。"文就是柔和曲软，南就是南宗。硬就是刚硬，北即北宗。唐画存世至今者甚少。从现存画迹来看，五代时南北方画风确实有异（并非南北宗）。北方以荆浩为奠基人，所传关仝、李成、范宽一系，虽画风有别，然皆刚劲雄浑。北宗山水画大抵皆传此一派，北宋末年，李唐以师法范宽为主，范宽的画至今尚存有《溪山行旅图》，皆用凝重坚硬的线条勾斫，加以坚硬的雨点皴，和短条皴，有些地方也用笔斜扫。李唐由北宋到南宋，简化了范宽的画法，用刚硬的线条勾括后，皴法只用笔斜扫或横刮（但斜扫的笔甚阔），至其再传马远、夏珪等尤甚，去除了繁复的雨点皴，一变而为大斧劈皴。益显其线之刚硬和大斧劈之猛烈，发人振奋。

五代时南方山水画以南唐董源为奠基，所传巨然等人，多画平远之景，低矮山丘，浅渚洲汀，皆以柔和温润而又含蓄的线条勾皴，显得十分随意轻松，后人谓之"淡"（自然也）。南方和北方画显然的区别，南方：温润平淡；北方：雄浑刚劲。但因宋的政治文化中心在北方，所以董巨一派画遂不显，只有米芾因在南方做官，对之大为赞赏，米芾的画更用水墨点渍，尤显得平淡柔润。到了元代，赵孟頫力排南宋刚硬激烈的画风，开始注意到董巨画风，所传"元四家"皆南方人，皆以董巨起家，董巨画风大振。元末，朱元璋打着"反元复宋"的旗号，灭元建明，所以明初，全面批判元制时，元画法也遭到厄运。"复宋"也恢复了南宋的画风，于是原南宋的政治文化中心地浙江杭州的一批画家进入宫廷，浙派兴起。浙派画风的宫廷画家被授以锦衣卫之职，锦衣卫是皇家鹰犬，负责侦探缉捕打人行刑之事，万人痛恨，高雅的士人尤其不齿。宫廷画家虽不去打人行刑，但担了这个恶名，人们恨屋及乌，对之皆无好感。明中期，元明敌对情绪早已消失。文人们又恢复了自己喜爱的董巨、"元四家"一系抒情画风，同时发起了对宫廷画风的攻击。其中以董其昌的"南北宗论"影响最大。中心问题乃是鼓吹以柔和的披麻皴、虚松轻淡的笔调去表现　种潇洒、温润、平和、含蓄、秀逸的气氛，反对刚性的线条、浓重的笔墨和激烈的大斧劈皴，尤其反对"刻露"。连北宋山水画那种浑厚、刚劲的风格，他们认为也应该加以改造，王原祁即说要"化浑厚为潇洒，变刚劲为柔和"（《麓台画跋》）。实际上以"元四家"为代表的元画乃成他们的楷模，以元画为宗、为体，即为正宗，否则即为"野狐禅""恶习"。

董其昌之前的画家虽有刚劲和柔和两种画风，皆是画家各自性情的自然流露，并非有意为之。而且刚劲和柔和只是一种偏至，刚劲的画风中并非绝无柔和之笔，柔和画风中也并非绝无刚劲之线。两种画风也并非"两宗"嫡传关系。董其昌强分之为"南北宗"，并定柔和的"南宗"为正宗，于是尔后的画家，便有意在柔和一路上下工夫，鲜有人敢犯刚硬之嫌，惟恐被讥为"野狐禅"和"恶习"。董其昌以其地位之高，影响之大，遂成为一代宗师，他的传人遍布吴地，形成吴派，继而影响全国。除了"金陵八家"和稍后的"扬州八怪"之外，几乎所有的画家都直接或间接地受了"正宗"理论的影响。"四王"如此，"四僧"也如此。正统派的传人又特别注意维护董其昌的理论，所以，王原祁提起金陵和扬州的非正宗画就大骂不休，他在《雨窗漫笔》中云："广陵（扬州）、白下（金陵），其恶习和浙派无异，有志笔墨者，切须戒之。"王原祁们认为的"良习"就是"元四家"，尤其是黄大痴的画风，他反复声明："吾五十余年矣，所学者大痴也，所传者大痴也。"除此之外，他则斥之为"时流杂伪，谬种流传"。他在一幅题画文字中又说，"广陵、白下为恶习。""金陵八家""扬州八怪"皆和王原祁同时，前者略早，后者略晚。

"金陵八家"的画存世甚多，风格也不止一种，但其主要面貌和特色，尤其是其用心之作，皆是以师法五代北方画风和北宗及南宋院体的画风为主，与所谓"正宗"派所师法的董、巨、米、"元四家"所形成的画风大异其趣。其中尤以陈卓、吴宏、邹喆、樊圻、高岑画最为突出。

陈卓的画，完全是以北、南宋画法筑基，而且显示出来的也完全是宋画的精神状态。吴宏的画，北京故宫博物院所藏《莫愁湖图》《燕矶图》（二景为一长卷，《中国画》1984年第4期曾刊）以及《江山行旅图》长卷等，皆以方硬尖锐而具有刚性的直线勾括，再以坚硬的短线条皴点。天津历史博物馆所藏吴宏《山水图》轴，以及浙江省博物馆所藏吴宏《山水图》，其至吴宏自书"元人画法画此"于上，实则全用直线勾斫，外轮廓线特重而突出，内以直钉皴，似乱柴，夹斧劈，方峭瘦硬，纵横姿意，墨实而笔硬，全

清　龚贤　简笔山水轴　纸本墨笔，74.2cm×41.2cm，现藏无锡市博物馆。

龚贤的"白龚"，乃属极简一路。"简"即为用笔简，简到画面上只有一些线条，但他只是偶然所作，数量不多。

宋人法。《桐阴画诀》记云："不可信笔，直笔也。董思翁云：尺树不可令有半寸之直。须笔笔转去。"而吴宏画树，笔笔直，无半寸之柔。上海博物馆所藏吴宏《山水册》十二页，画青绿山水，缜密严谨，绝无草率、苟且及柔软之笔。虽小幅，然有可居可游之景，全宋人法也。南京博物院所藏吴宏《柘溪草堂图》最为精品（上有"壬子秋九月拟李咸熙笔意，呈石翁先生教之，金溪吴宏"的款字，裱边上有查士标、梁清标、朱彝尊、程邃等人题字），以及吴宏和樊圻合作的《校书寇白门眉小影》，其中树石出自吴宏之手。二图尤能见出方硬、锐利而有师法北宋和南宋院体之笔。《柘溪草堂图》中的远山尤似马远法，吴宏的画与时风相距最远，它几乎没有风靡一世的"元四家"笔意，当时的大赏鉴家周亮工将他比之于宋范宽，认为"人与笔俱阔然有余，无世人一毫琐屑态"，"能以笔墨妙天下者，宏与宽并传矣"（《读画录》）。

邹喆的画，中国历史博物馆藏有《寒林雪景图》，首都博物馆藏有自题"癸丑冬月，锡民邹喆写"的《山水轴》，南京博物院藏有自题"辛丑九月，邹喆写"的《云峦水村图》，南京市博物馆藏有《山水册》十二幅，皆直线硬勾、凝重精密，有宋人之雄健，而无元人之松柔。且设景布意，可居可游，道路盘绕，高远之景，皆宋人法。有些画虽然用了元人的披麻皴形式，但笔墨硬而直，实而少变，不松不柔，缺乏灵活和弹性的线条。我还见过南京博物院和北京博物院藏的邹喆册页（《中国画》1984年4期刊有六幅），其画法皆来自北宋、南宋。上海博物馆藏有邹喆写的《松林僧话图》轴，上自题"丁亥六月朔写，邹喆"，乃是邹喆的代表作，收藏家在裱边题"天下第一邹喆画"。其画山石质朴粗犷，一扫萎靡之气，树干一笔写出，苍劲浑厚，松针勾簇，用笔稳健，直逼宋初范宽。乍一看，几疑为宋画，他的山水册页中尤能看出南宋院体影响为最大，而加以秀逸、平淡为主要特色的元画因缘不多。清人李浚之《清画家诗史》中谓邹喆山水具"北地沈雄之气"。这正是"正宗"画家所要消除的画风（所谓"化浑厚为潇洒，变刚劲为柔和"）。

　　樊圻与其兄樊沂画法相类，俱为金陵名家。浙江省博物馆藏有樊圻
《平涧曲水图》卷，自题"乙丑初秋秣陵樊圻画"，斧劈皴加青绿，一
派宋法。南京博物院藏有樊圻《山水扇面》，自题"己未春日画似以政
道兄，樊圻"。山水直勾硬折全宋人法。"正宗"派传人吴湖帆题曰：
"樊会公与龚半千为金陵领袖，然余以为习气太深……""习气太深"
是明末以降的"正宗"画家常用语，指的是：以南宋院体为面貌的"北
宗"画法。樊圻的画以上海博物馆所藏的《秣陵烟树》大册页连卷为
精，硬线斧劈皴、钉头皴、青绿着色，全法宋人。一般史书以其师法南
宋刘松年、赵大年及元之赵孟頫为多，其实取法南宋为多，所以秦祖永
《续桐阴论画》谓其："似与北宗为近。"乃是实话。

　　高岑的画出入于宋元之间，然其用心之作，皆法宋人，南京博物院
藏有他的《秋山万木图》轴、《金山图》轴，故宫博物院藏有《山水
轴》，中国历史博物馆藏有《秋林书屋图》，南京市博物馆藏有《灵谷
深松中堂》，虽然有些画兼有斧劈、披麻，然最终呈现出的是宋人之缜
密、坚硬、刚猛，而非元人之柔和和虚松，高岑大部分精心之作，看得
出是仿北宋初的画法，介于范宽和李成之间。

　　三种说法的"金陵八家"，共12人，目前除了李又李的画未能见到
外，其他11家的画我都已反复研读过。其主流部分皆是两宋画法为基底
的，包括他们的花鸟画，法度严谨，色彩壮丽，亦皆出于两宋。当时史
家亦有议论，如前所述"似与北宗为近"，"具有宋人精密，惜无元人
灵秀"，等等。八家中的谢荪，后世评论家有认为他受文征明的影响，
其实，一看他的画，不论是北京故宫博物院，还是南京博物院所藏品
（其中《山水扇面》和《青绿山水图》轴，曾刊于《中国画》1984年4
期）皆明显受宋人影响，显示出宋人的法度。且其精密壮丽及崇高感，
皆令人惊叹。

　　诚然，"八家"的画不能说毫无"元四家"至明吴派的影响，但
是，第一，这种影响不是主要的，不仅大部分画中无"元四家"和明吴
派之法的影响，少数画中有一些"元四家"之法，也只是偶尔触着。

第二，"八家"们有时也用一些元法作画，但都是应付戏游，非认真之作。精心之作，全取法宋人，这是因为他们本以宋法筑基的原因。

第三（这是最重要的），即使他们取资元明诸家的画法，最终表现出来的仍是宋画的"体"。即把元画宋化，明画宋化了。如前所述，北京文物商店所藏邹喆的"乙巳秋八月"的山水图，山峰上所用皴法虽貌如披麻，但用笔"实"而"湿"，硬而直，光而乏于变化，和柔曲多变化、内蕴丰富的披麻皴精神完全不类。还有武丹的画，非宋法，亦非元法，似元法，又似宋法，但浓而实的笔墨，其精神全不类元，而类于宋（但又无宋之硬）。所以，武丹的画并无太强特色，各书对他的记载也都很平淡。他的画只是貌似惊人，而内在精力逊甚。

清　陈卓　青山白云图轴　绢本设色，176.6cm×47.6cm，南京博物院藏。

陈卓（1634~1709年之后），字中立，晚年自号纯痴老人，原籍北京，久家金陵，为"金陵八家"之首。关于"金陵八家"，其形成的共同因素最主要的一条是他们皆以师法五代宋初的北方山水画为主要特色，兼融南宋院体，八家的画用笔多方而直。此图全宋人法，硬且直的线条勾后，皴以小斧劈。

　　龚贤的画最有个人特色，但以宋画为体的特色方面，他又是"八家"中最弱的一家。但把龚贤的画放在宋元之间比较，仍然明显地看出其近于宋，而远于元。而当时画坛的主流，举国上下，几乎都是黄大痴、倪云林、王蒙、吴镇以及明代文征明、董其昌等所谓正宗的流派，这些流派虽然也师法五代、北宋的画法，但十分注意松化，柔化，最终表现出来的仍是元画的"体"，即把宋画元化。这在"四王"画中表现得最为明显。所以，王原祁因看不顺眼而大骂"广陵、金陵"为"恶习"。

　　再补充解释一下，所谓"宋画元化"，大体是把：硬变柔，直变曲，方变圆，实变虚，浓重化清淡，雄浑化潇洒。所谓"元画宋化"，大体相反。这在当时"正宗"传派的画家中都是十分计较的事。仅秦祖永一人在《桐阴画论》中就多次阐述并反复警告画人："元人妙处，纯乎如此，所以化宋人刻画之迹，而卓绝千古。""皴法要柔软，而有触和恬静之致。""不可信笔。信笔，直笔也。董思翁云：尺树不可令有半寸之直，须笔笔转去，此言宜首领会。""岂知画至苍老，便无机趣矣，全要以浑融柔逸之气化之，方能骨格内含，神采外溢……须知但求苍老者，终在门外也。"等等。其他各家正宗画人论述更多。当时的画家大多能注意"化宋人刻画之迹"，或完全师法"元四家"。金陵大部分画家也不例外，只有少数画家不为时俗所囿，坚持宋法，而不用"元人妙处"，去"化宋人刻划之迹"。其中以"八家"最著。这就是"金陵八家"的构成因素。

　　至此，可以给"金陵八家"的构成下一个定义："金陵八家"是明末清初活动在金陵（南京）的以师法北宋和南宋院体画法为体为尚的八位出色画家。而在当时，举国上下，皆以"南宗"画为体为尚，以师法"元四家"为荣，以南宋院体（北宗）为"恶习"，并认为北宋画法也须用元人妙处加以改造的气氛中，"八家"却能无视时俗，坚持宋体，不与众同，而形成了不同于"正宗"派的独特画风。

　　由是观之，上元、江宁县志，江宁府志皆以当时居住在金陵的周亮

工说为据，立陈卓为首的"金陵八家"是正确的。

张庚是浙江嘉兴人，晚于"八家"数十年，又不深知明末清初金陵画坛内情，更不熟悉"八家"，仅靠听闻知有"金陵八家"，主观把影响较大的龚贤列为"金陵八家"之首，是不可信，也不合适的。但张庚也是经过一番主观思考的，他曾说过："金陵之派有二，一类浙，一类松江。"（《浦山论画》）程正揆、石谿等人画是"类松江"的，龚贤画少秀韵，多雄浑，松江派主秀雅之说，故强列于"类浙"一派。但他却没深究，故有此误。

把龚贤列为"金陵八家"之首，不合适者有三：

一、龚贤以董、黄等"正宗"画法筑基，中壮年时力图摆脱，晚年又恢复，在他成熟的、近于宋人画风的作品中都有董、黄的基础。不像陈卓等人以宋画立基，也以宋画为体。

二、龚贤画风过于特殊，和其他七家

清 樊圻 茂林村居图轴 金笺墨笔，190cm×47cm，广东省博物馆藏。

樊圻（1616年~康熙中期），字会公，江宁（南京）人，"金陵八家"之一，代表其突出风格的乃是以师法北宋初北方画派为主的画，用笔较实。

差距太大，宜另立门户。

三、龚贤是文人，有诗文集行世，属"利家"，其他七家，甚至陈卓，虽然《上元县志》上说他"性耽书史，寄情翰墨"，但从他们的画迹上看，基本上不题诗文，甚至不落长款，乃至仅钤印章，大抵属于"行家"。不类一群。

虽然如此，张庚仍然是看出龚贤画"秀韵不足"，近于宋而远于元，且名气又大，故把龚贤列为"八家"之首，也非绝无道理。

比较而言，还是以周亮工说列陈卓为八家之首，更为合适得体些。但龚贤的成就更加突出，个人特色更加强烈，以龚贤为八家之首，影响更大，所以，一般人也乐于接受张庚说，其原因盖出于此。

根据以上定义，还可知石谿和青谿二人，虽然在当时成就十分突出，而且也寓居金陵，又和八家同时，却不被列入"金陵八家"或"金陵十家"，因为石谿的画是以师法"元四家"中的王蒙画法为主，虽然，由于石谿的情性和精神状态的原因，他的画具有王蒙的画所不曾有的老辣苍浑，但其体仍属元画的体。当然不可否认石谿的艺术成就：体属元画，精神状态是他自己的了。青谿的画是师法董其昌的，成就远逊于石谿，但在当时却和石谿齐名，议者谓之"冰肌玉骨"，其实就是"清润"，这正是当时所谓正统画家所欣赏的风格。总之，二谿的画不以宋画为体，和八家的画不属一路。八家帜树金陵，卓尔不群，反潮流是他们共同的精神，也是他们成功的主要因素。

（载《美术史论》1991年1期）

十一、关于"金陵八家"的多种记载和陈卓

清 高岑 江山千里图卷（局部）

高岑，字蔚生，杭州人，寓居南京，"金陵八家"之一。山水画以宋人为基础，有时也出入宋元之间，亦吸收沈周的粗笔画法。

（前略）

陈卓虽为"金陵八家"之首，然至今尚无一篇研究文章，甚至连一篇简单介绍的文章都没有（也许是我孤陋而寡闻），而且有关文献也十分少，真憾事也，现仅就我所见的几段简单资料和部分陈卓作品作一简介：

陈卓（1634～1709年之后），字中立，晚年自号纯痴老人。安徽省博物馆藏有陈卓的《云山青嶂图》轴，左上自题"乙丑嘉平月画张僧繇云山青嶂图，七十六纯痴老人陈卓"，下钤二印，一曰"陈卓"，一曰"中立"。是知此图画于康熙四十八年乙丑（1709年）。上推而知陈卓生于明崇祯七年甲戌（1634年）。卒年在1709年之后的哪一年尚不详。

陈卓，原籍北京，久家金陵，《上元县志》和《上江两县志》以及《江宁府志》，皆根据周亮工的品题称之为"金陵八家"之首，评价最高。乾隆《上元县志》谓之："陈卓字中立，性耽书史，寄情翰墨，花卉翎毛山水人物楼阁，咸称最善……金陵迄今称以画世其家者，必推陈氏焉。"《图绘宝鉴续纂》卷二记："陈卓字中立，北京人，善山水花草人物，久家金陵。"天津艺术博物馆所藏陈卓《蕉荫展卷图》自题："燕山陈卓。"下钤二印，一曰"陈卓印"，一曰"中立"。证知，陈卓，字中立，原籍北京，久家金陵为不误。

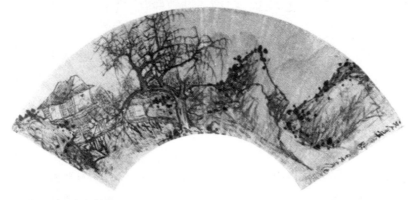

清 吴宏 山水扇面

吴宏（活动于明末清初），字远度，原籍江西金溪，本人生长于金陵。为"金陵八家"之一。作画似北、南宋法的结合，山石勾以硬而刚的直线，皴法纵横恣意，似乱柴，用笔实而硬。

陈卓是当时的名流之一。康熙八年己酉（1669年），周亮工罢官后回到金陵，岁暮，遍邀白下（即金陵）诸公，为大会，"词人高士，无不毕集"。年仅36岁的陈卓亦应邀雅集至宴。同时到会者有吴子远（期远）、袁重其、愿与田、姜绮季、王石谷、胡远润、樊圻、樊沂、吴宏、张损之、邹喆、夏茂林、胡竹君、叶欣。周亮工在《读画录》中附了门人温陵黄虞稷所写一首长歌，一一记之。其中对陈卓评价最高，曰："竹君师授类王洽（自注：胡竹君为石谷高足），中立好手如谢蔼（自注：谢仲美化去，近推陈中立）。"谢仲美是周亮工好友，同年出生，周亮工《赖古堂集》中多处记到他。其山水、花鸟、肖像画"皆擅长"，康熙五年（1666年）卒。诗中谓谢仲美死后，近推陈中立，可见是把陈卓推为一时之首的。

可惜，周亮工仅在"附画人姓氏"中著"陈中立卓"四字，大概周亮工尚未来得及为陈卓撰写传记，就在1672年去世了。但在上元、江宁等各类地方志上，陈卓的地位皆十分突出，都为他列了"佳传"，不仅远远超过其他七家，也大大超过龚贤，所以十分值得研究。

陈卓的画至今仍有存世，就我所见，录于下：

（一）《云山楼阁图》轴（160厘米×62厘米）。广东省博物馆藏。绢本，设色，右上自题"壬戌春月画于听秋轩中，建云道兄。陈卓"。印二，一曰陈卓，一曰中立。壬戌是1682年，陈卓49岁，在我所见到的陈卓署明年代的画中，此幅是最早的一幅，但画得十分精致成熟。画的下部近景中，一片楼台宫殿藏置于深壑奇岫之中，宫殿楼台、上下前后的安排，折算无差。白云缭绕其中，泉溪流湍其下。中部近景的山头上也有一个阁楼，十分醒目。上部远山耸峙，气势雄伟，景象壮观。殿阁用石青、石绿、白粉、朱砂等重色画成，云亦用白粉勾写，山石用硬而实的线条勾括，淡墨和淡色渲染，上点石绿苔点，显得古朴雅致，和他后期全用大青绿敷色不同。流水桥梁、道路、殿宇、院落又交代得清清楚楚。从布景设意（构图），到用笔着色，全是宋画的遗意，而无元人习气。明代以降，无论是浙派，抑是吴派，这类缜密严谨的画风皆不多

清　叶欣　山水册之孤村野渡　墨本淡色，14.3cm×17.7cm，旅顺博物馆藏。

　　叶欣（活动于明末清初），字荣木，松江人，流寓金陵，"金陵八家"之一。作画的线条和皴笔多方硬而细谨，设色也清淡。

见了。其可居可游之境地又颇令人向往。画这种深山中藏有楼阁的仙居般境界是陈卓一生创作的主要题材。

　　（二）《仙山楼阁图》轴（189厘米×94厘米）。首都博物馆藏。绢本，设色，作于乙亥年（康熙三十四年，1695年），是陈卓62岁时作品。画群峰中，白云缭绕，仙山楼阁，近处高松斜木流溪，高士道中，一派可行可望可居可游之景。全图结构缜密，笔法严谨，用硬而直的线勾写，轮廓甚重，小斧劈皴，大青绿设色。总之，从构图布景到用笔设色全出于宋法，而非元法。

（三）《青山白云图》轴，南京博物院藏。自题"癸未（康熙四十二年，1703年）秋八月陈卓"，乃陈卓70岁时所作。此幅全宋人法，硬而直的线勾后，皴以小斧劈，再着石青、石绿、赭石等重色，苔点以浓墨点，上覆加石绿。空中白云勾后晕染白粉，山中楼阁折算准确，全图结构严谨，无一苟且，景象繁复，板桥道路，皆可行可望可居可游。一派宋画气氛。

（四）天津艺术博物馆藏《丁未春日山水图》，自题"丁未（康熙六年，1667年）春日画，陈卓"。是陈卓34岁时作品。画中线条特显得硬直。

（五）南京博物馆藏《山水扇面》，上题："为佩老道兄画，陈卓。"同上。

（六）南京市博物馆藏《水村图》中堂，无款，但右下有二印曰：陈卓、中立。同上。

（七）《云山青嶂图》轴（见前），绢本（232.5厘米×150.5厘米）。图中白云缭绕青山，上有飞泉，中有仙阁楼台，下有溪水孔桥，一人骑马过桥，后随二童。一条道路横穿，绕石后直通山中楼阁，景致可行可望，可居可游。大青绿着色，加之桃红李白，长松巨木，气象森严，结构缜密，色彩浓艳而又雅致。内容和形式皆同南京博物院所藏的《青山白云图》相仿（前者为中堂，后者为长条），全是宋人法。不过《云山青嶂图》比《青山白云图》更加成熟，更加浑朴，更加缜密精严，是目前所见到陈卓画中最能代表其水平的一幅作品。

总结陈卓的画：皆以硬直线条勾斫，皴以小劈斧，轮廓线浓重而清晰，用笔硬而实。即使有少数作品吸收了一些元人画法，但仍显现出宋画的精神状态。无元人画中的柔松、空灵、轻缓、淡润、虚松的特色，而是宋人画的"实""硬""密""厚""重"和谨严。秦祖永评陈卓画："山水工细，千丘万壑，具有宋人精密，惜无元人灵秀，其病与刘叔宪同。"（《续桐阴论画》）刘叔宪名度，秦祖永在《桐阴论画》中把他列为"能品"，谓之"山水千丘万壑，层出不穷，盖师法北宋人得

清 邹喆 江岸归帆图册页

邹喆（活动于明末清初），字方鲁，原吴县人，客寓金陵，为"金陵八家"之一。邹画能吸取各家长处，然终以宋初范宽一派气息较重，和当时趋尚于圆柔画风的作品完全相反。

其神髓者。余见巨册六帧，布置细密，并无灵警生动之韵。麓台云，山水用笔须毛，毛则气古而味厚，叔宪画病正在光耳。"其后又注："叔宪，钱唐人，画出蓝田叔之门，后又变，师大小李将军。"秦祖永以"正宗"派传人自居，所论有偏，但所见为实。"师北宋人得其神髓者"，也只能列为"能品"。必须有元人灵秀才算好画，具有宋人精密，却是病；次外，蓝田叔、大小李将军皆是"北宗"一派的非"正宗"画家，师法他们，大概也是病的根源。这些都是"正宗"派的偏见。我们正可透过这些偏见，知道陈卓的画具有宋人精密，以及和刘度一样"师法宋人得其神髓"。正因为如此，不为偏见所拘，排除宗派观点的人，惊叹于陈卓千丘万壑布置细密的山水画，才给予他很高的地位，乃至于"金陵迄今称以画世其家者，必推陈氏焉"。《上元县志》还记陈卓"子五人，谏、谟、训、诰、说，俱以工画名世。谏子瑜，字宗器，与谟子琪，字东石，亦有祖父风"。各类记载中，皆言陈卓"善画花卉、翎毛、山水、人物"。目前仅见其山水画和少数人物画，其实他最擅长花鸟画，其精致，又不知如何也。

（载《东南文化》1989年4、5期合刊）

十二、"金陵八家"的构成及五位高岑问题

金陵高岑

"金陵八家"中高岑，字蔚生，约卒于康熙中，前已述为浙江杭州人，寓居金陵。其兄高阜，字康生，亦善画。高岑早年即厌弃举子业，专心于诗画。高阜却一心攻取科举，不能毕功于画。二人青壮年时同时加入复社，颇有士人的正义感。尔后，又同时隐居，高岑更喜信佛，始从法门道昕游伏腊寺。周亮工《读画录》记："岑须髯如戟，望之如锦裘骏马中人。""所居多薜萝，闲绿冷翠中。"高岑的画也是以宋画为体。故宫博物院藏有他的《山水》轴，南京博物院藏有他的《秋山万木图》轴、《金山》轴，上海博物馆还藏有《松泉》扇面，等等。皆仿北宋初的画法，山势高峻突兀，石质坚硬刚锐。介于范宽、李成之间。《山水》轴之景可行可望可居可游，山中小道崎岖可寻，小桥、村庄、远水远山皆安排得当，这在元明画中是十分鲜见的，完全是宋画传统。诚然，高岑亦有仿元人介于黄子久和王蒙之间的画法，亦有仿"明四家"的画法，或细润而爽利，或谨严而尖峭，然皆元画宋画化，只是取资元明画家的用笔形成，但因他宋画的基底深厚，所表现出的实际上仍

是宋画的精神状态。

高岑的画，境界壮阔，深远、平远、高远皆具，又画法严谨沉炼，色彩明快和谐，观之令人惊叹不已。在明末清初的画坛，自是十分突出的一家。

石城高岑

我到美国，应密歇根大学邀请，去该校讲演，承大学博物馆东方部主任武佩圣先生美意，观看了该馆很多藏画，其中一套高岑的山水册页引起我的注意，这些册页约四十张，画的是金陵之景，根据画上题字推断，也属清初，起初我认为是"金陵八家"中的高岑。而且画上题款也是"石城高岑"，"金陵八家"中的高岑也自题"石城高岑"。然其画水平并不太高。线条缺乏宋人的锐气和硬度，又不像元人那样松柔富有弹性，观其法，可知其画完全出于"四王"一系，根本缺乏宋画的基底，我曾怀疑是"金陵八家"中高岑的早期作品，但最后还是否定了，这个高岑和八家中高岑完全无涉。也不是伪造八家中高岑的画，因为，伪造同时代一位名家的作品，至少在形体上有些相似，这四十多幅山水，无一处似之。那么，这位"石城高岑"是谁呢？我和武佩圣博士都十分关心。总之，他不是"金陵八家"中的高岑。

福建高岑

我从美国到了日本，逗留一段时间便回国了，这时武佩圣博士也从美国到了南京，我们一起去南京博物院看了九幅高岑的画，五轴四册页，第一幅大轴着色山水人物画题为《芭荫清兴》，画的是树下蕉底石旁有三位文人在鉴定文物，并有二小童侍立伺候，远处山景，自题："己酉秋七月望后一日写，三山樵隐高岑。"查资料得知，三山樵隐高岑乃是福建人，自不是"金陵八家"中的高岑，也和密歇根大学博物馆所藏的"石城高岑"无关。这幅画水平不算太差，也不算太高明，远山没有什么特色。近景的墨色俱腻且有浊气，线条迟滞而不深沉，但整体尚可一观。然和以上所说两家高岑的画完全不是一路。

西泠高岑

第二幅长轴山水图，其中有小人物，无题，有款："丁卯如月写，西泠高岑"。有二印，上为"高岑之印"下为"嵒子"。嵒子当是高岑的字，嵇康《琴赋》有"山川形势……礁确崿岑嵒"，司马相如《子虚赋》有："其山……岑嵒参差。"古人名和字是相配的，名岑字嵒子，正相配。从画的时代鉴定，乃是清末民初之作。虽然这位西泠高岑和八家中的高岑应属同乡，但二者决非一人。时代相差太远，画风绝无一毫相像，且八家中高岑字蔚生，这位西泠高岑字嵒子，也和另外二位高岑无涉——画风差异太大。

剩下的三幅山水轴和四幅册页，当是"金陵八家"中的高岑所画，用笔尖锐深刻而富生气，显然是取法宋人的作品。虽然非全是高岑的精品，其艺术水平已远在其他三家高岑之上。看完画后，正好在金陵饭店遇到鉴赏家徐邦达先生。我们和他谈了很久，他也认真作了回忆。最后徐先生作出结论："看来是有四位高岑。"

又查：《图绘宝鉴续纂》卷二记："高岑，字蔚生，金陵人，善山水及水墨花卉，写意入神。"同书卷二后部分又记："高岑，字善长；干旌，字文昭，俱杭人，善山水。"但这位字善长的高岑，我没能见到他的画，如是，清代画坛当有五位高岑也，特披露于此。以俟鉴赏家、画史家览画而得焉。

(载《东南文化》1987年3期)

十三、清代中国画坛三大重镇及其形成

　　明代中国画坛三大重镇，早期是金陵，中期是吴门（苏州），晚期是松江。清代中国画坛亦有三大重镇，早期在新安，中期在扬州，晚期在上海。现仅就此略而论之。

　　清初，新安（又称徽州）地区，不但画家多，而且画风特出，对扬州、金陵、嘉兴等江浙人文荟萃之地乃至后来的海派影响最大。新安特出的画家有号称"新安四大家"的渐江、汪之瑞、孙逸、查士标。渐江又开创了一个新安画派，姚宋、江注、祝昌、郑旼等都是这个画派中的重要人物。有人把梅清、梅庚等一大批画家以及萧云从等也算作这个画派，其实梅清等人应算作宣城画派，萧云从更是姑熟画派之首，但他们皆和新安派有密切关系，萧云从还和孙逸并称为"孙萧"。不过，来往于金陵、扬州等地的程邃和戴本孝以及雪庄等人，确是新安画家。渐江的影响最大，石涛目空一切，独对渐江推崇备至，一赞再赞。"清初四僧"之一石涛也是这个画派培养出来的画家，后来才独立门户。石涛、查士标到了扬州，开创了扬州画派，海派又受扬州画派的影响。所以清代画坛，凡有生气的画派，皆有新安派的因素。

　　但是，明初之前，新安根本没什么文化，更谈不上"文之极也"的绘画。南宋《新安志》记云："山限壤隔，民不染他俗，勤于山伐，能寒暑，恶衣食……自唐末赋不属天子，骤增之民，则益贫。"南宋和议之后，宋金息兵，一时出现富裕状态，临安城内大兴土木，兴造官府私第，需要大量竹木，新安有人便砍伐山中竹木，由浙河运往临安销售，贫极之民，纷纷仿效，俱皆至富，这便是徽商之始。元末天下大乱，徽州商人乘机而起，横行天下，记载中的几位巨商皆起于元末明初。到明代中期，徽人经商成风，顾炎武《天下郡国利病书·歙县风土论》有谓："末富（商人）居多，本富（地主）益少。"王世贞《弇州山人四部稿·赠程君五十序》有云："大抵徽俗，人十三在邑，十七在天下，其著聚则十一在内，十九在外。"徽商兴起，其势甚大，屡见于各种文献，《徽州府志》《休宁县志》《歙志》等皆有载。徽商遍及宇内，致有"无徽不成镇"之说。

徽商之富，各文献记载触目可见。家积百万、数十万两白银者皆不足道，如原仅百户的歙县镇"自嘉隆以来，巨室云集，百堵皆兴，比屋鳞次，无尺土之隙""舆马辐辏，冠盖丽都"，由贫瘠之极骤然变为繁荣之极。

徽商的经济地位稳固了，他们一年所赚的钱，足当一世挥霍。但他们的社会地位并不高，商人为四民之末，故称之为"末富"，他们要向士大夫阶层和官僚阶层靠近，于是徽商们开始了两方面的措施。其一，叫自己的子孙事儒学，从举子业，他们花巨资延请名师大儒教育子孙，并捐款兴办各类学校，"十户之村，不废诵读"，"远山深谷，居民之处，莫不有学有师"。于是乎，新安由原来文化十分落后状态一下子跃居全国首位，考中状元进士人数一时势逼历史上的苏州。更有"父子尚书""兄弟丞相""连科三殿撰、十里四翰林"等。在经济高潮到来之后，接着便是文化高潮，于是"徽派""新安派"如雨后春笋，新安画派、新安医派、新安学派（其势力主要在扬州）、徽派版画、徽派刻书业、徽派篆刻、徽戏、徽墨、歙砚乃至于徽菜，皆名扬海内，新安名人奇士一时压倒文人荟萃之地的三吴两浙，人称之为"东南邹鲁"。张潮在《洪玉图歙问序》中记江、浙、皖文人盛会最为典型。明代文坛魁首王世贞从江苏、浙江挑选一百多名文士，皆各擅一技，来到新安一县——歙县，和王齐名且又是同科进士的汪道昆以地主身份在歙县租借名园数处，接待来宾，每一位来宾皆派一二位当地人作陪，而且是画家陪画家，书法家陪书法家，诗人会诗人，戏剧家会戏剧家，琴师、棋手、篆刻、堪舆、星相、蹴踘、剑槊、歌吹等等，皆一一伴对角技，新安仅出歙县一地人才，竟大胜江、浙二省群雄。众皆十分折服，王世贞素来傲慢，也不得不惊叹不已。

新安的杰出人才自名将兼戏曲家、诗人、散文家、五子之一汪道昆（商人之子），乾嘉学派的代表戴震，杰出的理财家王茂荫，直到近代的陶行知、胡适、张署、黄宾虹，层出不穷。至于在当时政治、军事、财经、文化等方面起到重要作用的各种人才，新安人几占半数。"宰相代代有，代君世间无"，历史上惟一以宰相身份代君三月的曹振镛，就是徽商之后。徽州文化名人中，尤以画家最多，画事更盛。丁云鹏、丁观鹏、程嘉燧、李永昌、李流芳、程邃、戴本孝、"海阳四大家"，直至清中期扬州八怪中年龄最大的汪士慎和年龄最轻的罗聘、小师画派之首方士庶，乃至清末虚谷、近代黄宾虹，数不胜数，皆新安人。究其原因，且看其二。

其二，徽商在培养自己子孙的同时，还要提高自己的社会地位和社会声誉，于是开始附庸风雅。收购古玩字画便是他们的拿手好戏，一时间名画皆流入新安，文人雅士本看不起俗商，为了生存而卖画，并以求多得者必须和俗商打交道，为了学习传统、求观古人名迹，又不得不纷纷登俗商之门拜"谋一见"，于是商人、文人互需互补，商人得到了斯文，文人得到了钱或看到了画。有的商人也就成了文人，如吴其贞；有的文人也兼做商人，如詹景凤。徽商收藏字画古玩之风愈演愈烈，《书画记》云："昔我徽之盛，莫如休、歙二县，而雅俗之分，在于古玩之有无，故不惜重价争而收入。""时四方货玩者，闻风奔至。行商于外者搜寻而归……得之甚多。"古代名作，自唐至元明，流入新安者不可胜计，仅就倪云林一人的作品而论，现存名作《幽涧寒松》《东冈草堂》《汀村遥岭》《紫芝山房》《杨竹西小像》等，皆经徽商收藏过，他地买主是不敢和徽商并驾"逐鹿"的。

徽商同时也收藏当代画家的作品，这在《朱卧庵藏书画目》中可见分明。

徽商大量收购古今字画，这对当地绘画的发展，无疑是一个巨大刺激，更给当地人学画带来了极大的便利。

另一方面，商人们为了得到文人们的美誉，更大力资助文人们的艺术活动，出钱召开诗文书画会，前例王世贞和汪道昆举办的江、浙、皖三省文人盛会就是徽商出资。徽商们还延请画家文人为门客交游应酬。还捐款办学，培养那些天资聪颖而贫困的孩子成为文艺方面人才。文人增多又刺激了文化用品的生产，这里迅速成为文房四宝的重要产地。比如徽墨，不仅为画家服务，更需要画家设计图案，著名的《方氏墨谱》和《程氏墨苑》巨册皆是集中这些图案刊印而成。印刷这些图案推动了木版印刷技术的发展，至今尚能见到许许多多的木版画，如《黄山志》中渐江、雪庄等所作的黄山图，萧云从的《太平山水画》《离骚图》等数百种，著名的《十竹斋书画谱》《十竹斋笺谱》也是新安人胡曰从在南京刊印的。

刻书业也极其发达，《五杂俎》记："金陵、新安、吴兴三地，剞厥之精者，不下宋版。"这些书大都有插图。仅黄氏一家所刻图版书目，现在尚可查见的还有241部。可见新安刻书业之惊人程度。如果不是篇幅限制，还可举出更多的事例说明徽商对画家的需求。

徽商资助文化艺术活动，徽商的事业需要画家参与，徽商又大量收购画家的画，所以，大小画家到新安皆各有作用，新安能容纳大量的画家。这就促进了画家队伍的壮大、发展，而且在竞争中易于促进画家的成长。这就是新安成为清初画坛重镇的重要原因（限于篇幅，还有一些原因未及道出）。可惜，新安经济繁荣的领先地位未能长期保持，不久便渐渐让位给扬州了。扬州成为东南第一大都会。扬州的繁荣主要是新安人奠定的。因为徽商要享受，徽州却缺少名园妓院，交通更不方便，更重要的是徽商的经营地皆不在新安，于是他们便大量外迁，画家自然也随之外迁。

扬州地处长江和运河的水运枢纽要道，康熙至乾隆间，这里盐运发达。据计算，盐商每年净得利润约一千五六百万两银子，而康熙时全国岁入只二千数百万两，嘉庆《两淮盐法志》记云："两淮岁课当天下租庸之半，损益盈虚，动关国计。"所以，清初，统治者就在扬州设两淮盐运使，控制食盐的产销和盐税的征收。

盐运业是官督商办的，必须先交纳一批巨资才能领到营业执照（名曰"根窝""窝单"），所以，在扬州的大盐商，基本都是新安人（徽商）。这相当"天下之半"的钱财就集中在少数的盐商手中，时人谓之"富甲天下"。资产百万以下者谓之"小商"（当时的教书先生每年不过十两银子）。他们经常施舍，"动以十数万计"。盐商江广达一人一次就捐银二百万两给清政府"以备犒赏"，这类例子举不胜举。

扬州盐商无不建造极华美之花园，一时有"扬州园林甲天下"之称，扬州画家当时画的扬州各种名园图至今在中、美、日各国博物馆屡能见到，我就曾在美国纽约大都会博物馆见到过罗聘所画《棣园图》等。现存扬州的个园、何园、西园等虽十分壮观，但在当时皆盐商家行庵处的小花园（大花园后来皆被皇家查抄而毁）。

以徽商为主的盐商主要还是把钱用在文化艺术事业上，争相创办书院、学校，培养教育人才。他们聘请学有专长的人来扬州讲学或担任书院院长。乾隆时期很多著名学者和高级官员大都是扬州书院培养出来的。"扬州学派"中大多数学者都曾寄寓在盐商家中，由盐商供他们吃住，并资助其学术研究。盐商大量收购书画，好客尊士、资助文人是一种普遍现象，几乎每一盐商都有这类"德政"。以"二马"为例，"二马"是马曰琯、马曰璐，新安人。马曰琯建造书院、学馆，招待四方名士，凡路过的文人名士或自远方来投者，都一律安排吃住，不论住多长时间皆可以，临行还赠以路费，有时多至万金。马曰璐筑"小玲珑山馆"，乃是扬州画家经常聚会的地方。此馆十分秀丽而庞大，建筑物高

级而又很多，其中丛书楼前后各一，藏书画为江北第一，任何人皆可以
到这里读书、研究、欣赏，还可以借回去传抄。"二马"对收藏古今绘
画特有兴趣，《广陵诗事》记载甚详。扬州八怪大部分画家皆为"二
马"画过画，郑板桥一时客居马氏行庵隔壁，马曰琯也不放过向他求画
的机会。张庚路过扬州，马曰璐也热情挽留，请他作画，张所绘《小玲
珑山馆图》至今尚存，上有马曰璐长题。很多文人画家长期寄居在这
里，"二马"还为很多长期寄居这里的文人画家娶妻成家、"割宅蓄
婢"，并代为印书。厉鹗的《南宋院画录》就在这里辑成。二马还定期
在小玲珑山馆中召集文人举行诗画会，每到会期，在园中设案、笔、
砚、纸及饭食酒菜。现存《韩江雅集》十二卷，就是其中一次集会的酬
唱诗集，由马氏出资刻印。扬州八怪等画家更是小玲珑山馆中的常客。二
马家还附设刻印工场，刻版印古今人集，数量十分惊人。仅马氏一家盐商
就不知吸引资助了多少文人画家，据《两淮盐法志》所记，当时盐商巨头
就有数百家，其他盐商大贾有数十万，家家皆如此。再如扬州八怪之一陈
玉几，不但自己长年寄居在大盐商江春家，其女嫁给镇江画家许滨，翁
婿又皆寄居在这里。程梦星、郑侠如等大盐商招徕资助文人画家比"二
马"、江春更甚。所以，无数文人画家争相拥至扬州，有所附也。

由盐商资助的扬州刻书业规模浩大，史无前例，书中皆有画家插
图。据《中国古籍印刷史》记载，仅曹寅一人在扬州，除了刻《全唐
诗》外，还刻了《佩文斋书画谱》《历代题画诗类》等近三千卷。其他
盐商各自刻书更多。《儒林外史》也是盐商赞助而刻，很多皇家刻不起
的书，都要请盐商赞助刻印，刻书则少不了画家。

盐商需要画家的地方太多了，比如：（一）盐商众多的花园皆要画
家参与设计，石涛到扬州后就为盐商设计过园中垒石。园成之后，都要
请画家书家题联装画，更要名画家为园写生，以垂不朽（《扬州画舫
录》一书中记之颇详）。（二）没有一个盐商不喜爱绘画的，大部分盐
商以及其家属（兄弟妻子），和他们所养的门客无一不能画。《扬州画
舫录》中也皆有记载。按早期徽商是附庸风雅，后期徽商及扬州的巨商

们是真正的风雅之士。盐商们要大量延请名画家指导他们和子女作画，而且要大量购买画家画以供观摹。

以上所讲的仅是全国各地画家纷纷来扬州的原因之一。更多的是扬州繁荣市场对画家的需求。下面，我们先作一粗略计算。

围绕盐商的各种各样商业皆在扬州大发展，商业日益发达，交易市场日益增多，为了联络乡谊，掌握信息，往来贸易，湖南、江西、湖北、安徽等几乎所有的省以及绍兴、嘉兴等百十地皆在扬州建立会馆，热闹非凡。

文献记载说扬州有四方豪商大贾数十万，中小商贾更不计其数，数不清的店铺馆肆，都要挂画，商人、演员家中要挂画，为这些商人和附庸风雅之士服务的地方尤要挂画。总共该需多少画啊！又需多少画家啊！全国的画家都拥到扬州来，也供不应求啊！

新安的画家还要根据商人的要求作画，所以，他们可以慢慢地画，画得很精细。扬州的画家，除了盐商家中所养之外，皆要店馆铺肆的主人或风雅之士们登门求画，所以扬州画家三笔五笔、草草率率，因为需要量太大啊。郑板桥诗云："画竹多于卖竹钱，纸高六尺价三千。任渠话旧论交接，只当秋风过耳边。"可见他画了多少画（扬州画家每人只需会画一二样，如兰竹，无需多画，即足以卖钱），这些画都必须给钱才能买去，而且必须现银，《板桥润格》中记得十分清楚。

要享受必须在扬州，"腰缠十万贯，骑鹤下扬州"，有财、有艺、有一技之长者，无不想往扬州，当然，画家想吃得好，卖更多的钱，也都愿到扬州。所以，福建的黄慎为了更好养活老母，不得不三下扬州。画家多了，就有竞争，扬州八怪、扬州十三家、扬州十五家，不过其中代表而已。《扬州画舫录》《扬州画苑录》等等文献中所记画家不计其数。扬州盐商于乾隆末年至嘉庆十二年骤然衰败了，其中原因很多，此不赘言。一些人家因皇帝抄家，没收家产，"盐商顿变贫户"，"转眼乞丐"，昔日富翁贵公子马上变成乞丐，贵妇小姐马上沦为妓女下人。画家及各色人物当然也就各奔前程，纷纷离扬而去，"好一似食尽鸟投林，落了片白茫茫大地真干净"（详见我的〈红楼梦〉素材考——在华盛顿美国红学会上讲演》），所以，乾嘉之际，扬州画坛一扫而光。画家跑到哪里去了呢？"毕竟有散还有聚"，另一个商业发达的城市在等待着他们，这就是上海。

清代画坛早期的新安派，中期（实际应为中前期）的扬州画派，晚期的上海画派（严格地说后二者不能称作派，因为画家太多，风格也太多，为方便计，姑依通说称之为派）皆产生于经济重地。三派互承互继而又各有发展，研究清代创新的绘画，必须把握住这一根三大重镇主线。新安画派画家包括其领袖渐江几乎都到过扬州，如前所云，扬州画派实为新安派所开，查士标、石涛皆定居扬州，死葬在扬州。扬州画家活动的重要场所全由新安商人所开。扬州后期画家又差不多皆跑到上海。虚谷一家人最为典型，他一家人从新安跑到扬州，又从扬州跑到上海。

实在对不起诸位，我虽挂一漏万地讲，但早已超过编辑的限量，上海画派及其形成便不能详谈了。但上海经济的繁荣，诸位也都十分清楚，上海不但有水路运输，有港口通向世界各国，更有铁路运输，世界各国的大商人云集于此，被称为"世界冒险家乐园"，其繁荣在一定程度上更超过了扬州，这就是上海画派形成的基础。上海成为中国画坛的重镇，一代名家如虚谷、赵之谦、任薰、任熊、任伯年（海上三任）、吴昌硕、蒲华、吴友如等等直至近代振起山水画的巨匠黄宾虹（徽商之子），无不崛起于上海，乃至近人徐悲鸿、刘海粟、潘天寿、陶元庆、林风眠、关良等等，亦无不属于上海画派，上海更建起近代第一个美术专科学校。至于和上海画派有密切关系的画家，一代画人，鲜能例外，上海画派的力量和影响不仅流播国内各地，更流播世界各国，盖上海经济雄厚之力所致也。

（载《东南文化》1988年2期）

十四、石涛《画语录》中"生活"正解

　　十年前，我写过一篇文章，题为"石涛《画语录》中'生活'正解"。指出，历来学者把古人说的"生活"理解为今日的"生活""体验生活""体验事物"等，都是绝对错误的，古人说的"生活"，多指的是"技巧""笔墨技巧"，或因特殊技巧而制造出的用品（艺术品等）。我的文章发表后，在部分画家中产生反应，纷纷来信来电表示赞许，但在理论界反响并不大，直到现在，很多学者仍把古人词作现代化的理解，但又完全不通。前一时期，又出现了一次研究石涛"热"，连画图画的人也写起文章来了，但对"生活"一词根本不理解，却大谈"生活"，很多曾读过拙文的画家打来电话，希望我把十年前的旧文复印出来，拿到一家影响较大的刊物上发表，以正视听，免得谬种继续流传。但我的那篇文章已坏于大火灾，无法找到全文。这里，我又重新找一些新资料，再写一篇，题仍为：《石涛〈画语录〉中"生活"正解》。下面言归正传。

　　研究中国绘画史，对无关紧要的细节或对古代每一句话都一一讨论，似乎不太必要。但有些话，甚至一个词，如果理解错了，或是对古人所用的词望文生义，作现代化的解释，便会误解一位重要的画家，乃

清 石涛 桃花源图 美国华盛顿佛利尔博物馆藏

至误解传统，严重者更会误解一代绘画，那就必须讨论清楚，得到一个正确的解释。比如对石涛《画语录》中"生活"一词的解释就存在这一问题。一般论者都以为石涛强调"夫画者，从于心者也"，对技巧不太重视，其实，石涛对心的涵养和技巧的修炼，是同样重视的。《画语录》中"生活"一词出现十几次，多数和"蒙养"同时出现。以前学者对"生活"一词的理解都以为是"体验生活"，和现代"生活"一词同义，即起、居、吃、住、生产劳动等各种活动或火热的斗争等的意思。如：俞剑华标点校注释的《石涛画语录》谓之："蒙养——修养习练的意思。生活——体验事物的意思。"郑拙庐《石涛研究》中认为："蒙养，系修养练习"，"生活"即"体验事物"。黄兰坡《石涛画语录释解》认为："蒙养"指"技巧修养"，"生活"指"生活体验"。以上三人可谓研究石涛的先行者和权威，对"生活"一词的理解是一致的。这种解释影响很大，几乎无人提出异议，只有少数学者在承认其正确性之外，又作了补充或更加具体化，如"认识和把握山川万物的多样性"云云。

　　以上的解释，错在将古代的词作现代理解，"体验生活"这个词大约是20世纪40年代"延安讲话"以后的事，古人是没有这个词的，如此理解相当于"元人读《大明律》"一样的荒唐。

对古人词句的解释首先要有根据，不能主观臆测，同时还要找到同时代的词相印证。因为一个词不会孤立地出现。最后还要把被解释的词放到原句中去，看看是否能读得通，是否能使人明了，否则就是误解。以上诸学者的解释　是无任何根据，二是无当时任何"生活"一词作证，三是放在原句中读不通。可先对读一下：

《笔墨章》中讲："山川万物之具体，有反有正，有偏有侧……此生活之大端也。"这里讲的是笔墨，笔墨技巧中出现的反正、偏侧，正是因为山川万物之具体中有反正、偏侧，山川万物之反正、偏侧是笔墨技巧之缘由。如果说：反正、偏侧……此起居饮食及生产劳动之大端也，或此火热斗争之大端也。显然是讲不通的。又《皴法章》："画之蒙养在墨，墨之生活在操，操之作用在持……"。"墨之起居饮食及生产劳动在操"，亦不像话。又《絪缊章》："笔锋下决出生活"。笔锋下能决出"起居饮食及生产劳动"吗？能决出"体验事物"吗？可以说，以此释训，放在《画语录》中任何一句都是讲不通的，即使个别句子勉强讲得通，也非常牵强，而且放在全文中又不通。

其实"生活"一词在元明清戏剧、小说、诗文等各文献中是常见的词，指的是各种技艺、手艺，犹今之乡下铁匠或木工常说：手头活计，手头生计。对于木匠来说，指的是木工的技巧，对于铁匠来说是打铁的技巧，对于女工来说，就是刺绣、缝纫、纺织的技巧，对于雕塑来说就是雕塑的技巧。故石涛《画语录》中说的"生活"指的是笔墨技巧，也可以直接用"技巧"二字对译，又"生活"一词有时也指因技巧而成的物品。我这样说是有根据的。

例证太多了，且摘录部分：

明末冯梦龙《古今小说》第二十二卷《木绵庵郑虎臣报冤》，谈的是贾似道发迹和败死之故事。其中有：

王小四答道："不妨事。"便对胡氏说道："主人家少个针线娘，我见你平日好手针线，对他说了，他要你去教导他女娘生活，先送我两贯足钱。"……

这里的"生活"指的是"针线技巧"，即"好手针线"。则昭昭明甚。

明汤显祖《牡丹亭·训女》：

（外）"叫春春，俺问你小姐终日绣房，有何生活？"
（贴）绣房中则是绣。
（外）绣的许多？

好哩，好哩，夫人，你才说："长向花荫课女工。"却纵容女孩儿闲眠，是何家教？

这里说的绣房里"生活"，就是下面说的"女工"，指的是刺绣技巧活。

又，《古今杂剧·陶母剪发留宾》：

老身做了些针线生活，担饥受冷把家私营运，端的是用尽老精神。

"针线生活"显然指针线技巧。
又，《京本通俗小说·碾玉观音》：

行在崔待诏碾玉生活
郭立道："也不知他仔细，只见他在那里住地，依旧挂招牌做生活。"

这里的"碾玉生活""做生活"即是碾玉技术。按崔待诏即崔宁，碾玉即是雕刻玉，碾玉观音即用玉雕刻观音像，崔宁是一位雕塑艺术家，他的"做生活"即是做雕刻艺术。如上所说，"生活"有时也指因技巧而成的艺术品或其他物品。如：

宋吴曾《能改斋漫录·记事》：

[童贯]奉旨差往江南等路，计置景灵宫材料，续差往杭州，制造御前生活。

《醒世姻缘传》第二六回：

银匠打些生活，明白落你两钱还好，他却挽些铜在里面，叫你都成了没用东西。

《元典章》工部段匹条：

本年合适生活，比及年终，须要齐足。又作造生活，好歹休覆丝料，尽实使用。

又，《水浒》第四回：

智深走到铁匠铺前看时，见三个人打铁，智深便道："兀那待诏，有好钢铁么？"……那待诏住了手，道："师父请坐，要打甚么生活……这里正有些好铁，不知师父要打多少重的禅杖、戒刀，但凭分付。"待诏道："师父稳便，小人赶趁些生活，不及相陪。"

明清的语言中，"生活"一词触目可见，只是未有今人的"体验生活""体验事物"以及起居饮食等意思，更没有"火热的斗争生活"意思。

古人说的"生活"一词，更多的是指写文章和画画的技巧，写与画皆用笔，甚至有人把笔叫"生活"。清黎士宏《仁恕堂笔记》记："甘州人谓笔曰生活。"当然，文人笔下谈文谈艺的"生活"一词大多指的是文笔技巧，包括因技巧而产生的风格。这在六朝时即如此，试举数例：

《芦浦笔记》中有：

阿六，汝生活大可方。

祖莹云："文章须自出机杼，何能共人同生活？"人问江彪兄弟群从，王长史曰："诸江皆复足自生活。"梁武帝谓临川王宏曰："汝生活大可方。"今言作诗，亦云冷淡生活。

"生活大可方"意指其技巧大可成为师范，值得学习。祖莹说的话意：文章须自出机杼，怎么能和别人的笔法（技巧）相同？王长史说的，江氏兄弟（诸江）皆自有技巧，自成风格。"冷淡生活"指笔法（技巧）自然，如出水芙蓉，不假修饰，无斧凿痕。

《南田画跋》有：

子久神情，于散落处作生活，其笔意，于不经意处作媵理。

《读画录》：

董文敏题册中一幅云："意欲一洗时习，无心赞毁间作生活者。"

以上"生活"，未必能直译为"技巧"，如"作生活"即今人说的"下功夫，搞点名堂"，但也和"技巧"有关，实际上也是"技巧"。

一般人说的："你搞什么名堂。"也有说："你又用什么技巧。"

下面，我们还是回到石涛《画语录》中去，不管"生活"一词有几种解释，石涛《画语录》的"生活"一词，完全指技巧。现在看用"技巧"二字对译"生活"放在石涛《画语录》是否能讲得通。如果有一处讲不通，或放在全文中勉强，这种解释都可怀疑。现用数学上的代入公式法，一一求证。

《笔墨章》第五："墨之溅笔也以灵，笔之运墨也以神。墨非蒙养不灵，笔非生活（技巧）不神。能受蒙养之灵而不解生活（技巧）之神，是有墨无笔也。能受生活（技巧）之神而不变蒙养之灵，是有笔无墨也。山川万物之具体，有反有正，有偏有侧，有聚有散，有近有远，有内有外，有虚有实，有断有连，有层次，有剥落，有丰致，有缥缈，此生活（技巧）之大端也（此句最明，反正、虚实、断连等，当然是技巧之大端，舍此而无他解）。

"故山川万物之荐灵于人，因人操此蒙养生活（技巧）之权。"

《絪缊章》第七："笔与墨会，是为絪缊……不可雕凿，不可板腐，不可沉泥，不可牵连，不可脱节，不可无理，在于墨海中立定精神（此精神另有解，此处不赘），笔锋下决出生活（技巧）。"——笔墨技巧当然是在笔锋下出现的，岂能在吃住斗争出现？

《皴法章》第九："于运墨操笔之时，又何待有峰峻之见……山川之形势在画，画之蒙养在墨，墨之生活（技巧）在操。"（只有"技巧"可谓之操，操笔而现技巧，"体现生活"何言乎"操"？）

《境界章》第十："每每写山水，如开辟分破，毫无生活（技巧），见之即知。""开辟分破"即技巧（生活），有无技巧（生活），一见即知。

《资任章》第十八："古之人寄兴于笔墨……因有蒙养之功，生活（技巧）之操……以墨运观之，则受蒙养之任，以笔操观之，则受生活（技巧）之任。"操笔当然是技巧（生活）问题。

"山水之任不著，则周流环抱无由；周流环抱不著，则蒙养生活

（技巧）无方。蒙养生活（技巧）在操……则山水之任息矣。"

"笔墨常存……试蒙养生活（技巧）之理，以一治万，以万治一。"以一治万，以万治一，不靠技巧吗？

如前所云，生与活二字也可拆开单用，如手头生计，手头活计。石涛题画文中也有"墨生笔活，横来竖去，空虚实际，轻重绵远，俱在腕中指上出之，其指法在松，松者变化不测之天也。""墨生笔活"也就是墨的技巧和笔的技巧，所以石涛说"俱在腕中指上出之"。前后联系起来读是十分明了的。

在这当中，我们可以看出石涛对修养和技巧是同样重视的。

以上，我有意把"蒙养"二字避而不解。"蒙养"一词《易经·蒙第四》即有之，但对于《易

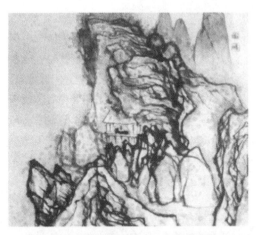

石涛 杜甫诗意图册（之一） 日本桥本藏

清 石涛 山居图 美国王季迁藏

经》一书，后人很少真正读懂，连孔子都未必读懂，《论语·述而》云："子曰：加我数年，五十以学《易》，可以无大过矣。"这说明孔子50岁之前未学过《易经》，50岁后，他也没读懂，或者只朦朦胧胧了解一点，否则就不会有这个遗憾。战国人就更不太懂了。故《易传》又为之作注曰："蒙以养正，圣功也。"唐人对"蒙以养正"也不十分明白，故又为注作疏曰："能以蒙昧隐默，自养正道，乃成至圣之功。"这些皆和石涛《画语录》中的本义有联系。但石涛是清人，以唐人疏解清人义，那就不如不解了。所以，出处查到了，还要为注作注，为疏作疏，还要了解石涛用在《画语录》中的具体意义，才算是真正的理解。理解《画语录》中的"蒙养"一词，对"生活"是"技巧"的意思和意义才能更加清楚。但彻底弄清这个词却牵扯很多问题，颇费篇章，只好俟诸异日了。

现在仍说"生活"，也就是"技巧"。艺术固然表现出来的不是技巧，但却不能没有技巧，否则便无法表现。当然，画家的修养和精神气质是更加重要的，艺术的最高形式表现的是人的观念，画如其人，书如其人，艺术风格就是人的本身。我们从高超的艺术中能见到作者其人，而不是见到技巧，然而诗人如屈原、李白、杜甫，政治家如秦皇汉武、唐宗宋祖，修养和精神气质皆非同寻常，为什么他们画不出好画，甚至完全不能画呢？其根本原因就在他们没有最基本的绘画技巧。

艺术的"艺"本来乃是"技"的意思，《庄子·在宥》云："圣耶，是相于艺也。"孔子《论语》云："游于艺。"皆是"技"的意思，据我所查，"二十四史"中唐以前诸史的《艺术列传》所列皆医巫、方伎、占卜、巧匠等技术人。六朝时，有些轻视绘画的人也把绘画列入"艺术"范畴内，王微特提出反对，其《叙画》有云："图画非止艺行，成当与《易》象同体。"画家都列为《文苑传》。大约一千多年后，艺术才和技术分开，我们现在所说的艺术家即不是技术工，但艺术仍是以技术为基础的，或者说是以技巧为手段的，艺术不能绝对完全地挖掉技术的根。有人又把技术和技巧区分，谓技巧包括技术的掌握和运用，技术是艺术家支配他所使用的物质材料的本领，例如雕塑家对黏土和大理石的性能的掌握，画家对纸绢、色彩、画笔以至水分的利用等等。如此看来，画家要有技巧，技术又从属于技巧，则技术乃是画家所需要具备的最基础的本领了。这个问题，连外国人也懂，法国的米盖尔·杜夫海纳说过："在艺术家身上，意义的发明完全内在于对感情运用之中，精神性完全在于技术性之中，所以，永远也没有必要去贬低技术性，制作，不仅仅是对思想的检验，它本身已经是思想和按照这种思想去生活的某种方式。"

不懂得技术、技巧和艺术之关系的人，天天练技术，尽管技术十分熟练，也不能创作出高妙的、感人的作品来。懂得艺术的原理，也有相当的修养和非同一般的精神气质的人，不去练技巧，不具备最基本技术，仍然不能创造出艺术品来，苏东坡《书〈李伯时仙庄图〉后》有云："有道而不艺（同于技），则物虽形于心，不形于手。"乃是至深的道理。

所以石涛也时刻在说"笔之生活"，"墨之生活"，"此生活之大端也"，"毫无生活，见之即知"，并且屡次提到"生活之操"，皆是对技巧（包括技术）的强调。画家们应该深刻全面地理解石涛，研究家们也应该重新正确理解石涛。

技巧固然也离不开生活，但今人所谓"体验生活"这一说法如能成立的话，应该算作"蒙养"的范畴。石涛一提"蒙养"，接着就提"生活"，自有他的道理。这一问题，等到我写《释'蒙养'》一文中，再作理会。

（原载《美术研究》1989年2期，收录时有增改）

十五、扬州八怪诗文集早期版本概述

研究扬州八怪，他们的诗文集无疑是重要的和必须的资料。然而，其中除郑板桥和金冬心二人部分诗文曾有排印本和影印本行世外，其他诸家诗文集多藏之"秘阁"，世人罕见，海内外研究"扬州八怪"的学者每引以为憾事。笔者在江苏美术出版社支持下，负责整理、点校了《扬州八怪诗文集》一百余卷，分批出版，第一册已出版，第二册在付印，不久将全部出完。

"扬州八怪"是哪"八怪"？历来说法不一，集各家之说，可得十五人，据目前所查，其中十三家有诗文集，除了李鱓《浮枢馆集》和高翔的《西唐诗钞》已不可见外，尚有十一家有诗文集遗世，余者或有诗而无集。

以前研究家介绍扬州八怪时，多数不提及他们的著作，偶有提及者，多不确切，且无一全面者，大型辞书《辞海》算是最严肃的书吧，其中提到汪士慎有《巢林诗集》、黄慎有《蛟湖诗草》、郑板桥有《板桥全集》、高凤翰有《南阜山人全集》等等，其实皆不确切（详后），又提到金农有《冬心先生集》等，罗聘有《香叶草堂集》。其实，金农有集十五，罗聘也非止一集。

为了方便研究家的查找和对扬州八怪的诗文集作大概而不遗漏的了

解，仿《四库全书》及《四库全书总目》意（又不尽然），将这套诗文集的概况简述如下。

（一）汪士慎

汪士慎（1686～1759年），字近人，号巢林，别号溪东外史、七峰居士、晚春老人等。安徽休宁人，寓居扬州最久。

其《巢林集》七卷，收古、今体诗490首，皆巢林生前手定。由马氏玲珑山馆刻印。《巢林集》前有"扬州八怪"之一陈撰（玉几）写的序，署日期是"乾隆甲子秋中"，乾隆甲子即乾隆九年（1744年），很多文献上皆以此序定《巢林集》初刻于乾隆九年，实误，读集中诗，有写于乾隆十七年之后的，如卷七《哭姚薏田》一诗云："卅载交深一夕违，客窗重见事全非。韩江秋老吟魂散，……寒槛楼空燕子飞。"则知，此诗写于姚薏田死后。按，姚薏田是汪士慎最亲

清　汪士慎　风雪梅花图轴　纸本墨笔，115cm×31.5cm，扬州博物馆藏。

汪士慎（1686～约1762年），字近人，号巢林，别号溪东外史等，安徽休宁人，寓居扬州，"扬州八怪"之一。

密的朋友之一，《巢林集》中多次提到他。姚氏名世钰，字玉裁，号薏
田，浙江吴兴人，寓居扬州，住马曰琯氏"丛书楼"，著有《孱守斋遗
稿》，乾隆十七年卒，是知，《巢林集》至早也刻于乾隆十七年之后，
盖陈撰之《序》乃预写成，非诗集刻成之后而写也。旧时文人常有这类
事，集未成而先请人写序，但汪氏集的刻版大概有了一些眉目才请陈撰
写序的，所以，陈序中云："巢林近刻成，因识数语简端。"云云，实
际上乾隆九年并未刻成。

又，《贩书偶记》云："道光十三年精刊"。亦误。《巢林集》刊
行50年后，钱唐金世禄在广陵安定讲院读到，惊叹其："浅可入深，微
能达显，如列子御风而行，不可攀仰。"又过了40余年，金世禄之侄金
楷（字竹簃）得到乾隆间《巢林集》原版，于道光十三年又一次刊印，
原版未动，只在集后加上金世禄一跋，署："道光癸巳年重九日，钱唐
金世禄蕉衫氏识于乐天书舍。"世禄跋后又有金竹簃一跋，署："道光
十三年，岁在癸巳仲冬望后二日，钱唐后学金楷正伯父拜跋于邗上之聚
好斋。"（按"聚好斋"为金竹簃斋名）跋中云："今楷于坊间购得先
生手书诗版，计历百年未损一字。"按，清代扬州私家刻书，乾隆和道
光年间区别甚大，从刻书风格鉴定，现存较早的《巢林集》乃刻于乾隆
中前期左右。

我点校所用的《巢林集》底本，乃是南京图书馆古籍部所提供。

《巢林集》中的诗歌七卷虽无明确的排印次序系年，但很容易看出
它是根据作者写作先后而排定的。譬如集中诗始记柳窗、姚薏田和作者
邀游、邀会、邀饮等，卷七则有悼柳、哭姚等作。

巢林54岁时眇左目，乾隆九年，陈撰为他写序时，已58岁，故集
有"一目光明著吟卷，兴来点画犹纵横"句，还自治石印曰："尚留一
目著花梢。"姚薏田死时，巢林66岁，其《哭姚薏田》诗收于卷七，次
年，巢林67岁，又眇右目，大约他的诗也就终于此年。

巢林诗风清淡，内容丰富，是考察他的生活、思想、交往以及当时
扬州文坛的宝贵资料。

　　陈章为《巢林集》题了词，由高翔代书，冠于集前，颇具精义，词云：

> 好梅而人清，嗜茶而诗苦。
> 惟清与苦，实渍肺腑。
> 故朴不外饰，俭不苟取。
> 畜用其明，闇然环堵。
> 优哉游哉，庶其近古欤。

（二）金农

　　金农（1687～1763年），字寿门，又字司农，号冬心。别号甚多，有金牛、古泉、曲江外史、稽留山民、昔耶居士、枯梅庵主、荆蛮民、心出家庵粥饭僧、苏伐罗吉苏伐罗，等等，二十几种。浙江仁和（今杭州）人。寓居扬州，居三祝庵、西方寺。

　　清　金农　自画像轴　纸本墨笔，131.3cm×59.1cm，故宫博物院藏。

　　金农（1687～1763年），字寿门，又字司农，号冬心，浙江仁和（今杭州）人。他于乾隆元年（1763年）荐博学鸿词科入京．未就而返，年50始学画，造意新奇，笔墨朴质，为"扬州八怪"中之佼佼者。

金农是"扬州八怪"中遗世著作种数最多的一家。故介绍更宜从简。

1、《冬心先生集》四卷，根据金农"雍正十一年十月"自序可知，在此之前，他曾有诗集刊印行世，雍正十一年（1733年）又"将旧稿删削编眷"为四卷，这就是现在所能见到的《冬心先生集》四卷。金农"自序"中云："冬心先生者，予丙申（1716年）病疟江上，寒宵怀人，不寐申且，遂取崔国辅'寂寥抱冬心'之语以自号，今以氏其集云。"可见这是他第一次以冬心为集名。据集中每卷末尾的篆书所署："雍正癸丑十月开雕于广陵般若庵"可知，此集于金农手编的同年十月开始雕刻刊印。

《冬心先生集》中诗系编年排列。集中诗始于康熙五十五年（1716年）止于雍正十一年（1733年）。这本诗集是冬心的重要著作。

我们校勘所用的《冬心先生集》底本是南京图书馆所藏的雍正刻本。集前刊有扬州八怪之一的高翔所画的"冬心先生四十七岁小像"一幅，背面有"蒲州刘仲益题"辞云："尧之外臣汉逸民，著簪韦带不讳贫。疏髯高颡全天真，半生舟楫蹄与轮，诗名到处传千春"。

至清同治光绪年间，钱塘丁氏"当归草堂"刊本之《西泠五布衣遗著》中，又收录了金农的《冬心先生集》。丁氏"当归草堂丛书"甚多，《西泠五布衣遗著》是其中之一。这个刻本很好，几乎没有错误。五布衣为吴颖芳、丁敬、金农、魏之琇、奚冈，皆杭州人。我所见到的"当归草堂"本《西泠五布衣遗著》是扬州图书馆古籍部所藏，南京图书馆古籍部也有，"当归草堂"刊印书籍并不稀罕，差不多有古籍部的图书馆中皆有收藏。

1979年3月，上海古籍出版社又据南京图书馆所藏清雍正刻本《冬心先生集》，加以影印出版。因之，此集目前流传甚多。

2、《冬心先生续集》一卷。雍正十一年之后，金农所作之诗则由其弟子罗聘收编，集为《冬心先生续集》。初刻于乾隆三十八年（1773年），其时金农已逝。清同治光绪间，"当归草堂"本《西泠五布衣遗著》中将此集收录，重刻刊于《冬心先生集》之后，尔后，便没有再版过。

集前有金农的"自序"，述其自幼学诗经历及乾隆元年被荐赴博学鸿词科的事实。末署"予编纂续集上下卷成，因抒往事，述之简端。乾隆十七年（1752年）岁次壬申二月十日，雪中，钱唐金吉金撰。"可知此集亦为金农生前手编，原为上、下卷。罗聘编刊时，不分卷。罗聘的跋中亦云"厘为一卷，仍其原序"。末署"乾隆三十八年十二月十六日，门人罗聘谨题于津门客舍"。跋中还说："癸未秋，先生没于扬州佛舍。"癸未秋是1763年，和时下认为金农卒于1764年、1760年、1762年有误差。当以此为准。

3、《冬心先生集拾遗》一卷，载"当归草堂丛书"《西泠五布衣遗著》中，清光绪六年（1880年）八月福州刊本。其中有诗68首、序2篇、书1通、表1首、像赞1首、题跋9则。按《拾遗》中有重复诗一首；又有《杂画题记》134条，和冬心另一集《冬心先生杂画题记》所载部分相重复。我主编的《扬州八怪诗集》中，已把这两部分重复的内容删去。

4、《冬心先生三体诗》一卷，99首，集前有金农用"杭郡金吉金"之名写的序，云："乾隆壬申初春，春雪盈天……检理三体诗九十九首。"似是金农生前亲手所编。所谓三体，是一首中有五、六、七言，七言是绝句。兹举一例：

《访涧上酒仙所居》

消息三青鸟，玲珑九瓣花，起居啮夫子，碧落是仙家。

丹梯常俯松闲，堪露分沾药畦。昨夜何人偷饮，厨中失玉偏提。

白云忽自眉际出，黄叶乱飞衣上来。空亭久立非无意，拦路溪风不放回。

是集署名："杭郡金吉金寿门著。"载于"当归草堂丛书"《西泠五布衣遗著》中《冬心先生集·续集·拾遗》之后。

同治十三年（1874年）顾湘辑的《小石山房丛书》第十二册中也刊有这卷《冬心先生三体诗》。

5、《冬心先生自度曲》一卷，乾隆二十五年（1760年），由其弟子项均、罗聘、杨爵，各出数金，开雕刻印。光绪六年（1880年）又被收录入"当归草堂丛书"本《西泠五布衣遗著》中，金农在卷前写了序，序末署："乾隆二十五年二月朔日七十四翁金农在龙梭仙馆书。"金农在序中云："昔贤填词，倚声按谱……予之所作，自为己律。"（即所谓"自度曲"也）

6、《冬心先生画竹、梅、马、佛，自写真题记》。实际上是《冬心先生画竹题记》《冬心先生画梅题记》《冬心先生画马题记》《冬心先生画佛题记》《冬心先生自写真题记》五个部分。亦载"当归草堂丛书"《西泠五布衣遗著·冬心杂著》中。刊载这五个《题记》的本子很多，有冯兆年辑《翠琅玕馆丛书》第一集《冬心画题记》，黄任恒辑《翠琅玕馆丛书》子部《冬心画题记》。此外，还有《花近楼丛书》《巾箱小品》《古今文艺丛书》第五集，《艺术丛书·画学·冬心题画》《芋园丛书·子部·冬心画题记》《美术丛书》初集第三辑等等。此外《小石山房丛书》第十二册还收入《冬心先生画竹题记》。《画竹题记》后有"金陵佘纶仿宋录写，江氏鹤亭古梅庵藏板"字样，顾名思义，这些是冬心画竹、画梅、画马、画佛和自写真的题记集。本来是五个集子。

《画竹题记》乃是冬心自辑，集前有冬心自序云："冬心先生逾六十，始学画竹……宅东西种修篁约千万计，先生即以为师。"又云："无日不为此君写照也。画竹之多，不在彭城，而在广陵矣。每画毕，必有题记……编次成集。江君鹤亭，见而叹赏不置，命傔人抄录付剞劂氏。"末署"乾隆上章敦牂九月九日钱唐金农自序"。

《画佛题记》前亦有自序，云："三年之久，遂成画佛题记一卷，计二十七篇……广陵执业门人罗聘，为予编次之，惧予八十衰翁，恐后失传。乃请吾友杭堇蒲太史序予文，并列藏《朱草诗林》。"末署"乾隆二十七年，岁在壬午七月七日，前荐举博学鸿词杭郡金农漫述"。

按《美术丛书》本中于《冬心画佛题记》后增加一则题记曰"补遗"，余皆仍之。

7、其他几部题记，似无自序。

《冬心斋砚铭》一卷，乃冬心收藏的砚铭之集。卷前有冬心自序，末署："雍正十一年岁在癸丑嘉平望日，钱塘金农自序。"是卷和《冬心先生集》皆冬心同时手编，也同时刻印，卷末皆有"吴郡邓弘文仿宋本字画录写"之语，观其刻书风格也完全一样。1979年，上海古籍出版社影印《冬心先生集》时，也将这卷《冬心斋砚铭》从北京图书馆借来，一并影印附后，"当归草堂本"《西泠五布衣遗著》将此卷列入《冬心杂著》之中。此外，清人管庭芳辑《花近楼丛书》稿本，将此卷列入《冬心杂记》六卷之中。此外，民国二年（1913年）至四年由何藻所辑，由上海广益书局排印

清 金农 双钩丛竹图轴 纸本墨笔设色，105.4cm×54.5cm，现藏四川博物馆。

的《古今文艺丛书》，也将此卷录入第一集中（1913年排印）。

8、《冬心先生杂画题记》，是继《冬心画竹、梅、马、佛、自写真题记》之后的题记集，其第一篇有自序意味，其中谈到以前的题"为广陵江鹤亭镂版行世"。可见这是江氏镂版之后的杂记辑。内容是冬心画竹、画蕉、画荷以及画人物等杂画上的题记。原载"当归草堂丛书"本《西泠五布衣遗著》，《美术丛书》三集第一辑亦收录，二丛书均谓："据归安凌霞所藏钞本"刊入。

9、《冬心先生杂画题记补遗》一卷，顾名思义是前本的"补遗"。此卷仅载于《美术丛书》第三集第一辑，据辑者谓乃"据真迹山水人物册"补录。

10、《冬心先生随笔》一卷，刊于"当归草堂丛书"本《西泠五布衣遗著》，以及《美术丛书》第三集第一辑中，卷前有金农的自序，末署"乾隆三年十一月十六日，钱唐金农手识"，但当时并未刻印，从卷后魏锡曾的跋语可知，金农的这卷随笔，真迹曾藏萧山丁文蔚家，又复为摹本，魏锡曾皆见过，光绪四年，魏锡曾从摹本录出，又根据他所见过的真迹加以校正，付闽工吴玉桂缮刊，为"当归草堂丛书"本之一。诚如魏云："中多可与诗集相证明者。"

这卷随笔的内容是冬心读书、读画以及"所见典书画""随笔书之"。皆很短小，如"《后汉书》三十卷，晋袁宏撰，萧山毛西问先生所藏，元至正年间刻本，先生自为详考、补录。不识丁者，未之见也。"又如："米友仁《楚山清晓图》一卷，颇肖乃翁……"等等。

11、《金农印跋》，为梁溪秦祖永所辑《七家印跋》之二，七家为丁敬、金农、郑燮、黄易、奚冈、蒋仁、陈鸿寿，黄宾虹、邓实依"稿本"刊入《美术丛书》第二集第三辑三、四册。《金农印跋》为金农治印的印跋集。有的很长，内容也丰富。清末魏稼孙对《七家印跋》颇有微词，然考其原文多有出处，且广为研究家们所征用。全文已收入《扬州八怪诗文集》中。

（三）边寿民

边寿民（1684～1752年），原名维祺，字颐公，又字寿民，以字行。号"苇间老人"，家淮阴旧城之梁陂桥，寓居扬州，最长画芦雁，人呼"边雁"。

有《苇间老人题画集》一卷，罗振玉等人辑。清光绪二十五年（1899年）邱氏容书楼刻，1921年如皋冒广生编入《楚州丛书》第一集，我所看到的《楚州丛书》是南京图书馆古籍部所藏。上海、北京的图书馆亦有收藏。罗振玉辑此集时，却既没有写序，也没有写跋。集前收有侯嘉繙写的《苇间老人传》。其次有顾栋高写的《弃箧记》。集末有邱崧生于光绪己亥（1899年）十月写的跋。从邱跋中可知，边寿民的题画集，最早乃黄岘亭从边寿民画中录出，尔后有王道生续录之，最后由罗振玉增益编类而成。计诗70首（按实际72首），词35阕、题跋3则。内容以题芦雁图者为最多。

清 边寿民 芦雁图 纸本墨笔淡色，24.5cm×56cm，旅顺博物院藏。
边寿民(1684～1752)年，原名维祺，字颐公，又字寿民，以字行，号苇间老人，淮阴人，寓居扬州。作画内容以芦雁居多。

清 黄慎 渔翁渔妇图轴　118.4cm ×65.2cm，南京博物院藏。

黄慎（1687～1768年），字恭寿，一字恭懋，号瘿瓢子，福建宁化人。曾三次到扬州，以卖画为生。黄作画善人物，以狂草书法入画，笔意恣纵。

（四）黄慎

黄慎（1687～1768年后），字恭寿，一字恭懋，号瘿瓢子，又号东海布衣等，福建宁化人。为了卖画，三次到扬州，居住时间最久。

以成就论，黄慎的诗高于他的书法，书法又高于他的绘画。有《蛟湖诗钞》四卷遗世，卷一是三、四、五、七言古体诗81首；卷二是五言律诗91首；卷三是七言律诗92首；卷四是七言绝句75首；共339首。据文献记载，《蛟湖诗钞》初刻于乾隆二十八年（1763年）秋，由当时宁化县知县陈鼎捐俸刻印的。这次我们点校时，却没有找到这个初刻本。山东师范大学图书馆收藏了《蛟湖诗钞》的抄本是根据初刻本抄录的，收藏印中有一方朱文"恂叔"二字。和黄慎同代人有一位查礼官至湖南巡抚，工画山水花鸟，尤长于画梅，此人字恂叔，大约就是他的收藏印。卷首录有郑板桥送黄慎的诗一首曰："爱看古庙破苔痕，惯写荒崖乱树根。画到情神飘没处，更无真相有真魂。"集前有陈鼎所撰的《黄山人〈蛟湖集〉叙》，末署"乾隆二十八年，癸未，新秋上浣海昌陈鼎撰"。从陈序中知，陈鼎于乾隆十二年迁官至福建，乾隆二十四年到了黄慎的故乡宁化，知道黄慎隐于画，即往拜见，黄慎当时已老且耳聋，但"画甚捷"，题画诗甚佳，"询之，知为少作，急索全集观之，清远流丽"，于是"捐俸刻之"。

其次有王步青雍正十二年暮春之初，在邗上寓斋里写的序，记述黄慎为养活老母而学画的事。

再次有广陵人马荣祖写的《送黄山人归闽中序》，亦记黄慎孝母之事。

又次有合肥人许齐卓写的《瘿瓢山人小传》。

民国二年（1913年），任福建省参议会副议长的福建宁化人雷寿彭又募款重印《蛟湖诗钞》，先后于民国二年八月、民国十二年五月、民国二十年六月，在福建铅字排版印刷三次。民国二年第一次重刊时，增加了雷鉉所写的《瘿瓢山人诗集序》、林翰的《重刊序》、邱复的《重刊序》、雷寿彭的《重刊序》。但陈鼎的序是民国二十年再印时补入的，同时又增印了雷寿彭的《重刊又序》，《又序》中说，前二次装印千帙，分赠既尽，但索者犹至，故又续刊五百帙云云。

（五）郑燮

郑燮（1693~1765年），字克柔，号板桥，扬州兴化县人，乾隆元年进士，后任山东范县县令，又调任潍县县令，不久被罢官，回扬州卖画为生。

板桥的诗词在他生前就刻印流传甚多，其死后，翻刻尤多。最为一般读者所熟悉。其实，一般读者所知道的《板桥集》《郑板桥集》，并非本来的集名，郑板桥生前所著《诗钞》《词钞》《小唱》（《道情》十首）、《家书》分别刊印，四个集子前各有自序。《诗钞》前既有

清 郑燮 丛竹图轴 纸本墨笔，91cm×170cm．沈阳故宫博物院藏。
郑燮（1693～1765年），字克柔，号板桥，江苏兴化人。郑居扬鬻画，擅花卉木石，尤长于兰竹。

《前刻诗序》，又有《后刻诗序》，清晖书屋等翻刻本上还有三十八字曰："板桥诗刻止于此矣，死后如有托名翻版，将平日无聊应酬之作，改窜烂入，吾必为厉鬼以击其脑。"第二部分注明"范县作"，第三部分注明"潍县刻"。板桥在其《词钞》前的《自序》中云："燮作词四十年"，"少年游冶学秦柳，中年感慨学辛苏，老年淡忘学刘蒋，皆与时推移而不自知者"。可见他的《词钞》刻于老年。《小唱》又叫《道情十首》，末云："是曲作于雍正七年（1729年），屡抹屡更，至乾隆八年（1743年），乃付诸梓，刻者司徒文膏也。"《家书》即《与舍弟书十六通》，板桥自题《十六通家书小引》，末署"乾隆己巳"，即乾隆十四年（1749年），亦司徒文膏刻。板桥死后，其友人靳畲，又辑编了《板桥题画》，加上板桥生前付梓的诸集，共装成四册，但仍无总的书名。尔后又有将四册并为二册者，始冠以《板桥集》之称。其后又有清晖书屋、西山堂、善成堂、玉书楼等翻刻本。其《诗钞》，除原刻初印本外，原刻再版本，翻刻本等皆有撤页、铲板出现。

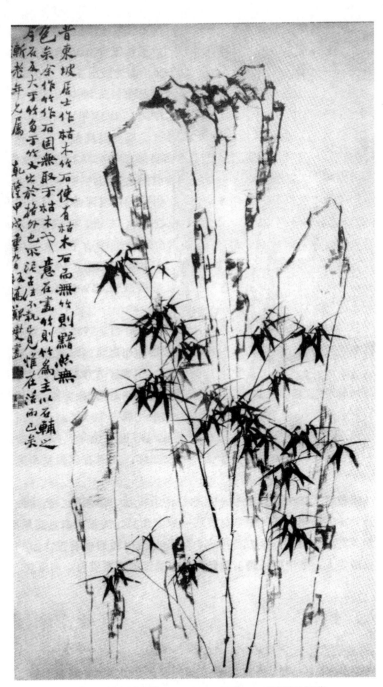

清　郑燮　丛竹图轴　纸本墨笔，168.3cm×77.7cm，南京博物馆藏。

其《道情》，曾为《乐府小令》《拜梅山房几上书》收录。《乐府小令》为戏曲丛书，刊于清雍正中，北京图书馆有收藏，其他图书馆则很少见。《拜梅山房几上书》为杂纂丛书，刊于清道光十六年（1836年）。北京、南京等地图书馆多有收藏。

《板桥题画》为丛书收录者较多，有《翠琅玕馆丛书》，载第四集，此丛书为清光绪中羊城冯兆年辑刊。民国五年（1916年）黄任恒对此丛书重编，列《板桥题画》为子部。此外民国五年（1916年）保粹堂刊《艺术丛书》，根据《翠琅玕馆丛书》光绪本为底本，将《板桥题画》列为《画学》部。民国二十四年（1935年）黄肇沂辑刊的《芋园丛书》也将《板桥题画》刊于子部。黄宾虹、邓实辑刊《美术丛书》，将《板桥题画》刊于第四集第二辑。以上丛书除《芋园丛书》外，大部分图书馆古籍部皆有收藏。1961年中华书局上海编辑所搜辑了板桥自刻本的《家书》《诗钞》《词钞》《小唱》《题画》五个部分，又从公、私家及有关报刊、书籍、碑拓中收录郑板桥集外作品，辑为《补遗》，一共六个部分，1962年1月排印出版，书名叫《郑板桥集》，至1965年，一共重版四次。1979年，又增补部分题画诗文，由上海古籍出版社重排出版，1983年为纪念郑板桥先生诞生290周年，又一次再版。

《郑板桥集》，一般读者易见，不再详细介绍。1985年，北京市中国书店又根据"扫叶山房"1929年版影印出版了《郑板桥全集》，收《板桥诗钞》一编"古今体诗188首"、二编"古今体诗151首"、《板桥词钞》三编"词77首"、《小唱》四编"道情10首"、《板桥题画》五编"题画65则"、《板桥家书》六编"家书16通"。

最近，山东的齐鲁书社又出版了新《郑板桥全集》，对板桥的诗、文、题记等收辑更多更全面，考校亦详，并附有《板桥研究资料》。

板桥诗文在文学史上有一定地位，历史性、思想性、艺术性皆较强。在"扬州八怪"中算是首屈一家。而且，关于金农、高凤翰、高翔、黄慎、李鱓、李方膺等人，以及在扬州画坛上有重大影响的卢雅雨等人，集中都提到。是研究扬州八怪的重要资料。

（六）李鱓

李鱓（？～1755年），原籍安徽怀宁，侨居扬州，寓贺园。

李鱓一直是两淮盐运使卢见曾的好友，然很贫困，生前曾将所作近体诗全部送到卢见曾处，求其作序。其时为乾隆十九年（1750年），然不久李鱓便去世了。卢见曾立即会及南京秦大士选辑李鱓的诗，刻版刊行。名曰《啸村近体诗选》，分上、中、下三卷。上卷七言律诗45首，中卷五言律诗45首，下卷七言绝句73首。卷首有卢见曾写的序，末署"乾隆甲戌（即乾隆十九年）闰四月上浣二日，德州卢见曾撰"。序中可见李鱓生平大概，并谓："啸村工于近体，不为古诗。"其次有秦大士写的序，末署"乾隆丙子秋杪，白下秦大士拜书"。序中云"比卢公再任两淮，而已叹啸村之衰且老矣。未几，病而归，归而卒，公深悲焉，余时持服归里，会公选辑啸村诗……"乾隆丙子即乾隆二十一年，亦即1756年，可知李

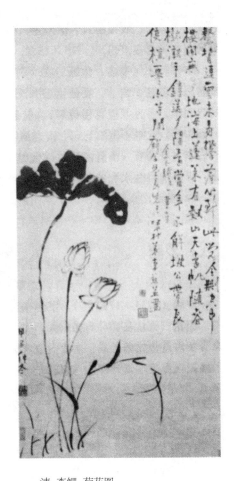

清 李鱓 荷花图
李鱓（？～1755年），原籍安徽怀宁，寓居扬州。

鳝死于1754年至1756年之间，而其诗集刻于1756年。

《啸村近体诗选》，于乾隆二十一年刊印后就很少见到再版。其集，北京图书馆和一些私人藏书家有收藏，皆不多见。

（七）李方膺

李方膺（1697～1756年），字晴江，号虬仲。小名龙角，还有别号秋池、抑园、衣白山人、供园主人等。江苏通州（今南通市）人。寓居南京，常往来扬州。

李方膺才气很高，诗画皆在"扬州八怪"中居上流，其诗自然流丽，然多题于画上，在他生前并无诗集，死后，好事者才集了他的诗刊印，名为《楼花楼诗草》，仅录26首。大部分诗皆散见于他的画作上。此集于清末刊印，南通博物馆有藏。

李方膺还有《小清河议》《民瘼要览》《山东水利管窥》等著作，皆是谈当时水利的，与文学和艺术的关系不大，故此次未收入《扬州八怪诗文集》中。

（八）罗聘

罗聘（1733～1799年），字遁夫，号两峰，又号花之寺僧，等等。原籍安徽歙县，后为扬州人。

罗聘是金农的弟子，主要向金农学诗，诗集有：

1、《香叶草堂诗存》，初版刻于嘉庆元年（1796年），其后，初刻版归罗聘之孙罗小砚所藏，小砚后来又将此版移至金楷（竹减，罗家亲戚）处，清道光十四年，金楷又用嘉庆版并加撰跋，再次刊印。1918年，上海聚珍仿宋印书局据嘉庆元年本排版重加勘印，然错谬甚多。但聚珍本前增印了风雨楼藏本的《两峰先生像》和蒋子延本的《两峰道人像》各一幅，颇具气韵。

清　罗聘　花卉册

　　罗聘（1733～1799年），字遯夫，号两峰，又号花之寺僧等，原籍安徽歙县，后居扬州。罗是金农的弟子。

　　2、《白下集》（一名《白门集》）手稿，乃乾隆四十六年秋冬际，罗聘客金陵时作，共31首，后为金楷所藏。前题："扬州罗聘两峰氏稿"，黑格稿本，9行20字，通7叶。收藏印有"金氏竹减""懒云草堂藏本"，按懒云草堂乃金楷的藏书室名。据鉴家鉴定皆真。此稿为现代收藏家黄裳所藏（我们点校时得到其复印本）。黄裳序云："写手精雅，当在乾隆中。"

　　集后附黄苗子录自罗聘手稿的《怀古诗》10首、《怀人诗》21首。其中有的诗为罗聘《香叶草堂诗存》中所无，大部分诗可见于《香叶草堂诗存》。然文字略有不同。

　　我们这次整理出版的罗聘《白下集》，乃是第一次正式刊印。

　　3、《正信录》（一名《我信录》）。罗聘信佛，这本书是他于乾隆

五十六年（1791年）在北京琉璃厂的寓所里写成的。专谈和佛教内容有
关的天堂、地狱、轮回、报应之类内容。他在自序中说："人信信言，
我信信心，因果心会，无不信也。儒也、佛也，同此信也。一而二、二
而一也。"书分上、下两卷。上卷谈世界，成住坏空、山河大地、天
宫、天堂、地狱、阎王、轮回、转畜、鬼神、怪、魔、人身难得、前
身、后身等16条；下卷言儒释同源，宋儒多从禅学中来，性理之说本自
寿涯，东林二禅师、原道、名言、儒书、佛法同旨、佛法是平常心、人
心本有内典、恶道不可堕、知行、忏悔、回向、看话头、持咒、念佛、
戒杀、放生等16条。《正信录》据考察初刻于乾隆末年，写的序中有翁
方纲"乾隆五十九年十二月十九日"字样，我们这次整理时，却未找到
乾隆的刻本。宣统元年（1909年）又有怀豳园刊印本，书名作《我信
录》。民国二十年（1931年）辛未又有潮阳郭氏（泰隶）校刊本，名曰
《正信录》。《正信录》中内容略多于《我信录》，目录和内容中的个
别文字也略略有异，但基本内容还是相同的。《我信录》卷首又有云：
"据罗两峰先生原稿校刻。"两个刊本前皆有翁方纲写的序，末署：
"乾隆五十九年岁次甲寅冬十二月十九日，北平翁方纲序。"按翁方纲
是清代著名学者，和罗聘同年生，他为罗聘这本书写的序必收入其文集
中，查翁氏《复初斋集外文》所收此序，名为"正序录序"。

　　郭氏刊本《正信录》后附有《罗两峰先生事略》，系录自蒋宝龄的
《墨林今话》。这次我们整理出版时已删去了。

（九）高凤翰

　　高凤翰（1683～1748年），字西阜，一字西园。号南阜，又号
南村。因于乾隆丁巳年（1737年）患风痹右臂残废，故又号"丁巳废
人""废道人"。因感元代学者郑元佑右臂废而改用左手写楷书之事，
又号"后尚左生""尚左"，此外还有云阜、归云老人、西亭、老阜、
珠道人、石道人、石顽老子、松懒道人，等等。山东胶州（（今胶县）

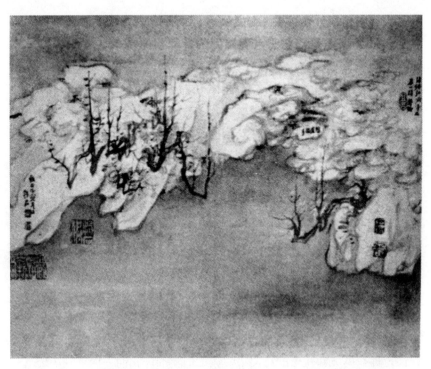

清 高凤翰 弘济寺石岩 一段册页 纸本设色，28cm×34cm，沈阳故宫博物院藏。

高凤翰（1683～1748年），字西阜，一字西园，号南阜，又号南村，山东胶州人，寓扬州。擅山水、花鸟。

城西南三里河村人，曾任仪征县丞、监秦州霸，又曾至扬州，寓扬州西城董仲舒祠。

各种文献上记载，高凤翰的诗文集甚多，仅他自己在《南阜山人小刻〈江干集〉序》中就提到"四十年中，所为诗，合之共勒部四"，曰：《击林集》《鸿雪集》《岫云集》《江干集》。此后还有《湖海集》《归云集》《归云续集》《青莲集》《砚史》，此外，他还辑有《古印谱》一卷，等等。皆高凤翰生前手定。高凤翰死后，好事者辑选其诗文为集者更多。在北京的一位私人收藏者家中以及山东博物馆中收藏有高凤翰诗文集的钞本，较为完整，皆为清雍正至乾隆年间本。高凤翰的诗集较全的是《南阜山人诗集类稿》41卷，其中包括《击林集》4

卷，《湖海集》7卷，《岫云集》《鸿雪集》21卷，《归云集》8卷，等等。高凤翰的文集较全的是《南阜山人敩文存稿》14卷，卷一至卷七是"杂文"，卷八是《赈荒八议》，卷九是《修城条议》，卷十是《江行日记》，卷十一是《南行日记》，卷十二是《皖行日记》并附肃撮《淳化帖》十跋，卷十三赋，卷十四尺牍。

遗憾的是这些公、私收藏家不肯将所藏底稿借给我们，更不许翻拍或复印。

幸好高凤翰有一部诗集和一部文集流传较广，其一是收有他主要诗篇的《南阜山人诗集类稿》，可惜不是最早版本，我们所能见到的是1927年上海聚珍版排印本。其二是《南阜山人敩文存稿》，可惜不是全本，仅有"序卷一""传卷二""记卷三"，顾名思义，卷一是序，如《〈江干集〉序》等，卷二是传，如《卖菊翁传》等，卷三是记，如《印存自记》等。乃是最好的版本，由谢国桢先生收藏，1983年6月，上海古籍出版社影印出版，比较容易见到。而且，我们已通过关系，前往说情，拥有高凤翰较全的诗文集收藏家们将准许我们去抄录，《扬州八怪诗文集》合册出版时，我们将以更早更全的版本为底本，重新点校出版。故此处暂不作详细介绍了。

此外，高凤翰还有《砚史》一卷。高凤翰本嗜砚，蓄砚千余方，其中多为亲手雕琢，每方砚上皆加以铭跋题识，择佳砚一百余方，自撰自刻，有画、诗、书、铭等，然后又自用纸拓，附上题识，为《砚史》四卷。清道光年间，宿迁人王相又从高凤翰孙手中买到高凤翰手拓真本，出资请人上石、上木刻版翻刻，加上王相等人的序，共刻成135幅，图文并茂，十分可贵。

（十）华嵒

华嵒（1682～1756年），原字德嵩，后改字秋岳，号新罗山人，又号东园生、布衣生、离垢居士等，生于福建上杭县白沙村华家亭，上杭县属汀州，汀州古名新罗，华嵒后来移居杭州，但在扬州卖画最久，晚年又回到杭州。

1、《离垢集》，诗，五卷。华嵒的诗，较早曾被阮元《嵒轩集》选录，但未出过专集。华嵒的全部诗稿保存在他的子孙手里（按，稿本至今犹存，藏南京图书馆）。道光七年（丁亥，1827年），华嵒的再侄孙华时中任仙源（今山东曲阜）知县，华嵒的曾孙世琼、世璟去访，华时中从他们手中得到《离垢集》全稿，乃命儿曹缮抄，并亲加校阅，然后付诸剞劂。又嘱世琼、世璟详细校勘，至道光十五年（1835年）印出，华时中自撰《记新罗山人〈离垢集〉卷后》一文，附于前，并有江阴顾师竹"道光十有五年五月"写的序。集前还有紫山老人

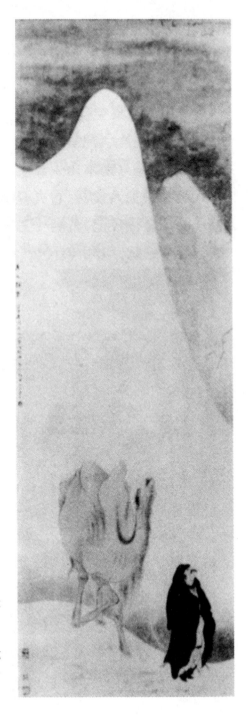

清　华嵒　天山积雪图轴　纸本设色，159.1cm×52.8cm，故宫博物藏。

华嵒（1682～1756年），原字德嵩，后改字秋岳，号新罗山人等，福建上杭人，移居扬州。华嵒山水、人物、花鸟无一不精，自出新。

徐逢吉于"雍正九年辛亥岁重九日"的题辞。可知《离垢集》在雍正九年（1731年）时，就已着手编辑，诗集系编年体，尔后逐年增加，第四集中皆是其老年之诗，如《壬申（1752年）二月归舟渡扬子作》《乙亥（1755年）……因绘图以志佳端焉》。《雪窗烘冻作画》一诗中有云："新罗小老七十五……"这是他临终一年的诗，在稿本中，此诗之后，字迹十分衰疲，看得出精力已不济。虽然，他还写了不少诗，但不久便去世了。

其次，在集前题辞的有：厉鹗、顾志熙、顾师竹、梅之恒、季柠、陈汝霖、吕绍堂、沈端、曹鸣銮、林士班、沈钺、陈诒、杨霈、曹鸣铃、朱烽、顾翰、王荫森。从题辞内容看，皆是在《离垢集》编成之后题的。可知此集当是华嵒自己手编。

道光十五年刊印本一般称为"道光乙未慎余堂刊本"，每卷首皆标"新罗山人华嵒著"，"再侄孙时中阅刊"。卷一、卷三、卷五，又注"曾孙世琮校字"。卷二、卷四又注"曾孙世璟校字"。

至光绪年间，华璟同里罗嘉杰又从华璟后人那里读到《离垢集》五卷，"惜原版荡轶无存"，于是又"悉心雠校，后付梓人"，重新刊印，并冠以"光绪十有五年冬十一月，同里后学罗嘉杰少耕氏，识于日本横滨理廨之见山楼"的序。一般称此本为"光绪十五年日本横滨本"，或称"罗嘉杰刊本"。此本增加了"光绪十五年十二月，遵义黎庶昌"的序和"同里罗修题"辞（诗）。每卷首统统改为"新罗山人华璟著，同里后学罗嘉杰重刊"。

然光绪十五年罗嘉杰刊本中，卷四少刊了最后的28首诗，卷五少刊了最后40首诗。

尔后，有一个"杭州德记书庄发行"的"古今图书馆校印"的《新罗山人题画诗集》，就是根据光绪十五年罗嘉杰刊本重新刊印的，罗刊本中卷四、卷五中刊落的68首诗，也如数刊落，这个本子又删去了光绪年间的序和题辞，又把道光乙未年华时中的"记"移至最末，卷首仅用"华璟秋岳著"，刊、校、重刊人的姓名统统删去，其他基本未动。但把《离垢集》改为《新罗山人题画诗集》却不合适，因为其中有些诗不是题画诗。

《扬州八怪诗文集》中所收《离垢集》是根据道光年刊本为底本，参以光绪罗嘉杰刊本互校，并增加了光绪刊本中的序和题辞。

2、华嵒还有《离垢集补钞》，仅一卷，诗亦不多，为后人所辑，古宋字排印刊于民国丁巳年，此次亦加以标点，收入《扬州八怪诗文集》中。

（十一）陈撰

陈撰（1684年～？），字玉几，号楞山，浙江钱塘山人，自言鄳人，长期居扬州，依靠项、江、程三个大盐商。

陈撰的诗都集在《玉几山房吟卷》中，其还有《玉几山房听雨录》和《玉几山房画外录》，是他辑录的集子。

1《玉几山房吟卷》，其中包括《绣铗集》《秋吟》及《拟古》三个部分。就目前所知，有两种版本，一是"康熙丙申"本，一是"四明丛书"本。所谓"康熙丙申"本，其说并不确切，康熙丙申（1716年）所刻仅为《绣铗集》部分，而《秋吟》当刻于壬辰（1712年），《拟古》则又刻于辛丑（1721年），三个部分

清 陈撰 墨荷图 纸本墨笔，126.5cm×66.5cm，上海博物院藏。

陈撰(1684年～？)字玉几，号楞山，钱塘人，长期居扬州。

并非同时所刻，因之版框、字体、格式均异，把三个部分合订为一册，合称为《玉几山房吟卷》。故《四库全书存目》中，笼统定为"是编刻于康熙丙申"，太不确切了。此次据原刻（即丙申、壬辰、辛丑等年所刻合订者）为底本，用《四明丛书》（第四集所载）本对校。并将《四明丛书》本所载张寿镛序、《四库全书存目》提要以及杭世骏撰《玉几山人小传》，一并作为附录，载于其后。

2《玉几山房听雨录》二卷，为陈撰所辑杂记类集，其中很多小故事，颇有情趣。《扬州八怪诗文集》收录此集是据民国元年（1912年）上海国粹学报社排印的《古学汇刊》（邓实等辑）丛书第二集《杂记类·玉几山房听雨录》部分标点校刊的。

3《玉几山房画外录》二卷，为陈撰所辑画家、画论家、诗文家、绘画鉴赏家论画、跋画语录，颇见精义。其上卷详，所录为胡卓以下凡49人；其下卷略，所录仅陈洪绶、恽向两人，无序亦无跋，似不全。《扬州八怪诗文集》收录其所据底本是民国二十五年上海神州国光社排印本《美术丛书》（邓实等辑）初集第八辑。《美术丛书》中标注据抄本，抄本尚不可见，故无可断其全残。

（按，被人称为"扬州八怪"之一的杨法和闵贞二人无诗集）

1986年5月于南京师范大学校园内西山了闲斋

（载《东南文化》1989年17期）

十六、论扬州盐商和扬州画派及其他①

清代扬州是两淮盐运中心，这里曾居住盐商大贾（按"行者为商，坐者为贾"）"数百家"，以及"四方豪商大贾……数十万"。盐商极盛于康熙中至乾隆五十年左右，嘉庆以降，即日趋没落，道光十二年之后遂一蹶不振。扬州的经济之繁荣和文化之繁荣，尤其是绘画艺术之繁荣也极盛于康熙中至乾隆五十年左右，嘉庆、道光以降即随着盐商的衰落亦江河日下，无复当年光景矣。单是这个简单的、明显的历史现象就足以启人深思。

深思的头绪还要从中国商业经济的发展和商人在人们心目中的地位之改变开始。

（一）商人、官僚和文人的一体化

中国古代的商人给人之印象只是赚钱的，而且是没有文化的，甚至是庸俗的。"商为四民之末"，即使十分富有，仍被人称之为"末

———————————

　　① 笔者为研究扬州八怪而写此文，曾三下扬州，末次居扬州东关街原小玲珑山馆旧址达半年。承扬州同仁帮助甚多。又承堪萨斯大学讲座教授李铸晋先生之邀，至此任研究员，得以从容处理此文，皆至为感念。

富"。"儒为席上珍","万般皆下品,唯有读书高",儒之所以珍和高,是因为可以直取爵禄。封建社会里,除了皇族,就是官僚和儒生的身份最高,这在历代正史中皆有明显的记载。梅村诗云:"误尽平生是一官。"历代有理想、有志向的人皆尽平生之力谋取一官半职,即使很贫困,也耻于经商,甚至耻与商人接触①。但到了明代中期至清代,因为商品经济的发展,即所谓资本主义萌芽,社会的意识也产生了一股潜变,商人的形象大大地改变了,尤其在"高雅"的士大夫中间有所改变。更有甚者,连儒生甚至官僚都易儒弃官从商。人们开始厌恶儒生的酸气和假道学气,向往商人的能干以及其直率气。他们对官场中的肮脏、龌龊以及卑鄙行为,更是特别厌恶,反而认为商人"搬有运无"、或买或卖,赚钱是正大光明的。和扬州八怪差不多同时的苏州人沈三白,出生于官僚家庭,19岁即承父业,开始习幕,21岁就聘,按传统看法,这比经商为贾强得多,但沈三白却见到官家的"热闹场中,卑鄙之状,不堪入目,乃易儒为贾"②。"以商贾为一等生业,科举反在次着"。经商,心情却很畅舒;为官,心情反而痛苦。后来很多人和他有同感,认为官场中卑鄙、害民,商场中赚钱光明,且便民。

---

① 实际上,官僚、士大夫经商者,历代都有,但并不普遍,尤其是士大夫中"粗有节行者","皆以营利为耻"。然"天下禄禄,都为利来",官僚、士大夫为了趋利,有时偷偷地经商,甚至改名换姓。但在北宋中期和南宋时期,官僚、士大夫们兼做商者,日益增多,社会风气起了变化,商人地位一度受到重视。欧阳修说:"至于通流货财,虽三代至治,犹分四民,以相利养。"(《欧阳修奏议集》卷一六《论茶法奏状》)黄震更云:"国家四民,士、农、工、商。""士、农、工、商,各有一业,元不相干……同是一等齐民。"(《黄氏日钞》卷七八)陈耆卿说:"古有四民,曰士、曰农、曰工、曰商。士勤于学业,则可以取爵禄;农勤于田亩,则可对聚稼穑;工勤于技艺,则可以易衣食;商勤于贸易,则可以积货物,此四者,皆百姓之本业。"商已被视为"本业"。但宋代官僚、士大夫多是业余经商,其本人身份仍是官、士,和本文所论述的清代弃官变儒从商者不同。宋代的专职商人地位仍然不高,仍有被称为"杂类""贱类"者,传统的"所谓末者,工商也"(《李觏集》卷一六《富国策第四》)的观念,也没有彻底改变。元、明初,商人在人们心目中的地位仍然很低下。

② 见《浮生六记》,沈三白著。

Selected Works Of Chen Chuanxi

安徽歙人程梦星是进士而官翰林，可谓显官。可是后来，他辞去官职，在扬州经商为贾，成为著名的大盐商①。

下面将要论到的重要人物马曰璐，工诗文，曾被举博学鸿词，然不就，宁肯在扬州经商，成为著名的大盐商。

文献中所记弃官、变儒服贾的例子十分众多，如：

"王宜桂，字卓林，太学生，诰赠奉政大夫，晋赠朝议大夫……博通经史，因家贫亲老，弃儒服贾。"②

"汪起凤……少好读者，从父四峰命，以儒服贾。"③

"汪锌……弃儒服贾走四方。"④

这正是商人在人们心目中地位提高，社会意识发生潜变之一斑。

明代徽商，力争使自己的儿孙事举子业，去做官，以荣宗耀祖；清代官员却叫自己的儿子远官从商。徽州人曹文埴（字近微，一字竹虚），由进士而官至户部尚书。其长子曹振镛为工部尚书，体仁阁大学士，曾以宰相身份代君三月，歙县一直流传："宰相代代有，代君世间无。"但曹文埴却叫自己次子曹镇在扬州做盐商。而且为了经商，全家侨居在扬州，依附者亦甚多。

再如清代著名的经学家程瑶田，一生从事经学研究，著作甚丰，而且，一生严守封建伦理道德，得到皇帝的嘉奖和大官僚们的推崇。而其子程子培，却并不走他的老路，跑到扬州经商，后来成为著名的大盐商。

当然，有的商人为了保住和扩大经商的权益，自己也兼做商官，或叫子孙去做官，如新安人鲍志道（字诚一），在扬州做盐商，拥资巨

---

① 见《扬州画舫录》。
② 见《婺源县采辑·孝友》。
③ 见《休宁西门汪氏大公房挥金公支谱》卷四。
④ 康熙《休宁县志》卷六。

清 李方膺 潇湘风竹图轴 纸本墨笔，168.3cm×77.7cm，南京博物院藏。

李方膺(1695~1754)，字虬仲，号晴江，秋池等，江苏南通人。李往来扬州，卖画以资衣食，善画松竹梅兰，用笔放纵，不拘成法。

万，后来被举为两淮商总。其子鲍勋茂（字树堂），官至内阁中书。现存歙县的大片石牌坊，多是为表彰其亲族后裔而建的。类似的例子尚有，但这和明代徽商让自己子孙去事举子业、做官以改变商人形象的意图有质的区别。

其实，在商业经济发达即所谓资本主义萌芽较早较突出的苏州等地，商人形象在实际中早已得到改变，乃至于文人画家皆自觉地商人化。明代初期，画家王绂画了一幅《石竹图》送给一位吹箫人，这位吹箫人原是一位商人，他回赠给王绂一份贵重礼物，王绂气得把画索回撕了。这表明了画家对商人的鄙视，和不屑于以画做商品的品质。但明代中期及其后却不一样了，非给钱，不写；非给钱，不画。文人画家，公开开列润格，出卖自己的诗、文、字、画，明"四大家"（即"吴门四家"）沈周、文征明、唐寅、仇英以及大大小小的其他文人画家，都将自己的诗、文、字、画当作商品出卖。他们创作时就是为了生产商品，生产后惟一目的也是为了出售。实际上，他们既是生产商，又是出售商。不仅把绘画作品当作商品，沈周、文征明等等直至陈继儒、董其昌等大文人，为人写序、写祭文、写祝寿词、写墓志铭之类的文章也是为了卖钱。文章作出来要给一次钱，用秀美的书法写出来，还要给一次钱。董其昌那样一个大官僚，其《容台文集》中却几乎全是这类文章，就是为赚钱而写的。明清画家的画上有诗和无诗，卖价是不一样的，所以，即使是题画诗，也大多是为了赚钱而写的。艺术家变成了商人或商人化，则看待问题和处理问题都具有商人气。如文征明和沈周皆精于鉴赏，但有人请他们鉴赏真假画时，他们看出是假画，却硬要说是真画。事后，他们解释说，这样可以使持画人多卖一些钱。当有人造他们假画而请他们题字时，他们也慨然应允，也是为了让假画卖真画的价。为了卖名气，他们假托子侄门生代笔作画，以真品价格出售。这皆是商人习气影响所致。其实，品质高尚的商人尚不如此。

从沈周、文征明到陈继儒、董其昌等人实际上皆是艺术家、商人乃至官僚一身二任、三任焉。到了吴派后期，如明范允临《输蓼馆集》中所说的："今吴人目不识一字，不见一古人真迹，而辄师心自创，惟涂抹一山一水，一草一木，即悬之市中，以易斗米，画哪得佳耶？"这就不算艺术家，只能算作制作商了。明后期，宗派之间互相攻击，抬高自己，贬低他人，为了争夺卖画市场，也是原因之一，这也是商人习气所致。

江西派画家领袖罗牧，卖画为生，当卖画生意不好时，又制茶、卖茶为生，则商人性质尤明。

扬州八怪的画家们，每一个人都是商人和艺术家而一身二任。就拿最高雅、"身份"也最高的郑板桥来说吧，他中过举人、进士，当过县官，后来跑到扬州去卖画，明文张贴《板桥润格》曰："大幅六两，中幅四两，小幅二两，条幅对联一两。扇子斗方五钱。凡送礼物食物，总不如白银为妙……送现银则心中喜乐，书画皆佳……"[①]见到白银则"心

---

① 见《郑板桥集·板桥润格》。按墨踪至今犹存。

中喜乐"，这不是艺术家的传统，而是道地的商人传统。据说认钱不认人是商业社会的现象，郑板桥早已达到这种境界，他"画竹多于卖竹钱，纸高六尺价三千；任渠话旧论交接，只当秋风过耳边。"①如果没有钱，即使是老交情、很密切的朋友，他也不理睬的。

明末清代的部分文人大概觉察到自己的商人化，或者也看到了商人的社会作用，在理论上也都改变了对商人的看法。汪道昆几视商人为圣贤，谢肇淛也盛赞商人。商人不再居"四民之末"。郑板桥反而把以前视为"最高"、最珍的士人视为"四民之末"。他说："工人制器利用，贾人搬有运无，皆有便民之处。而士独于民大不便，无怪乎居四民之末也，且求居四民之末而亦不可得也。"②这和传统的看法完全相反。

商人在人们心目中地位之改变，是商业经济发展之结果，同时也促进了商业经济的发展，大批的政界、知识界人才投入商业界，改变了商人队伍的成份和素质，加强了商业经济的力量，扩大了商品发展的范畴。文人、儒生、仕官商人化，商人也更是士人化。寄居在扬州盐商家中清代乾嘉学派的代表人物新安人戴震曾说："吾郡少平原旷野，依山为居，商贾东西行营于外……虽为贾者，咸近士风。"③"贾者，咸近士风"，或者本来就是士，这是明末清初商人的特征之一。当时的记载触目可见，聊举一二于此：

"金鼎和……躬虽服贾，精洽经史，有儒者风"④。

"（程执中）诸弟及期功子弟虽营商业者，亦有儒风。"⑤

"（潘汀洲）比年虽托于贾人，而儒术益治。"⑥

---

① 见《郑板桥集·板桥润格》。按墨踪至今犹存。
② 《郑板桥集·范县署中寄舍弟墨第四书》。
③ 《戴震集》上编《戴节妇家传》。
④ 康熙《休宁县志》卷六
⑤ 《婺源县志稿》。
⑥ 《太函集》卷三十四。

"（王尚儒）乃变儒服贾，游于荆楚。"①

"程其贤……弃儒服贾，勤苦以供家给……生平耽经史。"②

"（胡春帆）虽业商，然于诗书皆能明大义，舟车往返，必载书箧自随。每遇山水名胜之区，或吟诗，或作画以寄兴。著有《浪谈斋诗稿》一册。"③

"许飞潜……初为贾，弱冠习儒，读书刻苦。"④

"胡际瑶……自曾祖业商江西，代传主际瑶弗坠，然好读书，能诗画，精音律，有士行。"⑤

"程鱼门编修晋芳，新安人，治盐于淮。……独惜惜好儒，罄其赀购书五万卷，招致多闻博学之士，与共讨论。"⑥

清 李鱓 五松图 绢本水墨淡设色，200.0cm×94.7cm，日本东京国立博物院藏。

李鱓 1686～1762年），字宗扬，号复堂，又有懊道人等号，江苏兴化人。李鱓善画花卉虫鸟，卖画扬州，画笔纵横驰骋，不拘绳墨。

① 婺源《武口王氏统宗世谱》第二十册。

② 《程氏人物志》。

③ 同治《黟县三志》卷十五。

④ 同前卷六。

⑤ 同前卷六。

⑥ 《啸亭杂记》卷九。

他们中大部分人具有很高的文化素养，精通诗文、书画，很多人有诗文集行世。一时风气所尚，即使有少数商人自己不精通诗文书画，也喜爱接触士人，也知道发展文化事业的光荣（详下）。"贾者，咸近士风"。他们有了大量的金钱，除了必要的用度之外，便会用在他们所需要和喜爱的文化事业上去，这就是促进文化发展的经济之基础，也是最必备的基础。但对发展文化事业有巨大贡献的商人必须是巨商，即使是少数巨商。如果是一般商人，虽然经济较富足，只能供一家人的小康生活，即使这类商人很多，也办不了大事，这也是必须明了的。

所以，我们必须首先弄清明清时代商人在人们心目中形象发生潜变这一重要因素（这一潜变，因资本主义萌芽的中止而中止），由这一因素所致，产生了士人、官僚、商人的统一性、一体化，即如前所云，士人、官僚经商或商人化，商人"咸近士风"或士人化。否则，商人的钱再多，也与发展文化无关。

（二）清代扬州的盐商及其财力

扬州这个地名出现很早，中国最早一本书《尚书》其《禹贡》篇记载我国原始社会的九州（冀、兖、青、徐、扬、荆、豫、梁、雍）中就有扬州。但这个扬州和后来所指的扬州不是一回事。直到六朝时，扬州指的是一个很大的区域，中国东南全部富饶地区差不多都属扬州，其中心也不在今之扬州。六朝时，现在的扬州被称为广陵，隋初，这里称吴州，开皇九年改为扬州，但总管府却不在这里，正式被称为扬州而治所也设置在这里的，始于唐初武德八年（625年）。

扬州商业经济最早盛于汉代的铸造业。自隋代开凿大运河以来，扬州因地处长江和运河的水运枢纽要道，日益显示出其重要作用。唐代扬州的经济繁荣，带动文化艺术的繁荣，吸引全国乃至国外无数文学艺术家荟萃于此，从初唐、中唐到晚唐，著名的诗人中，除了杜甫"商胡离别下扬州……老夫乘兴欲东游"而终未能实现外，其他诗人如骆宾王、张若虚、孟浩然、李白、高适、王昌龄、刘长卿、韦应物、孟郊、张籍、刘禹锡、白居易等等，都到过扬州，并留下不朽的诗句，张佑更云："人生只合扬州死，禅智山光好墓田。"唐之后，扬州除了遭到兵燹的破坏外，一直是著名的都市。明清易祚，扬州因遭到清兵残酷的屠杀和破坏，遂为一片废墟。但不久又恢复了它的繁荣，而且是更大的一次繁荣。出现这次最大繁荣的因素很多，但最重要的乃是盐运商业。

盐运经过扬州，已非一日，也一直是扬州经济繁荣的因素之一。到了清代，扬州依旧，盐运业却数倍于前。原因有二：一是经过顺、康、雍，全国人口翻了一番还多，增加了一亿多人，销盐量当然也就随之而增多。又，增多的销盐量多数是从扬州发出的；二是清初，统治者就采取了有利于经济恢复和生产发展的一系列措施，治理河道，通漕灌溉，鼓励开荒垦田，以及发展印刷业、制盐业等等，不久，两淮盐场骤增。中华民族主要的经济发展区和人口最密集的地区江苏、安徽、河南、湖南、湖北、江西等省以及山东、山西、陕西、四川等部分地区所需用的食盐全从扬州"引盐"转运。扬州成为全国最大的盐运中心。

据《水窗春呓》卷下《盐务五则》记："淮盐额销引一百二十九万余道，每引四百斤。"《两淮盐法志》卷一百三有更准确的记载："通计淮盐有根窝者一百五十二万五千九百余引。"据乾隆年间统计，当地每引盐值银六钱四分（十钱为一两），而由畅岸运至口岸，每引已达十余两[1]。粗略计算，扬州盐商每年仅赚钱可达一千五六百万两，乃至更多。按"康熙时全国岁入只二千数百万两"[2]。所以，在嘉庆《两淮盐法志》卷五十五中记云："两淮岁课当天下租庸之半，损益盈虚，动关国计。"一个扬州，仅盐税就可"当天下租庸之半"，这是何等的了得

---

[1] 参见《清史稿·食货志》。按当时教书先生每月薪水不足一两银子。
[2] 参见《水窗春呓》出版"说明"部分。

啊。所以，清政府对扬州盐务十分重视，清初就在这里设两淮盐运使（盐运使衙门在今之扬州新华中学所在地），委任要员以牢牢控制食盐的产销和盐税的征收。

盐运诸业当然由官督商办，这样十分有利可图的差使，一般人是很难得到的，得到之后，更不会轻易放弃，"当始认时费不赀，故承为世业，谓之引窝"①。引就是清政府根据两淮地区产盐量的多少，确定发售数，以"引"为单位（每引400斤），然后招商认"引"，满额为止。但不是任何商人皆可以认"引"的，"引窝听商得自为业，曰根窝"②。所谓窝，就有长期占据之意。引窝、根窝之商持有盐政衙门所发给的支单，正如《清史稿·食货志》中云："商人之购盐也，必请运司支单，亦曰照单、曰限单、曰皮票，持此购于场。"窝商须按期向盐运司申报清单，盐运司"核对各商花名底册并引数相符"，"钤印，付于收执"③。这样便于收税。但是，非根窝的商人要想从事盐运业，就非常困难，所以，盐运中心虽在扬州，而盐商却未必是扬州人，倒是新安人多。《歙县志》载："邑中商业以盐典茶木为最著，在昔盐业尤兴盛焉，两淮八总商，邑人恒占其四。"一个歙县的巨商就占两淮八总商之一半，扬州人反而不多，问题在于能得到盐运司支单和收执者并非容易，这就造成了盐业赚钱特权的相对集中性和垄断性。因此，相当于"天下之半"的钱财也就集中在这一部分盐商手中。所以说，盐商能"富甲天下"，道光《淮鹾备要》卷七记云："数十年前，淮商资本之充实者，以千万计，其次亦以数百万计。"《清朝野史大观》卷十一中记云："乾嘉间，扬州盐商豪侈甲天下，百万以下者谓之小商。"乃至于连乾隆皇帝面对盐商的雄厚财力也惊叹不已。盐商的财产千万计、数百万计，盐商的巨富和惊人的消耗，各种文献不乏记载。有一个汪

---

① 见《清史稿·食货志》。
② 嘉庆《重修扬州府志》卷二十一《盐法》。
③ 《两淮盐法志》卷一百三。

应庚，歙县人，居扬州，为盐商，经常施舍，"如放赈施药，修文庙，资助贫生，赞襄婴育，激扬节烈，建造桥船，济行旅，拯覆溺之类，动以十数万计"。"乾隆五年，民饥，两淮立八厂，应庚独力捐赈，活数十万人"①。一个普通的盐商，经常施舍，一次捐款就"活数十万人"。其富如此，已足以令人瞠目。

为了保住自己"引窝"利益不受冲击，盐商们维护封建统治制度，讨好皇帝是舍得花钱的。乾隆五十一年，清政府镇压台湾人民起义，扬州盐商江广达一人捐银二百万两，"以备犒赏"。嘉庆年间，川楚陕白莲教起义，清政府军饷馈乏，扬州盐商鲍漱芳积极向清政府"输饷"，为此，清统治者赏给他一个盐运使官衔。清政府治河经费不足时，扬州盐商"集众输银三百万两以佐工需"……

乾隆十八年，高宗弘历帝南巡，扬州盐商捐银二十万两为他修建临江等处行宫。据《清朝野史大观》卷十一所记，乾隆间，弘历帝南巡至扬州，其时扬州盐商纲总乃江春，一切供应皆由江承办。一日帝游大虹园（即今之瘦西湖），至一处，顾左右曰："此处颇似南海之琼岛春阴，惜无喇玛塔耳。"纲总闻之，"亟以万金贿帝左右，请图塔状，盖南人未曾见也。既得图，乃鸠工庀材，一夜而成"（按即今日白塔）。次日，弘历帝又来，大为惊异，询知后，叹曰："盐商之财力伟哉。"类似记载还有很多。

其次是建造花园。住在扬州的盐商，无一不建造富丽堂皇之花的。花园之多，一时为天下之冠，"莲花埂新河抵平山堂，两岸皆建名园"②。致使扬州"家家住青翠城闉"，"处处是烟波楼阁"，"保障湖边，旧饶陂泽；平山堂侧，新富林塘，花潭竹屋，皆为泊宅之乡；月屿烟汀，尽是浮家之地"③。名气较大的有程氏筱园、郑氏林园、马氏小玲

---

① 《扬州画舫录》卷十六。

② 《扬州画舫录》卷十四。

③ 《扬州画舫录·谢溶生存》。

珑山馆等等。罗聘所画《程氏筱园图》至今犹在[1]，张庚所绘《小玲珑山馆图》仍在扬州[2]，其壮观令人惊叹，马曰璐撰并书《小玲珑山馆图记》附于后，其曰："中有楼二：一为看山远瞩之资，登之则对江诸山，约略可数；一为藏书涉猎之所，登之则历代丛书，勘校自娱。有轩二：一曰透风披襟，纳凉处也；一曰透月把酒，顾影处也。一为红药阶……一为梅寮……阁一……庵一……草亭一，旁列峰石七，各擅其奇，故名之曰七峰草亭。其四隅相通处，绕之以长廊……"（全文刊于《扬州师范学院学报》1983年第3期）仅此可见一斑。其他如韩园、是园、贺园、易园、吴园、陈园、翠园、春园、江园、东园、西园、南园、北园、锦春园、含欣园、容园、黄园、勺园、洪园、珍园、影园、倚虹园……不可胜数。《扬州画舫录》一书中记载颇详，兹不赘。黄钧宰云："扬州繁华以盐盛……（盐商）视金钱如粪土，服之之僭，池占之精，不可胜记。而张氏容园为最著，一园之中，号为听事者三十八所，规模各异……其埒于容园者，若程、若黄、若鲍，莫不争媚斗妍。"[3]其实，盐商园林各有特色，张氏容园决不算"最著"。又，现存于扬州市内的园林如个园、何园等等，闻名于国内外，不同凡响，皆是盐商所造，但在当时却是毫无名气的小园。大园名园因其奇，在盐商衰败时，早已被拆坏。

部分盐商生活也是穷奢极欲的，然左右扬州经济、文化形势的徽州商人并不如此。如《扬州画舫录》卷六所记：

徽州歙县棠樾鲍氏……世居於歙，志道，字诚一，业醯淮南，遂家扬州。初，扬州盐务，竞尚奢丽，一婚嫁丧葬，堂室饮食，衣服舆马，动辄费数十万。有某姓者，每食，庖人备席十数类，临食时，夫妇并坐堂上，侍者抬席置于前，自茶面荤素等色，凡不食者摇其项

---

[1] 此图现藏美国大都会博物馆。
[2] 此图现藏扬州一私人收藏家手中。《扬州师范学院学报》1983年第3期曾刊。
[3] 见《金壶浪墨》卷一。

头，侍者审色则更易其他类。或好马，蓄马数百，每马日费十金，朝自城内出，暮自城外入，五花灿著，观者目炫。或好兰，自门以至于内室，置兰殆遍。或好以木作裸体妇人，动以机关，置诸斋阁，往往座客为之惊避。其先，以安绿村为最盛，其后起之家，更有足异者。有欲以万金一时费去者，门下客以金㲯买金箔，载至金山塔上，向风飏之，倾刻而散，沿江草树之间，不可收复。又有三千金㲯买苏州不倒翁，流于水中，波为之塞。有喜美者，自司阍以至灶婢，皆选十数龄清秀之辈。或反之而极，尽用奇丑者，自镜之以为不称，毁其面以酱敷之，暴于日中。有好大者，以铜为溺器，高五六俀，夜欲溺，起就之。一时争奇斗异，不可胜记。自诚一来扬，以俭相戒……侈靡之风至是大变。

盐商即使十分奢侈，所消耗之钱和他们的财力相比，也不过微乎其微。他们的钱太多了。节省下来的钱干什么呢！

（三）盐商对扬州文化事业的赞助

前面说过，"贾者，咸近士风"，扬州商业的主力军徽商尤其如此。他们既"拥资巨万"，又能节俭，而把大批的钱财花在赞助文化艺术事业上。

比如创办书院、学校，培养、教育人才，当时的扬州书院、学校可谓栉次鳞比，据《扬州画舫录》卷三所载，除了原有的资政书院、维扬书院、甘泉山书院外，又新建者，"三元坊有安定书院，北桥有敬亭书院，北门外有虹桥书院，广储门外有梅花书院。其童生肄业者，则有课士堂、邗江学舍、用里书院、广陵书院。训蒙则有西门义学、董子义学"等等。这些书院、学舍的建设和维持，其资金皆来源于盐商，或和盐商有关的盐运使司的运库，两淮总商汪应庚曾捐五万金重修学舍，并以二千金置祭器、乐器，以一万三千余金购买学田一千五百亩，岁入归诸学官，以待岁修和助乡试资斧。安定书院乃康熙元年两淮商人所建，雍正年间，两淮商人捐资八千缗扩建学舍。梅花书院原为崇雅书院，马曰琯重建堂宇，因其西即梅花岭，故改名曰梅花书院。敬亭书院亦由两淮商人出资建于康熙二十二年。被请到书院讲学的人，据《扬州画舫录》所载，最低亦是进士出身而有一定成就和特长者。担任书院院长者，更是当时著名人物，如王步青、杭世骏、赵翼、陈祖范、蒋士铨、姚鼐、茅元铭等数十人，"皆知名有道之士"。"安定、梅花两书院，四方来肄业者甚多，故能文通艺之士萃于两院者极盛"①。书院培养的人才中，后来成为著名学者和高级官员者比比皆是，如段玉裁、王念孙、裴之仙、管一清、杨开鼎、梁国治、谢溶生、任大椿、汪中等等数十人，皆出于这两个书院。各书院不但培养一大批人才，而且也招来外地一大批人才。这也是扬州文化艺术事业兴盛原因之一。

清代乾嘉时期，扬州出现著名的"扬州学派"，"扬州学派"中的大部分学者，皆因盐商的招徕而至，来后多寄寓盐商家中，由盐商资助他们从事学术研究（关于"扬州学派"，我当另作专门论述，此处从略）。

盐商大量收书、藏书、收画、藏画，好客尊士，资助和招徕一大批文人，是扬州文化兴盛的另一原因。几乎每一个盐商都有这类"德政"。以下以影响较大，且在研究"扬州八怪"中必须了解的几位大盐商为例加以分析：

马曰琯和马曰璐。这两位大盐商，又是两位著名的斯文之士。马曰琯（1688～1755年），字秋玉，号嶰谷，安徽新安祁门诸生，居扬州新城东关街（遗迹至今尚可寻），城北西园（天宁寺西，今为扬州最高级的宾馆）尚有他的行庵。《扬州画舫录》卷四记其"好学博古，考校文艺，评骘史传，旁逮金石文字。南巡时，赐两御书剞食。尝入祝圣母万

①见《扬州画舫录》卷三。

寿于慈宁宫，荷丰貂宫之赐。归里以诗自娱，所与游皆当世名家。四方之士过之，适馆授餐，终身无倦色"。马曰琯著作有《沙河逸老小稿》（《扬州画舫录》误记作《沙河逸老诗集》）。

马曰璐是马曰琯之弟，字佩兮，号半查，工诗，与兄齐名，人称"扬州二马"。举博学鸿词不就。著有《南斋集》等。

佩兮于所居对门筑别墅曰"街南书屋"，又曰"小玲珑山馆"，中有"看山楼，红药阶，透风、透月两明轩，七峰草堂清响阁、藤花书屋、丛书楼、觅句廊、浇药井、梅寮诸胜。玲珑山馆后'丛书'前后二楼，藏书百厨"①。乾隆三十八年，下旨采访遗书，马曰璐的儿子马裕进藏书可备采择者776种，得到乾隆皇帝的嘉奖，赐给当时"书城巨观，人间罕靓"的《古今图书集成》一部，此书共5200卷，分类32典，马裕装成520匣，藏贮10柜。尔后，弘历帝又赐给御制诗以及《得胜图》32幅。二马藏书为"江北第一"。但他们的书并非用来做摆设，而是给当时的士人提供学习、阅读、欣赏、研究的方便。所有的读书人皆可以到这里阅览，有的还可以借出传抄。卢见曾就经常到这里借书，并题其所寓楼为"借书楼"②。马氏小玲珑山馆成为扬州文人的活动、聚会中心，他们经常举行诗会，每到会期，于园中设一案，上置笔二、端砚一、小注一、笺纸四、诗韵一、茶壶一、碗一、果盒茶食盒各一。诗成即发刻，三日内尚可改易重刻，出日即遍城中。现存《韩江雅集》诗十二卷，就是小玲珑山馆中聚会的诗人、画家互相唱和诗录，由马氏出资刻印。

以扬州八怪为主的扬州画家更是小玲珑山馆中的常客，马曰琯的《沙河逸老小稿》中经常记到这些画家，汪士慎、金冬心、郑板桥等人的诗文集中也多次提到二马招饮、索画以及共同观画、吟诗、赏花、游园的事迹。从诗中可以知道每次小玲珑山馆集会，皆由二马设宴招待。

---

① 见《扬州画舫录》卷四。

② 参见《扬州画舫录》卷十。

汪士慎《巘谷、半查招饮行莽》诗有云："韩江诗人觞咏地，吟笺五色鲜如花。林光射酒好风日，老桂香幽时一袭。"由是观之，不但宴饮讲究，写诗用的五色笺也十分讲究。

二马对收藏古今绘画作品皆特有兴趣。"每逢午日，堂斋轩室皆悬钟馗，无一同者，其画手亦皆明以前人，无本朝手笔，可谓钜观。"[1]扬州八怪大部分画家皆为二马画过画。郑板桥一时客居马氏行庵隔壁，马曰璐也不放过向他求画扇面的机会[2]。而且每画必题诗或长款。著名的绘画史论家兼画家张庚（著有《画征录》《浦山论画》）虽不是扬州的常客，马曰璐还特请他为自己画《小玲珑山馆图》，并自书长跋，跋云："……适弥伽居士张君过此，挽留绘图……"此图至今尚存。

有些画家、文学家就长年寄居在小玲珑山馆中，只要有一定才华，生活贫困者，二马都设法请来，不但"适馆授餐，终身无倦色"，而且，给以医疗、成家、刻集。《扬州画舫录》记著名文学家全祖望"在扬州与主政（马曰琯）友善，寓小玲珑山馆，得恶疾，主政出千金为之励医师"。《南宋院画录》辑者厉鹗生前，马曰琯为他"割宅蓄婢"，死后在家庵中设位致祭……

马家还附设刻印工场，著名学者朱彝尊"归过扬州，安麓村（大盐商）赠以万金，著《经义考》，马秋玉为之刊于扬州"[3]。"尝为朱竹垞刻《经义考》，费千金为蒋衡装潢所写《十三经》。又刻《许氏说文》《玉篇》《广韵》《字鉴》等书，谓之'马版'"[4]。所以，沈文悫序马曰琯《沙河逸老小稿》中说到，古人莫不有癖，巘谷独以古书朋友山水为癖。诗斥淫崇雅，格韵并高，由沐浴于古书者久也。

仅马氏一家盐商，不知吸引资助多少文人、画家。据陶澍云，两淮

---

① 见《广陵诗事》卷七。
② 见《郑板桥集·为马秋玉画扇》。亦载拙编《扬州八怪诗集》第269页。
③ 见《扬州画舫录》卷十。
④ 见《扬州画舫录》卷四。

盐商极盛时"有数百家"①。

比马曰琯稍年轻一些的大盐商是江春，歙县人，为诸生，"工制艺、精于诗，与齐次风、马秋玉齐名。先是论诗有南马北查之誉。追秋玉下世，方伯（江春）遂为秋玉后一人"。江春居扬州南河下街，建"随月读书楼""秋声馆""康山草堂"等，园中曾有芍药开并蒂十二枝，枝皆五色，卢见曾为之绘图征诗。江春选时文付梓行世，集为《随月读书楼时文》，并自著《水南花墅吟稿》《深庄秋咏集》。江春世族能诗善画者长年寄居其家者甚众。安徽、江苏、浙江等地文士画家被江春延至家中，养在秋声馆、康山草堂等处，不可胜记。据《扬州画舫录》卷十二所记："方贞观，字南塘，安徽桐城人……寓秋声馆二十年……""熊之勋，字清来，江宁人……常居康山草堂。"王步青被江春延至家，师事之，并主安定书院。吴梅村之孙吴献可，通经史，究名法之学，被江春"延于家二十年"等等。扬州八怪之一陈撰，字玉几，号楞山，浙江钱塘人。不仅自己寄居在江春家中，其女嫁于南徐（镇江）许滨（画家）后，翁婿都寄居在江春家中。"江氏世族繁衍，名流代出，坛坫无虚日，奇才之士，座中常满，亦一时之盛也"。不知多少人得到他的资助，所以，"方伯死，泣拜于门下不言姓氏者，日十数人"②。

再如程梦星和郑侠如两位大盐商（皆新安人）。程梦星，字伍乔，一字午桥，号洴江，又号香溪。康熙壬辰进士，曾官至翰林编修。为商后居扬州廿四桥旁，置筱园，种芍十余亩，梅八九亩，荷十余亩，架水榭其上，名"今有堂"，又构亭曰"修到亭"，又有"初月沜""南坡""来雨阁""畅余轩""馆松庵""藕糜""桂坪""小漪南"诸景物。程午桥在这里经常招集文人雅士吟诗作画饮酒，"每园花报放，辄携诗牌酒榼，偕同社游赏，以是推为一时风雅之宗"③。

---

① 光绪《两淮盐法志》卷一百五十五，《敬陈淮鹾积弊疏》。
② 见《扬州画舫录》卷十二。
③ 见《扬州画舫录》卷十五。

郑侠如，字士介，号俟庵。其兄弟超宗有影园，赞可有嘉树园，侠如则有休园，园宽有五十亩，住宅前后有含英阁、植槐书屋、碧厂耽佳、止心楼诸胜，园中有空翠山亭、蕊心楼、挹翠山房、琴啸、金鹅书屋、三峰草堂、语石樵、水墨池、湛华卫书轩、含清别墅、定舫、来鹤台、九英书坞、古香斋、逸圃、得月居、花屿、云径绕花源、玉照亭、不波航、枕流、城市山林、园隐、浮青诸胜①。《扬州画舫录》卷八记云："扬州诗文之会，以马氏小玲珑山馆、程氏筱园及郑氏休园为最盛。"程、郑二园和小玲珑山馆一样，也是以最优越的条件招待各地文人，"诗成即发刻"，且三园比较，"休园，筱园最盛"。其招引文人来扬之盛状，迨可想见。

再如汪玉枢的"南园之盛"，王躬符曾于是园征《城南燕集诗》，吴泰瞻等36人，"各赋七言古诗一首，镏州廖腾煃序其事，一时称为盛游"②。汪玉枢并非最大的盐商，南园也非最盛之园，一时"盛游"尚需36位有名于时的文人为客，扬州二百多盐商，再加上其他"豪商大贾数十万"，该要多少文士才能周旋过来啊！其时扬州吸收全国各地文人之多、文事之盛，亦可以知矣。

研究扬州八怪和扬州盐商对扬州文化的影响，卢见曾也是一位不能不知的重要人物。

卢见曾（1690～1768年），字抱孙，号雅雨山人，山东德州人。辛卯举人，历官至两淮转运使，卢虽不亲自行商，实为盐商总头目，曾"筑苏亭于使署，日与诗人相酬咏，一时文燕盛于江南"。"座中皆天下士，而贫而工诗者，无不折节下交"，汪士慎、金冬心、郑板桥、高凤翰、李葂等皆为其座上客。卢自己也工诗文，性度高廓，不拘小节。不仅他自己的诗文集甚丰，同时由他主持编印的扬州文人诗文集更丰，著名的《雅雨堂丛书》《金石三例》《感旧集》等等，皆卢氏出资刻

---

① 见《扬州画舫录》卷八。
② 见《扬州画舫录》卷七。

印，对促进扬州文化发达以及保留扬州文化遗产起到过重大作用。最值得称道的是他发起的"虹桥修禊"事，其影响又大大超过小玲珑山馆及筱园、休园之会。"虹桥修禊"在扬州曾有几次，孔尚任在扬州时，曾修禊于此，以诗文为时所推崇。总持风雅数十年的王士禛任扬州推官时，曾与部分文人修禊虹桥，互相唱和，亦称一时之盛。但规模最大的乃数卢见曾发起的丁丑（乾隆二十二年）修禊虹桥的一次，卢亲自邀请在扬州的名流文人参加，并自作七言律诗四首，和者竟达七千余人，有人竟一和再和，如《郑板桥集》中就有《和雅雨山人虹桥修禊》四首，《再和卢雅雨》四首。一次唱和诗就有数万首，并编成三百余卷，这在世界诗歌史上，恐怕也是绝无仅有的一次。《全唐诗》收有唐一世三百年之诗，也不过二千二百余家，诗四万余首。如果以一斑而窥全豹的话，这次"虹桥修禊"就足以显示当时扬州文化的雄厚力量。而这种雄厚力量，正是建立在盐商的巨富和好客尊士的基础上的。盐商一旦失势，这些文人也就立即散去。

还有扬州盐商大量刻书，值得注视。

扬州刻书业历史悠久，至清康乾时大盛，其规模之大，数量之多，质量之精，皆史无前例。名气最大的当数《全唐诗》。康熙四十四年皇帝下旨曹寅负责刊刻《全唐诗》，就是因为曹寅兼任两淮巡盐御史，实际上《全唐诗》也是由扬州的盐商出资所刻。曹寅于奉旨当年在扬州天宁寺（遗址至今犹存）开设刊刻《全唐诗》书局，一年多就完成了这一九百卷的浩大工程。从校补、缮写、雕刻到印刷、装潢，无一不精。尤其是缮写，九百卷，不可能少数人写，找大批书写家书写，又要字迹相近，如果在一个文化不发达的城市，并非易事。《全唐诗》刻印成后，康熙皇帝大为赞赏，并形成为一种刻画风格，即所谓"康版"。

曹寅在扬州除了刊刻《全唐诗》外，还刊刻了《佩文斋书画谱》《词谱》《佩文斋咏物诗选》《历代诗余》《全唐诗录》《宋金元明四朝诗》《历代题画诗类》《渊鉴类函》《历代赋汇》以及《御制诗》

初、二、三集等十种书，近三千卷。所刊刻之书缮写和校刻皆精[①]。

以上是曹寅主持扬州诗局时所刻，属于官刻，但多是盐商出资。曹寅自己还刻有《栋亭五种》和《栋亭十二种》（按曹寅字栋亭）。《栋亭五种》内有《类篇》十五卷，《集韵》十卷、《大广益会玉篇》三十卷、《重修广韵》五卷、《附释文互助礼部韵略》五卷、《栋亭十二种》有《都城纪胜》《墨经》《法书考》八卷、《砚笺》四卷、《琴史》六卷、《梅花》十卷、《禁扁》五卷、《声画集》八卷、《钓矶立谈》《糖霜谱》《录鬼簿》二卷以及《后村千家诗》二十二卷等，皆是重要的学术著作。

盐商各自刻书，数量更多，前已述，马曰琯、马曰璐兄弟刻板的众多书籍，被人称为"马版"。江春自己刻有《随月读书楼时文》。被称为"四元宝"的大盐商黄氏四兄弟中，"大元宝"黄晟刻有巨著《太平广记》《三才图会》等，"二元宝"黄履暹为苏州名医叶天士刻《叶氏指南》，又刻《圣济总录》等。卢雅雨刻的《雅雨堂丛书》，有古也有今，其中很多颇有价值的著作至今仍被学者所查阅。现常见的王士祯的《感旧集》，也是卢雅雨为之重刻…

还有扬州八怪的诗文集，至今尚可见到的汪士慎、金农、郑板桥、李鱓等人的诗文集皆是盐商出资刻印。文学名著《儒林外史》也是得到盐商的资助才刻印出来的。

古代刻书决非易事，每部书"非千金不得"，扬州刻书巨富，既显示了盐商的经济力量，又显示了扬州的文化力量。

由于盐商刻书的带动，扬州出现了很多刻书为业的场家，他们自己也刻书赚钱，但多刻戏曲，以卖给妓女为主（扬州妓女极多，详下），《扬州画舫录》卷十一记云："郡中剞劂匠多刻诗词戏曲为利，近日是曲（指男女相悦之词《小郎儿曲》）翻版数十家，远及荒村僻巷之星货

①参见《中国古籍印刷史》。

铺，所在皆有。"有些书铺卖书也兼刻书，如倪炳于天宁街开设"带经堂"书肆①。扬州的刻书业发达，以致形成了"扬帮"刻业艺人，盐商衰败后，"扬帮"中大部分艺人也流落金陵、上海等地。

顺便提一句，大量刻书，也少不了画家，几乎每一本书都附有图，而且往往有名家为诗文家画的像。

（四）盐商和画家之间互相需求

商人"咸近士风"，他们喜好风雅，需要大批文人画家，但文人画家要生存下去，要从事文化艺术事业，更需要商人。传说中（包括《清朝野史大观》等有影响的书）金农、郑板桥等画家深恶商人，而且绝不卖画给商人，乃至于商人要设计化装才能骗取他们的画等等，纯属孟浪。实际上，扬州八怪都是盐商的座上客，而且失去了盐商的依附，他们就无法在扬州立足。丁敬就是因为未得到盐商的赏识而跑到杭州去了的。牛应之的《雨窗消意录》卷三记载一件事最能说明其中真谛。金农居扬州，"诸鹾商慕其名，竞相延致。一日有某商宴平山堂，金首坐。席间以古人诗句'飞红'为觞政，次至某商，苦思未得，众客将议罚，商曰：'得之矣，柳絮飞来片片红。'一座哗然，笑其杜撰"。其实，这句话确是商人胡乱说出来的，看来这位商人并非绝无文化，只是文化水平不高而已，一急便现出窘相，一座人嘲笑他，面子上是说不过去的。于是金农出来解围，"金独曰：此元人咏平山堂诗也，引用綦切。众请其全篇，金诵之曰：'廿四桥边廿四风，凭栏犹忆旧江东。夕阳返照桃花渡，柳絮飞来片片红。'众皆服其博洽。其实乃金口占此诗，为某商解围耳"。本来是一句不能成立的句子，经金农圆解，反而成为奇句；本来给人印象无知的商人，也变成和金农一样的博洽了。于是乎，

---

①参见《扬州画舫录》卷十。

"商大喜，越日以千金馈之"。金农的一首诗竟得千金之酬，稿费够高的了①。

盐商不但需要画家为他们装点门面，落得个斯文和好士之名，其他需要画家的地方也十分多，《扬州画舫录》中记载比比皆是。园亭都要请著名画家为之画图，以垂不朽。程氏筱园因马曰琯赠竹而得名，于是程氏请"方士庶为绘《赠竹图》"。筱园成，请程鸣、许滨合作筱园图，改三贤祠后，"程令延为绘《三贤祠图》"。贺园建成，贺君召"征画士袁耀绘图"，并请李葂、李序、李鱓、龚贤、金农等数十人题联、题名。李葂和李鱓皆与贺君召友善，并长期住寓贺园。弹指阁建成，请高翔作《弹指阁图》（此图尚存）。卢雅雨"虹桥修禊"，李葂为之作《虹桥揽胜图》，等等。又，项氏家"彝鼎图书之富甲天下"，于是请陈撰去鉴赏……

而且，扬州盐商发扬徽商特别好画的传统②，多好蓄古玩绘画，乃至于自己皆能画。大盐商程梦星，"于艺事无不能，尤工书画弹琴"。程氏一家善画者甚多，其门客中善画者亦多。大盐商江春"工制艺"，其家人江兰，尤善"鉴别书画古器"，江炳炎"诗字画称三绝"。林道源（江春甥）"穷日夜画兰百余幅，且画且题"。潘承烈"画得董、巨天趣"。其余汪舸、黄溱、徐柱、汪斗张等等，皆善画。再如汪氏一园中，大盐商汪廷璋本人就"好蓄古玩"，两个孙子"玉坡、元坡，并工诗画"。汪学山（汪廷璋之叔）"家蓄古人名画极富。交游皆一时名士"。其孙"性古雅，工诗画"。其余家族中人几乎全善书法，所养食客无一不善诗书画，其中方士庶，因汪廷璋"以千金延黄尊古（著名老

① 此一故事未必真。查金农诗文集中并无此诗。又《清朝野史大观》卷十一《清代述异·觞令解围之句》中谓为皖人方某替汪姓盐商解围事。

② 参阅郭继生先生《十七世纪徽州商人艺术家的赞助》（载《论黄山诸画派文集》）以及拙作《论渐江及新安画派的形成》（载《美术》1984年4月）。按拙作写于1983年5月，郭先生大作写得更早，但被译为中文传至大陆时是1984年4月。然二文所据资料却有一半相同。

画家）于座中，以是士庶山水大进，气韵骀宕，有出蓝之目"。于是，形成了小师画派。薛衡夫，"山水得董、巨神髓，一时间，扬州画家，以衡夫为第一手"……（以上皆见《扬州画舫录》）

没有一个盐商不喜爱书画的，郑侠如的休园中不仅有当时名人书画，且"多文震孟、徐元文、董香光真迹"。其族人郑元勋乃著名画家……（商人爱画，在明清时形成一种风气，前面提到的那位沈三白，易儒事贾，从商之余，亦善画，并有诗文集遗世）

盐商喜画，且家多善画之人，当然喜欢交结画家，论画、赏画、作画，乃至于请著名画家指导他们作画，而且也一定会大量购置画家的画以供学习。这是扬州画坛兴盛的原因之一，也是福建、安徽、杭州等地画家云集扬州的原因之一。

盐商需要画的地方太多了。再如建造园林、宫室，"扬州以名园胜，名园以垒石胜，余氏万石园出道济（石涛）手，至今称胜迹"①。从清初起，画家就主要依靠商人。石涛大概仅靠作画，尚不富足，于是又为商人设计垒石造园。谷丽成，在江春家，"凡内府装修由两淮制造者，图样尺寸，皆出其手"。潘承烈在江家除了作画外，"亦精宫室装修之制"……②

盐商家需要这么多画家，对于整个扬州来说，还是少数。对画家需求更多的，乃是因盐业为基础的扬州繁荣市场。

（五）扬州繁荣市场对画家之需求

谢堃《书画所见录》有云："海内文士，半集维扬。"其实说得太少了。他又说："扬州为南北之冲，四方贤士大夫无不至此，予见闻所

---

① 《扬州画舫录》卷三。
② 《扬州画舫录》卷十三。

圃，未能遍记。有游迹数至而无专主之家。"全国各地的文士、画家怀才抱艺者纷纷来扬，并非全是直接投奔盐商，更多的是因于扬州的繁荣城市对画家之需求。扬州需要画家的地方太多了，画家再多，一到扬州，就有事干，就有饭吃。

先看一看扬州是怎样的繁荣。

盐商的巨大财力就足以使扬州市场繁荣，为了供盐商享受，满足他们的奢侈生活，各种商业也都在扬州兴盛起来。运河是漕运的冲要，江南的大米北运也必经这里，南北各种货物的交流也要经过这里，所以，各种各样的商业和商人在扬州日益增多，交易市场也愈来愈大，为了联络乡谊，掌握信息，以便及时从外地运货来，或及时收购货物从扬州运走，进行商业竞争，各地在这里建立会馆。其中较有名的南河下有湖南会馆、江西会馆、湖北会馆，花园巷有安徽会馆，达士巷有绍兴会馆，新城仓巷有嘉兴会馆、山西会馆，等等。这些会馆各有经营范围，如浙江会馆主要经营绸布，湖南会馆主要经营湘绣，湖北会馆主要经营木业，江西会馆主要经营瓷器，岭南会馆主要经营糖，等等。

商业如此发达，富户如此之多，"四方豪商大贾，鳞集麇至，侨寄户居者，不下数十万"（以上参阅《扬州史话》）。附属这些富商的有闲阶层也愈来愈多。他们要看戏，于是各地戏班纷拥而至，乃至于大部分盐商家皆有家庭戏班，《水窗春呓》记载，扬商在已穷困时，"总商黄潆尚有梨园全部，殆二三百人，其戏箱已值二三十万"。一个家庭戏班就有二三百人，这些戏人"晨起则小碗十余，各色点心皆满，粥亦有十余种"。而且这些戏班并非一般，乾隆帝八十大寿时，选各地戏班进京祝寿演出，名震京都的四大徽班中的"春台班"即是盐商江春的家庭戏班。

扬州的繁荣，另一件名列全国首位的是妓院多。扬州不仅妓院多，且各地名妓也拥进扬州，一时扬妓名气十分大，有些外地妓女为了招引客人，也冒充扬妓。妓院又是高档的消费地点。

漆器、玉器、木器、竹器等等手工业器，不但多且精。

为了供应这众多的有闲有钱阶级，穿着、吃喝，各种店铺栉次鳞比。有一个街道集中经营绸缎，名缎子街……

《水窗春呓》记："河厅之裘，率不求之市，皆于夏秋间各輂数万金出关购金狐皮归，令毛毛匠就其皮之大小，各从其类，分大毛、中毛、小毛，故毛片颜色皆匀净无疵，虽京师大皮货店无其完美也。苏杭绸缎，每年必自定花样颜色，使机坊另织，一样五件……珠翠金玉则更不可胜计，朝珍、带攀、扳指动辄千金。若琪瑉珠，加以披霞挂件则必三千金，悬之胸间，香闻半里外，如入芝兰之室也。衔参之期，群坐官厅，则各贾云集，书画玩好无不具备。""扬州之盐商……其挥霍大半与河厅相上下。"

有人说，扬州美女多，这是不错的，有钱人多，选声选色，曲眉丰颊、粉白黛绿者，列屋而闲居，争妍而取怜。这些美女，加之妓院、戏班，人数之多，消耗之高，不难想象。所以，应运而生的扬州香粉之业亦兴盛起来，香粉成为扬州的名产品，当时制作香粉的就有五十余家。用香粉的美女不知多少人矣。

扬州各种层次的有钱人数如此之多，消耗如此之巨大，可以想象酒馆茶肆，又将是何等之多，所以，一时流传"吃在扬州"，"扬州茶肆甲于天下"。烹饪之技，在扬州也特别发达，有家庖、外庖、行庖等等，《扬州画舫录》卷十一有详细的记载，并云："烹饪之技，家庖最胜，如吴一山炒豆腐，田雁门走炸鸡，江郑堂十样猪头……张四回子全羊，汪银山没骨鱼……风味皆臻绝胜。"孔尚任诗云："东南繁华扬州起，水陆物力盛罗绮。朱橘黄橙香者橼，蔗仙糖狮如茨比。一客已开十丈筵，客客对列成肆市。"郑板桥《扬州》名句："千家养女先教曲，十里栽花算种田。"非诗也，乃实录也。

数不清的店铺馆肆，丝绸店也好，当铺也好，旅店也好，妓院也好，会馆的商品交易处也好，等等，等等，尤其是无数的酒楼茶肆，主要为各路有钱的商人而设，当然必备雅斋雅室，雅坐雅位。雅的地方除了环境和一定的用具外，书画家的书法绘画作品是必不可少的，这是中国人的传统。我在很多文章中提到孟子的一句，"饱食、暖衣，逸居而无教，则近于禽兽"①。所以，为了表示自己有教养和异于禽兽，中国人特重居处环境的文化装饰，"画者，文之极也"。风雅之士以及附庸风雅之士，无不特重绘画的装饰，明清以还，"贾者，咸近士风"，对画就更感兴趣。各种店馆为了文化环境，为了吸引风雅之士和"咸近士风"的贾者，对画的需要就更迫切，质和量的要求也就更高、更多。新安的画家要登商人之门求观名迹，除了少部分名家之外，一般都要根据商人的要求作画。扬州的商人，除了大盐商之外，无数的店馆铺肆之主都要登画家之门谋求作品。所以，扬州的画家可以坐在家里张贴"润格"，自由售画。又因为需要量之多，全国各地的画家都纷拥而来，也容纳得了，大画家有大画家的待遇，小画家有小画家的待遇，工艺家、画匠等等皆能各尽其才。而且画家要想吃得好，享受得好，卖更多的钱，也都希望到扬州来。所以，福建的黄慎为了更好地养活老母，不得不三下扬州（画家的贫困是相对而言，他们贫得只是刻不起诗集，一部诗集要费数千金。当然，也有些文人穷得娶不起小妾，家中无众多婢女，只好求盐商帮助。但皆和老百姓的穷不同）。

画家多了，就有竞争，全国的画家皆云集扬州，高手也就多。扬州八怪也好，扬州十三家也好，扬州十五家也好，只不过是当时扬州画家的几个代表人物而已。但是"八怪"只能产生在扬州，而不会产生在其他地方，上述已经很清楚。

这里附带说明的，袁江、袁耀从扬州到了山西，那是因为山西的商人在扬州经商时把他们带到江西，他们在那里有了更可靠的主顾，且其画风与扬州八怪的画风也有别，扬州八怪的画被汪鋆说成"率汰三笔五笔"②也是事实，除了艺术上的一些主要原因外，和扬州市场的需求量

---

① 见《孟子·滕文公上》。
② 见《扬州画苑录》。

大，也有一些关系，画家三五笔一抹，便可卖钱，至于文气，那是可以用诗来补充的。又，盐商邀集画家谈饮之余，作画助兴，也必须三笔五笔、快速画成，慢慢地画是不合时宜的。

（六）扬州的商业经济对扬州画派画风的影响

我在谈到新安画派时，曾论述其画风的形成也是受商人影响。比如，新安商人特喜购倪云林的画，新安画派的画家则全是以倪云林为法的。当然这只是其中原因之一。扬州八怪的主流画风形成也和商人有一定关系，前已述，扬州画家作画自由更多一些，因之，画家主观情绪更重要。但任何有成就的绘画都必备三个基本因素，一是师传统，一是师造化，最后是画家精神气质的决定因素。任何商人都不能下令画家朝哪一个方向去努力，但却可客观地不自觉地限制他们。举一个最明显的例子，徽商在黄山附近兴起，那里的画家师造化就以黄山为主，一时间全国来黄山的画家皆以画黄山为主，为了表现黄山，光学倪云林的画法就不够用，就要创造新的技法。盐商在扬州兴起，全国的画家来扬，师造化就以扬州遍见的花竹兰菊为主，扬州少大山奇峰，山水画也便减少。当然，这不是什么主要问题，主要是绘画的风格问题。

严格地说，扬州并没有一个画派，各家有各家的画风，并不一致。但总的来看，扬州画坛上还有一个主流画风，还有一个大概的精神状态。为了论述上的简便，姑以其主流画风为主进行研究。主流画风即被人称为扬州八怪的郑板桥、汪士慎、罗聘、高翔、高凤翰等人的画风，虽各具面貌，然皆纵横排奡，飞动疾速，三笔五笔，散漫不经。其艺术水平并非太高，但皆呈现出一种新的面貌，展示出生动活泼和不受绳规的气氛，和当时笼罩画坛的"四王"死气沉沉画风截然相反。"四王"画风当时被称为"正宗""正宗"相传，柔弱萎靡，毫无个性，早已形成模式主义。八怪的画生机勃勃，反映了18世纪又一次抬头的市民思想和市民意识，强烈表现自我，突出个性的解放，这是扬州以商业经济为主的市民思想的大显露，和八怪同时，寄居在扬州盐商之家的全祖望、戴震等学者也都是强调个性解放的，做学问也抵抗那种空洞的义理之学。戴震更指斥"义理"障蔽了"人欲"，指出"遏欲之害，甚于防川"，公开提倡"彰人欲"，也就是个性解放，强调自我。而商业城市中，突出来的"自我"都有一股强大的活力，所以八怪这种生机勃勃画风，正是扬州这个生机勃勃的商业城市之折射，这是八怪画风形成的主要原因。汪鋆说它"似苏、张之捭阖"，完全正确，苏、张之捭阖，是商人活动于世的必备手段，艺术是意识形态，又称社会意识形态，这个态是社会意识形之于"态"上的态。没有扬州商人打开的生动活泼的扬州城市局面，就不会有扬州八怪生动活泼的绘画。这个问题是主要的，但论述起来很复杂，宜另作专文研究。此处亦略作提示。

再从师传统谈起吧。

扬州八怪的画，师传统主要是师近传统，即清初在扬州画坛上的有成就画家的传统。主要是石涛，其次便是查士标。石涛就是坚决反对当时泥古不化、死气沉沉画风的主要人物，他的画就纵横排奡、生机勃勃。石涛早期画山水，后来兼画竹石、花果，只要把石涛的竹石花卉和扬州八怪的竹石花卉画一比较，其师承关系一目了然，尤其是罗聘的竹和石涛的竹几无二致。扬州八怪的画家几乎都是服膺石涛的，金农、李方膺、李鱓、高凤翰、郑板桥等人皆一而再、再而三地称道石涛。郑板桥不但称道石涛，而且还对石涛的美学思想颇有研究，对石涛思想中的"师其心不师其迹""师其心不在迹象间"等也有更详细的阐述。八怪之一的高翔是石涛的朋友，石涛死后，高翔每年为之扫墓，至死弗辍[①]。有人说，关系如此深厚，在艺术风格上是不可能没有感染的，这种推理绝对可以成立。

石涛的画、石涛的绘画思想对扬州八怪产生过巨大的影响，这是

① 参阅《扬州画舫录》卷四。

事实。

其次是查士标。查士标晚年居扬州，死于扬州，葬于扬州。查士标的画早期属新安画派，后期，他"故乡乱后莫言家，南北浮踪度岁华"①，散漫、动居的生活，改变了他的画风。他后期的画以动和散为主要特色，史书称其"风神懒散"。他的山水画也有些花鸟画化，山石、林木高度概括，又流动风散，扬州八怪提到查士标的人虽然不多（查死于1698年，八怪们当时只是孩子），但他的画风"润物细无声"，对扬州八怪也产生了实际影响，从他们的画迹中很容易看出来。

很多国外学者把石涛、查士标都算作"扬州八怪"，虽不严谨，但也似乎有一些道理。查士标、石涛都是从黄山下来的，他们原来都可以说是属于新安画派，为什么到了扬州？惟一的原因：扬州商业开始繁荣，他们到这里可以卖画，可以卖更多的画，得更多的钱。一言以蔽之，是盐商把他们带到了扬州。他们在扬州扎根、撒种，开出了扬州八怪的花。所以说，归根到底，扬州八怪画风的形成，盐商的作用不可忽视，在某种程度上，也可以说，盐商的作用是关键的。至少说，盐商的吸引、限制作用，不可忽视。

扬州八怪的画另一个特点是：几乎每一画上都有长题，或诗、或文。款题图画，始自苏、米，至元而大盛。到了扬州八怪，又产生一大变，可谓极尽之能事。如果说扬州八怪有突出的成就而高于其他画派，那就是他们的诗。八怪每人都有诗文集遗世，如按15家论，只有杨法和闵贞无诗集，所以，一般论者也不把这两家列入八怪之中。13家有诗文集，其中有两家诗文集已佚，至今尚可见有11家，而且金农一家便有15集。其中郑板桥、金冬心在文学史上都有一定地位。李方膺、李鱓的诗散失甚多，其诗清新自然、生动流丽，才气不在郑、金之下。

八怪善诗，画上必题诗，其根源和盐商不无关系。前已述，盐商大

---

①见《种书堂遗稿》卷三。

部分是文人，大部分有诗文集行世，他们刻书，出资为文人刻集，和文人唱和，显示了他们有较高的文化素养（实际也如此）。中国士人的传统观念：只会画画的不足道，乃至被视为匠人。诗文之余作画才算高雅。所以，他们特讲究画家的文化素养。扬州二马，以文会友，凡文人来访，进门须先作诗一首。待审定后，再决定接待等级。据说丁敬初到扬州，投奔马曰琯，马问他一些掌故，丁没答出。马又以扬州风景"青石蓝书黄叶经"为上联，要丁对下联，丁亦未能对出，马认为丁才能平庸，于是待之甚薄。后来丁敬只好跑到杭州去了（扬州绿扬村至今尚有这副对联，上曰"青石蓝书黄叶经"，下曰"红旗白字绿杨村"）。这个故事出处尚不明（丁敬能诗，也许是后来事），但也道出了盐商重士特重诗文修养的事实。还有传说黄慎到扬州卖画，一度失势，请教金农，方知在扬州卖画，必须善诗、善书，黄慎回闽后，学诗成，再回扬州，名气方大振。这些传说确否，还待考证，但其基本精神还是符合扬州画坛之实的。

从上述小玲珑山馆、休园、筱园等诗文盛会以及"虹桥修禊"等盛举看来，盐商亦特重诗文，画家如不善诗文，是很难得到盐商青睐的。

再说绘画作品销售量最大的扬州茶肆酒楼、店铺菜馆，主要为商人而设。商人们坐在茶肆中，读书品诗，方有情趣，加上受风气影响，缺少题诗的画，一般店馆也不大愿意买的。

所以，扬州八怪的艺术中诗书画印相结合这一显著特色，虽然是画家们努力的结果，但盐商所制造的气氛起到重大的促进作用，乃至制约作用，是丝毫不能忽视的。它从内容、形式各方面限制了画家，画家处于自觉和不自觉之间，去适应这种由商人无意而有意地限制了的内容和形式。顺之者昌，不顺者去，扬州画坛的大概风格也就自然地形成了。

（七）盐商骤然衰败导致扬州画派的骤然消失

只要盐商能继续保持他们的巨大财富，扬州的繁荣就会继续下去，扬州的画坛就不会衰落，而且将会产生更伟大的画家（最年轻的罗聘艺术成就就超过了很多前辈）。扬州八怪之后，仍会出现新一代的"八怪""九怪"和"不怪"。

好景不长，第一代大盐商死后，他们的子孙未能保住这个家业，乃至于他们自己就未能继续保持这种巨富。

清初实行的纲盐制本有严格的垄断性，即有根窝之盐商方能持支单购于盐场，然后转运。但盐商巨富之后，钱财用不完，又不知道开办工厂，何况，中国人历来受"中庸"思想的影响，凡事很少能走向极端。中国历代少数富可敌国的人皆未能保持长久。盐商们既然有用不完的钱财，便很少再亲自从事转运业了。开始分拨给其他无根窝的商人转运，从中收利。后来干脆出售支单、引窝，不劳而获，坐收巨额。这样，盐发到无根窝的盐商手中，再卖到老百姓那里，转了两手，即有根窝的盐商取一次利，倒卖的无根窝盐商又取一次利。结果出现两种现象：其一是利润分散，有根窝的盐商虽然坐收巨额，但不可能得到像自己动手转运一样的巨额。其二，盐运辗转售卖，层层加价，单价骤增，老百姓买不起官盐，引起私盐盛行，官盐就愈加滞销。如此反复，几至于盐商破产。诚如《两淮盐法志》卷一百三所记："将根窝辗转售卖，占私害公，单价几倍蓰于正课，遂至买单行运之商，成本加重，盐引滞销。""辗转抬价居奇，成本之重以此，运销之滞以此，官价昂而私盐日炽亦以此。本重价昂，私充课绌，而盐务遂一败涂地亦以此。"

盐务一败涂地，还有其他更重要的原因。其一是嘉庆年间，外国资本（如鸦片之类）大量输入，掳走大量白银，引起各地市场上银价上涨，同时铜钱小钱迅速贬值，"乾隆中，银价每两兑钱千文"。道光初则"纹银每两由千钱至千有五六百钱"[1]。盐商卖盐得到铜钱，而去盐场购盐又必须用银，所以，"银贵以来，论银者不加而暗加，论钱者明

---

① 见《魏源集》。

加而暗减，是以商贾利薄，裹足不前"①。同时，交税也必须用银，吴嘉宾云："商人赴场领盐、纳课，俱用银，银价加往日一倍，即系以一岁完两岁之课。"②这样，缴税之银，实际上已是往昔两倍了（注意，盐商课税"当天下租庸之半"），加上比以前贵买贱卖，就无利可图了。其二是如巡盐御史席特纳、徐旭龄疏言中说的："两淮积弊相沿，其苦有六"，其一为"输纳之苦"，即正式缴课税外，还要给胥役、纲总等人的"照看""公厘"等费用，"岁费约数万金"。其二是"过桥之苦"，即商盐出场，例将舱口报验。其三是"过所之苦"。其四是"开江之苦"，即交水程费。其五是"关津之苦"，即过盐道挂号费，以及巡缉、验料等费。其六是"口岸之苦"，即抵岸进引、书吏查批等费。以上六苦，每项都要花去数万金。其次还有四大弊即加铊、坐筋、做筋、改筋等之弊③。以上六苦四大弊，康熙年间即有，愈后愈重，各种浮费增多特重，盐商只好加价出售，"官盐每斤五十八文，私盐每斤四十二文"。加价出售仍赚不到钱，于是又在盐内加沙加土，"不挽和不足以偿本"，"淮盐价倍而色黑，其盐杂"。所以老百姓更要买私盐，御史李戴奏曰："私盐之众，由官盐之不行，官盐之所以不行者，商人因脚价重……"④

从以上两个原因看来，即使老盐商仍然自己搬运、出售，也仍然要蚀本。当时及后来的有识之士皆看到这一问题。曾国藩说："淮盐滞销之由，固由川私充斥，而银价日昂，盐价亦贵，亦属有碍销路。"⑤林则徐云："商人完课买盐，发给运脚，皆须用银，而市上盐斤无非钱……近因银贵钱贱……纵使市上盐价有增，而以钱合银，实已暗减。"清政

---

① 见《显志堂稿·用钱不废银议》。
② 见《求自得之到文钞》卷四。
③ 以上见《清朝文献通考》卷二十八《征榷考》三。
④ 以上皆见姚元之《竹叶亭杂记》卷三。
⑤ 见《皇朝经世文续篇》卷四十四。

府一再要盐商减价出售盐，林则徐又云："商人本为牟利，必抑价以亏其本，则商运愈不前，而私盐愈充斥矣。"①

官盐价格不太昂贵时，贩私盐是划不来的（私盐要躲避关口和各官家设卡的检查，必须绕道，而且往往不能走水路。走旱路，数量十分少，所以，他们必须卖大价钱）。官盐辗转抬价，几倍于前，私盐便开始"日炽"。于是官盐便愈无人购买。这样，官家的盐商不但赚不到钱，而且还要蚀本，有根窝的盐商，或者卖不出支票，或者跟着蚀本。蚀了本，还要二倍地缴给皇家巨大的课税。本来，盐商巨富之后，立即撒手不干了，其钱财也足以受用百世。但是，现在已经来不及了，世袭制，使他们巨富，也使他们遭到巨损——蚀钱还要上缴巨税。盐商的岁课，"动关国计"，皇家是不能坐视国败而免他们的税，所以，盐商不是慢慢地衰败贫困下来，而是忽然破产，忽然衰败和骤贫。皇家逼租，一而空，再而倾家，三而荡产。很多盐商，迟迟不能缴税者，遭到皇帝无情的抄家，没收一切财产。

"徽商如鲍有恒、江广达，西商如王履泰、尉跻美，皆挟千万金资本，行之数十年，及其败也，不过三四年，岂惟奢淫，亦由多运滞销，转输不及。其次如庄玉兴、许宏达……旋即身亡业歇……"②

类似记载十分多，所有这些，在生于盐运巡使之家的曹雪芹《红楼梦》一书中，皆有若隐若现的披露。按曹雪芹原意，贾府遭抄家后，一败涂地，昔日公子小姐，或死或亡，或外出讨饭，或被休哭回娘家病死，或被卖到妓院当妓女，大观园顿时荒芜，再也无复当年一顿饭几百两银子的局面了。这一切皆和盐商的兴衰相同。如果有时间写一本《〈红楼梦〉素材考》，将会结束一切考证。

虽然，百足之虫，死而不僵，但屋漏又遭连阴雨，道光十二年，灭顶之灾，又在等待着扬州的盐商巨头们。盐商的破产，毕竟使国家遭到

---

① 林则徐语见《皇朝经世文续篇》卷四十二《整顿盐务折》。
② 光绪重修《两淮盐法志》卷一百五十七，姚莹文。

了不少亏损，加上英美等国商人输入大量鸦片之类资本，白银大量外流等等因素，这不能不引起有识之士的关注。就在林则徐去广州查禁鸦片、于虎门销毁鸦片二百余万斤的前几年，两江总督兼两淮盐政的陶澍提出改革盐运的方案。

陶澍觉察到纲盐世袭的害处，于是决计打破这种袭断性——改纲为票，即改纲盐制为票盐制。所谓票盐制，即出盐运司印刷如今之三联单式的发票，一存运署，一送各场分司，一给民贩。任何民贩只要缴纳课税，皆可得到发票。得票时由大使于票内填注民贩姓名、籍贯。虽不贴照片，但注明商人大概形象。如某商身高×尺×寸，方形面、黑肤、粗壮；某商身高×尺×寸，浓眉、额有肉痣，等等。复注明运盐引数、往销州县，按道里远近，听其销卖（有票证，不致被视为私商）。运盐出场由卡验放，不准越卡，亦不准票盐相离及侵越别岸，违者并以私论[①]。改纲为票的同时，又采取相应的一系列措施，如"改道不改捆"。改道，因为原道上长期运盐，各道附近人为了榨取盐商的钱，设立不少阻碍，桥所关津吏胥夫役敲索克扣，不能不给钱，否则就过不去。不走原道就省了不少钱。不改捆，即出场就运走，不再重新包装。于是又裁减不少浮费。这样减少了不少成本，盐的销价大大降低。《魏源集·淮北票盐志叙》记云："票盐售价，不及纲盐之半，而纲商岸悬课绌，票商云趋鹜赴者，何哉？纲利尽分于中饱蠹弊之人，坝工、捆夫去其二，湖枭、岸私去其二，场、岸官费去其二，计利之入商者，什不能一。票盐特尽革中饱蠹弊之利，以归于纳课请运之商，故价减其半而利尚权其赢也。"自道光十二年七月实行票盐之后，盐的售价骤减一半或大半，而征税却增加几近一倍，民贩仍然赚了很多钱。尔后，各地都彻底改纲为票，"开办数月，即全运一纲之引，楚西各岸盐价骤贱，农民欢声雷动。是年两淮实收银五百万两"[②]。尔后，私盐渐止，官盐渐增，收银就更多。

①参阅光绪《两淮盐法志》卷五十二。
②参见《清史稿·食货志》。

改纲为票，不仅大大增加了国家税收，而且对农民和小民贩皆大大有利，但却彻底断绝了大盐商的垄断权，他们手中的"窝引"从此变成一堆废纸。而且，盐场中也"分设行店"，只能供小民贩购买，大盐商自此一蹶不振。

大盐商不是渐渐地贫困，当时各书中记载"群商大困"，"盐商顿变贫户"，比比皆是。其原因，上面已分析，主要是既蚀本，又要加倍缴纳巨额课税所致。缴不起巨税，园林馆亭被没收，家被抄，乃至于子孙流离，外出乞讨，好不凄惨。"金满箱，银满箱，转眼乞丐人皆谤。"《红楼梦》正是以盐商的兴衰为模特儿的。惜红学家们至今不悟，憾甚。我特于此表而出之。

庞际云《松湛小记》引阮元《揅经室再续集》记载："康山（江春住宅），自陶澍清欠帑后，公私没入，旧时翠华临幸之地，今亭馆朽坏，荆棘满地，游人限足不到。"

黄钧宰《金壶浪墨》卷一记盐商盛时："高堂曲榭，第宅连云，墙壁垒石为基，煮米屑磁为汁，以为子孙百世业也。""诸商筑石数百丈，遍凿莲花。出则仆从如烟，骏马飞舆，互相矜尚。其黠者与名人文士相结纳，藉以假借声誉，居然为风雅中人。"改票后，骤贫至"高台倾，曲池平，子孙流落，有不忍言者，旧日繁华，剩有寒菜一畦，垂杨几树而已。"

当年寄食在盐商家的阮元目击扬州的由盛至衰，所叹更为真切，其在道光十四年跋《扬州画舫录》云："扬州全盛，在乾隆四五十年间，余幼年目睹……五十一年余入京，六十年赴浙学政任，扬州尚殷阗如故。嘉庆八年过扬，与旧友为平山之会，此后渐衰，楼台倾毁，花木凋零……"他还写了一首诗云："几年不到平山下，今日重来太寂寥。回忆翠华清泪落，永怀诗社故人凋。楼台荒废难留客，花木飘零不禁樵。别有倚虹园一角，与君同过渡春桥。"跋中又云："李艾塘斗撰《画舫录》在乾隆六十年，备载当年景物之盛。按图而索园观之，成黄土者七八矣。"原因很明白："扬州以盐商为业，而造园旧商家多歇业贫散，书馆寒士亦多清苦，吏仆佣贩皆不能糊其口。"道光十九年又跋云："大约有僧守者，如小金山……平山堂尚在。凡商家园丁管者多废……园丁因偶坏敝者，鸣之于商，商之旧家或易姓，或贫，无以应之。"乾隆年间，数不清的园林"楼台画舫，十里不断"。至道光十九年，"止存尺五楼一家矣"。阮元说的盐商由巨富到"贫散"，是事实，"贫散"因"歇业"也是事实，但为什么"歇业"，他未说，我在上面已说得清楚。

盐商于乾隆末年至嘉庆初已开始贫困，财产荡尽，田园充公，乃至"子孙流落"，皮之不存，毛将焉附，可以想象，盐商家的戏班不论是几百人、几千人，尤疑都要另寻主顾，离开扬州。建设园林的人马，无疑也要转移到其他繁华之地，为大盐商服务的商店、茶肆酒馆、妓院、刻书馆、医药店等等，大部分都要另寻存身之处。所以，嘉庆、道光之后，扬州已完全失去了昔日之繁华。当然，扬州尚不致饿殍满道，但昔日诗酒盛会，书画题咏，风流儒雅之美事已无人再能组织了。所以，嘉庆、道光之时，扬州的文化事业也就跟着衰落下来了。大画家尤要大有钱人支持，一般人是买不起他们的画，买得起也不会买，一个贫困的城市首先需要的不是绘画，画家居，大不易，大画家居，更不易，充其量不过需要一些画匠而已，或许尚能容纳少数画家，但却很难吸引外地的名画家，更难产生大画家，即使有一些像样的画家产生，也无法保持，他们要向商业繁荣发达的地方去谋求生存，就像当年外地画家跑到扬州来一样。所以，扬州画苑，在嘉庆之后也就没有出现过大画家，而且在罗聘死后，即顿显寂寥。

刘鹗《老残游记》中有一段问答，最是真实之叹，问："扬州本是名士的聚处，像八怪的人物，现在总还有罢？"答曰："前几年还有几个，如词章家何莲舫、书画家的吴让之，都还下得去，近来就一扫光了。"

嘉、道之后，画家又涌到哪里去了呢？另一个商业发达的城市正在等待着他们，这就是上海。上海不但有水路运输，有港口，更有铁路运输，世界各国的大商人渐渐云集于此，上海的商业在崛起，可以断言，上海画派也将跟着崛起。事实也正如此——继扬州画派之后，上海画派乃是中国最大一个画派，其影响至今不衰。

1986年10月于美国堪萨斯大学

（载香港《九州学刊》1987年第9期）